KB140076

한국 근현대 천주교사 연구

조광趙珖

1945년 서울 출생

고려대학교 대학원 사학과 박사과정 수료 문학박사

현재 고려대학교 문과대학 한국사학과 교수

동국대학교 사범대학 국사교육과 조교수 역임

한국사연구회 회장 역임

한일역사공동연구위원회 위원장 역임

고려대학교 문과대학장 역임

고려대학교 박물관장 역임

논 저

朝鮮後期 天主敎史 硏究

역주 사학징의 외 다수

한국 근현대 천주교사 연구   값 28,000원

2010년 2월 16일 초판 인쇄
2010년 2월 25일 초판 발행

저　　자 : 조 광
발 행 인 : 한 정 희
발 행 처 : 경인문화사
편　　집 : 신학태 김지선 문영주 안상준 정연규
　　　　　서울특별시 마포구 마포동 324 - 3
　　　　　전화 : 718 - 4831~2, 팩스 : 703 - 9711
　　　　　이메일 : kyunginp@chol.com
　　　　　홈페이지 : 한국학서적.kr / www.kyunginp.co.kr
등록번호 : 제10 - 18호(1973. 11. 8)

ISBN : 978-89-499-0720-8　94910
ⓒ 2010, Kyung-in Publishing Co, Printed in Korea
* 파본 및 훼손된 책은 교환해 드립니다.

한국 근현대 천주교사 연구

조 광

景仁文化社

머리말

한국천주교사는 이른바 '박해시대'라는 독특한 역사과정을 거쳤다. 이 역사과정에서 적지 않은 사람들이 죽음을 강요당했고, 천주교는 당대 사회와 사상계에 큰 문제가 되었다. 따라서 역사학 분야에서 전개된 한국천주교사 연구는 당연히 18세기 말엽과 19세기에 전개되었던 조선교회 창설과 그에 대한 탄압문제에 집중되어 왔다. 이 연구를 통해서 새로운 천주교 신앙이 기존의 문화 내지는 사상체계와 이해되고 충돌하던 과정들이 비교적 상세히 밝혀질 수 있었다.

역사는 과거와 현재를 함께 아우르는 연속선상에서 놓여있다. 따라서 한국천주교사의 연구에 있어서도 전근대사 부분뿐만 아니라 근현대에 전개된 역사까지도 함께 파악되어야 했다. 그 결과 비교적 최근인 1990년대 이후에 이르러서야 한국근현대 천주교사에 대한 연구가 상대적으로 활발해졌다. 이처럼 한국천주교회의 연구에 있어서 근현대 분야는 비교적 생소한 상태로 오랫동안 남아 있었다.

그러나 최근 근현대 한국천주교사 연구의 필요성이 강조되어 갔다. 이 시대의 연구에 필요한 많은 자료들도 정리되기 시작했고, 새로운 연구자들이 등장하여 이 작업을 감당하게 되었다. 역사학 분야뿐만 아니라 역사신학이나 종교사회학 등의 영역에서도 한국 근현대를 대상으로 하여 천주교의 역사적 전개에 대해서 주목하기 시작했다. 이처럼 한국천주교사 연구의 내용이 심화되고, 외연이 확대되어 나가는 과정에서 근현대 교회사가 연구된 일은 당연한 결과이기도 했다. 그러나 근현대 천주교사에 관한 역사학적 연구는 아직도 많이 부족한 편이다.

이와 같은 상황에서 필자도 1990년대 이후 한국근현대 천주교사 연구에 대해 부분적인 관심을 강화시켜 나갔다. 이 과정에서 필자는 한국 근현대 천주교사를 주목하기 시작했던 초기 연구자 가운데 한 사람이 될 수 있었다. 여기에서 이 책에 수록된 논문들이 생산될 수 있었지만, 여기에 수록된 논문들은 그만큼 초기연구자에게서 드러날 수 있는 한계가 많을 것으로 생각된다.

필자는 이 책에서 먼저 한국근대 천주교사에 대한 몇몇의 문제들을 정리해 보았다. 즉, 근대천주교사의 전개과정에서 독특한 위치를 차지하고 있는 안중근에 관한 연구를 시도했다. 안중근은 개항기 황해도 지역의 대표적 신도였고, 개항기 이래 민족운동가들의 역할모델을 제공해 주었던 인물이기 때문이다. 그래서 이 책에서는 먼저 그 안중근에 관한 연구사를 정리하고, 안중근에 관한 학문적 연구업적을 정리해 보았다. 그리고 안중근이 전개했던 애국계몽운동과 일본 제국주의 침략에 대항하는 독립운동에 대해서 주목해 보았다. 이어서 안중근의 순국 이후 그 가족과 친족들에 의해 계승되었던 독립운동의 실상도 함께 검토해보고자 했다.

안중근에 대한 일련의 연구는 안중근 전집의 편집에 관심을 가지면서 작성되었다. 이와 같은 반제국주의 운동에 관한 관심의 연장에서 식민지 시대 천주교도의 독립운동에 관한 문제를 다루었다. 그리고 식민지 시대 이래 한국교회의 대표적 인물 가운데 하나였던 장면張勉이 식민지 치하에서 밝혀보고자 했던 한국천주교회사에 대한 연구업적을 점검해보았다. 그리고 1960년대를 전후한 현대 한국사회에서 천주교가 점유하고 있던 위상을 가늠해보고자 했다.

이 책을 정리하는 데에는 여러 사람의 도움을 받았다. 특히 여기에 수록된 개별 논문들을 작성하도록 자극과 기회를 준 분들에게 우선 감사의 말씀을 드린다. 그리고 산발적으로 발표되었던 글들을 모아 정리하는 과정에서 현재 고려대학교 대학원에서 연구자의 길을 준비하고 있는 장

정수와 김한신 그리고 이주화 등의 도움을 받아 그 체제를 통일하고 교정과 색인작업을 할 수 있었다. 이와 함께 이 저서의 기초작업은 2004년도부터 2006년도까지 한국학술진흥재단이 주관한 인문사회분야지원일반연구(AL0012) "조선시대 전자문화지도의 생활문화론적 연구"의 지원 프로젝트에 따라 진행되었음을 밝힌다. 이 책의 간행 과정에서 도움을 준 분 모두에게 감사드린다.

2010년 2월 15일
안암의 연구실에서
조광

<목 차>

이 책에 수록된 글들의 발표지發表誌

제1편 한국근대사회와 천주교

Ⅰ-1. 안중근 연구의 현황과 과제, 『한국근현대사연구』 12, 한국근현대사연구회, 2000, 改稿本.

Ⅰ-1(부록) 안중근 연구 논저목록(1910~2010), 『한국근현대사연구』 12, 한국근현대사연구회, 2000, 改稿本 2010.

Ⅰ-2. 안중근의 애국계몽운동과 독립전쟁, 『敎會史硏究』 9, 한국교회사연구소, 1994.

Ⅰ-3. 안중근 의거 이후 그 가문의 동향, (새 원고, 2010)

Ⅰ-4. 일제하 무장독립투쟁과 조선 천주교회, 『敎會史硏究』 11, 한국교회사연구소, 1996.

Ⅰ-5. 일제하 장면의 역사인식과 조선교회사서술, 『京畿史學』 5, 京畿史學會, 2001.

제2편 한국현대사회와 천주교

Ⅱ-1. 김익진의 생애와 사상, 『也人家學』, 가톨릭출판사, 2004.

Ⅱ-2. 한국현대사에서 제 2공화국 민주당정권의 의미, 『장면총리와 제2공화국』, 경인문화사, 2003.

Ⅱ-3. 1960년대 명동성당의 존재이유, 『민족사와 명동성당』, 천주교 명동교회, 2001.

Ⅱ-4. 1980년대 한국천주교회사에 대한 반성,『사목』150, 한국천주교중앙협의회, 1991.

Ⅱ-5. 1980년대 한국천주교회사의 특성,『사목』151, 한국천주교중앙협의회, 1991 .

Ⅱ-6. 한국교회의 과거, 현재 그리고 미래,『가톨릭 신학과 사상』30, 가톨릭대학교 출판부, 1999.

제1부

한국근대사회와 천주교

제1장 安重根 硏究 百年 : 현황과 과제

1. 머리글

안중근安重根의 의거는 1909년 10월 26일에 결행되었고, 그는 1910년 3월 26일 순국하였다. 그의 의거는 당시 동아시아 정국에 큰 영향을 주는 사건이었고, 제국주의의 침략이 자행되던 과정에서 이에 대한 통렬한 저항의 사례로 많은 사람들에게 각인되었다. 그리하여 안중근은 지난 세기의 전반기에 우리나라 독립운동이 전개되어 나가던 과정에서 좌우를 막론하고 거의 모든 독립운동가들에게 역할 모델을 제공해 주었던 인물이다. 또한 일본 제국주의의 침략에 직면해 있던 20세기 전반기 중국에서도 안중근에 대한 긍정적 평가가 널리 진행되고 있었다.

안중근의 의거에 대한 검토 작업은 일제 당국이 그에 대한 재판을 진행하면서부터 시작되었을 것이다. 그러나 일제의 안중근 의거에 대한 검토 목적은 안중근을 단죄하는 데에 있었을 뿐이었다. 그렇지만 반제운동反帝運動이 전개되던 과정에서 그에 대한 긍정적 평가와 연구가 진행되어 나갔으며, 그 첫 결실은 안중근 전기의 간행이었다. 그리고 그의 순국 직후인 1910년대 전반기부터 그의 의거에 대한 형상화 작업이 진행되어 중국에서는 그를 주제로 하는 연극이 도처에서 상연되기 시작했다.

이러한 점들을 감안하면, 안중근에 대한 평가와 연구작업은 그의 의

4 한국 근현대 천주교사 연구

거 및 순국과 거의 동시에 진행되었던 일로 파악된다. 본고에서는 안중근 연구의 현황을 살펴보기 위한 전제작업의 하나로 먼저 안중근에 대한 평가가 어떻게 진행되어 왔는지를 약술하고자 한다. 이를 통해서 우리는 안중근 연구의 필요성을 확인할 수 있기 때문이다. 그리고 이에 이어서 1910년대 이래 오늘에 이르기까지 안중근에 관한 연구의 성과들을 집대성하고, 그 연구의 경향을 간략히 분석해보면서 그 연구의 과제에 대해 전망해 보고자 한다.

안중근에 관한 연구사 정리 작업은 이미 시도된 바 있다.[1] 그러나 최근 10년에 걸쳐 안중근에 관한 연구는 폭발적으로 증가되어 갔다. 최근 10여 년 간에 이루어진 연구업적은 그 양적 측면에서 비교해 보더라도 이전 90여 년 동안 축적되어 왔던 안중근 관계 전체 연구업적보다도 많았다. 이는 안중근 의거 100주년을 앞두고 안중근 의거가 가지고 있는 역사적 의미를 밝히려는 과정에서 안중근에 관한 연구가 집중적으로 진행된 결과라고 생각된다.

이에 기존의 안중근 연구에 관한 성과를 재검토하고 보완할 필요가 제기되었다. 그러므로 본고에서는 기존에 조사된 연구목록을 다시 검토하고, 최근 10여 년간 새롭게 발표된 연구논저들을 더하여 기존의 연구업적을 파악하는 데에 가능한 한 만전을 기하고자 했다. 그리고 논문의 편수가 증가됨에 따라 논문의 성격에 따라 대략적인 분류를 시도하여 연구자들의 검색에 편의를 제공하고자 했다.

---

1) 조광, 1994, 「안중근의 애국계몽운동과 독립전쟁」『교회사연구』9, 한국교회사연구소, 66~71쪽의 '안중근에 대한 인식의 진전'에 안중근 관계 연구사를 간략히 정리한 바 있었다. 또한 조광, 2000, 「안중근 연구의 현황과 과제」『한국근현대사연구』12, 한국근현대사학회, 180~222쪽에서 이를 대폭 보완하여 다시 정리해 보았다. 본고는 기존에 조사된 논문 이외에 최근의 연구들을 첨가하여 수록하였고, 선행 작업에서 미진한 부분들을 보완하는 방향으로 이를 정리해 나가고자 한다.

2. 안중근에 대한 평가의 진전과정

안중근에 관한 연구사를 좀 더 잘 이해하기 위해서는 그에 관한 일반 사회의 인식이 어떻게 변화되어 나가고 있는지를 밝혀보아야 한다. 왜냐 하면 한 연구자가 특정 주제를 연구할 때 그 주제에 관한 당시 사회의 일반적인 해석 내지는 인식 경향에 일정한 영향을 받을 수 있기 때문이 다. 여기에서 본고에서는 먼저 안중근 의거에 대한 인식 내지 평가의 진 전과정을 간략하게 언급해 보고자 한다.

사실, 안중근의 의거는 당시 동아시아 사회에 일대 파문을 던져주는 사건이었다. 이는 당시 제국주의 세력이 동아시아를 무대로 하여 각축하 고 있었기 때문이었다. 그리고 안중근에 의해서 제거된 이토 히로부미(伊 藤博文)가 당시 동아시아 국제정치에서 차지하는 비중이 매우 높았기 때 문이었다. 이토 히로부미가 죽은 10월 26일부터 11월 4일 사이에 그 죽 음과 관련하여 오고간 전보가 모두 9만여 통이었다는 기록을 보면 이 사건이 동아시아 여러 나라에 미친 충격을 짐작할 수 있을 것이다.[2]

안중근에 대한 관심은 그의 의거 직후부터 고조되었다. 국내외 언론 은 그의 재판에 관한 소식들을 상세히 보도했고 이에 비례하여 많은 사 람들의 관심도 안중근의 사건에 집중되고 있었다. 대부분의 조선인들은 안중근의 의거를 긍정적으로 평가하고 있었다. 그는 조선인들 사이에서 위인 내지는 영웅으로 해석되어 갔다.[3] 그리고 중국인과 러시아인들도 안중근의 의거를 환영했다.[4]

물론 안중근의 의거 직후 대한제국 정부나 친일파들은 이토 히로부미

---

2) Le Séoul Bulletin des M.E.P., 4 Nov. 1909.
3) Le Séoul Bulletin des M.E.P., 9 Août. 1909.
4) Wilhelm 書翰, 1912年 3月 19日字.

의 죽음을 애도했다. 1909년 11월 5일에 거행된 그의 '국장國葬'에는 모두 4,500달러의 경비가 소요되었다. 이때 한국의 황제는 장례비로 30,000달러를 내놓았고 장례식 전날 통감부를 방문하여 조문을 표했다. 또한 대한제국 정부는 이토 히로부미 가家에 일본 제일은행을 통해서 100,000달러를 조위금으로 보내주었다.[5]

일본은 이토 히로부미의 죽음을 '명치유신 이래 처음 보는 불상사'로 규정했다.[6] 도쿄에서 진행된 그의 '국장' 때에는 모두 10여만 명의 인파가 모여들었다. 11월 12일 서울에서는 친일파들에 의해서 이토 히로부미의 동상을 세우기 위한 단체를 조직하려던 시도가 있었다. 11월 30일 조선의 13도 '대표' 48명이 서울에 모여서 이토 히로부미의 죽음에 대한 사죄사절단을 일본에 파견하는 문제를 논의하기도 했다.[7] 당시 천주교 조선교구의 교구장이었던 뮈텔(Mutel) 주교도 통감부를 방문하여 그의 죽음에 조의를 표했고 안중근의 의거를 단순한 살인행위로 규탄했다.[8]

안중근 의거 후 일본 당국이나 친일적 인물들은 이상과 같이 안중근의 행위를 부정적으로 판단했다. 그러나 안중근의 의거에 대해서 대부분의 조선인들은 열광했고 이를 긍정적으로 평가했다. 안중근의 재판이 진행되던 중 연해주에서 모금된 안중근 변호비용이 70,000엔(圓=달러)에 이르렀다는 통감부 기관지 『Seoul Press』의 기사는[9] 이 지역의 조선인들이 안중근의 구명을 위해서 얼마나 큰 경제적 희생을 감수했는지를 말해준다.

---

5) Le Séoul Bulletin des M.E.P., 30 Oct. 1909 ; 14 Nov. 1909.
6) 『朝鮮併合史』, 1926, 朝鮮及滿州社, 479쪽.
7) Le Séoul Bulletin des M.E.P., 12 Nov. 1909 ; 30 Nov. 1909.
8) 『뮈텔주교일기』, 1909년 11월 2일자 등.
9) Le Séoul Bulletin des M.E.P., 7 Feb. 1910. 1898년에 준공된 명동성당의 공사비가 당시의 금액으로 대략 60,000달러 정도의 금액이 소요되었다. 이 금액을 순금 가치는 불변이라는 가정 아래 오늘날의 금액으로 환산해 보면 대략 1,000,000만 달러에 이르렀을 것으로 계산된다. 그렇다면 안중근의 변호비용 70,000달러는 당시 연해주 일대의 조선인 모두가 참여하여 모금한 금액으로 보더라도 무리가 없을 것이다.

그리고 의거 직후 하와이에 거주하던 동포들도 1909년 12월부터 1910년 3월 사이에 2,916달러를 모금했다. 이는 거의 모두가 날품팔이 노동자로 일하며 근근히 생계를 유지하고 있던 하와이 한인 교민들의 놀라운 성원을 단적으로 보여주는 사례라 할 수 있다. 하와이 교민들은 이 모금액의 대부분인 1,700달러를 연해주 블라디보스토크에 있던 '안의사 구제공동회安義士救濟共同會'로 송금했다.10)

안중근에 대한 긍정적 평가는 '한일합방' 이후에도 민족주의 운동가들을 중심으로 하여 강화되어 갔다. 안중근의 순국 당시 간도間島 등 해외에 망명해 있던 김택영金澤榮(1850~1927)을 비롯한 많은 사람들이 만사輓詞나 제문祭文 등을 지어서 안중근을 추모했다. 그의 순국 직후 해외 도처에서는 추도회가 개최되었다. 이 추도회에서는 한글이나 한문으로 작성된 추도문이나 추도시가 낭송되었다.11)

그의 죽음 직후부터 안중근에 대한 전기가 간행되었다. 한글판 안중근 전기는 1911년 홍종표洪宗杓가 저술하여 간행한『대동위인 안중근전 大東偉人 安重根傳』을 들 수 있다. 이처럼 안중근은 그 의거 직후부터 '의사'로 지칭되었으며, 그의 서거 직후부터 '위인'으로 추앙되어 위인전이 집필되기 시작했다. 이 전기를 통해서 안중근은 특히 해외에서 독립운동을 전개하던 인사들에게 역할 모델을 제공해 주고 있었다.

안중근에 대한 긍정적 평가는 사회주의 운동이 시작된 이후에도 지속적으로 강화되었다. 예를 들면 1927년 이후 만주의 지린(吉林)에서 사회주의자들은 조선독립의 방법을 논하던 과정에서 무투武鬪를 실천한 안중근의 노선과 청원에 주력했던 이준李儁(1858~1907)의 노선을 비교하며 안중근의 노선을 높게 평가하고 있었다.12)『안중근 이등박문을 쏘다』라는

---

10) 장세윤, 1999,「대동위인 안중근전」『안중근의사 자료집』, 국학자료원, 3~4쪽.
11) 朴殷植, 1999,「안중근」『안중근전기전집』(尹炳奭 譯篇), 국가보훈처, 249~260쪽.
12) 김일성, 1992,『세기와 더불어』1, 조선로동당출판사, 245쪽.

작품이 1928년 1월경에 김일성의 지도 아래 간도 무송撫松 조선인학교 개교식 경축공연으로 무대에 올랐다.[13]

일제하 무정부주의자였던 유자명柳子明(1894~1985)도 안중근의 독립운동에 깊은 영향을 받은 바 있었다. 그는 자신의 수기인 『한 혁명자의 회억록』에서 '안중근 의사'의 독립운동과 이토 히로부미 저격 그리고 그의 법정투쟁을 적고 있다. 유자명은 안중근 의거의 결과에 대해서 다음과 같이 말했다.

> "안중근 의사는 이렇게 조국의 독립과 해방을 위해서 력사의 篇章을 써놓고 최후로 일본 제국주의가 가장 많은 죄악을 범한 대련 감옥의 교수대에서 전투의 일생을 끝낸 것이다. 그때로부터 안중근 의사는 조선 혁명 인민의 마음속에 영원히 살아 있으며, 또는 중국 인민에게도 숭고한 존경을 받게 된 것이다."[14]

이상에서 살펴 본 바와 같이 해외에서 독립운동을 전개하던 인사들은 좌우를 불문하고 안중근에 대해서 적극적으로 평가하고 있었다. 그리고 망명 조선인뿐만 아니라 당시 중국의 명류名流들도 안중근에 대한 만사와 제문을 비롯한 추도의 글을 다수 작성했다. 예를 들면 위안스카이(袁世凱), 리홍장(李鴻章)과 같은 청나라 말기의 정치인들[15] 그리고 량치차오(梁啓超)나 창빙린(章炳麟) 등 문필가들도 특별히 글을 남겨 안중근을 추모했다.[16]

중국에 있어서 안중근을 추모하는 열기는 1919년 5·4운동을 계기로 하여 고조되었다. 일제 침략에 저항하는 이 운동의 과정에서 「안중근安重根」「망국한亡國恨」 등의 제목으로 안중근 의거에 관한 연극이 공연되어 중국 대중의 반일의식을 고취하고 있었다. 당시 텐진(天津)의 여학교

---

13) 사회과학원 력사연구소 편, 1971, 『력사서전』 II, 사회과학출판사, 1188쪽.
14) 유자명, 1999, 『한 혁명자의 회억론』, 독립기념관 한국독립운동사연구소, 11쪽.
15) 安鶴植, 1963, 『의사안중근전기』, 萬壽祠保存會, 247~248쪽.
16) 박은식, 1999, 「安重根」『安重根傳記全集』, 국가보훈처, 264쪽.

에서 재학하고 있던 떵잉차오(鄧穎超)는 이 연극에서 남장을 하고 안중근
역을 맡아 주연으로 열연했다. 그는 후일 중화인민공화국의 수상이 된
저우언라이(周恩來)와 결혼했고, 중국 현대 여성운동사에서 주요한 족적
을 남겨 주었다. 그는 이로써 조선의 반제국주의 운동에 깊은 이해를 가
지게 되었다.

그리고 현대 중국의 대표적 문인 가운데 하나인 바진(巴金)은 "안중근
이 이등박문을 쏴 죽인 사적은 자신에게 매우 깊은 감동을 주어, 안중근
은 자신의 소년기에 숭배하는 영웅이 되었다"고 말했다.[17] 이상의 예에
서 볼 수 있는 바와 같이 20세기 전반기 중국에서 반제국주의 운동에
참여하고 있었던 사람들에게 안중근은 광범한 영향을 주었다. 이 과정에
서 안중근의 전기가 몽골어로 저술되어 간행되기도 했다.

일제 식민지하에서 안중근에 대한 언급이나 연구는 금기시되어 왔다.
식민지시대 1931년 출판사 삼중당三中堂에서 『하르빈 역두驛頭의 총성銃
聲』이란 제목으로 안중근의 전기가 간행된 직후 판매금지를 당했다는
사실은 안중근에 대한 긍정적 평가를 막아보려던 일제 당국의 고육책을
드러내주고 있다.

그러나 안중근에 대한 긍정적 인식은 한국의 해방을 통해서 더욱 확산
되어 갔다. 안중근에 대한 평가에 인색했던 집단에서도 이제 해방을 맞은
이후 자신의 견해를 수정하여 안중근을 상찬하기 시작했다. 예를 들면 해
방 직후 1946년 4월에 조선 천주교의 대표적 잡지사였던 경향잡지사京鄕
雜誌社에서는 『안중근선생공판기安重根先生公判記』를 간행했다. 해방된 한
국의 천주교회는 천주교 신도였던 안중근의 독립투쟁을 정당하게 평가한
결과 이와 같은 책자가 간행될 수 있었다.

또한 대한민국 정부수립 후 천주교회에서는 안중근의 전기인 이전李
全 저 『안중근혈투기安重根血鬪記』를 들 수 있다. 이전은 구한말 진남포의

---

17) 유자명, 1999, 『한 혁명자의 회억록』, 독립기념관 한국독립운동사연구소, 286쪽.

천주교회에서 경영했고 안중근이 교장으로 있었던 돈의학교敦義學校 출신 문하생들의 안중근에 관한 견문 등을 조사하여 이 책을 엮었다. 이 책은 1950년 당시 천주교 서울교구에서 경영하던 대건인쇄소大建印刷所에서 간행했다. 이로 미루어 볼 때, 해방 직후 남한의 천주교회에서는 안중근의 행적을 밝힘으로써 일제시대 독립운동에 소극적이었다는 당시인들의 인식을 전환시키고자 했음을 알 수 있다.

그리고 서울교구의 노기남 주교는 1947년 3월 26일에는 안중근(도마)의 37주기를 맞아 안씨 가문의 요청에 따라 명동성당에서 대례연미사를 개최했다.18) 1957년 3월 26일에는 안중근 서거 47주기를 맞이하여 명동성당 강당에서 추도식이 개최되었고, 노기남 주교는 여기에서 사도예절을 집전했다.19) 그의 연미사가 서울교구의 주교좌인 명동성당에서 대례미사의 형식으로 성대히 개최되고, 명동성당 강당에서 그의 추도식이 열렸던 것은 안중근의 의거에 대해서 부정적으로 평가해 왔던 천주교회의 공식 입장을 뒤늦게나마 수정한 것이었다.

이러한 과정을 거쳐 오늘날 안중근은 '구국거성救國巨星'이 되었고, 민족적 영웅으로 자리잡게 되었다. 오늘에 이르러 안중근에 관한 연구가 비교적 활발히 진행되고 있다. 안중근의 삶을 기술한 아동용 전기도 최소한 173종에 이르고 있고, 그의 생애를 연구하여 발표한 많은 전기들이나 연구서가 있다. 이 전기의 대부분은 해방 이후에 간행되었다. 이를 보면 해방된 한국에서 안중근에 대한 평가가 긍정적으로 진행되었음을 확인할 수 있다.

물론 해방 이후 안중근에 대한 평가는 남북한에서 약간의 차이를 드러내고 있었다. 북한의 경우 안중근에 대한 평가는 다음의 자료를 통해서 드러난다.

---

18) 『盧基南 大主敎 年譜』, 1947. 3. 26.
19) 『盧基南 大主敎 年譜』, 1957. 3. 26.

　　　그의 애국적 소행은 일제의 침략정책에 일정한 타격을 주고 당시 인민들
　　의 반일투쟁을 고무하였으나 대중투쟁과 결부되지 못한 그의 개인 테로의 방
　　법은 일제 침략자들을 구축하고 조선독립을 달성할 수 있는 정확한 투쟁방법
　　으로는 될 수 없었다.[20]
　　　안중근의 애국의 총성은 조선 사람이 일제놈들과 굴함 없이 싸운다는 것
　　을 보여주었으며 조선 강점에 피눈이 되어 날뛰는 일제침략자들의 죄행을 세
　　계의 면전에 폭로하는 또 하나의 계기로 되였다.[21]

　　위의 자료에서 볼 수 있는 바와 같이 1970년대 북한에서는 안중근 의
거의 한계를 지적하기도 했다. 그러나 1980년대 이후에는 그에 대해서
더욱 적극적으로 평가하고 있음을 알 수 있다. 사실 안중근의 활동은 그
의 투쟁 방법이 개인 테러에 의존했다 하더라도 당시의 상황에서는 그가
택할 수 있었던 최선의 투쟁방법이었다. 그러므로 남한 학계는 그의 활
동에 대해서 긍정적으로 평가했다.

　　해방 이후 남한에서는 안중근에 대한 각종 기사가 신문이나 잡지에
다수 실린 바 있었다. 안중근을 기념하는 사업이 진행되었고, 안중근의
일대기는 문학작품을 통해서 표현되었다. 그의 의거를 기념하는 연극이
공연되기도 했으며, 그의 일대기를 담은 영화가 남북한에서 각기 제작되
기도 했다.[22] 이와 같이 안중근에 대한 평가는 시간의 경과에 비례하여
더욱 강화되어 가고 있다. 해방 이후 일본에서도 안중근에 대한 긍정적
시각의 연구와 서술이 이루어졌다.

---

20) 사회과학원 력사연구소 편, 1971, 『력사서전』 Ⅱ, 사회과학출판사, 1188쪽.
21) 『조선전사』 14, 1980, 과학백과사전출판사, 261쪽.
22) 金明洙, 1985. 『明水散文錄』, 삼형문화사, 260쪽. "한국서 '椿姬를' 찍고(이경손
　　감독) 상해로 건너온 鄭基鐸(평양)과 金一松 양(전주)의 제1차 작품은 안중근 의
　　사의 의거를 각색한 '愛國魂'인데 이것이 중국에서 크게 히트했다. 김일송의 미모
　　에다가 일본제국 침략의 대원흉 이등박문을 만주 하얼삔 역두에서 사살하는 영웅
　　적 장면이 중국민중의 대환영을 받은 것이다." 이 기록을 보면 안중근에 관한 영
　　화는 이미 1930년대 중국에서 제작되기 시작했다.

요컨대, 반일적 반제국주의적 인사들은 안중근의 의거 직후부터 그를 '의사'로 규정했다. 그의 순국 직후 그는 '위인'의 반열에 서게 되었다. 이와 같은 평가는 당시 일제 침략을 정당화하던 세력의 입장과는 판이하게 다른 것이었다. 그리고 역사의 진행과정에서 안중근의 행동이 가지고 있는 정당성은 강화되어 갔다. 그리하여 오늘날 안중근은 한국인에게 가장 친숙한 위인으로 부각되기에 이르렀다. 그는 남북한 모두가 함께 긍정적으로 평가해줄 수 있는 몇 안 되는 위인 가운데 하나가 되었다. 이와 같은 평가를 감안할 때 안중근에 관해서는 좀 더 본격적 연구가 요청되고 있으며, 이 연구를 위한 기초작업으로 문헌정리의 필요성이 제기되고 있다.

3. 안중근 연구의 현황

안중근은 그 의거 이후 오늘에 이르기까지 100여년에 걸쳐 연구가 지속되어 왔다. 우리나라 근대 인물 가운데 사상의 좌우를 떠나서 이렇게 지속적으로 주목되고 있는 인물은 많지 않을 것이다. 본고에서는 안중근 연구의 시대적 특성을 간략히 언급하고 이어서 각 분야별로 진행된 안중근 연구가 가지고 있는 특징에 대해 설명해 보고자 한다. 이 설명은 다음에 제시된 <표 1>의 통계적 결과를 중심으로 하여 진행될 수 있을 것이다.

〈표 1〉 안중근 관계 연구 업적 통계

번호	분류	해방 이전	45~49	50~54	55~59	60~64	65~69	70~74	75~79	80~84	85~89	90~94	95~99	00~04	05~09	합계
1	기초연구						1		2			12	9	8	24	56
1.2	문헌목록 연구사											3	1	1	1	6
1.2.1.	박사학위 논문														2	2
1.2.2.	석사학위 논문								1			2	2	3	7	15
1.3.	축차간행물 특집								1			3				4
1.4.	학술발표회 논문집											4	4	2	12	22

1.5.	사진자료집 등						1						2	2	2	7
2.	안중근관계 단행본	17	5			2	3	7	3	4	1	12	15	13	11	93
2.1.	사료집															
2.1.1.	자서전							1	1			1	3	2		8
2.1.2.	신문기록	1	1			1	2					1	1		1	8
2.1.3.	공문서 등	1					1					1	1	3	2	9
2.2.	안중근 傳記															
2.2.1.	傳記(해방이전)	15														15
2.2.2.	傳記(해방이후)		4			2	1	1	2	3	1	9	8	3	3	37
2.3	안중근 전문연구서						1	2		1			2	5	5	16
3.	안중근 연구논문			1			2	9	7	3		20	39	41	102	224
3.1.	사료정리 및 연구			1				6	1			3	6	4	11	32
3.2.	종합연구							2	1	1		3	4	3	5	19
3.3.	생애 및 독립운동						1		1	1		2	3	9	6	23
3.4.	법정투쟁 및 법리											1	3	2	6	12
3.5.	천주교 관계 연구									2		2	2	4	8	18
3.6.	정치사회사상 연구									1				3	5	9
3.7.	동양평화론 연구										1	5	11	6	23	46
3.8.	관계 인물 연구						1					1	2	7	9	20
3.9.	의거 인식 및 반응								1	1		3	8	3	29	45
4	문화예술	8	1			2	4	12	28	26	43	36	18	31		209
4.1.	전기문학	2					1				1	2	1	2	7	16
4.2.	희곡·시나리오 등	6	1					2				2	3	2	4	20
4.3.	아동문학						1	4	12	26	25	39	32	14	20	173

* 자료 : 安重根 研究論著 目錄

이상의 <표 1>에 따라 안중근 연구의 시대적 특성을 검토해 보면 그에 관한 연구에서는 시대에 따라 일종의 경향성을 파악할 수 있다. 즉, 식민지시대 안중근에 관한 연구는 주로 안중근 개인사에 관한 연구와 전기의 간행이 주류를 이루고 있었다. 그는 영웅이었고, 위인으로 인식되고 있었으므로 그에 관한 전기는 자연히 영웅전 내지 위인전의 형태를 취하고 있었다. 물론 당시에 간행된 전기들은 상대적으로 그의 생애와 사상에 관한 간략한 내용을 담고 있었고, 주로 중국에서 간행되었다. 그렇다 하더라도 이 전기들이 미친 영향을 과소평가할 수는 없다. 안중근과 동시대인이었던 박은식朴殷植이나 계봉우桂奉瑀 등이 저술한 안중근의 전기들은 그의 행적에 대해 자세한 내용을 전해주고 있기 때문이다. 그리고 이 '위인전'의 독서를 통해서 많은 독립운동자들은 자신의 역할 모델로 안중근을 설정하게 되었다고 생각되기 때문이다.

한편, 1945년 조선은 해방을 맞게 되었다. 그리고 안중근에 대한 저술의 출간이 활발히 진행되어 갔다. 이는 해방으로 인해 신 국가건설운동이 일어나고, 민족주의적 분위기가 고양되어 가던 상황과 무관하지 않을 것으로 생각된다. 그러나 안중근에 관한 연구는 1950년대 이후 1970년대 전반기에 이르기까지 거의 진행되지 못하고 있었다. 당시 우리나라 역사학계의 주된 관심사는 근대화론 및 내재적 발전론의 규명에 있었기 때문에, 식민지시대 독립운동에 관한 연구는 거의 진행될 여지가 없었다. 이 기간에 산출된 안중근에 관한 연구성과로는 1956년 일본에서 진행된 안중근 관계 사료에 대한 연구와[23] 북한의 연구자가 1965년에 발표한 안중근의 생애에 관한 한 편의 논문이 있을 뿐이었다.[24]

안중근에 관한 연구는 1970년대 후반기부터 점차 진행되어 가기 시작했다. 이 시기에는 안중근의 자서전과 동양평화론 등 그가 남긴 기록들이 확인됨에 따라 이 자료들과 관련된 문제들에 관한 연구가 주로 진행되어 갔다. 그러나 1980년을 기점으로 하여 사회주의 계열의 항일투쟁에 관한 연구가 활발히 전개되며, 식민지시대 광복운동의 전체적 윤곽이 좀더 분명해져 갔다. 그러나 이러한 과정에서 안중근에 관한 연구는 독립운동을 연구하는 학자들의 일차적 관심권으로부터 약간 벗어나 있었다.

안중근 연구가 본격적으로 진행된 시기는 1990년대 중엽 이후의 일이었다. 이때 안중근에 관한 연구는 양적으로 팽창되어 갔다. 사실, 이 시기에 발표된 안중근에 관한 연구논문들은 전체 분량에서 80%이상을

---

23) 山脇重雄, 1956, 「安重根關係書類」『歷史敎育』4-2, 歷史敎育硏究會.
24) 김영숙, 1965, 「열렬한 반일 애국 렬사 안중근의 생애와 그의 옥중 투쟁」『력사과학』1965년 3호, 사회과학원 력사연구소.

차지하고 있었다. 안중근 연구에서는 2000년대 이후에 특히 많은 성과를 확인할 수 있다. 이때에 들어와서 안중근 연구가 활발히 진행될 수 있었던 까닭으로는 학계에서 한일강제병합에 이르는 과정에서 체결된 각종 불평등조약에 대한 이해가 심화된 사실을 우선 주목할 수 있다. 그리고 안중근 의거 백주년을 앞에 두고 그에 관한 체계적 연구의 필요성이 대두되어 이를 실천한 결과라고 볼 수 있다. 현재를 포함하고 있는 이 시기의 안중근 연구에는 안중근기념사업회 안중근 연구소 등이 주요한 역할을 하고 있었다.

안중근 연구는 한국근대사 연구의 일환이며 그 분류의 범위를 좁힌다 하더라도 한국독립운동사 연구의 한 부분이다. 이 때문에 안중근과 그 의거에 대한 연구는 한국근대사 내지 독립운동사 연구와 직결되고 있다. 그리고 이러한 사건의 역사적 인과관계를 규명하는 과정에서 안중근과 그 의거가 서술되고 있다. 따라서 그를 언급하고 있는 적지 않은 논저들이 그에 관한 직접적 전문적 연구라기보다는 역사적 맥락을 서술하는 과정에서 그를 포함하고 있는 것이다. 그러므로 안중근 연구의 경향을 검토하는 작업에서 그가 살았던 시대의 연구와 별도로 분리시켜 논하는 일은 불가능하다.

그렇다 하더라도 안중근은 개항기 국권수호운동에 있어서 매우 큰 상징적 의미를 가지고 있다. 따라서 한국근대사 연구의 일환으로 그에 관한 적지 않은 연구들이 진행되어 왔다. 현재 안중근에 관한 기초연구들은 56종에 이르고 있고, 93종의 단행본이 간행되었으며, 모두 224편의 전문적 논문들이 간행되었다. 이 연구들이 가지고 있는 세부적 특성들에 관해서 기초연구 분야부터 검토해 보겠다.

안중근의 기초연구는 우선 각종 학위논문을 들 수 있다. 안중근에 관한 학위 논문은 1975년 특수대학원의 논문으로 제출된 교육학석사학위 논문을 효시로 하고 있다. 즉, 안중근에 관한 학문적 관심은 1970년대 중엽에 들어와서야 역사교육 분야에서 시작되었다고 볼 수 있다.[25] 한국사분야에서는 1993년도에 이르러서야 첫 번째 문학석사 학위논문이 나올 수 있었다.[26]

그리하여 현재에 이르기까지 모두 그리고 15편의 석사학위 논문이 발표되었고, 이 논문들 가운데 2000년대에 들어와서는 안중근의 의거에 대한 윤리신학을 비롯한 신학적 검토 작업이 활발히 전개되어 오고 있음을 확인하게 된다. 또한, 2007년 안중근관계 박사학위논문이 제출된 사실을 주목할 수 있다.[27] 안중근을 연구주제로 한 박사학위 소지자가 나타났다는 것은 그에 관한 심층연구의 인적 기반이 갖추어졌다는 말이 된다.

한편, 국내에서 간행된 여러 학술잡지에서 안중근을 특집 내지는 부특집副特輯으로 하여 집중적으로 연구조명하기 시작했다.[28] 또한 안중근 관계 학술대회의 빈번한 개최와 병행하여 '학술발표회 논문집(proceedings)'이 경인쇄물輕印刷物로 다수 발간되었다. 이 경우 후일 전문 학술지에 논문이 수정 게재되는 경우가 대부분이었지만, 경우에 따라서는 학술발표회 논문집에 게재의 발표논문만 남아있기도 하다.[29]

그리고 안중근에 관한 사진자료를 정리하려는 노력은 대중적 관심 아래 일찍부터 진행되어 왔다.[30] 또한 항일유적지의 답사과정에서 안중근과 관련된 역사적 지점들이 주목을 받아왔고, 이에 관한 답사기들도 작성되었다. 안중근에 관한 사진자료와 현지답사 보고서 등은 안중근 연구

25) 金甲得, 1975, 「안중근에 관한 일 연구 - 국권회복운동과의 관련에서 - 」 이화여자대학교 교육대학원 교육학석사 학위논문.
26) 申雲龍, 1993, 「안중근의 생애와 사상에 대한 일고-그의 君主觀과 東洋平和論을 중심으로」, 한국외국어대학교 대학원 문학석사.
27) 신운용, 2007, 「안중근의 민족운동연구」, 한국외국어대 사학과 문학박사 학위논문.
28) 이에 관한 대표적 사례로는 한국교회사연구소에서 1994에 간행한 『교회사연구』9(安重根 토마스義士 特輯)을 들 수 있다.
29) 축차간행물 특집과 학술발표회 논문집에 관한 현재의 조사는 매우 미흡하므로, 이를 더욱 보완해 나가고자 한다.
30) 안중근의사숭모회, 1968·1972·1989, 『민족의 얼 - 안중근 의사 유묵사진첩 - 』

에 있어서 간접적 도움을 줄 수 있는 분야로 생각된다. 그리고 안중근의 사진자료를 집대성하여 보정해서 학술적인 검토를 거쳐 본격적인 자료 집의 출현이 기대되고 있다.

안중근 관계 단행본 도서 중에는 사료집적 성격의 도서들이 우선 주목된다. 여기에는 안중근이 직접 남긴 자서전을 비롯한 일부 기록들과, 그가 체포된 이후 러시아의 관헌 및 일본의 관헌들이 작성한 신문기록 및 안중근 관계 공문서 등을 들 수 있다.

그러나 안중근 관계 자료의 발굴 과정에 있어서 가장 중요한 사건은 그의 자서전인『안응칠력사安應七歷史』와 그의 저서인『동양평화론東洋平和論』의 존재가 확인된 사실이었다. 즉, 1969년 4월 일본 도쿄(東京) 간다(神田)의 고서점에서『안중근자서전安重根自敍傳』이란 표제로 된 일본어 번역본이 최서면崔書勉에 의해 발견되었다.31) 그리고 1978년에는 나가사키(長崎)의 와다나베(渡邊庄四郎)가『안응칠력사』한문 원본을 한국대사관에 기증함으로써 그 자료가 본격적으로 발굴될 수 있었다.32)

한편, 1979년 9월 김정명金正明은 일본 국회도서관 헌정연구실 '칠조청미 문서七條淸美 文書' 중에서『안응칠력사』와『동양평화론』의 등사본 합책을 발굴했다.33) 이러한 노력들을 통하여 안중근의 친필 고본은 아니었지만 그의 유고가 원문대로 빛을 보게 되었다. 물론 이 유고들은 옥중에서 작성된 것이었으므로 일정한 한계를 갖고 있다. 예를 들면, 이 유고에서 안중근은 1908년의 의병투쟁이나 1909년의 단지동맹斷指同盟에 대해서는 언급을 생략하고 있다. 그러나 이와 같은 안중근 자신이 남긴 자전적 기록이나 당시의 재판 기록들은 안중근을 연구하는 데에 필수

31) 崔書勉,「安應七自傳」『外交時報』1970년 5월호, 外交時報社, 777쪽 ; 尹炳奭, 1999,「해제 안중근전기전집」『안중근전기전집』, 국가보훈처, 37쪽.
32) 최서면, 1979,「안중근 자전고(自傳考)」『나라사랑』34, 외솔회, 56~57쪽.
33)『동아일보』1979년 9월 1일자 기사 ; 尹炳奭, 1999,「해제 안중근전기전집」『안중근전기전집』, 국가보훈처, 37쪽.

적으로 요청되는 일차사료들이다.

안중근 의거에 관한 자료적 성격을 가진 책자로는 만주 따롄(大連)에 있던 만주일일신문사滿洲日日新聞社에서 간행된 『안중근의사공판속기록 安重根事件公判速記錄』을 최초의 것으로 볼 수 있다. 이 공판속기록은 법원의 공식문서는 아니었다. 이 자료는 안중근에 대한 재판을 방청했던 기자가 작성한 일본문 속기록을 정리하여 간행했다.

이 책자는 1910년(明治 43) 3월에 초판이 간행된 이후 그해 5월에 재판되었다. 이로 미루어 볼 때 이 책은 법원 당국의 공식적 기록은 아니라 하더라도 당시 안중근 재판의 진상을 알려주는 주요한 자료로 평가되고 있었다. 이 공판속기록은 그 후에 작성된 일부의 안중근전기에 부분적으로 활용되었다. 한편, 1946년 서울의 경향잡지사에서 간행한 『안중근선생공판기』는 이상의 만주일일신문사의 『안중근사건공판속기록』을 박성강朴性綱이 번역, 편집하여 간행한 것이었다.

그러나 오늘에 이르러서는 일제 당국에서 작성한 신문조서 등이 새롭게 발굴됨에 따라 이 위에 언급된 속기록의 사료적 가치는 감소될 수밖에 없었다. 오늘날 연구자들이 활용할 수 있는 안중근의 재판 관계 자료로는 일본의 도쿄(東京) 한국사료연구소韓國史料研究所에서 간행한 조선통치사료 제5집으로 『안중근등살인피고공판기록安重根等殺人被告公判記錄』을 우선 들 수 있다. 그리고 1976년 국사편찬위원회는 한국독립운동사자료 6과 7로 『안중근의사 및 그 관계자 공판기록』과 『주한공사관기록駐韓日本公使館記錄』을 간행해서 안중근 관계 기초 자료를 제공해 주었다.

국사편찬위원회에서 간행한 이 자료 가운데 『안중근의사 및 그 관계자 공판기록』은 원래 조선총독부 조선사편수회에서 소장했던 자료였다. 이를 해방 이후 국사편찬위원회에서 인수받아 정리 간행한 것이었다. 그리고 『주한일본공사관기록』은 국사편찬위원회가 소장하고 있는 같은 명칭의 자료 가운데 안중근 관계 사료만을 발췌 정리하고, 여기에 안중근

의거에 관한 『대한매일신보大韓每日申報』의 기사를 가려 뽑아 간행했다. 그밖에 안중근 관계 공판기록 중 책자로 간행된 것으로는 『안중근사건 공판기』도 들 수 있다.[34] 이 자료는 국사편찬위원회에서 간행한 『안중 근의사 및 그 관계자 공판기록』의 말미에 있는 「공판시말서公判始末書」 제1회분부터 제6회분까지를 교주校註한 책자이다. 이러한 사료집을 통해서 연구자들은 안중근 의거의 실체에 접근해 가고 있었다.

안중근에 관한 단행본 책자 가운데 가장 많은 부분을 차지하고 있는 것은 안중근에 관한 전기를 들 수 있다. 안중근의 전기는 한국뿐만 아니라 중국과 일본에서도 지속적으로 간행되어 왔다. 그의 전기 자료들은 안중근에 관한 연구에서 간과할 수 없는 부분이다. 안중근의 전기 자료에 대해서는 선학에 의해 연구된 바 있으므로[35] 본고에서는 이를 간략히 정리하여 제시하면 다음과 같다. 즉, 안중근 개인에 대한 전기적 기록은 1911년부터 출현했다. 즉, 1911년 홍종표洪宗杓가 한글로 저술한 『대동위인 안중근전大東偉人 安重根傳』이 하와이 신한국보사新韓國報社에서 간행되었다.[36] 그러나 이에 앞서 1910년 창강滄江 김택영金澤榮은 『안중 근전安重根傳』을 저술한 바 있지만 이는 필사본으로 전해졌을 뿐 저술 당시 간행에까지는 이르지 못했다. 김택영의 저술은 후일 그의 문집에 수록되어 알려지게 되었다.

'합방' 직후 안중근에 대한 대표적 전기작가로는 창해노방실滄海老紡室 박은식朴殷植(1859~1925)이 있다. 그는 1912년 한문본 『안중근安重根』을 저술하여 '동서양위인총서'의 일부로 상재했고 이를 다시 1914년 상

---

34) 崔洪奎 校註, 1979, 『안중근사건공판기』(正音文庫 79), 正音社.
35) 尹炳奭, 1999, 「해제 안중근 전기전집」 『안중근전기전집』(尹炳奭譯篇), 국가보훈 처, 34~35쪽.
36) 이 자료는 독립기념관 한국독립운동사연구소 편, 1999, 『안중근의사자료집』, 국학자료원 및 국가보훈처, 1999, 尹炳奭 譯篇, 『안중근전기전집』, 국가보훈처에 수록되어 있다.

하이 대동편집국大同編輯局에서 간행했다. 그리고 옥사玉史 김하구金河球
는 이 자료를 초역하여 『만고의사 안중근전』을 간행했다. 러시아령 연
해주 해삼위 신한촌新韓村의 한인신보사韓人新報社에서는 1917년에 이를
『애국혼愛國魂』으로 간행하고 있었다.

그리고 같은 해인 1914년 6월부터 8월까지 계봉우桂奉瑀는 해삼위의
『권업신문勸業新聞』에 10회에 걸쳐서 「만고의ᄉ 안중근전」이란 제목으
로 안중근 전기를 연재했다. 한편, 이건승李建昇도 1919년 서간도에서 『안
중근전』을 저술했고 이 원고가 그의 『해경당수초海耕堂收草』에 수록되어
전해졌다. 또한 중국 창스(長沙) 출신인 쳉위안(鄭沅)은 『안중근전』을 저
작하여 1920년 경 상하이에서 간행했다. 이처럼 '한일합방' 직후 안중근
에 관한 전기적 기록들은 망명지에서 간행될 수 있었다.

그리고 해방 이전에 저술되었던 전기 가운데 상당수는 윤병석 역편
『안중근전기전집安重根傳記全集』(國家報勳處, 1999)에 수록되어 있다. 이 『안
중근전기전집』에는 일부 사진자료와 그가 남긴 휘호의 사진 등이 제시
되어 있다. 이 자료집의 본문은 모두 3부로 구성되어 있다. 제1부는 '안
중근 자서전'으로서, 여기에는 『안응칠역사』 및 『동양평화론』이 다시
번역되어 수록되었다. 이 작업을 통해서 1979년도의 번역본이 가지고
있었던 번역상의 문제점이 교정될 수 있었다.

이 자료집의 제2부는 '국내외 문인학자들의 안중근 전기' 편으로 되
어 있다. 여기에는 박은식, 『안중근』; 옥사玉史 편저, 『만고의사 안중근
전』; 저자미상 『근세역사(近世歷史)』; 김택영, 『안중근전』; 이건승, 『안
중근전』; 홍종표, 『대동위인 안중근전』; 계봉우, 『만고의ᄉ 안중근전』;
쳉위안(鄭沅), 『안중근』 등 한문이나 고어체 한글로 작성된 8편의 전기가
집성되어 있다. 역편자는 이 자료 가운데 한문본을 번역하고, 고어체 한
글본을 직해하여 연구자들이 손쉽게 활용할 수 있도록 배려했다.

한편 자료집의 제3부는 '해방직후 안중근전기 관련저술'로 되어 있다.

여기에는 「우덕순禹德淳 선생의 회고담」 ; 이강李剛, 「내가 본 안중근 의사」 ; 이전李全, 『안중근 혈투기』 ; 황의돈黃義敦, 『안의사중근전安義士重根傳』 등 4종의 자료가 정리되어 있다. 이 『안중근전기전집』의 간행을 통해서 연구자들은 절판된 전기 자료들에 쉽게 접근할 수 있게 되었다.

이밖에도 해방 이후 남한에서는 안중근의 전기가 여러 종류 간행되었다. 아마 북한에서도 어떠한 형태로든 안중근의 전기가 간행되었을 것으로 추정되나 그 구체적 내역은 자료의 부족으로 알 수 없다. 한편, 중국의 센양瀋陽에 있는 요녕민족출판사遼寧民族出版社에서 송정환은 1985년 한글로 된 『안중근』을 간행했다. 그 후 심양의 요녕민족출판사에서는 1994년에 다시 김우종金宇鐘·최서면崔書勉이 주편主篇한 『안중근』을 간행했다.

안중근의 전기 간행은 해방 이후에도 계속되었다. 안중근의 평전을 작성하기 위한 노력들이 지속적으로 진행되어 왔다. 그리고 이에 그치지 않고 안중근의 일대기를 문학적으로 형상화하려는 노력들이 식민지시대 이래로 시도되었다.[37] 이 작업의 결과로 최상덕, 이호철, 송원희, 한석청, 조정래, 이문열 등이 그의 전기문학작품들을 발표하였다.

안중근에 관한 문학적 형상화 작업과는 장르를 달리하여 안중근에 관한 전문적 연구서(monography)들도 간행되었다. 그러나 이 분야에 있어서는 안중근에 관한 연구작업은 역사학계를 중심으로 하여 진행되었다. 또한 적지 않은 논문들이 축차적으로 간행되어 안중근 연구의 미래를 밝게 해주고 있다. 한편, 안중근에 관해서는 학술 분야뿐만 아니라 문학과 예술 분야에서도 적지 않은 성과가 축적되어 있다. 이 성과들 가운데 일부는 안중근에 관한 기존의 연구 성과들을 충실히 반영했다. 안중근의 생애와 사상을 형상화하기 위한 이 노력은 학술적 연구성과에 기초해야 하기 때문이다.

---

37) 李泰浩, 1931, 『哈爾賓 驛頭의 銃聲』, 三中堂書店.

3. 안중근 연구의 과제

오늘날 우리 학계는 안중근 연구에 있어서 적지 않은 성과를 내고 있다. 그러나 안중근 연구의 발전을 위해서는 자료에 대한 철저한 조사간행 및 기존의 연구에 대한 반성적 접근이 요청되고 있다. 우선 안중근 연구에 필수적인 자료집 간행에 관해서 언급해보겠다. 현재 우리나라의 독립운동에 기여했던 주요한 인물들의 전집 내지는 사료집들은 거의가 간행되었지만, 그들이 역할모델로 삼았던 안중근 전집 내지는 안중근 연구자료집은 아직 본격적으로 간행되지 못했다.

주지하다시피, 역사연구자들은 자료가 없이는 연구의 진전이 불가능하다. 물론 안중근 관계 자료들이 부분적이며 산발적으로 간행된 바 있었다. 그러나 안중근 관계 자료 가운데 현재 정리되어 있지 않은 부분이 상당수에 이르고 있다. 현재 안중근기념사업회 부설 안중근 연구소에서는 안중근 관계 자료를 집대성하여 철저한 주석을 거쳐서 자료집으로 간행하는 계획을 수행하고 있다.

그런데 안중근의 경우에는 자신이 직접 작성한 기록이 그다지 많지는 않다. 또한 그의 사형이 조기에 집행됨에 따라 그는 옥중에서도 충분한 기록을 남기지 못했다. 그러므로 그의 전집은 그가 직접 작성한 글들로만 채어질 수는 없다. 그러나 그는 공판투쟁의 과정에서 자신의 견해에 대해 많은 자료들을 남겼고, 이는 자신이 직접 작성한 자료와 동등한 가치를 가지고 있는 것으로 생각된다. 그러므로 그의 전집은 일반적인 전집 편찬의 형식과는 달리 그의 공판기록과 그에 관한 각종 자료 및 회고적 기록까지도 총망라되어야 할 것이다.

현재 계획되고 있는 안중근 전집에는 우선, 안중근의 자서전을 비롯

하여 그가 직접 남긴 기록들에 대한 철저한 주석 및 재번역작업이 수행
되고 있다. 그리고 안중근에 관한 각종의 신문기록을 정리하여 제시하고
자 한다. 여기에는 러시아 관헌이 안중근을 체포한 직후 시행했던 취조
기록과 안중근 및 안중근 관련자들에 대한 광범한 신문기록들이 정리될
것이다.

안중근 의거에 대한 이해는 안중근에 관한 직접적 신문뿐만 아니라
그의 동료였던 우덕순, 유동하, 조도선 등의 신문기록에 대한 연구도 당
연히 전제되어야 한다. 또한 일제는 안중근과 관련된 혐의가 있을 경우
에는 철저한 신문을 시도했다. 이 과정에서 그의 가족, 친우들뿐만 아니
라 하얼빈에 주재하고 있던 조선인과 일본인들까지도 광범하게 신문했
다. 이 기록들을 탈초脫草하고 입력해서 원문과 함께 제시하고자 한다.
그리고 그 신문기록에 대한 주석작업이 함께 수행되어 전집에 반영될 것
이다.

안중근 의거는 당시 동아시아를 뒤흔드는 일대 사건이었다. 이 사건
에 대한 보도는 중국이나 일본 및 한국뿐만 아니라 러시아를 비롯한 구
미각국의 신문 잡지에서도 주요하게 취급하여 다루고 있었다. 이러한 자
료들도 가능한 한 모두 모아서 번역 탈초 입력의 과정을 거쳐서 안중근
전집에 포함될 예정이다. 그밖에 안중근에 관한 당대인의 회고적 기록들
이 당연히 정리되어야 한다. 현재 진행 중에 있는 안중근 전집의 구성은
다음 <표 2>와 같다.

〈표 2〉 안중근의사 전집 간행(안)

편	권	책	제목	번역(매)	탈초(매)	원문(면)	비고
1		1	안중근 유고집	540	316	233	자서전 등
2	안중근 관계 신문기록						
	1	2	러시아관헌 취조문서	552	461	502	
	2	3	안중근 신문기록	1,140	950	370	

	3	4	우덕순·유동하·조도선 신문기록 Ⅰ	897	747	434	미조부치 신문
	4	5	안중근 가족·친우 신문기록	839	699	197	
	5	6	하얼빈주재 조선인 신문기록	858	715	200	
	6	7	우덕순·유동하·조도선 신문기록 Ⅱ	402	335	350	사카이 신문
	7	8	일본인 신문기록	400	334	374	
3		9	안중근과 천주교 관계 자료	1,240	932	350	
4		10	안중근과 계몽운동과 의병투쟁 자료	1,047	852	270	
5		11	안중근 공판 투쟁관계 자료	1,500	1,250	407	
6	안중근 의거 관계 보도 자료						
	1	12	한국어 신문 안중근 관계 보도 Ⅰ	1,336		343	대한매일 신문 등
	2	13	한국어 신문 안중근 관계 보도 Ⅱ	1,327		337	신한민보 등
	3	14	滿洲日日新聞 안중근공판 속기록	1,095	914	112	
	4	15	滿洲日日新聞 안중근 관계 보도	1,095	914	112	
	5	16	日本語新聞 안중근 관계 보도	1,133	953	122	京城新報 朝鮮新聞 滿洲日報
	6	17	朝日新聞 안중근 관계 보도	1,154	964	134	
	7	18	每日新聞 안중근 관계 보도	1,166	927	139	
	8	19	中國言論 안중근 관계 자료	1,047	534	135	
	9	20	러시아 언론 안중근 관계 자료	1,127	1,681	206	
	10	21	歐美 언론 안중근 관계 자료	1,127	1,354	256	
7		22	안중근의거 계승운동 관계 자료	1,140	950	370	회고기록 포함
8	안중근 관계 전기 자료(1911~1945)						
		23	한국인집필 안중근 傳記 관계 자료	945	530	235	
		24	외국인집필 안중근 傳記 관계 자료	1,040	639	257	
9		25	안중근관계 사진자료				遺墨포함

안중근 전집의 간행은 안중근에 관한 연구자료의 확보를 위해 필수적으로 요청되는 일이다. 이와 함께 안중근의 연구가 가지고 있는 또 다른 과제도 있을 것이다. 예를 들자면, 안중근 연구의 심화를 위해서는 안중근의 의거뿐만 아니라 그의 애국계몽운동 및 의병투쟁에 대해서도 좀 더

천착되어야 한다. 또한 안중근의 정치 사회사상 등에 대해서도 본격적인 연구의 출현이 기대되고 있다. 그리고 안중근의 동양평화론이 가지고 있는 특성에 대한 본격적인 연구가 아직 요청되고 있다고 판단된다. 그의 동양평화론은 당대 일본의 평화론을 비롯한 20세기 초에 전 지구적 범위에서 성행했던 평화사상과의 관련성에 대한 연구가 더욱 기대된다.

한편, 문학과 예술 분야에서 진행된 안중근 관계 작업들 가운데 일부에서는 안중근에 대한 잘못된 인식을 전해줄 수 있는 것들도 포함되어 있다. 그리고 역사적 위인의 하나인 안중근에 관해서 수많은 아동물이 간행되었다. 이 많은 아동물 가운데 극히 일부를 제외하면[38] 대부분의 저작들이 여러 문제점을 가지고 있는 것으로 생각된다. 그러므로 안중근에 관한 연구성과의 올바른 보급을 위한 노력이 좀 더 강화되어야 할 것이다.

4. 맺음말

안중근에 관한 평가와 연구는 그가 의거를 단행한 직후부터 진행되어 오늘에 이르기까지 100여년의 시간이 흘렀다. 지난 100여년 간의 시간 동안 안중근에 대한 평가는 시대와 인물에 따라 각기 달라져왔다. 즉, 안중근의거 직후부터 제국주의의 침략 아래 놓여 있던 조선의 식민 당국이나 일부 집단에서는 안중근을 살인자로 간주하고 단죄하고자 했다. 안중근에 대한 재판도 그의 의거에 대한 부정적 인식을 전제로 하여 진행되었다.

---

38) 최서면, 1994, 『새로 쓴 안중근 의사』(소년소녀를 위한 한국인총서2), 집문당. 이 책은 아동용 안중근 전기 가운데 학계의 연구성과에 충실한 대표적 저서이다.

그러나 안중근의 의거는 일본 제국주의의 침략에 직면해 있던 한국이나 중국의 국민들과 연구자들에 의해서 적극적으로 평가되어 갔다. 안중근은 의거 직후부터 반제운동 내지 민족주의 운동의 상징이 되었다. 많은 독립운동자들은 안중근에게서 자신의 역할 모델을 발견했다. 이 과정에서 식민지시대에는 안중근에 대한 학문적 연구가 본격적으로 진행되기에 앞서 그의 전기부터 간행되기 시작했다.

식민지시대 초기 안중근의 전기를 집필했던 사람들은 안중근과 동시대를 살면서 그에 관한 행적을 수집할 수 있었던 위치였다. 그러므로 그들의 전기는 안중근의 일생을 이해하는 데에 적지 않은 사실들을 전해주고 있다. 예를 들면 계봉우가 남긴 안중근의 전기를 통해서 우리는 단지동맹의 구체적 진실에 접근할 수 있는 것이다. 그러나 안중근에 관한 일부 전기들은 학문적으로 볼 때 비판의 여지가 있는 부분도 적지 않다.

한편, 전기의 간행과 함께 안중근에 관한 형상화 작업이 진행되었다. 안중근에 관한 연극과 영화 소설 등이 간행되었다. 특히 1920년대 이래 중국에서 안중근에 관한 형상화 작업은 강력히 추진되었다. 그리하여 안중근의 의거는 영화로 재현되었고, 경극대본으로 작성되어 일반 민중들의 환영을 받기도 했다.

해방은 안중근 연구에 있어서도 중요한 계기가 되었다. 그러나 해방 직후의 혼란상으로 인해 안중근은 1950년대까지 제대로 연구되지 못하였다. 안중근에 대한 연구가 본격적으로 진행될 수 있었던 계기는 안중근 자서전의 발견에서 찾을 수 있다. 1969년 일본에서 안중근의 자서전인 『안응칠역사』 및 그의 미완성 저작인 『동양평화론』의 존재가 확인된 사실이었다. 그리고 1970년대에 이르러 안중근 관계 자료가 부분적으로 정리 제시되기 시작함에 따라 안중근 연구는 새로운 전기를 맞이하게 되었다.

특히 1980년대 이후에 이르러 한국 근대사의 연구가 장족의 발전을 거듭하는 과정에서 독립운동사에 대한 연구가 이루어졌고 이와 병행해서 안중근에 대한 연구도 진행되었다. 그리하여 2010년대 오늘에 이르러서 독립운동사 연구자들은 안중근을 상당히 선호하는 연구주제로 삼게 되었다. 그리고 안중근은 역사학 분야뿐만 아니라, 법학을 비롯한 사회과학 분야 등의 연구자들도 주목하게 되었으며, 그의 행동에 관한 철학적 윤리적 신학적 분석이 시도되기도 했다.

그런데 이러한 연구작업의 더 큰 진전을 위해서는 몇 가지 전제작업이 요청된다. 첫번째로, 안중근 연구의 진전을 위해서는 관계 사료에 대한 재정리 작업이 시급히 요청된다. 물론 현재까지 적지 않은 사료가 정리되었다. 그러나 아직도 안중근에 관한 모든 사료들이 체계적으로 정리되었다고 볼 수는 없다. 여기에서 안중근 관계 사료의 정리와 관련하여 요청되는 사항을 확인해 보면 다음과 같다.

우선, 안중근 의거와 관련하여 논의된 사항들이 당시 언론이나 인쇄매체 등을 통해서 광범하게 수집 정리 번역 간행되어야 한다. 이와 유사한 작업을 사건 직후 일제 당국에서 시도한 바가 있었다. 그러나 당시의 작업에는 한계가 있었으므로 오늘날 우리들은 이 작업을 새롭게 착수해야 한다. 또한 안중근 의거에 관여했던 각국의 인물들에 관한 자료조사를 통해서 안중근 관계 사료를 보완해 나갈 수 있을 것이다.

현재까지 개발된 자료들은 주로 일본측의 자료였다. 그러나 이에 못지않게 한국이나 중국, 그리고 러시아를 비롯한 기타 여러 나라에서도 안중근 관계 자료가 조사되어야 한다. 또한 안중근 관계의 사료 가운데에는 당시 조선에서 선교하고 있던 파리외방선교회의 문서들이 조사될 수 있다. 이러한 자료들을 함께 모아서 새로운 자료집이 간행되어야 한다.

둘째, 안중근에 관해 이미 발굴된 사료들의 활용도를 높이는 문제가 검토되어야 한다. 예를 들면, 국가보훈처에서 3책으로 간행한 『아주제일의협 안중근亞洲第一義俠 安重根』은 일본문 자료가 대부분이다. 그리고 마이크로 필름을 복사한 결과 그 인쇄상태에 문제가 있다. 이 자료는 철저한 사료비판과 안중근 연구의 저변확대를 위해서 번역되어야 한다. 그리고 안중근에 관한 사료집이 책임 있는 기관에 의해서 다시 종합되고 편찬 간행되어야 한다.

셋째, 안중근 연구의 시각에 관한 문제를 재검토해야 한다. 안중근 연구는 개인연구의 특성을 가지고 있다. 그러나 안중근 연구가 '위인' '영웅' 안중근에 대한 단순한 개인연구에 머물러서는 아니 된다. 안중근이란 개인을 통해서 당시의 사회와 국제관계 그리고 반제국주의 운동이 좀 더 잘 이해될 수 있기 때문이다. 또한 안중근 연구의 시각이 단순히 민족주의적 감정의 이입만을 지향해서는 아니 된다. 그가 존중하고자 했던 인류 보편의 가치까지도 밝히려는 작업이 진행되어야 한다. 이를 통해서 안중근의 진면목이 파악될 수 있기 때문이다.

넷째, 안중근에 관한 다양한 연구주제의 개발을 위한 노력이 지속되어 왔다. 그러나 안중근 연구의 범위를 확대하는 문제가 논의될 수 있을 것이다. 안중근의 의거 자체뿐만 아니라 그의 의병투쟁이나 교육계몽활동과 그의 사상 등이 종합적으로 밝혀져야 한다. 그리고 안중근 의거에 관한 구조적 인식을 강화하기 위해서는 안중근 의거에 대한 당시 사회의 반응이 새롭게 주목될 수 있을 것이며, 그의 형제나 혈족들의 독립운동도 주목의 대상이 될 수 있다. 안중근의 사상에 대해서도 좀더 깊은 연구가 진행되어야 한다.

다섯째, 연구자의 폭을 넓히는 문제이다. 안중근에 관한 연구는 역사학 연구자들이 주도해 왔다. 그러나 안중근에 관한 관심은 비단 역사학뿐만 아니라 정치학, 외교학, 사회학 등의 사회과학 분야와 철학, 신학 등 인문학의 분야에서도 표현되고 있다. 이들 상호간의 연구협력, 학제간의 연구를 더욱 촉진시킬 수 있는 방안이 모색될 수 있을 것이다.

안중근에 관한 연구는 한국독립운동사에 대한 올바른 이해에 도움을 줄 수 있다. 그리고 '국민교육'의 차원에서도 중요시될 수 있다. 그러기에 국가에서는 비록 제한적으로나마 안중근 관계의 연구나 행사 내지 사업을 지원했던 것으로 생각된다. 그런데 이러한 여러 일들 가운데 가장 중요하고 시급한 일은 안중근에 대한 사료정리와 연구의 촉진이다. 이는 눈에 보이지 않은 기념관을 건설하는 작업이다. 하드 웨어는 소프트 웨어가 마련되지 않으면 올바로 가동될 수 없다. 가시적 건물로서의 기념시설도 필요하겠지만, 이와 같은 연구가 기본이 되지 않는다면, 그 기념시설은 또 다른 사상누각砂上樓閣일 수가 있다. 안중근에 관한 연구에 대한 더욱 큰 관심이 더욱 크게 요청되고 있음을 거듭 확인한다.

〈부록〉 안중근 연구 논저목록(1910~2010)

일러두기

1) 이 「안중근 연구논저목록」은 국내에서 연구된 안중근 관계 자료 및 연구논저와 논설류 글들을 위주로 하여 조사한 결과를 수록했다. 이 논저목록은 국사편찬위원회에서 간행한 『한국사연구휘보韓國史研究彙報』를 비롯해서 한국사 관계 각종 색인 및 논저와 필자가 직접 조사한 자료 등을 기초로 하여 작성되었다.

2) 이 자료에는 북한 및 중국과 일본에서 진행된 안중근 관계 연구자료들은 극히 제한적 범위 내에서만 수록되어 있다. 안중근에 관한 북한의 연구성과는 『력사과학』을 비롯한 역사학 계통의 간행물을 검토하여 확인하고자 했다.

3) 이 목록에 포함되어 있지 않은 연구논저는 다음의 자료를 참고할 수 있다.

① 중국의 연구성과 : 張會芳(北京 社會科學院 教授), 「關于安重根的中文論著目錄(1909~2009)」의 글이 곧 발표될 예정이다. 이 글은 안중근 연구를 시대 및 연구 영역에 따라 정리해주었다. 즉, 이 글은 淸末及民國時期(1909~1927 ; 신문평론 및 보도, 詩詞, 戲劇, 小說, 傳

記), 南京國民政府時期에(1927~1949 ; 文藝, 論著, 一般文章), 中華
人民共和國時期*1949~2009 ; 文藝, 論著, 一般文章) 그리고 중국
에서 외국어로 발표된 논문 및 외국어 논문을 중국어로 번역한 논문
목록까지 모두 A4용지 13면에 걸쳐 철저히 정리해 주었다.
② 러시아의 연구성과 : 따지아나 심비르쩨바(Tatyana Simbirtserva), 2009,
「러시아의 안중근 인식」『안중근의사 하얼빈 의거 100주년 기념
국제학술대회』, 안중근기념사업회, 52~55쪽

4) 이 자료에서 제시하고 있는 '아동용 간행물'에 관한 정보는 주로
국립중앙도서관 전자도서관(http://www.dibray.go.kr)에서 색인어 '안중
근'을 검색한 결과에 의존했고, 현재 판매되고 있는 안중근 관계 도서의
확인을 위해서 '교보문고'의 사이트를 검색한 결과이다.

5) 이「안중근 연구 논저목록」에는 전문적 학술논문집이나 학술적 저
서에 포함된 논문 이외에도 '학술발표자료집(proceedings)'에 수록된 논문
들도 함께 수록함을 원칙으로 했다. 그러므로 한 저자가 발표한 동일한
제목이나 내용의 논문이라 하더라도 게재지가 다를 때에는 모두 수록함
을 원칙으로 했다. 이 경우에는 별도의 일련번호를 부여하지 않고, 첫
번째로 발표되었던 논문의 번호에 a란 표시를 했고 그에 이어서 활자화
된 논문들은 b나 c 등의 문자를 더하여 발표의 선후관계를 표시했다.

6) 이 논저목록에서는 외국어로 된 원문과 번역문이 함께 수록되어
있는 경우에 동일한 번호를 부여하여 a, b 등으로 나누어 그 상호관계를
표시했다.

7) 이 논저목록에서는 안중근에 관한 참고논설류를 망라하여 수록하
지 못했고, 극히 일부의 논설 만을 필자의 주관적 판단에 따라 수록했다.

8) 이 논저목록에서는 여전히 논저들이 있을 것이다. 누락된 부분이
확인되는 대로 이를 보완해 나가고자 한다.

1. 안중근 관계 기초연구

1) 문헌목록 및 연구사·연보

1) 천주교 정의구현전국사제단, 1990,『안중근 의사 추모자료집』, 천주교 정의구
   현전국사제단, 218~221쪽의 '문헌목록'.
2) 장석흥, 1992,『안중근의 생애와 구국운동』, 한국독립운동사연구소, 159~163
   쪽의 '참고 문헌'.
3) 元載淵, 1994,「安重根 年譜」『敎會史硏究』9, 한국교회사연구소, 135~173쪽
4) 조광, 1998,「안중근 연보와 문헌」『시민연극』4, 서울시립극단, 48~54쪽.
5) 조광, 2000,「安重根 연구의 현황과 과제」『한국근현대사연구』12, 한국근현
   대사학회, 180~222쪽.
6) 신운용, 2009,「연표로 본 안중근의사의 삶과 사상」『안중근의사 순국99주기
   추모식』, 안중근의사기념사업회.

2) 학위논문

(1) 박사학위 논문

1) 신운용, 2007,「안중근의 민족운동연구」, 한국외국어대 사학과 문학박사 학위
   논문.
2) 서영근, 2008,「中國 朝鮮民族 書風形成에 관한 硏究」, 원광대 서예학박사 학
   위논문.

(2) 석사학위 논문

1) 金甲得, 1975,「安重根에 관한 一 硏究 - 國權回復運動과의 關聯에서」, 이화
   여자대학교 교육대학원 교육학석사 학위논문.
2) 申雲龍, 1993,「安重根의 生涯와 思想에 대한 一考 : 그의 君主觀과 東洋平和
   論을 중심으로」, 한국외국어대학교 대학원 문학석사.
3) 白奇寅, 1994,「安重根硏究」, 한국정신문화연구원 한국학대학원 문학석사.
4) 吳泰孝, 1995,「安重根의 敎育思想 硏究」, 중앙대학교 교육대학원 교육학석사.
5) 李仲基, 1999,「信仰人 安重根과 그의 義擧에 대한 敎會의 理解」, 부산가톨릭
   대학 대학원 역사신학전공 신학석사.

6) 유미애, 2001, 「안중근의 '동양평화'사상」, 국방대 국제관계학전공 정치학석사.
7) 노형호, 2002, 「안중근 토마스의 포살에 대한 윤리신학적 고찰-신앙과 민족의
　　식의 통합 측면에서」, 인천가톨릭대 조직신학전공 신학석사.
8) 김선우, 2004, 「국채보상운동을 통해 조명해 본 민족운동에 있어서의 천주교인
　　의 긍정적인 역할에 관한 연구」, 대전가톨릭대 역사신학전공 신학석사.
9) 진병섭, 2005, 「한국 그리스도인 안중근의 이토 히로부미 저격에 관한 윤리신
　　학적 성찰」, 광주가톨릭대 대학원 실천신학전공 신학석사.
10) 이득규, 2005, 「안중근에 대한 한국천주교회의 반응을 통해 바라본 교회의
　　국가와의 관계 반성」, 대전가톨릭대 대학원 조직신학전공 신학석사.
11) 篠原智子, 2005, 「'日本における安重根'考察 ; 安重根支持言說とその背景に
　　ついて / '일본에 있어서의 안중근'고찰 ; 안중근 지지 언설과 그 배경
　　에 대해서」, 충남대 일어학전공 문학석사.
12) 최영제, 2006, 「안중근 의사의 동양평화사상 일고 : 동양평화론과 이의 교육
　　적 접목을 중심으로」, 서울교대 교육대한원 국제사회문화전공 교육학
　　석사.
13) 한규영, 2006, 「안중근의 평화사상 연구- '동양평화론'을 중심으로」, 공주대
　　교육대학원 일반사회교육전공 교육학석사.
14) 하정호, 2008, 「안중근의 천주교 신앙 연구」, 가톨릭대 역사신학전공 신학석사.
15) 장효군, 2009, 「중국 근대문학 속의 안중근 형상 연구」, 전남대 중어중문학
　　전공 문학석사.

3) 축차간행물 특집

1) 외솔회, 1979, 『나라사랑』34(안중근 특집호), 외솔회.
2) 한국가톨릭문화선양회, 1993, 『항아리』18(특집 안중근).
3) 한국교회사연구소, 1994, 『敎會史硏究』9(安重根 토마스義士 特輯).
4) 서울시립극단, 1998, 『시민연극』4(특집 대한국인 안중근).

4) 학술발표회 논문집 / 보고서(proceedings)

1) 천주교정의구현 전국사제단, 1990, 『안중근(도마)의사 추모자료집』, 천주교
　　정의구현전국사제단.
2) 안중근의사숭모회, 1991, 『安重根의 生涯와 思想』순국 제81주기 추념 국제
　　학술심포지엄 보고서, 안중근의사기념관.

3) 안중근의숭모회, 1992, 『안중근 의사와 동양평화 사상』 순국 제82주기 추념 국제학술심포지엄 보고서, 안중근의사기념관.

4) 안중근의사숭모회, 1993, 『안중근 의사 연구의 어제와 오늘』 제3회 국제학술 심포지엄 보고서), 안중근의사기념관.

5) 국가보훈처, 1996, 『21세기와 동양평화론』 '95 국외독립운동관련인사초청행 사결과보고.

6) 여순순국기념재단, 1997, 『안중근과 동양평화』 안중근의사순국87주년기념국 제학술회의, 안중근의사숭모회.

7) 안중근의사숭모회, 1998, 『안중근의 의열과 동양평화론』 안중근 의사 의거 제89주년기념 학술심포지엄, 안중근의사숭모회.

8) 한국독립운동사연구소, 1999, 『안중근의사 의거 90주년기념 학술발표회 논문 집』, 독립기념관 한국독립운동사연구소.

9) 안중근의사숭모회, 2004, 『안중근의사의 위업과 사상 재조명』 안중근의사 의 거95주년 기념국제학술회의.

10) 안중근기념사업회, 2005, 『안중근의거에 대한 인식』 안중근의사 의거100주 년 기념준비 제1회 학술대회.

11) 안중근기념사업회, 2005, 『안중근의 신앙과 사상』 안중근의사 의거100주년 기념준비 제2회 학술대회.

12) 안중근기념사업회, 2006, 『안중근 부자의 독립운동』 안중근의사 의거100주 년 기념준비 제3회 학술대회.

13) 안중근기념사업회, 2006, 『안중근의거와 동아시아 사회』 안중근의사 의거 100주년 기념준비 제4회 학술대회.

14) 안중근기념사업회, 2007, 『안중근 자료집 편찬을 위한 기초연구』 안중근의 사 의거100주년 기념준비 제5회 학술대회.

15) 안중근기념사업회, 2007, 『안중근과 그 가족의 독립운동』 안중근의사 의거 100주년 기념준비 제6회 학술대회.

16) 안중근기념사업회, 2008, 『안중근의 사상과 그 영향』 안중근의사 의거100주 년 기념준비 제7회 학술대회.

17) 안중근기념사업회, 2008, 『안중근의 동양평화론』 안중근의사 의거100주년 기념준비 제8회 학술대회.

18) 안중근기념사업회, 2009, 『일제의 사법침탈과 안중근 의거』 안중근의사 의 거100주년 기념준비 제9회 학술대회.

19) 안중근기념사업회, 2009, 『안중근의사 하얼빈의거100주년기념 국제학술대회』.

20) 안중근·하얼빈학회, 2008, 『동북아 평화와 안중근의사 재조명 : 안중근 의

거 99주년 기념 국제학술회의 자료집』, 안중근·하얼빈 학회·동북아역
사재단.
21) 안중근·하얼빈학회, 2009,『안중근의 동양평화론과 동북아평화공동체의 미
래』안중근의거 100주년기념 국제학술회의.
22) 한국독립운동사연구소, 2009,『안중근 의거의 국제적 영향』, 독립기념관, 광
복 64주년 및 개관 22주년 기념 학술심포지엄.

5) 사진자료집·사적지 기행

1) 안중근의사숭모회, 1968·1972·1987·1989,『민족의 얼 : 안중근 의사 유묵사
진첩』.
2) 이국호, 1998,『안중근의사 순국 발자취를 따라서』, 아트스튜디오집합소.
3) 국가보훈처, 1999,『한국독립운동사적도록-국내편』, 국가보훈처.
4) 윤병석, 2001,『대한국인 안중근, 사진과 유묵』, 안중근의사기념관.
5) 박환, 2002,『항일유적과 함께 하는 러시아 기행』1, 2, 국학자료원.
6) 박환, 2008,『박환 교수의 러시아 한인 유적 답사기』, 국학자료원.
7) 편집부, 2009,『安重根 ; 의거·순국100년, 독립을 넘어 평화로』(한국서예사특
별전27 도록), 예술의 전당 서예박물관.

2. 안중근 관계 단행본

1) 사료집

(1) 자서전

1) 安重根(이은상 역), 1970·1979·1986·1990,『안중근 자서전』, 안중근의사 숭모회.
2) 安重根, 1979,「東洋平和論」『나라사랑』34.
3) 편집부 편, 1993,『재판장 마음대로 하시오』, 역민사.
4) 신용하 편, 1995,『안중근유고집』, 역민사.
5) 安重根, 1996,「東洋平和論」『21세기와 동양평화론』, 국가보훈처.
6) 신성국 편역, 1999,『義士 안중근 도마』, 지평.
7) 편집부 엮음, 2000,『안중근 의사 자서전』, 범우사.
8) 李起雄 역편, 2000·2009,『안중근 전쟁 끝나지 않았다』, 열화당.

(2) 심문기록·공판기록·신문기사모음

1) 滿洲日日新聞社 編, 1910, 『安重根事件公判速記錄』, 大連 : 滿洲日日新聞社.
2) 朴性綱 編, 1946, 『獨立運動先驅 安重根先生 公判記-附錄 禹德淳先生의 懷古談, 安美生女史의 一問一答』, 京鄕雜誌社.
3) 金正柱 編, 1970, 『安重根 等 殺人被告 公判記錄』(朝鮮統治史料 5), 韓國史料硏究所.
4) 崔洪奎 校註, 1975, 『安重根 事件 公判記』, 正音社.
5) 국사편찬위원회, 1976, 『韓國獨立運動史 資料』6(안중근의사 및 그 관련자 공판기록).
6) 한국독립운동사연구소, 1999, 『안중근 의사 자료집』(『大東偉人 安重根傳』·『安重根先生公判記』), 국학자료원.
7) 김도형 편, 2008, 『대한국인 안중근 자료집』(연세국학총서 102), 선인.

(3) 공문서 등

1) 朝鮮總督府 警務局, 1934, 『不穩刊行物記事輯錄』(조사자료 제37집).
2) 국사편찬위원회, 1978, 『韓國獨立運動史 資料』7(주한일본공사관문서중 안중근관련자료).
3) 국사편찬위원회, 1994, 『駐韓日本公使館記錄』39·40, 國史編纂委員會.
4) 안병욱 편, 1997, 『順興安氏參判公派(安重根義士)系 家乘』, 自家出判.
5) 국사편찬위원회편, 2001·2002, 『要視察韓國人擧動』1-3, 國史編纂委員會.
6) 박종효, 2002, 『러시아국립문서보관소 소장 한국 관련 문서 요약집』, 한국국제교류재단.
7) 정교 저·김우철 역주, 2004, 『대한계년사』9, 소명출판.
8) 국사편찬위원회, 2006, 『대한민국임시정부자료집14－한국광복군(5)』, 국사편찬위원회.
9) 국사편찬위원회, 2006, 『대한민국임시정부자료집9－군무부』, 국사편찬위원회.

2) 안중근 傳記

(1) 안중근 傳記(해방 이전 ; 아동용 제외)

1) 洪宗杓, 1911, 『大韓偉人 安重根傳』, 新韓國社 ; 尹炳奭 譯篇, 『安重根傳記全集』, 國家報勳處.
2) 滄海老紡室(朴殷植) 稿, 1914, 『安重根』(漢文本).

3) 滄海老紡室 稿, 1910年代, 『安重根傳』(懸吐本).

4) 金澤榮, 1916, 『安重根傳』 ; 尹炳奭 譯篇, 『安重根傳記全集』.

5) 朴殷植, 1917, 『愛國魂』, 海蔘威 新韓村 韓人新報社.

6) 朴殷植, 1975, 「安重根傳」, 『朴殷植全書』 中, 단국대학교 東洋學研究所.

7) 滄海老紡室(朴殷植), 1999, 『安重根』 ; 尹炳奭 譯篇, 『安重根傳記全集』, 國家
報勳處.

8) 玉史 編書, 『만고의사 안중근전』 ; 尹炳奭 譯篇, 『安重根傳記全集』, 國家報
勳處.

9) 未詳, 『近世歷史』 ; 尹炳奭 역편, 『安重根傳記全集』, 國家報勳處.

10) 李建昇, 『安重根傳』 ; 尹炳奭 譯篇, 『安重根傳記全集』, 國家報勳處.

11) 桂奉瑀, 『만고의ㅅ 안중근전』 ; 尹炳奭 譯篇, 『安重根傳記全集』, 國家報勳處.

12) 鄭沅, 『安重根』 ; 尹炳奭 譯篇, 『安重根傳記全集』, 國家報勳處.

13) 鄭淯, 『安重根傳』 ; 尹炳奭 譯篇, 『安重根傳記全集』, 國家報勳處.

14) 국가보훈처, 1995, 『亞洲第一義俠 安重根』(海外의 韓國獨立運動史料 XIII~XV)
1-3.

15) 尹炳奭 역편, 1999, 『安重根傳記全集』, 國家報勳處.

(2) 안중근 傳記(해방 이후 ; 아동용 제외)

1) 백민, 1946, 『애국열사와 의사전』, 백민문화사.

2) 金振福, 1946, 『왜놈 이등박문 죽인 安重根實記』, 中央出版社.

3) 普賢山人, 1947, 『義士 安重根』, 漢城出版社.

4) 李 全, 1949, 『安重根血鬪記』, 延白 : 延泉中學校 期成會.

5) 李 剛, 1999, 『내가 본 안중근 의사』 ; 尹炳奭 譯篇, 『安重根傳記全集』.

6) 黃義敦, 1999, 『安義士重根傳』 ; 尹炳奭 譯篇, 『安重根傳記全集』.

7) 安鶴植 편저, 1963, 『安重根義士傳記』, 萬壽祠保存會.

8) 安鶴植 편저, 1963, 『義士安重根傳記』, 光州 : 海東文化社.

9) 安在祐 편, 1965, 『文成公 安裕, 島山 安昌浩, 義士 安重根 略傳』, 大阪.

10) 劉庚煥, 1972, 『安重根』, 太極出版社.

11) 안중근의사숭모회 편, 1975, 『민족의 얼 안중근 의사』, 백왕사.

12) 柳熙勇 편, 1979, 『義士 安重根』, 瑞南出版社.

13) 中野泰雄, 1984, 『安重根-日韓關係의 原像』, 東京 : 亞紀書房.

14) 나카노 야스오 저·金永光 역, 1984, 『일본의 지성이 본 안중근』, 경운출판사.

15) 송정환, 1985, 『안중근』, 요녕민족출판사.

16) 崔利權 편역, 1990, 『愛國衷情 安重根義士』, 法經出版社(義士의 傳記, 裁判 速記錄. 無罪論).

17) 장석홍, 1992, 『안중근의 생애와 구국운동』, 한국독립운동사연구소.

18) 佐木隆三, 1993, 『伊藤博文と安重根』, 東京 : 文藝春秋社.

19) 스즈키 저, 양억관 역, 1993, 『광야의 열사』, 고려원.

20) 羅明淳·曺圭石, 1993, 『大韓國人 安重根』, 世界日報社.

21) 金宇鐘·崔書勉 主編, 1994, 『安重根』(論文·傳記·資料), 遼寧民族出版社.

22) 朴殷植 著, 李東源譯, 1994, 『불멸의 민족혼 安重根』, 한국종합물산/한국일 보사.

23) 齋藤泰彦 저, 1994, 『わが心の安重根 : 千葉十七 : 合掌の生涯』, 五月書房.

24) 齋藤泰彦, 張永順 역, 1994, 『내 마음의 안중근 : 일본헌병의 尊敬과 懺悔의 生涯』, 仁智堂.

25) 윤명숙, 1995, 『안중근』(대한영웅전 1), 국가보훈처.

26) 나카노 야스오 저, 양억관 역, 1995, 『東洋平和의 사도 安重根』, 하소.

27) 津留今朝壽, 1996, 『天主敎徒 安重根』, 自由國民社.

28) 김우종·리동원 편, 1998, 『안중근의사』, 흑룡강조선민족출판사.

29) 김우종 外編, 1998, 『안중근의사』, 延邊大學.

30) 齋藤充功, 1999, 『伊藤博文を擊った男: 革命義士 安重根の原像』, 時事通信 社 ; 1994, 中央公論新社.

31) 朴魯連, 2000, 『안중근과 평화』, 을지문화출판공사.

32) 中野泰雄 저, 김영광 편, 2001, 『죽은 자의 죄를 묻는다 ; 일본지성 안중근과 이등박문의 재판을 다시하다』, 여순순국선열기념재단.

33) 사이토 타이겐 著, 이송은 역, 2002, 『내 마음의 안중근』, 집사재.

34) 사키 류조 저, 이성범 역, 2003, 『안중근과 이토 히로부미』, 제이앤씨.

35) 김삼웅, 2009, 『안중근평전』, 시대의 창.

36) 박보리스 著, 신운용·이병조 역, 2009, 『하르빈 역의 보복』(안중근기념사업 회 편), 채륜.

37) 원재훈, 2010, 『안중근 하얼빈의 11일』, 사계절.

3) 안중근 전문 연구서

1) 許世楷, 1969, 『伊藤博文暗殺事件』.

2) 金正明, 1972, 『伊藤博文暗殺記錄』, 原書房.

3) 市川正明, 1972, 『安重根と日韓關係史』, 原書房.

4) 姜在彦 編, 1980,『日韓關係の虛像と實像』, 龍溪書舍.
5) 鹿嶋海馬, 1995,『伊藤博文はなぜ殺されたか』, 三一書房.
6) 中野泰雄, 1996,『安重根と伊藤博文』, 恒文社.
7) Anthony Ahn, M.D., 2000, "Crisis of Humanity"(自家出版, 국판, 380p).
8) 황종렬, 2000,『신앙과 민족의식이 만날 때』, 분도출판사.
9) 편집부 편, 2000,『안중근 열사 일 패전 경고』, 나라임자.
10) 박준황, 2001,『안중근 열사 일패전 경고』, 나라임자.
11) 한국민족운동사학회 편, 2002,『안중근과 한인민족운동』, 국학자료원.
12) 市川正明, 2005,『安重根と朝鮮獨立運動の源流』, 原書房.
13) 金宇鐘 主編, 2006,『安重根和哈爾濱』, 黑龍江朝鮮民族出版社.
14) 안중근의사기념사업회, 2009,『안중근과 그 시대』안중근 의거 100주년 기념연구논문집 1, 경인문화사.
15) 안중근의사기념사업회, 2009,『안중근 연구의 기초』안중근 의거 100주년 기념연구논문집 2, 경인문화사.
16) 신운용, 2009,『안중근과 한국근대사』, 채륜.

3. 안중근 연구논문

1) 사료정리

1) 山脇重雄, 1956,「安重根關係書類」『歷史敎育』4-2, 東京 : 歷史敎育硏究會.
2) 編輯室, 1978,「安重根義士の 自傳」『アジア公論』74·75, 東京 : アジア公論社.
3) 安重根, 1979,「安應七歷史」『나라사랑』34, 외솔회.
4) 安重根, 1979,「안중근 의사의 최후진술」『나라사랑』34, 외솔회.
5) 安重根, 1979,「두 아우에 대한 신문조서」『나라사랑』34, 외솔회.
6) 최서면, 1979,「안중근자전고」『나라 사랑』34, 외솔회.
7) 崔書勉, 1979,「安重根自傳攷-長崎本의 眞僞에 대하여」『靑坡盧道陽博士 古稀紀念文集』, 同 刊行委員會.
8) 편집실, 1982,「安重根과 李在明의 記錄」『韓國學』27, 중앙대 영신아카데미 한국학연구소.
9) 김우종, 1993,「안중근 문건 집대성에 관하여」『안중근의사 연구의 어제와 오늘』(제3회 국제학술 심포지엄 보고서), 안중근의사기념관.
10) 수미야 바타르, 1993,「몽고에서 발견된 안의사 문건기록」『안중근의사 연구

의 어제와 오늘』(제3회 국제학술 심포지엄 보고서), 안중근의사기념관.

11) 鐘下辰男, 1993, 「‘安重根’主人公の戱曲を書き下ろして見えたこと」『안중근의사 연구의 어제와 오늘』(제3회 국제학술 심포지엄 보고서), 안중근의사기념관.

12) 박종효, 1996, 「安重根義擧에 관련된 러시아 文書」『21세기와 동양평화론』. 국가보훈처.

13) 淸水哲郞, 1996, 「安重根 硏究의 電算化에 대하여」『21세기와 동양평화론』, 국가보훈처.

14a) 尹炳奭, 1998, 「安重根義士 傳記의 종합적 검토」『安重根의 義烈과 東洋平和論』(안중근의사 의거89주년 기념학술심포지엄), 안중근의사숭모회.

14b) 尹炳奭, 1998, 「安重根義士 傳記의 종합적 검토」『한국근현대사연구』 9, 한국근현대사연구회.

15) 윤병석, 1998, 「壇仙,‘만고의사 안중근전’」『한국근현대사연구』 9, 한국근현대사연구회.

16) 박환, 1998, 「러시아 소재 한인독립운동 자료 현황」『재소한인민족운동사 - 연구현황과 자료해설』, 국학자료원.

17) 국사편찬위원회, 1999, 「안중근의 壯擧에 刺戟된 화적들의 浦鹽移動件」『통감부문서』 7.

18) 尹炳奭, 2000, 「桂奉瑀의 韓國史 著述과 ‘만고의ᄉ 안중근전’」『龜泉元裕漢敎授停年紀念論叢』, 혜안, 373~388쪽.

19) 조광, 2000, 「安重根연구의 현황과 과제」, 『한국근대사연구』 12.

20) 金在勝, 2000, 「安重根 義士의 遺墨」『實學思想硏究』 14(鄭明鎬博士停年記念號), 무악실학회.

21) 유창선, 2004, 「‘한국’소재 중국 근대소설 속의 한국 인식과 시대 사유」『중국소설논총』 19.

22a) 한상권·김현영, 2007, 「안중근 공판관련 자료에 대하여」『안중근 자료집편찬을 위한 기초연구』안중근기념사업회, 안중근의사 의거100주년 기념준비 제5회 학술대회.

22b) 한상권·김현영, 2009, 「안중근공판 기록 관련 자료에 대하여」『안중근 연구의 기초』(안중근 의거 100주년 기념연구논문집 2), 경인문화사.

23a) 윤병석, 2007, 「안중근의사의 저술과 유묵, 안중근전집 편찬을 위한 기초작업」, 『안중근 자료집편찬을 위한 기초연구』(안중근의사 의거100주년 기념준비 제5회 학술대회), 안중근의사기념사업회.

23b) 윤병석, 2009, 「안중근의사의 저술과 遺墨-<안중근전집> 편찬을 위한 기

초작업」,『안중근 연구의 기초』안중근 의거 100주년 기념연구논문집 2, 경인문화사.

24) 최서면, 2008,「안중근 묘역 추정의 경과」,『한국근현대사연구』46, 한울.

25a) 신운용, 2007,「안중근에 관한 신문자료 연구 ; 滿洲日日新聞을 중심으로」 『안중근 자료집편찬을 위한 기초연구』(안중근의사 의거100주년 기념 준비 제5회 학술대회), 안중근의사기념사업회.

25b) 신운용, 2008,「안중근 관계자료와 '滿洲日日新聞'」『남북문화예술연구』2, 남북문화예술학회.

25c) 신운용, 2009,「안중근에 관한 신문자료의 연구-<만주일일신문>을 중심 으로」,『안중근 연구의 기초』(안중근 의거 100주년 기념연구논문집 2), 경인문화사.

26) 양귀숙·김희성, 2008,「中國近代關於安重根形象的文學作品分析」『中國人 文科學』39, 중국인문학회.

27) 김현영, 2009,「안중근 공판기록 관련 자료」『시대와 인물, 그리고 사회의식』, 태학사.

28a) 오영섭, 2007,「한국근현대 민족운동가 전집 간행 현황과 "안중근의사전집" 간행을 위한 몇 가지 제언」,『안중근 자료집편찬을 위한 기초연구』(안중 근의사 의거100주년 기념준비 제5회 학술대회), 안중근의사기념사업회.

28b) 오영섭, 2009,「한국 근현대 민족운동가 전집 간행 현황과 "안중근의사전 집" 간행을 위한 몇 가지 제언」,『안중근 연구의 기초』(안중근 의거 100 주년 기념연구논문집 2), 경인문화사.

29a) 文丁珍, 2007,「중국 근대소설과 안중근」,『안중근 자료집편찬을 위한 기초 연구』안중근의사 의거100주년 기념준비 제5회 학술대회, 안중근의사 기념사업회.

29b) 문정진, 2009,「중국 근대소설과 안중근」,『안중근 연구의 기초』안중근 의 거 100주년 기념연구논문집, 경인문화사.

30) 나라오카 소치, 2009,「이토 히로부미 연구의 기초 사료」『한국과 이토 히로 부미』, 선인.

31) 윤병석, 2009,「安重根의사 하얼빈의거 100주년을 맞으며-安重根의사의 著 述과 遺墨」『殉國』218, 대한민국순국선열유족회.

32) 조광, 2009,「안중근 연구 백년 ; 현황과 과제. 附 안중근 연구 논저목록」, 『안중근의사 하얼빈의거 100주년기념 국제학술대회』, 안중근의사기념 사업회.

2) 종합적 연구

1) 이강훈, 1979, 「안중근의사와 독립운동」 『나라사랑』 34, 외솔회.

2) 이현종, 1979, 「살신보국으로 광복운동한 안중근」 『나라사랑』 34, 외솔회.

3) 崔永禧, 1980, 「歷史上からみた 安重根義士」, 『韓』 9-4·5, 東京 : 韓國研究院.

4) 李 淸, 1985, 「安重根 義士의 義擧」 『軍史』 11, 국방부 전사편찬위원회.

5) 朝鮮學叢書編纂委員會 編, 1992, 「安重根」 『朝鮮學論文集』 1, 北京大學亞太
   研究中心.

6) 崔書勉, 1994, 「安重根義擧的歷史背景及其敎訓」 『安重根』(金宇鐘·崔書勉 主
   編), 瀋陽 : 遼寧民族出版社.

7) 金裕赫, 1994, 「韓國人心目中的安重根」 『安重根』(金宇鐘·崔書勉 主編), 瀋
   陽:遼寧民族出版社.

8) 泉原敦史, 1996, 「歷史敎科書에 나타난 韓日關係」 『21세기와 동양평화론』,
   국가보훈처.

9) 박보리스, 1997, 「안중근의 위대한 업적」 『안중근과 동양평화』(안중근의사순
   국87주년기념국제학술회의), 안중근의사숭모회.

10) 楊國順·姜天明, 1997, 「안중근의거의 민족사적 의의」 『안중근과 동양평화』
    (안중근의사순국87주년기념국제학술회의), 안중근의사숭모회.

11) 徐德根, 1999, 「安重根生涯簡介」 『中韓抗日愛國運動研究論文集』 1, 北京大
    學 歷史系 東北亞研究所.

12) 이태진, 2002, 「안중근-불의·불법을 쏜 의병장」 『한국사시민강좌』 30, 일
    조각.

13) 김창수, 2002, 「安重根義擧의 歷史的 意義」 『한국민족운동사연구』 30, 한국
    민족운동사학회.

14) 김창수, 2002, 「안중근의거의 역사적 의의」 『안중근과 한인민족운동』(한국
    민족운동학회편), 국학자료원.

15) 신주백, 2007, 「한일 간의 流動하는 국민적 기억-歷史敎科書에서 安重根義
    擧와 伊藤博文狙擊事件, 그리고 '韓國倂合'의 關係(1945~2007)」 『한일
    관계사연구』 26, 한일관계사학회.

16) 오에 시노부, 2007, 「특종으로 보는 과격하고 잔인한 시대-되살아나는 청
    일전쟁과 안중근 사건」 『翰林日本學』 12, 한림대학교.

17) 반병률, 2009, 「러시아에서의 안중근의 항일독립운동에 대한 재해석」 『안중
    근 의거의 국제적 영향(광복 64주년 및 개관 22주년 기념 학술심포지
    엄)』, 독립기념관.

18) 신주백, 2009, 「한일 역사교과서는 안중근을 어떻게 기술해 왔는가(1945~2007)
－이등박문 및 '한국병합'과의 관계를 중심으로」『안중근 연구의 기초』(안
중근 의거 100주년 기념연구논문집 2), 경인문화사.

19a) 신운용, 2006, 「안중근의거의 국제정치적 배경과 의의」『안중근의거와 동
아시아 사회』(안중근의사 의거100주년 기념준비 제4회 학술대회 발표
자료집), 안중근의사기념사업회.

19b) 신운용, 2009, 「안중근의거의 국제 정치적 배경에 관한 연구」『역사문화연
구』 33, 한국외국어대학교 역사문화연구소.

20) 장석홍, 2009, 「안중근 의거의 국제적 성격과 위상」『안중근 의거의 국제적
영향』(광복 64주년 및 개관 22주년 기념 학술심포지엄), 독립기념관.

21) 윤병석, 2009, 「안중근 의사의 하얼빈 의거의 역사적 의의」『안중근 의거의
국제적 영향』(광복 64주년 및 개관 22주년 기념 학술심포지엄), 독립기
념관.

22) 윤병석, 2009, 「안중근 하얼빈의거 100주년의 성찰」『안중근의 동양평화론
과 동북아 평화공동체의 미래』(안중근의거 100주년기념 국제학술대회,
안중근 하얼빈학회).

3) 생애 및 독립운동 연구

1) 김영숙, 1965, 「열렬한 반일 애국 렬사 안중근의 생애와 그의 옥중 투쟁」『력
사과학』 1965년 3호, 평양 : 사회과학원 력사연구소.

2) 愼鏞廈, 1980, 「安重根의 思想과 義兵運動」『韓國史學』 2, 한국정신문화연구원.

3) 愼鏞廈, 1985, 『韓國民族獨立運動史研究』, 을유문화사.

4) 윤병석, 1993, 「안중근의사의 의병활동과 그의 사상」『안중근의사 연구의 어
제와 오늘』(제3회 국제학술 심포지엄 보고서), 안중근의사기념관.

5) 趙珖, 1994, 「安重根의 愛國啓蒙運動과 獨立戰爭」『敎會史研究』 9.

6) 白奇寅, 1997, 「安重根의 國權守護運動과 思想」『淸溪史學』 13, 淸溪史學會.

7a) 尹炳奭, 1999, 「安重根의 同義斷指會」『안중근의사의거 90주년기념학술발
표회 논문집』, 독립기념관 한국독립운동사연구소.

7b) 윤병석, 2000, 「安重根의 沿海州 義兵運動과 同義斷指會」『한국독립운동사
연구』 14, 독립기념관 한국독립운동사연구소.

8a) 박환, 1999, 「러시아 沿海州에서의 安重根」『안중근의사의거 90주년기념학
술발표회 논문집』, 독립기념관 한국독립운동사연구소.

8b) 박환, 2002, 「러시아 연해주에서의 안중근」『안중근과 한인 민족운동』(한국

민족운동사학회 편), 국학자료원.

9) 鄭英熹, 2000, 「구한말 안중근의 국권수호운동」『實學思想硏究』 14, 서울 : 母岳實學會.

10a) 尹善子, 2000, 「安重根의 愛國啓蒙運動」『全南史學』 15, 전남사학회.

10b) 윤선자, 2002, 「안중근의 애국계몽운동」『한국근대사와 종교』, 경인문화사.

11) 鄭英熹, 2001, 「安重根의 國權守護運動」『문명연지』 2-1, 서울 : 한국문명학회.

12) 김주용, 2002, 「안중근의 국권회복운동 ; 伊藤博文 射殺을 중심으로」『韓國北方史學會論集』 9, 한국북방사학회.

13a) 박환, 2002, 「러시아 연해주에서의 안중근」『한국민족운동사연구』 30, 한국민족운동사연구회.

13b) 박환, 2002, 「러시아 연해주에서의 안중근」『안중근과 민족운동』, 국학자료원.

14) 토르포프, 2002, 「조선합방 직전에 전개된 조선 민중의 항일해방운동1907~1910년」『안중근과 한인민족운동』, 한국민족운동사학회.

15) 세브치크, 2002, 「극동에서의 한인 빨치산 운동」『안중근과 한인민족운동』, 한국민족운동사학회.

16) 자브롭스카야, 2002, 「동만주에서의 조선 비밀단체들의 활동 1906~1911년」『안중근과 한인민족운동』, 한국민족운동사학회.

17) 피트로프, 2002, 「러시아 극동에서의 한인들의 사회·경제적 상황 1905~1910년」, 『안중근과 한인민족운동』, 한국민족운동사학회.

18a) 신운용, 2006, 「독립전쟁기의 안중근」『안중근 부자의 독립운동』(안중근의사 의거100주년 기념준비 제3회 학술대회 발표자료집), 안중근의사기념사업회.

18b) 신운용, 2008, 「안중근의 의병투쟁과 활동」『한국민족운동사연구』 54, 한국민족운동사학회.

18c) 신운용, 2009, 「안중근의 의병투쟁과 활동」『안중근과 그 시대』(안중근의거 100주년 기념연구논문집 1), 경인문화사.

19) 오영섭, 2008, 「안중근의 옥중 문필활동」『한국민족운동사연구』 55, 한국민족운동사학회.

20) 백기인, 2009, 「안중근 의병의 전략전술적 성격」『군사』 70, 국방부 군사편찬연구소.

21) 윤병석, 2009, 「안중근의 동의단지회의 보유」『한국독립운동사연구』 32, 한국독립운동사연구소.

22) 신운용, 2009, 「안중근의 의거와 대동공보사의 관계에 대한 재검토」『안중근의사 하얼빈의거 100주년기념 국제학술대회』, 안중근의사기념사업회.

23a) 이태진, 2009, 『안중근의 하얼빈 의거와 고종황제』(안중근의거 100주년기념
　　 국제학술대회), 안중근 하얼빈학회.
23b) 이태진, 2009, 『安重根のルピン義擧と高宗皇帝』(안중근의거 100주년기념
　　 국제학술대회, 발표논문집·추가), 안중근 하얼빈학회.

　4) 법정투쟁 및 법리 연구

1) 鹿野琢見, 1994, 「安重根無罪論」 『安重根』(金宇鐘·崔書勉 主編), 瀋陽 : 遼寧
　　 民族出版社.
2) 山下靖典, 1996, 「安重根의 狙擊과 被擊者」 『21세기와 동양평화론』, 국가보
　　 훈처.
3) 朴成壽, 1998, 「安重根義士의 義擧와 公判鬪爭」 『安重根의 義烈과 東洋平和
　　 論』(안중근 의사 의거 제89주년기념 학술심포지엄), 안중근의사숭모회.
4) 李帆, 1999, 「安重根在旅順」 『中韓抗日愛國運動硏究論文集』 1, 北京大學 歷
　　 史系 東北亞硏究所.
5) 한상권, 2004, 「안중근의 하얼빈거사와 공판투쟁(1)－검찰관과의 논쟁을 중심
　　 으로」 『역사와 현실』 54, 한국역사연구회.
6) 한상권, 2004, 「안중근의 하얼빈 거사와 공판투쟁(2)」 『덕성여대논문집』 33,
　　 덕성여대.
7) 명순구, 2005, 「안중근과 이토 히로부미의 접점에 대한 법적 평가－日本人이
　　 安重根을 兇漢으로 부르기 어려운 법리적 이유」 『사법연수』 30.
8) 신운용, 2009, 『일제의 한국사법침탈과 안중근의거』(안중근의사 의거100주
　　 년 기념준비 제9회 학술대회), 안중근의사기념사업회.
9a) 이장희, 2009, 「안중근재판에 대한 국제법적 평가」 『일제의 사법침탈과 안중
　　 근 의거』(안중근의사 의거100주년 기념준비 제9회 학술대회), 안중근의
　　 사기념사업회.
9b) 이장희, 2009, 「안중근 재판에 대한 국제법적 평가」 『외법논집』 33권 제2호,
　　 한국외국어대학교 전문분야연구센터 법학연구소.
10a) 戶塚悅郎, 2009, 「安重根裁判の不法性と東洋平和」 『안중근의 동양평화론
　　 과 동북아 평화공동체의 미래』(안중근의거 100주년기념 국제학술대회),
　　 안중근 하얼빈학회.
10b) 도츠카 에츠로, 2009, 「안중근재판의 불법성과 동양평화론」 『안중근의 동
　　 양평화론과 동북아 평화공동체의 미래』(안중근의거 100주년기념 국제
　　 학술대회), 안중근 하얼빈학회.

11) 한성민, 2009,「일본정부의 安重根 재판 개입과 그 불법성」『민족운동사연
구』61, 민족운동사학회.

5) 천주교 관계 연구

1) 李柱浩, 1982,「信仰人 安重根論」『崔奭祐神父 華甲紀念 韓國教會史論叢』,
한국교회사연구소.
2) 井田泉, 1984,「安重根とキリスト教」『キリスト教學』26, 東京 : 立教大學
キリスト教學會.
3) 盧吉明, 1994,「安重根의 信仰」『教會史研究』9, 한국교회사연구소.
4) 崔奭祐, 1994,「安重根의 義擧와 教會의 反應」『教會史研究』9, 한국교회사
연구소.
5a) 尹善子, 1998,「安重根義士의 天主教 信仰과 愛國啓蒙運動」『安重根의 義
烈과 東洋平和論』, 안중근의사숭모회.
5b) 윤선자, 1999,「안중근의 천주교신앙과 애국계몽운동」『전남사학』, 전남사
학회.
6) 尹慶老, 1999,「思想家安重根的生活和活動」『中韓抗日愛國運動研究論文集』
1, 北京大學 歷史系 東北亞研究所.
7) 차기진, 2001,「安重根의 천주교 신앙과 그 영향」『교회사연구』16, 한국교회
사연구소.
8a) 전달수, 2001,「안중근 토마스의 신앙과 덕행」『교회사연구』16, 한국교회사
연구소.
8b) 전달수, 2001,「安重根 토마스의 信仰과 德行」『神學展望』132, 광주가톨릭
대학교.
9) 정인상, 2001,「안중근 신앙과 윤리」『교회사연구』16, 한국교회사연구소.
10) 변기찬, 2001,「안중근 신앙과 현양에 대한 비교사적 검토」『교회사연구』
16, 한국교회사연구소.
11a) 윤선자, 2005,「안중근 의거에 대한 천주교회의 인식」『안중근 의거에 대한
인식』(안중근의사 의거100주년 기념준비 제1회 학술대회 발표자료집),
안중근의사기념사업회.
11b) 윤선자, 2005,「안중근 의거에 대한 천주교회의 인식」『한국근현대사연구』
여름호 제33집, 한국근현대사학회.
11c) 윤선자, 2009,「안중근 의거에 대한 천주교회의 인식」『안중근 연구의 기초』
(안중근 의거 100주년 기념연구논문집 2), 경인문화사.

12a) 신운용, 2005, 「안중근 의거의 사상적 배경」『안중근의 신앙과 사상』(안중근의사 의거100주년 기념준비 제2회 학술대회 발표자료집), 안중근의사기념사업회.

12b) 신운용, 2005, 「안중근 의거의 사상적 배경」『안중근의 신앙과 사상』, 안중근의사기념사업회.

12c) 신운용, 2009, 「안중근 의거의 사상적 배경」『안중근과 그 시대』(안중근 의거 100주년 기념연구논문집 1), 경인문화사.

13a) 황종렬, 2005, 「안중근편 교리서에 나타난 천·인·세계 이해」『안중근의 신앙과 사상』(안중근의사 의거100주년 기념준비 제2회 학술대회 발표자료집), 안중근의사기념사업회.

13b) 황종렬, 2006, 「'안중근편 교리서'에 나타난 천·인·세계 이해」『神學展望』153, 광주가톨릭대학교 출판부.

13c) 황종렬, 2009, 「'안중근편 교리서'에 나타난 천·인·세계 이해」『안중근과 그 시대』(안중근 의거 100주년 기념연구논문집 1), 경인문화사.

14) 원재연, 2009, 「안중근의 선교활동과 황해도 천주교회 : 김기호와 비교연구를 중심으로」『안중근의사 하얼빈의거 100주년기념 국제학술대회』, 안중근의사기념사업회.

15) 프랭클린 라우시, 2009, 「종교와 폭력의 정당성 ; 안중근의거의 종교적 의미에 관한 논쟁」『안중근의사 하얼빈의거 100주년기념 국제학술대회』, 안중근의사기념사업회.

16) 김동원, 2009, 「안중근의 천주교 신앙과 사상적 성격」『안중근의사 하얼빈의거 100주년기념 국제학술대회』, 안중근의사기념사업회.

17) 조현범, 2009, 「안중근 의사와 빌렘 신부 ; 기존사료의 재검토를 중심으로」『안중근의사 하얼빈의거 100주년기념 국제학술대회』, 안중근의사기념사업회.

18) 전수홍, 2009, 「안중근 사건의 신학적 고찰」『안중근의사 하얼빈의거 100주년기념 국제학술대회』, 안중근의사기념사업회.

6) 정치·사회사상 연구

1) 姜德相, 1984, 「安重根の思想と行動」『朝鮮獨立運動の群像』, 東京 : 靑木書店.

2) 오태효, 2000, 「안중근의 교육사상」『韓國近現代移行期 民族運動』, 신서원.

3) 장석홍, 2001, 「安重根의 대일본 인식과 하얼빈 의거」『교회사연구』16, 한국교회사연구소.

4) 한상권, 2003, 「안중근의 국권회복운동과 정치사상」 『한국독립운동사연구』 21, 한국독립운동사연구소.

5) 현광호, 2006, 「유길준과 안중근의 동아시아인식 비교 : 중국과 일본에 대한 상이한 시선」 『역사비평』 76, 역사비평사.

6a) 신운용, 2007, 「안중근의 민권·민족의식과 계몽운동」 『안중근과 그 가족의 독립운동』(안중근의사 의거100주년 기념준비 제6회 학술대회), 안중근 의사기념사업회.

6b) 신운용, 2009, 「안중근의 민권·민족의식과 계몽운동」 『안중근과 그 시대』(안중근 의거 100주년 기념연구논문집 1), 경인문화사.

7) 신운용, 2008, 「안중근의 대일인식」 『안중근의 사상과 그 영향』(안중근기념사업회, 안중근의사 의거100주년 기념준비 제7회 학술대회).

8a) 오영섭, 2008, 「안중근의 정치사상」 『안중근의 사상과 그 영향』(안중근의사 의거100주년 기념준비 제7회 학술대회), 안중근의사기념사업회.

8b) 오영섭, 2009, 「안중근의 정치사상」 『안중근과 그 시대』(안중근 의거 100주년 기념연구논문집 1), 경인문화사.

8c) 오영섭, 2008, 「안중근의 정치체제 구상」 『한국독립운동사연구』 31, 독립기념관 한국독립운동사연구소 *5a 및 5b의 수정본.

9) 현광호, 2009, 「안중근의 동아시아 인식」 『한국 근대 사상가의 동아시아 인식』, 선인.

7) 동양평화론 연구

1) 尹慶老, 1985, 「安重根 思想 硏究 - 義兵論과 東洋平和論을 중심으로」 『民族文化』 3, 한성대 민족문화연구소.

2) 윤경로, 1992, 「사상가 안중근의 생애와 활동」 『한국근대사의 기독교사적 이해』, 역민사.

3) 박창희, 1993, 「안중근의 동양관과 아시아의 어제 오늘」 『안중근 의사 연구의 어제와 오늘』(제3회 국제학술 심포지엄 보고서), 안중근의사기념관.

4) 洪淳鎬, 1993, 「安重根의 國際思想과 東洋平和論」 『梨花女大 社會科學論集』 13, 이화여자대학교.

5) 洪淳鎬, 1994, 「安重根의 東洋平和論」 『敎會史硏究』 9, 한국교회사연구소.

6) 金宇鐘, 1994, 「安重根愛國精神的影響及其東洋平和思想」 『安重根』(金宇鐘·崔書勉 主編), 瀋陽 : 遙寧民族出版社.

7) 金宇鐘, 1995, 「安重根의 愛國精神과 東洋平和思想」 『韓國近現代史論叢』,

大邱 : 吳世昌教授華甲紀念論叢刊行委員會.

8) 崔書勉, 1996, 「일본의 한국병합과 안중근의 동양평화론」『21세기와 동양평화론』, 國家報勳處.

9) 金宇鍾, 1996, 「安重根 東洋平和思想의 現實的 意義」『21세기와 동양평화론』, 국가보훈처.

10) 金裕赫, 1996, 「安重根 東洋平和論과 新東北亞經濟圈 展開의 理念」『21세기와 동양평화론』, 국가보훈처.

11) 金鎬逸, 1996, 「安重根義士의 東洋平和論」『安重根의 義烈과 東洋平和論』, 국가보훈처.

12) 金玉姬, 1997, 「안중근의 자주독립운동과 동양평화사상」『안중근과 동양평화』(안중근의사순국87주년기념국제학술회의), 안중근의사숭모회.

13) 中野泰雄, 1997, 「평화의 사도 안중근과 동양평화」『안중근과 동양평화』(안중근의사순국87주년기념국제학술회의), 안중근의사숭모회.

14) 김우종, 1998, 「안중근의 애국정신과 동양평화사상」『안중근의사』(김우종·리동원 편), 목단강 : 흑룡강조선민족출판사.

15) 최서면, 1998, 「일본의 한국병합과 안중근의 동양평화론」『안중근의사』(김우종·리동원 편), 목단강 : 흑룡강조선민족출판사.

16a) 김호일, 1998, 「안중근의사의 동양평화론」『안중근의 의열과 동양평화론』(안중근의사 의거 89주년기념 학술심포지엄), 안중근의사숭모회.

16b) 金鎬逸, 1998, 「舊韓末 安重根의 '東洋平和論' 硏究」『中央史論』 10·11, 中央史學硏究會.

16c) 김호일, 2000, 「안중근 의사의 '동양평화론'」『韓國近現代移行期 民族運動』, 신서원.

17a) 崔起榮, 1999, 「安重根의 '東洋平和論'」『안중근의사 의거 90주년 기념 학술발표회 논문집』, 안중근의사숭모회.

17b) 최기영, 2000, 「安重根의 '東洋平和論'」『민족사와 교회사』 1(최석우신부 수품50주년 기념 논총), 한국교회사연구소.

17c) 최기영, 2003, 「안중근의 '동양평화론'」『한국근대계몽사상연구』, 일조각.

18) 이현희, 2001, 「安重根 義士의 東洋平和思想 研究」『문명연지』 제2권 제1호, 한국문명학회.

19) 유미애, 2002, 「안중근 평화사상의 현대적 의미 ; 절제된 폭력의 사용을 중심으로」『韓國北方史學會論集』 9, 한국북방사학회.

20) 김현철, 2002, 「개화기 한국인의 대외인식과 '동양평화구상'」『평화연구』 제11권, 고려대학교 평화연구소.

21) 김길룡, 2003, 「안중근의 동양평화론에 대한 미래지향적 고찰」『한성인문학』1, 한성대 인문과학연구원.

22) 현광호, 2003, 「안중근의 동양평화론과 그 성격」『아세아연구』46, 고려대 아세아문제연구소.

23) 김길룡, 2003, 「안중근의 동양평화론에 대한 미래지향적 고찰」『한성인문학』1, 한성대학교인문과학연구원.

24a) 신운용, 2005, 「安重根의 '東洋平和論'과 伊藤博文의 '極東平和論'」『역사문화연구』23, 한국외국어대학교 역사문화연구소.

24b) 신운용, 2009, 「안중근의 '동양평화론'과 이등박문의 '극동평화론'」『안중근과 그 시대』(안중근 의거 100주년 기념연구논문집 1), 경인문화사.

25) 김영호, 2005, 「안중근의 동양평화론과 동북아 경제에 통합론」『2000』, 현대사회문화연구소.

26a) 윤병석, 2005, 「안중근 의사의 하얼빈 의거와 동양평화론」『안중근의거에 대한 인식』(안중근의사 의거100주년 기념준비 제1회 학술대회 발표자료집), 안중근의사기념사.

26b) 윤병석, 2009, 「안중근 의사의 하얼빈 의거와 '동양평화론'」『안중근과 그 시대』(안중근 의거 100주년 기념연구논문집 1), 경인문화사.

27) 김흥수, 2007, 「안중근의 생애와 동양평화론」『공사논문집』46, 공군사관학교.

28) 김경일, 2008, 「근대 동북아 지역평화론에 대한 多者主義 관점에서의 고찰 －安重根・孫文・石橋湛山을 중심으로」『대구사학』90, 대구사학회.

29) 박영준, 2009, 「러일전쟁 이후 동아시아 질서구상 : 야마가타 아리토모(山縣有朋)의 전후경영론과 안중근의 동양평화론 비교」『한국정치외교사논총』30, 한국정치외교사학회.

30a) 강동국, 2008, 「동아시아의 관점에서 본 안중근의 동양평화론」『안중근의 동양평화론』(안중근의사 의거100주년 기념준비 제7회 학술대회), 안중근의사기념사업회.

30b) 강동국, 2009, 「동아시아의 관점에서 본 안중근의 동양평화론」『안중근과 그 시대』(안중근 의거 100주년 기념연구논문집 1), 경인문화사.

31a) 김현철, 2008, 「20세기 초 한국인의 대외관과 동양평화론」『안중근의 동양평화론』(안중근의사 의거100주년 기념준비 제7회 학술대회), 안중근의사기념사업회.

31b) 김현철, 2009, 「20세기 초 한국인의 대외관과 안중근의 '동양평화론'」『안중근과 그 시대』(안중근 의거 100주년 기념연구논문집 1), 경인문화사.

32a) 박영준, 2008, 「러일전쟁 이후 동아시아 질서구상 ; 야마가타 아리토모(山

縣有朋)의 전후경영론과 안중근의 동양평화론 비교」『안중근의 동양평화론』(안중근의사 의거100주년 기념준비 제7회 학술대회), 안중근의사 기념사업회.

32b) 박영준, 2009, 「러일전쟁 이후 동아시아 질서구상－야마가타 아리토모의 전후경영론과 안중근의 동양평화론 비교」『안중근과 그 시대』(안중근 의거 100주년 기념연구논문집 1), 경인문화사.

33a) 신운용, 2008, 「안중근의 '동양평화론' 연구와 실천을 위한 방안」『안중근의 동양평화론』(안중근기념사업회, 안중근의사 의거100주년 기념준비 제7회 학술대회).

33b) 신운용, 2009, 「안중근의 '동양평화론' 연구와 실천을 위한 방안」『안중근과 그 시대』(안중근 의거 100주년 기념연구논문집 1), 경인문화사.

34) 윤경로, 2009, 「안중근 의거와 '동양평화론'의 현대사적 의의」『안중근 의거의 국제적 영향』(광복 64주년 및 개관 22주년 기념 학술심포지엄), 독립기념관.

35) 노명환, 2009, 「유럽통합사상과 역사에 비추어 본 안중근 동양평화론의 세계사적 의의」『안중근의사 하얼빈의거 100주년기념 국제학술대회』, 안중근의사기념사업회.

36) 徐勇, 2009, 「안중근의 동양평화론 제출 및 그 역사적 의의를 논함」『안중근의사 하얼빈의거 100주년기념 국제학술대회』, 안중근의사기념사업회.

37) 현광호, 2009, 「안중근의 한·중·일 인식」『안중근의사 하얼빈의거 100주년기념 국제학술대회』, 안중근의사기념사업회.

38) 김형목, 2009, 「안중근의 동양평화론 구상」『안중근의사 하얼빈의거 100주년기념 국제학술대회』, 안중근의사기념사업회.

39) 김종걸, 2009, 「동아시아경제공동체 ; 실패의 20세기와 성공의 21세기」『안중근의사 하얼빈의거 100주년기념 국제학술대회』, 안중근의사기념사업회.

40) 조홍식, 2009, 「유럽통합과 동양평화론 : 동아시아 지역통합에 주는 시사점」『안중근의사 하얼빈의거 100주년기념 국제학술대회』, 안중근의사기념사업회.

41) 최태욱, 2009, 「동양평화론의 21세기적 계승 ; 동북아시아에서 동아시아로」『안중근의사 하얼빈의거 100주년기념 국제학술대회』, 안중근의사기념사업회.

42) 문우식, 2009, 「안중근의 동양평화론과 아시아 금융통화협력」『안중근의사 하얼빈의거 100주년기념 국제학술대회』, 안중근의사기념사업회.

43) 손열, 2009, 「동양평화론과 동아시아 공동체론」『안중근의사 하얼빈의거 100주년

기념 국제학술대회』, 안중근의사기념사업회.

44) 서영희, 2009, 「한국 근대 동양평화론의 기원과 계보, 그리고 안중근」『안중
근의 동양평화론과 동북아 평화공동체의 미래』(안중근의거 100주년기
념 국제학술대회), 안중근 하얼빈학회.

45a) 徐勇, 2009, 「論日本的東亞擴張與安重根東洋平和論」『안중근의 동양평화
론과 동북아 평화공동체의 미래』(안중근의거 100주년기념 국제학술대
회), 안중근 하얼빈학회.

45b) 쑤용, 2009, 「일본의 확장주의와 동양평화론」『안중근의 동양평화론과 동
북아 평화공동체의 미래』(안중근의거 100주년기념 국제학술대회), 안중
근 하얼빈학회.

46a) 牧野英二, 2009, 「安重根義士の東洋平和論の現在的意義」『안중근의 동양
평화론과 동북아 평화공동체의 미래』(안중근의거 100주년기념 국제학
술대회), 안중근 하얼빈학회.

46b) 마키노 에이지, 2009, 「안중근의사의 동양평화론의 현대적 의의」『안중근
의 동양평화론과 동북아 평화공동체의 미래』(안중근의거 100주년기념
국제학술대회), 안중근 하얼빈학회.

8) 관계 인물 연구

1) 趙東杰, 1969, 「安重根義士 裁判記錄上의 人物 金斗星考」『春川敎育大學論
文集』 7, 춘천교육대학.

2) 朴成壽, 1994, 「安重根과 金九」『韓國獨立運動史論』, 한국정신문화연구원.

3) 中野泰雄, 1995, 「伊藤博文と安重根」『亞細亞大學 經濟學紀要』 14-3(王置正
美先生退職記念號), 亞細亞大學.

4) 申雲龍, 1996, 「露嶺 韓人을 中心으로 본 安重根」『21세기와 동양평화론』,
국가보훈처.

5) 韓詩俊, 2000, 「安恭根의 생애와 독립운동」『敎會史研究』 15, 한국교회사연구
소.

6) 안천, 2000, 「항일전쟁시대 초기의 종교항쟁연구」『한국북방학회논집』 7, 한
국북방학회(안태훈 관련).

7) 조동걸, 2001, 「安重根의사 재판기록상의 인물 김두성고」『한국근현대사의
이상과 형상』, 푸른역사.

8a) 오영섭, 2002, 「안중근 가문의 독립운동」『한국민족운동사연구』 30, 한국민
족운동사학회.

8b) 오영섭, 2002, 「안중근 가문의 독립운동」『안중근과 민족운동』(한국민족운동사학회 편), 국학자료원.

9) 장석흥, 2003, 「19세기 말 安泰勳 書翰의 자료적 성격」『韓國學論叢』26, 국민대학교 한국학연구소.

10) 장석흥, 2004, 「백범과 안중근 집안의 인연과 독립운동」『백범과 민족운동연구』2, 백범학술원.

11) 이재호, 2004, 「안창호와 안정근·공근 형제」『도산학연구』10, 도산학회.

12a) 오영섭, 2006, 「을사조약 이전 안태훈의 생애와 활동」『안중근 부자의 독립운동』(안중근의사 의거100주년 기념준비 제3회 학술대회 발표자료집), 안중근 기념사업회.

12b) 오영섭, 2009, 「을사조약 이전 안태훈의 생애와 활동」『안중근과 그 시대』(안중근 의거 100주년 기념연구논문집 1), 경인문화사.

12c) 오영섭, 2007, 「개화기 안태훈(1862~1905)의 생애와 활동」『한국근현대사연구』40, 한울(안태훈 관련) *13a 및 13b의 논문에 대한 수정본.

12d) 오영섭, 2007, 「개화기 안태훈의 생애와 활동」『한국근현대사를 수놓은 인물들(1)』, 경인문화사.

13a) 오영섭, 2006, 「안공근의 항일독립운동」『안중근의거와 동아시아 사회』(안중근의거 100주년 기념준비 제4회 학술대회 발표자료집).

13b) 오영섭, 2009, 「안공근의 항일독립운동」『안중근과 그 시대』(안중근 의거 100주년 기념연구논문집 1), 경인문화사.

13c) 오영섭, 2007, 「일제시기 안공근의 항일독립운동」『한국근현대사를 수놓은 인물들(1)』, 경인문화사 *13a 및 13b의 논문에 대한 수정본.

14a) 오영섭, 2007, 「일제시기 안정근의 항일독립운동」『안중근과 그 가족의 독립운동』(안중근의사 의거 100주년 기념준비 제6회 학술대회), 안중근의사 기념사업회.

14b) 오영섭, 2008, 「일제시기 안정근의 항일독립운동」『남북문화예술연구』2, 남북문화예술학회. *14a 및 14c 논문의 수정본

14c) 오영섭, 2009, 「일제시기 안정근의 항일독립운동」『안중근과 그 시대』(안중근 의거 100주년 기념연구논문집 1), 경인문화사.

15a) 이동언, 2007, 「안명근의 생애와 독립운동」『안중근과 그 가족의 독립운동』(안중근의사 의거100주년 기념준비 제6회 학술대회), 안중근 기념사업회.

15b) 이동언, 2008, 「안명근의 생애와 독립운동」『한국독립운동사연구』31, 독립기념관 한국독립운동사연구소. *15a, 15c, 15d의 수정본

15c) 이동언, 2008, 「안명근의 생애와 독립운동」『남북문화예술연구』2, 남북문

화예술학회.

15d) 이동언, 2009, 「안명근의 생애와 독립운동」『안중근과 그 시대』(안중근 의
거 100주년 기념연구논문집 1), 경인문화사.

16) 오영섭, 2008, 「한인애국단을 이끈 중심인물 안공근」『순국』 210, 대한민국
순국선열유족회.

17) 박태균, 2008, 「한국현대사 속의 안중근 일가」『동북아평화와 안중근의거의
재조명』, 안중근·하얼빈 학회 발표논문집.

18) 반병률, 2009, 「安重根과 崔在亨」『역사문화연구』 33, 한국외국어대학교 역
사문화연구소.

19) 이명화, 2009, 「이강의 독립운동과 안중근의거」『韓國人物史研究』 11, 한국
인물사연구소.

20a) 도진순, 2009, 「安重根 家門의 百歲遺芳과 妄覺地帶」『안중근의 동양평화
론과 동북아 평화공동체의 미래』(안중근의거 100주년기념 국제학술대
회), 안중근 하얼빈학회.

20b) 도진순, 2010, 「안중근 가문의 유방백세와 망각지대」『역사비평』 090 봄호,
역사비평사.

9) 의거 인식 및 반응 연구

1) 김경태, 1976, 「안중근의거와 국내외 언론의 반향」『이해창선생회갑기념논문
집』, 이해창선생회갑기념논문 간행위원회.

2) 崔書勉, 1980, 「日本人からみた 安重根義士」『韓』 9-4·5, 東京 ; 韓國研究院.

3a) 나까노 야스오, 1993, 「일본에서의 安重根義士觀의 변화 추세」『안중근의사 연
구의 어제와 오늘』, 안중근의사숭모회.

3b) 中野泰雄, 1996, 「日本人の觀た 安重根」『亞細亞大學 經濟學紀要』 15-2.

4) 吳英珍, 1994, 「石川啄木文學에 나타난 韓國觀 : 安重根을 노래한 詩」『東國
大日本學』 13, 동국대학교 일본학연구소.

5) 김경태, 1994, 『한국근대의 민족운동과 그 사상』, 이화여대 출판부.

6) 馬維頤, 1996, 「中國人 視覺으로 보는 安重根」『21세기와 동양평화론』, 국가
보훈처.

7) 林建彦, 1996, 「日本人이 본 安重根」『21세기와 동양평화론』, 국가보훈처.

8) 藤田義郎, 1996, 「安重根에 대한 日本의 認識」『21세기와 동양평화론』, 국가
보훈처.

9) 中川浩一·趙珍淑, 1995, 「安重根顯彰碑探索 : その教材的意義を中心に」『茨

城大學敎育學部紀要』(人文·社會科學·藝術) 44.

10) 中川浩一·崔智淑·朴桂媛, 1997,「‘補遺’抗日民族運動記念碑探索 : 霧社事件·烈女柳寬順·民族英雄安重根をめぐって」『茨城大學敎育學部紀要』(人文·社會科學·藝術) 46.

11) 김유혁, 1998,「한국인 입장에서 본 안중근」『안중근의사』(김우종·리동원 편), 흑룡강조선민족출판사.

12) 金宇鍾, 1999,「在中國的安重根研究和紀念活動」『中韓抗日愛國運動研究論文集』1, 北京大學 歷史系 東北亞研究所.

13) 徐勇, 1999,「論安重根抗日活動的意義及其在中國的影響」『中韓抗日愛國運動研究論文集』1, 北京大學 歷史系 東北亞研究所.

14) 韓詩俊, 2000,「中國人이 본 安重根 ; 朴殷植과 鄭沅의 ‘安重根’을 중심으로」『충북사학』11·12합집(鶴山金鎭鳳敎授停年紀念特輯號), 충북대학교 사학회.

15a) 이상일, 2002,「안중근의거에 대한 각국의 동향과 신문논조」『한국민족운동사연구』30, 한국민족운동사학회.

15b) 이상일, 2002,「안중근의거에 대한 각국의 동향과 신문논조」『안중근과 한인민족운동』(한국민족운동사학회 편), 국학자료원.

16) 이용창, 2003,「‘伊藤博文追悼會개최전후’사회세력의 동향과 친일정치세력의 형성」『사학연구』69, 한국사학회.

17a) 신운용, 2005,「안중근 의거에 대한 국내의 인식과 반응」『안중근의거에 대한 인식』(안중근의사 의거100주년 기념준비 제1회 학술대회 발표자료집), 안중근 기념사업회.

17b) 신운용, 2005,「안중근 의거에 대한 국내의 인식과 반응」『한국근현대사연구』33, 한국근현대사학회.

18a) 한상권, 2005,「안중근 의거에 대한 미주 한인의 인식」『안중근의거에 대한 인식』(안중근의사 의거100주년 기념준비 제1회 학술대회 발표자료집), 안중근 기념사업회.

18b) 한상권, 2005,「안중근 의거에 대한 미주 한인의 인식:≪신한민보≫를 중심으로」『한국근현대사연구』33, 한국근현대사학회.

18c) 한상권, 2009,「안중근 의거에 대한 재미 동포의 반응 - 신한민보를 중심으로」『안중근 연구의 기초』(안중근 의거 100주년 기념연구논문집 2), 경인문화사.

19a) 김춘선, 2005,「안중근 의거에 대한 중국인의 인식」『안중근의거에 대한 인식』(안중근의사 의거100주년 기념준비 제1회 학술대회 발표자료집), 안중근 기념사업회.

19b) 김춘선, 2005, 「안중근 의거에 대한 중국인의 인식」 『한국근현대사연구』 33, 한국근현대사학회.

19c) 김춘선, 2009, 「안중근 의거에 대한 중국의 인식」 『안중근 연구의 기초』(안 중근 의거 100주년 기념연구논문집 2), 경인문화사.

20) 벨라 박, 2005, 「안중근의사의 위업에 대한 러시아 신문들의 반응」 『안중근 의거에 대한 인식』(안중근의사 의거100주년 기념준비 제1회 학술대회 발표자료집), 안중근 기념사업회.

21) 유병호, 2005, 「중국인들이 바라본 安重根의 형상」 『한국민족운동사연구』 43, 한국민족운동사학회.

22) 김진욱, 2005, 「안중근 의거를 통한 중국 지식인의 조선 인식 연구」 『중국인 문과학』 30, 중국인문학회.

23a) 서용, 2006, 「중국에서의 安重根 의거에 대한 반응과 그 인식」 『안중근 부 자의 독립운동』(안중근의사 의거100주년 기념준비 제4회 학술대회 발 표자료집), 안중근 기념사업회.

23b) 서용, 2008, 「安重根 의거에 대한 중국인의 인식」 『남북문화예술연구』 제2호, 남북문화예술학회.

23c) 서용, 2009, 「중국에서의 안중근 의거에 대한 반응과 그 인식」 『안중근 연 구의 기초』(안중근 의거 100주년 기념연구논문집 2), 경인문화사.

24) 신운용, 2007, 「안중근 의거에 대한 국외 한인사회의 인식과 반응」 『한국독 립운동사연구』 28, 독립기념과 한국독립운동사연구소.

25a) 신주백, 2007, 「한일역사교과서는 安重根을 어떻게 기술해 왔는가(1945~2007) ; 伊藤博文 및 ‘韓國倂合’과의 관계를 중심으로」 『안중근 자료집편찬을 위한 기초연구』(안중근의사 의거100주년 기념준비 제5회 학술대회), 안중근 기념 사업회.

26a) 벨라 박, 2007, 「안중근의 의거에 대한 조선과 해외의 반응 ; 러시아·조선 및 일본 사료를 중심으로」 『안중근과 그 가족의 독립운동』(안중근의사 의거100주년 기념준비 제6회 학술대회), 안중근 기념사업회.

26b) 벨라 보리소브나 박, 2009, 「안중근 의거에 대한 조선과 해외의 반응-러시 아, 조선 및 일본 사료를 중심으로」 『안중근 연구의 기초』(안중근 의거 100주년 기념연구논문집 2), 경인문화사.

27a) 신주백, 2008, 「일제강점기 ‘이등박문 저격사건’을 둘러싼 안중근에 관한 국내외 조선인사회의 기억」 『한국민족운동사연구』 57, 한국민족운동사 학회.

27b) 신주백, 2009, 「식민지기 안중근에 관한 국내외 조선인 사회의 기억」 『한국

과 이토 히로부미』, 선인.

28a) 정현기, 2008, 「안중근에 대한 글 본새와 림종상의 '안중근 이등박문을 쏘다' ; 문학과 역사, 철학 글쓰기 본 찾기」『안중근의 사상과 그 영향』(안중근의사 의거100주년 기념준비 제7회 학술대회), 안중근 기념사업회.

28b) 정현기, 2009, 「북한의 안중근 인식-림종상의 '안중근 이등박문을 쏘다'를 중심으로」『안중근 연구의 기초』(안중근 의거 100주년 기념연구논문집 2), 경인문화사.

29) 손염홍, 2009, 「안중근 의거와 중국의 반제민족운동」『안중근 의거의 국제적 영향』(광복 64주년 및 개관 22주년 기념 학술심포지엄), 독립기념관.

30) 이규수, 2009, 「안중근 의거에 대한 일본 언론계의 인식」『안중근 의거의 국제적 영향』(광복 64주년 및 개관 22주년 기념 학술심포지엄), 독립기념관.

31) 신운용, 2009, 「안중근 의거에 대한 국내의 인식과 반응」『안중근 연구의 기초』(안중근 의거 100주년 기념연구논문집 2), 경인문화사.

32) 신운용, 2009, 「안중근 의거에 대한 국외의 인식과 반응-재외한인을 중심으로」『안중근 연구의 기초』(안중근 의거 100주년 기념연구논문집 2), 경인문화사.

33) 벨라 보리소브나 박·보리스 드미트리예비치 박, 2009, 「안중근 의사의 위업에 대한 러시아 신문들의 반응」『안중근 연구의 기초』(안중근 의거 100주년 기념연구논문집 2), 경인문화사.

34) 이범, 2009, 「안중근 의거가 보여준 민족정신과 중국에 대한 영향」『안중근 연구의 기초』(안중근 의거 100주년 기념연구논문집 2), 경인문화사.

35) 마쓰다 도시히코, 2009, 「이토 히로부미 살해사건의 파문」『한국과 이토 히로부미』, 선인.

36) 미즈노 나오키, 2009, 「식민지기 조선에서의 이토 히로부미의 기억」『한국과 이토 히로부미』, 선인.

37) 장용희, 2009, 「아동문학에 나타난 안중근의사」『안중근의사 하얼빈의거 100주년기념 국제학술대회』(안중근기념사업회).

38) 정현기, 2009, 「안중근의사와 한국소설 ; 이청의 '안중근'과 송원희의 '대한국인안중근'을 중심으로」『안중근의사 하얼빈의거 100주년기념 국제학술대회』, 안중근기념사업회.

39) 따찌아나 심비에르쩨바, 2009, 「안중근의 러시아」『안중근의사 하얼빈의거 100주년기념 국제학술대회』, 안중근기념사업회.

40) 쟝휘이광, 2009, 「민국시기 중국예술작품속에서 안중근의 형상 : 연극을 중심으로 한 고찰」『안중근의사 하얼빈의거 100주년기념 국제학술대회』,

안중근기념사업회.

41) 윤선자, 2009, 「해방후 안중근 기념사업의 역사적 의의」『안중근의사 하얼 빈의거 100주년기념 국제학술대회』, 안중근기념사업회.

42) 임수경·전영란, 2009, 「안중근 의사 의거 관련 언론보도 분석 ; '대한매일신 보'를 중심으로」『안중근의사 하얼빈의거 100주년기념 국제학술대회』, 안중근기념사업회.

43) 이규태, 2009, 「안중근의거를 둘러싼 일본의 인식과 대한정책」『안중근의사 하얼빈의거 100주년기념 국제학술대회』, 안중근기념사업회.

44a) 王元周, 2009, 『中國人有關安重根的著述與安重根的三種形象』(안중근의거 100주년기념 국제학술대회), 안중근 하얼빈학회.

44b) 왕위엔쩌우, 2009, 『중국인이 쓴 안중근에 대한 저작물과 그들이 안중근에 게 가진 세 가지 이미지』(안중근의거 100주년기념 국제학술대회), 안중 근 하얼빈학회.

45a) 최봉룡, 2009, 『안중근 의거의 중국에 대한 영향과 평가』(안중근의거 100주 년기념 국제학술대회), 안중근 하얼빈학회.

45b) 崔峰龍, 2009, 『安重根義擧の中國に對する影響その評價』(안중근의거 100주년 기념 국제학술대회), 안중근 하얼빈학회.

4. 문학과 예술 및 아동문학

1) 傳記 文學

1) 李泰浩, 1931, 『哈爾賓 驛頭의 銃聲』, 三中堂書店.

2) 谷讓次, 1931, 『安重根 : 十四の場面』『滿洲·內蒙古·樺太』(黑川創 編, 外地の 日本文學選 2), 新宿書房.

3) 최상덕, 1967, 『안중근의사』(전기소설 제9화).

4) 李浩哲, 1986, 『까레이 우라』, 한겨레, 1986.

5) 鷄林冷血生, 1992, 『醒世小說 英雄淚』(漢文本), 安重根義士紀念館.

6a) 한석청, 1994, 『超人－大韓國人 안중근 토마스 傳記小說』 1·2, 한아름

6b) 한석청, 1995, 『소설 안중근』 1·2, 청암미디어.

6c) 韓碩靑(金容權 譯), 1997, 『安重根』 第1部 生成篇·第2部 超人篇, 東京 : 作品社.

7a) 송원희, 1995, 『安重根－그날 춤을 추리라』 1·2, 도서출판 둥지.

7b) 송원희, 2001, 『안중근 : 그날 춤을 추리라』 상·하, 문학과 의식.

7c) 송원희, 2004, 『대한국인 안중근』, 조이에듀넷.

8) 조상호 편집, 2002, 『장편소설 안중근 이등박문을 쏘다』, 문학예술출판사.

9) 이이녕, 2004, 『소설로 읽는 도마 안중근』, 선미디어.

10) 림종상, 2006, 『안중근 이등박문을 쏘다』(북한판 재간행), 자음과 모음.

11) 조정래, 2007, 『안중근』, 문학동네.

12) 이 청, 2009, 『대한국인 안중근』, 경덕출판사.

13) 이수광, 2009, 『안중근 : 불멸의 기억』, 추수밭.

14) 구태훈, 2009, 『구태훈 교수의 안중근 인터뷰』, 재팬리서치21.

15) 이태진·조동성·김성민 지음, 2009, 『(소설) 안중근 이등박문을 쏘다』, IWELL

16) 이문열, 2010, 『불멸』(1, 2), 민음사.

2) 희곡·시나리오·음반·비디오

1) 作者未詳, 1910년대, 『安重根 伊藤博文을 쏘다』, 간행연도 미상.

2) 작자미상, 1910년대, 『안중근, 이토 히로부미를 쏘다』(1910년 말, 진화단)
   (http://www.ccnt.com.cn/show/cdwindow/culture/huaju/hjqymyshqhi.htm).

3) 作者未詳, c. 1919, 『安重根』(中國語 戲曲).

4) 作者未詳, c. 1919, 『亡國恨』(中國語 戲曲).

5) 作者未詳, 1928, 『안중근 이등박문을 쏘다』(연극, 김일성 연출)(박종원, 1988,
   『조선문학개관』 2 참조).

6) 鄭基鐸 監督·全昌根 脚本, 1928, 『愛國魂』(영화), 上海 ; 大中華白合影片公司
   製作.

7) 金春光, 1946, 『安重根 史記』 前篇·後篇(最後篇), 靑春劇場.

8) 李龜永 監督, 1946, 『安重根 史記』(영화), 靑春劇場 出演, 啓蒙映畵協會 製作.

9) 全昌根 監督, 1959, 『高宗皇帝와 義士 安重根』, 全昌根 主演, 太白映畵社 製作.

10) 백인준 대본, 엄길선 연출, 1979, 『안중근 이등박문을 쏘다』(영화) 1-2, 조선
    영화촬영소, video 9cassette(VHS & BETA).

11) 국군홍보관리소, 1980, 『대한국인 안중근』(영화), 1 video cassette(VHS)(35분).

12) 李東震, 1991, 「영원한 토마스 안중근」(희곡) 『누더기 예수』, 동산출판사.

13) 李東震, 1991, 「영원한 토마스 안중근」(시나리오) 『누더기 예수』, 동산출판사.

14) 1994, 『義士 安重根』(영화), 미주 엔터테인먼트, video cassette(VHS).

15) 장진영, 1995, 『대한국인 안중근』(청소년역사연극대본), 재단법인 천운청소
    년육성회.

16) 鐘下辰男, 1997, 『寒花』(安重根 關係 演劇作品), 東京 ; 文學座アトリエ, 文

學座アトリエ(筆者演出公演).

17) 김의경, 1998, 『대한국인 안중근』(연극), 서울시립극단.

18) 정철호, 2001, 『안중근전』(신작판소리 작품2)(2Disc), 로엔터테인먼트.

19a) 서세원 연출, 유오성·고두심·정성모·서세원 출연, 『도마 안중근』(영화), 2004. 09. 10 개봉.

19b) 서세원 연출, O.S.T, 2004, 『도마 안중근』(Disc), SM기획.

19c) 서세원 연출, 유오성·고두심·정성모·서세원, 『도마 안중근』(10년 1월 덕슨 한국영화행사), 스펙트럼디브이디(DVD).

20) 작자미상, 2008, (에니메이션)『안중근·최치원』(엄마가 골라주는 만화위인전 16), 대주미디어(DVD).

21) 윤호진 연출, 『영웅』(뮤지컬), 2009. 10. 26~2009. 12. 3, 공연장소 : LG 아트 센터.

22) 윤석이 연출, 『대한국인 안중근』(오페라), 2009. 06. 04~2009. 06. 07, 공연장 소 : 올림픽공원 내 올림픽홀.

23) 표재순 연출, 『대한국인 안중근』(연극) 2009. 6 국립극장 달오름 극장 등.

3) 아동문학·위인전

1) 김영일, 1969, 『안중근』(소년소녀 한국위인전), 정문사.

2) 학원장학회편집부 편, 1970, 『안중근』(세계위인전집 18), 삼양사.

3) 이원수, 1970, 『안중근』(한국위인전 17), 정문사.

4) 이광주 [외], 1971(1969), 『안중근 [외]』(소년소녀 한국전기전집 15), 계몽사.

5) 권오석, 1972, 『안중근』(소년소녀 한국위인 전기전집 10), 제문출판사.

6) 김동리 외, 1977, 『안중근』(한국위인대전집 41), 교육과학사.

7) 김동리 외, 1977, 『안중근』(위대한 사람들 26), 학원도서.

8) 김영일 엮음, 1977, 『안중근』(세계위인전기전집 24), 광음사.

9) 권오석 [외] 엮음, 1977, 『안중근 선생』(소년소녀한국충효전집), 신림출판사.

10) 이진호 지음, 1977, 『안중근 의사』(어린이 한국, 세계위인 이야기 5), 대광출 판사.

11) 오태영, 1977, 『안중근 의사』(어린이컬러위인전;우리나라), 노벨문화사.

12) 조대현 등, 1978, 『안중근·김좌진·유관순·윤봉길』(한국인물 전기전집 12), 국민서관.

13) 권오석·이정은 엮음, 1979, 『안중근』(소년소녀 한국충효 위인전집 31), 춘추 문화사.

14) 강남도서 편집부, 1979, 『안중근』(한국위인전기 선집 13), 강남도서.

15) 백영근 엮음, 1979, 『안중근』(한국위인 문학 시리이즈 13), 서한사.

16) 김태정 편, 1979, 『이순신·안중근·이율곡·계백장군』(소년소녀 한국 세계충
    효위인 대전집 21), 문공사.

17) 예술문화사 편, 1979, 『안중근』, 예술문화사.

18) 강위수 엮음, 1980, 『안중근』(소년소녀 세계 위인 전집 17), 아동문학사.

19) 김동리·김영일, 1980, 『안중근』(한국위인특대전집 25), 교육출판공사.

20) 강위수 엮음, 1980, 『안중근·김옥균』(소년소녀 한영명작문고 79), 한영출판사.

21) 편집위원회 편, 1980, 『안중근』(계림문고 246), 계림출판사.

22) 이상현·김영일 共編, 1980, 『김구·안중근』(소년소녀세계위인전집 20), 중앙
    문화사.

23) 김영일 등, 1980, 『손병희·주시경·안중근』(소년소녀 한국위인 전기전집 13),
    삼성당.

24) 오태영 글, 김용도 그림, 1980, 『안중근 의사』, 삼금출판사.

25) 이용범 등, 1981, 『손병희·주시경·안중근』(소년소녀세계위인전집 48), 삼성당.

26) 이상현 글, 박기준 그림, 1981, 『안중근』(칼라학습위인 만화 17), 삼성당.

27) 이어령 編, 1981, 『안중근』(소년소녀 세계명작), 보성문화사.

28) 김순봉 編, 1981, 『안중근』(오뚜기문고 38), 대일출판사.

29) 임교순 등 엮음, 1981, 『주시경·김구·안창호·안중근·오긍선』, 경미출판사.

30) 조풍연 등, 1982, 『안중근·서재필·남지현·주시경 등』(소년소녀 한국전기전
    집 14), 계몽사.

31) 권오석·이정은, 1982, 『안중근』(한국충효전기 5), 대한도서.

32) 한국출판문화공사, 1982, 『안중근·사명당·전봉준 외』(소년소녀대세계위인전
    집9), 한국출판문화공사.

33) 한승원, 1982, 『의사 안중근』(소년소녀 독수리 도서관 27), 홍익문화사.

34) 계림문고편찬위원회, 1982, 『하얼빈의 총소리』(소년소녀 세계의 위인전기
    257), 계림출판사.

35) 화랑문고, 1983, 『위인들의 일화집』, 동아출판사.

36) 김순봉 외 엮음, 1983, 『안중근』(한국위인 동화), 대일출판사.

37) 위인전기편집위원회, 1983, 『안중근』, 예림당.

38) 이상현, 1983, 『안중근』(세계의 위인, 칼러판 어린이 20), 삼성당.

39) 김영일 외 편, 1983, 『손병희·주시경·안중근』, 삼덕출판사.

40) 훈민사 편, 1983, 『안중근·나이팅게일』(위인전기, 빛을 남긴 사람들 4), 훈민사.

41) 박승일, 1983(1982), 『안중근·윤봉길』(소년소녀 세계위인전집 28), 한림출판사.

42) 편집부, 1984, 『안중근』(범우오뚜기문고 25), 범우사.

43) 이이녕 편, 1984, 『안중근』(우리들문고), 보성문화사.

44) 김영일, 1984, 『안중근의 강자와 약자』(위인들의 일화집 1), 삼원출판사.

45) 김원석, 이협 그림, 1985, 『안중근』(소년소녀 위인전기 26 한국편), 금성출판사.

46) 강세일 외 엮음, 1985, 『사명당 / 안중근』(세계어린이 위인전집 12), 삼성문화사.

47) 김영일, 1985, 『안중근의사와 이야기』, 독서지도회.

48) 김영일 엮음, 정원택 그림, 1985, 『안중근 의사이야기』, 청소년윤리연구회.

49) 장수철 등, 1986, 『손병희·민영환·안중근·김좌진·유관순』(올컬러 한국위인 전기전집 39), 삼성당.

50) 이상현 글, 박기준 그림, 1986, 『안중근』(칼러학습 위인 만화 17), 삼성당.

51) 중앙문화사, 1987, 『안중근』(소년소녀 한국위인 전기 전집), 중앙문화사.

52) 큰별큰빛, 1987, 『한국의 위인』, 교문당.

53) 이효성, 1987, 『안중근 : 민족정기의 상징』(소년소녀 위인전기 20), 도서출판 영.

54) 김영일, 1988(1987), 『안중근의 강자와 약자』(빛을 남긴 위인들의 이야기 11), 학원출판공사.

55) 김벽파, 1988, 『민족의 기개를 떨친 독립투사 안중근』(동아위인전기 26, 한국편), 동아출판사.

56) 이상현, 1988, 『민족의 기상 의사 안중근』(소년소녀위인전기 6), 남광.

57) 김원석 글, 계창훈 그림, 1988, 『안중근』(신태양 세계위인전기전집 21), 신태양사.

58) 김영일, 1988, 『안중근』(소년소녀 한국위인 전기전집 18), 중앙문화사.

59) 조순복 글, 전성보 그림, 1988, 『안중근』(올칼라 한국위인 특대전집 18), 학원출판공사.

60) 이영호, 1988, 『안중근』(어린이 한국위인 9), 신진출판사.

61) 이영호 글, 김광배 그림, 1988, 『안중근』(어린이 한국 위인), 대능출판사.

62) 김종상, 1988, 『안중근』(어린이 위인전기 206), 견지사.

63) 김삼진, 1989, 『안중근』(월드스타 세계위인전기 30), 청화.

64) 김영일, 1989, 『안중근의사 이야기』, 한국독서지도회.

65) 김영일 편, 1989(1982), 『안중근』(소년소녀 세계위인전집 14) , 평범사.

66) 송재찬 글, 윤만기 그림, 1989, 『김구·안중근』, 한국위인 전기전집 20, 한국프뢰벨.

67) 김희용 옮김, 1989, 『서재필·안중근·신채호』(칼라판 한국위인 19), 교육문화사.

68) 전영식 옮김, 박영민 그림, 1989, 『신사임당·안중근·이완』, 한국유아교육개발.

69) 김원석, 1989, 『안중근』(소년소녀위인전기 26), 금성출판사.

70) 김한룡 글, 윤만기 그림, 1990(1989), 『안중근』(슈퍼스타 한국위인 22), 정한
출판사.

71) 육영사 편, 1990, 『안중근·김구』(한국위인전기 60인선집 25), 육영사.

72) 윤선량, 1990, 『안중근』, 예문당.

73) 이상현 글, 곽인종 그림, 1990, 『안중근』(올칼러 어린이 세계의 위인 26), 삼
성당.

74) 편집부 편, 1990(1987), 『안창호·안중근』(컬러판 한국전기전집), 경미출판사.

75) 어효선 글, 임영배 그림, 1990, 『안중근』(세계위인 전기, 큰별큰빛 93), 교학사.

76) 창기획 편집, 1990, 『안중근』(한국위인전집 24), 삼오문화사.

77) 오석·이정은, 1990, 『안중근』(한국위인전기 12), 민중서관.

78) 김종상·이재철, 1990, 『안중근』(유리카 애니메이션 그림동화 33), 학원출판
공사.

79) 김영일, 1990, 『안중근』(학습만화세계위인전집 20), 삼성출판사.

80) 김성도 엮음, 1990, 『안중근』(은하수 위인문고 113), 계림출판공사.

81) 강성자 외 엮음, 1991, 『안중근』(어린이 종합문고), 예술문화사.

82) 박홍근 글, 조봉업 그림, 1992, 『안중근』(애니메이션 그림동화 54), 삼성당.

83) 김선태 글, 김석원 그림, 1992, 『안중근』(골든 중앙 위인전기 28, 한국편), 중
앙출판사.

84) 박종현 지음, 박진우 그림, 1992(1988), 『안중근』, 교학사.

85) 김삼진, 1992, 『안중근』(월드스타 한국위인전기), 꿈나라.

86) 강순아 엮음, 천지프로덕션 그림, 1992, 『안중근』(에니메이션 교과서위인),
도서출판 윤진.

87) 전영식 지음, 박상현 그림, 1992, 『신사임당·안중근·이완』, 꿈나라.

88) 신중신 지음, 강덕선 그림, 1992(1991), 『안중근』(학습판) 세계위인 23, 한국
편), 삼성출판사.

89) 이영호 글, 김광배 그림, 1992, 『안중근』(극화 애니메이션, 위인들의 어린시
절 9), 대웅출판사.

90) 편집부, 1992, 『안중근·남자현·안창호·한용운·신규식』(소년소녀한국전기전
집 19), 계몽사.

91) 김신철 글, 권오웅 그림, 1992(1991), 『안중근·전봉준』(세이브 63, 한국위인
전기 16), 삼익출판사.

92) 엄기원 저, 김광배 그림, 1992, 『안중근·최익현』(소년소녀 한국위인 전기
19), 한국도서출판중앙회.

93) 장재훈, 1992, 『안중근』(백호위인이야기 1), 백호문화사.

94) 강순이, 1992, 『안중근』(에니메이션교과서위인 K009), 윤진문화사.

95) 신동일 글, 윤만기 그림, 1993, 『안중근·김구』(세계아동문학전집 우리별 2001, 한국의 위인 4), 태극출판사.

96) 김종상 글, 안병원 그림, 1993(1990), 『안중근』(컬러판 또래문고 - 위인전기), 견지사.

97) 한준 글, 이범기 그림, 1993, 『안중근』(소년소녀위인전기 한국위인), 태서출판사.

98) 김영일 글, 김석원 그림, 1993, 『안중근』(늘푸른문고 104), 중앙미디어.

99) 김선태 글, 김석원 그림, 1993, 『안중근』(어린이 교과서 위인선 8), 중앙미디어.

100) 신중신 지음, 강덕선 그림, 1993, 『안중근』(학습판 세계의 위인, 역사를 빛낸 사람들 19), 삼성출판사.

101) 김성도 엮음, 1993. 『하얼삔의 총성 - 안중근』(은하수문고 113), 도서출판 계림.

102) 노원호 지음, 하정남 그림, 1993, 『안중근』(아롱다롱이야기21, 위인), 문공사.

103) 이영준 엮음, 1993, 『안중근』(위인전기 12), 대일출판사.

104) 김벽파 글, 손창복 그림, 1994, 『안중근』(동아위인전기 26), 동아출판사.

105) 최홍규 글, 오성세 그림, 1994, 『독립을 위해 목숨 바친 안중근』(리더스 한국위인 26), 한국유아교육개발.

106) 이채형, 1994(1987), 『장보고·안중근』, 금성출판사.

107) 김동리 [등]편, 1994, 『안중근·김좌진·서재필』(세계위인 전기전집 66), 삼성당.

108) 최서면, 1994, 『새로 쓴 안중근의사』(소년소녀를위한 한국인총서 2), 집문당.

109) 편집부 편, 1995(1986) 『안중근』(그랜드 애니메이션 한국위인 3), 양우당.

110) 이효성 엮음, 1995, 『안중근』(위인전시리즈 1), 대길.

111) 윤기현 글, 김성민 그림, 1995, 『안중근』(두손 위인전기13, 한국편), 두손미디어.

112) 이창모 글, 이육남 그림, 1995, 『안중근』(르네상스 학습판 위인전기 한국위인 25), 대우출판사.

113) 박성수, 1995(1994) 『안중근과 의거활동』(금성판, 학습만화 한국의 역사 인물편 21), 금성출판사.

114) 장승련, 1995, 『안중근』, 배영사.

115) 김종상, 이재철 지음, 1996, 『안중근』(애니메이션 그림동화 33), 현대출판사.

116) 윤지형 엮음, 1996, 『안중근』(애니메이션 위인, 한국위인 15), 한국브루너.

117) 이광웅 글, 양후영 그림, 1996, 『안중근』(어린이 그림위인방 36월드비젼 한

국위인방 36) 한국파스칼.

118) 장문평 저, 김용철 그림, 1997(1995), 『안중근』(어린이 위인전기 24, 한국편), 금성.

119) 김경수 글, 1996, 『김구·안중근』(인물한국사 10), 소담출판사.

120) 강순아 엮음, 천지프로덕션 그림, 1996, 『안중근』(에니메이션 한국역사인물 베스트 15), 씨뿌리는 마음.

121) 윤지형 엮음, 1996, 『안중근』(삐아제 애니메이션, 위인 12), 한국삐아제.

122) 이상현 글, 황의연 그림, 1996, 『안중근』(그랑프리 위인전기문학관), 웅진.

123) 이동기 그림, 안영옥 글, 1997, 『안중근』(에로이카 위인전기 17, 한국편), 계몽사.

124) 노원호, 1997, 『안중근』(또래끼리), 문공사.

125) 김선태 글, 김석원 그림, 1997, 『안중근』(스칼라 위인전기전집 한국편 28), 래더교육.

126) 이동렬 엮음, 전성보 그림, 1997, 『안중근』(한국위인전기 22), 아이템풀시험 정보은행.

127) 권오석 등 편저, 1977, 『안중근』(소년소녀)한국위인전기 선집 13), 강남도서.

128) 이용우 엮음, 김창성 그림, 1997, 『안중근』(바른사 어린이 위인전 별빛문고 5), 바른사.

129) 김명일, 1997(1972), 『안중근』(한국위인대전집 16), 정문사.

130) 이영준 엮음, 1997(1995), 『안중근』(세계위인 15), 도서출판 상서각.

131) 이지원 글, 김영규 그림, 1997, 『안중근』(세계를 움직인 사람들, 한국편 66), 삼성당.

132) 유한준, 1997, 『안중근』(소년소녀위인전기 G24), 태서출판사.

133) 강석하 글, 전성모 그림, 1998, 『대한국인 안중근』, 예림당.

134) 황국산 편, 1998(1996), 『안중근』(한국의 위인전기 7, 그랜드 한국의 위인전기 7), 양우당.

135) 안영옥 글, 1999, 『안중근』(글로리아 위인전기 한국편), 한국뉴턴.

136) 김종상 지음, 이광익 그림, 1999, 『안중근』(저학년 위인전), 예림당.

137) 박종현 지음, 박진우 그림, 1999(1992), 『나라잃은 원수갚은 안중근』(교학사 유년문고 28), 교학사.

138) 김선태, 1999, 『안중근』(중앙문고110), 중앙출판사.

139) 김성도, 1999, 『안중근』, 계림닷컴.

140) 강석하, 2000, 『대한국인 안중근』, 예림당(2004년 개정판).

141) 삼성출판사편집부, 2000, 『안중근』, 삼성출판사.

142) 조대현, 2000, 『안중근』(46/처음 만나는 그림동화 한국위인), 삼성출판사.
143) 유수경, 2000, 『안중근』(밀레니엄 저학년 위인 논술 MB), 태서출판사.
144) 이영준, 2001, 『안중근』(위인전기 12), 대일출판사.
145) 이영준, 2001, 『안중근』(위인전기 15), 상서각.
146) 이동렬, 2002, 『안중근』(두산동아 테마위인), 두산동아.
147) 박용기, 2002, 『안중근』, 주니어랜덤.
148) 박용기 지음, 이상권 그림, 2002, 『안중근』(어린이 중앙 인물이야기 2), 어린이중앙.
149) 송년식, 2003, 『안중근』(역사학자 33인이 추천한 역사 인물동화 48), 파랑새어린이(2006, 2007년에 개정판).
150) 이용해, 2003, 『안중근』(교학사 유년문고 28), 교학사.
151) 박은지, 2004, 『안중근』, 초록세상.
152) 강용규 지음, 계창훈 그림, 2004, 『안중근』(꿈동산 위인전기 36), 꿈동산.
153) 저자미상, 2004, 『안응칠 : 이토히로부미를 쏘다』, 푸른나무.
154) 주니어랜덤 편집부, 2006, 『평화를 꿈꾼 대한국인 안중근』, 주니어랜덤(어린이중앙).
155) 이정범, 2006, 『항일 독립 운동과 안중근』, 서강출판사.
156) 이지원, 2006, 『안중근』(교과서에 나오는 위대한 인물), 삼성당.
157) 이영호, 2006, 『숭고한 영혼 안중근』, 지경사.
158) 문정옥, 2006, 『안중근』(우리위인 동화집28), 기탄동화.
159) 박용기, 2006, 『안중근』(새시대 큰인물 2), 주니어랜덤.
160) 이상현 지음, 노희성 그림, 2007, 『하얼빈의 총소리, 안중근』(고학년 꿈이사 10), 영림카디널.
161) 서울교육대학교 역사논술연구회, 2007, 『안중근』(역사논술교과서 48), 파랑새.
162) 송년식, 2007, 『안중근』(인물로 보는 한국사 48), 파랑새.
163) 컴펜 편집부, 2007, 『안중근』(1, 2), 컴펜.
164) 송재진, 2008, 『안중근』, 효리원.
165) 김경란 지음, 2008, 『안중근』(생각쟁이 인물 33), 씽크하우스.
166) 송재진 지음, 2008, 『안중근』(논리논술대비 저학년 위인전기 10), 효리원.
167) 남찬숙 지음, 곽성화 그림, 2009, 『안중근』(새싹인물전 27).
168) 이수광 지음, 대한미디어 그림, 2009, 『안중근 ; 안중근의거 100주년 기념 특별기획만화』, 삼성당.
169) 배정진 지음, 김고은 그림, 2009, 『안중근이 들려주는 애국 ; 불꽃처럼 살다 간 영웅』, 세상모든책.

170) 한아름·주경희 지음, 권오현 그림, 2009, 『영웅 : 우리 가슴속에 깊이 간직했던 이름 안중근』, 처음주니어.
171) 이정범, 2009, 『항일독립운동과 안중근』(다큐동화로 만나는 우리역사 6), 서강BOOKS.
172) 박신식 지음, 곽재연 그림, 2009, 『안중근』(피플채널1), 아리샘주니어.
173) 김진 지음, 원유미 그림, 2009, 『세계평화를 꿈꾼 민족의 영웅; 안중근』(역사공부가 되는 위인전 09), 해와 나무.

5. 안중근 관계 논설류

1) 자료관계 논설

1) 편집실, 1978, 「安重根 義士의 自敍傳 ; 다시 吟味해보는 그의 忠節과 義氣와 生涯」 『새전남』 117·119, 全南公論社.
2) 朴慶植, 1979, 「映畫化さわた 安重根」 『朝鮮畵報』, 朝鮮畵報社.
3) 노르베르트 베버, 「安重根義士의 故鄕 淸溪洞」 『朝鮮日報』, 1979년 9월 2~6일자.
4) ロベルト ウエ-バ, 1980, 「安重根義士の古里 ; 淸溪洞」 『アゾア公論』 195, 東京 ; アゾア公論社.
5) 金煉甲, 1984, 「의사 안중근 ; 옥중수기와 동양평화론」 『廣場』 128.
6) 佐木隆三, 1993, 「熊本縣朝鮮語學生 ; 小說 ‘伊藤博文と 安重根’ 補遺」 『文藝春秋』 204, 東京 ; 文藝春秋社.
7) 박정아, 1997, 「國家安危 勞心焦思 : 안중근 기념관을 찾아서」 『군사세계』 24.
8) 조광, 2009, 「안중근의 마지막 말들」 『경향잡지』, 한국천주교중앙협의회.

2) 종합 논평

1) 安宇植, 1973, 「伊藤博文暗殺とその背景-狙擊者 安重根の 行動論理」 『歷史讀本』 18-3, 東京 ; 新人物來往社.
2) 안천, 1996, 「안중근의사 복권(?) 선언의 비밀」 『신흥무관학교』, 교육과학사.
3) 안천, 1996, 「안명근 의거의 경악할 내막」 『신흥무관학교』, 교육과학사.
4) 안웅호, 1988, 「지금 조부의 꿈은 남북통일이 분명」 『시민연극』 4, 서울시립극단.

5) 정지환, 2004, 「사학자들의 위험한 역사관 : 안중근의 10·26과 박정희의 10·
26」, 『대한민국 다큐멘터리』, 인물과 사상사.

3) 생애 및 독립운동론

1) 김양선, 1965, 「안중근―하르빈에 울린 총성」 『한국의 인간상』, 신구문화사.
2) 劉錫仁, 1965, 「안중근」 『애국의 별들』, 敎文社.
3) 朴慶植, 1970, 「安重根とその思想」 『未來』 51 , 東京 ; 未來社.
4) 이은상, 1971, 「안중근」 『민족사의 불기둥』 1, 횃불사.
5) 李種浩 편저, 1971, 「안중근」 『民族의 氣魄』, 檀君崇寧會.
6) 김양선 외, 1975, 「안중근」 『韓末 激動期의 主役 8人』, 신구문화사.
7) 小見山登, 1979, 「韓國の 刺客 安重根 餘話」 『文明批評』, 40·41 合倂號, 文
明批評社.
8) 鈴木卓郎, 1979, 「義士安重根は 生きている」 『諸君』 11-12, 東京 : 文藝春秋社.
9) 이은상, 1979, 「安重根 義士와 民族史 100年 ; 安義士 誕辰 100周年」 『政經
文化』 175, 경향신문사.
10) 이현희, 1979, 「人間 安重根論」 『政經文化』 175, 경향신문사.
11) 김영만, 1980, 「安重根 義士의 生涯와 思想」 『추성』 36, 추성사.
12) 김용곤, 1980, 「민족혼을 심은 사람들 ; 義士 安重根」 『스카우팅』 22, 한국
보이스카웃트연맹.
13) 鄭東勳, 1981, 「獨立運動의 先驅者, 安重根」 『정훈』 93.
14) 金敬泰, 1983, 「近代韓國知識人 ; 崔益鉉 金玉均 安重根」 『自由』 127.
15) 李敬南, 1985, 「한국 침략의 원흉 쓰러뜨린 불멸의 義士 ; 安重根」 『통일』
51.
16) 禹國老, 1986, 「安重根 義士 10·26 義擧를 銘心하자」 『政友』 53.
17) 李敬男, 1986, 「안중근」 『선구자』(자랑스런 한국인 1), 지문사.
18) 中野泰雄, 1987·1988, 「救國義士 安重根」 『自由』 166~175.
19) 崔奭祐, 1991, 「安重根論」 『교회와 역사』 194, 한국교회사연구소.
20) 박태균, 1992, 「민족운동에 몸바친 비운의 안중근 일가」 『말』 77.
21) 원재연, 1993, 「안중근의 생애와 활동」 『교회와 역사』 218~221.
22) 송정환, 1995, 「대한국인 안중근」 『통일로』 86.
23) 宋媛熙, 1996, 「민족의 영웅 안중근 의사 : 그분의 발자취를 따라」 『민족정론』.
24) 조광, 1998, 「안중근의 애국계몽운동」 『시민연극』 4, 서울시립극단.
25) 나명순, 1998, 「여순감옥에서 만난 大韓國人 安重根」 『시민연극』 4, 서울시

립극단.

26) 차태근, 2003, 「중국 속의 한국인 : 대륙의 혼을 깨운 안중근」『중국의 창』 2.

27) 최명재, 2005, 「한민족의 혼을 일깨운 大韓國人, 안중근 의사 － 항일 의병 투쟁을 중심으로」『殉國』 177, 대한민국순국선열유족회.

28) 김지암, 2005, 「한일병탄과 그 주모자들을 처단한 애국지사들」『殉國』 177, 대한민국순국선열유족회.

29) 박성수, 2006, 「중국에서 안중근과 신규식을 생각한다」『殉國』 189, 대한민국순국선열유족.

4) 의거와 법정투쟁 및 법리론

1) 친일문제연구회, 1996, 「안중근 의사, 이토오 히로부미 처단」『일제침략사 65장면』, 가람기획.

2) 현광호, 2003, 「안중근은 왜 이토 히로부미를 저격했나」『내일을 여는 역사』 11, 내일을 여는 역사.

5) 천주교 관계론

1) 최석우, 1986, 「안중근의 신앙심과 애국심」『교회와 역사』 129.

2) 조관호, 「안중근의사의 신앙과 민족의 제단에 바친 삶」『생활성서』, 생활성서사.

3) 전윤미, 1993, 「민족과 신앙의 지도자 안중근 도마」『항아리』 18, 한국가톨릭문화선양회.

4) 오경환, 1994, 「안중근과 인천천주교 초대주임 빌렘 신부」『황해문화』 2, 새얼문화재단.

6) 정치사회사상론

1) 편집실, 1979, 「靑年 安重根의 義烈精神」『治安問題』 3, 치안문제연구소.

7) 동양평화론

1) 中野泰雄, 1997, 「平和의 使徒 安重根과 東洋平和」『民族正論』 46.

2) 신용하, 1998, 「동양평화론을 통해 본 안중근의 정치사상」『시민연극』 4,

서울시립극단.
3) 윤병석, 2004, 「안중근 의사의 하얼빈 의거와 '동양평화론'(1)·(2)」『순국』통권 166·167호, 순국선열유족회.
4) 현광호, 2007, 「안중근과 동양평화론」『사회비평』, 나남.
5) 이병한, 2009, 「21세기에 다시 읽는 '동양평화론'—안중근 의사 하얼빈 의거 100주년」『플랫폼』 13, 인천문화재단.

8) 관계인물론

1) 安宇植, 1977, 「安重根と長谷川海太郎」『季刊三千里』 9, 三千里社.
2) 中野泰雄, 1984, 「現代史에 再照明한 安重根과 伊藤博文」『新東亞』 295.
3) 김파, 1985, 「안중근과 그의 동료들」『송화강』, 延吉.
4) 조광, 1993, 「안중근의 안해와 그 자녀들」『경향잡지』, 한국천주교중앙협의회.
5) 조광, 1993, 「안중근의 두 동생」『경향잡지』, 한국천주교중앙협의회.
6) 조광, 1993, 「안중근의 친인척」『경향잡지』, 한국천주교중앙협의회.
7) 김삼웅, 2007, 「안중근의사와 '不立文字' 동지들」『殉國』 통권195호, 대한민국순국선열유족회.
8) 일리앤성, 2009, 「안명근 사건으로 체포된 김구」『殉國』 218, 대한민국순국선열유족회.

6. 참고논저

1) N. Weber, 1915, *Im Lande der Morgenstille : Reiserinnerungen an Korean*, Freiburg ; Herdersche Verlagshandlung.
2) 朝鮮總督府 警務局, 1934, 『不穩刊行物記事輯錄』(조사자료 제37집), 朝鮮總督府 警務局.
3) 馬鶴天, 1940, 『韓亡鑑』, 察蒙特署.
4) 金九, 1947, 『白凡逸志』, 교문사 ; 도진순 주해, 1997, 『백범일지』, 돌베개.
5) 日本外務省 편, 1965, 『日本外交年表 竝主要文書 1840~1945』, 東京 ; 巖南堂書店.
6) 金泰浩, 1975, 『眞友聯盟 事件 ; 安重根 事件外』(흘러간 대사건의 흑막), 弘進

出版社.

7) 鄭華岩, 1982, 『이 조국 어디로 갈 것인가』, 도서출판 자유문고.

8) 한국교회사연구소 편, 1984, 『黃海道天主敎會史』, 한국교회사연구소.

9) 신용하, 1985, 『근대한국과 한국인』, 한길사.

10) 未詳, 1986, 『朝鮮人の 日本人觀·總解說 : 誰でも 知りたい』, 自由國民社.

11) 김학준, 1987, 『이동화평전－한 민주사회주의자의 생애』, 민음사.

12) 姜在彦, 1988, 『玄海灘に架けた歷史 : 日韓關係の光と影』, 大阪書籍.

13) 多田則明 편, 1994, 『韓國がわかる11人の 視點 : 嫌韓·反日を 超えて』, 世界日報社.

14) 金鼎奎, 1994, 『野史』, 독립기념관 한국독립운동사연구소.

15) 안천, 1996, 『신흥무관학교』, 교육과학사.

16) 유자명, 1999, 『한 혁명자의 회억록』, 독립기념관 한국독립운동사연구소.

17) 정수연, 1999, 「한국에 소개된 북한영화의 분석 연구」, 건국대 언론홍보대학원 방송 석사논문.(*혁명영화 '안중근 이등박문을 쏘다'에 대한 언급이 있음)

18) 高大勝, 2001, 『伊藤博文と朝鮮』, 社會評論社.

19) 鄭靖和, 1998, 『長江日記』, 학민사.

20) 金明洙, 1985, 『明水散文錄』, 삼형문화사.

제2장 안중근의 애국계몽운동과 독립전쟁

1. 머리말

우리나라 역사에 있어서 개항기(1876~1910)는 민족 스스로 근대화를 추구해 나가야 했고 이와 동시에 제국주의 열강의 침략에 저항하여 국가의 독립을 보전해야했던 때였다. 즉 당시는 대내적으로 반봉건 근대화 운동이 요청되고 있었으며 대외적으로 반침략운동이 제기되고 있었던 때였다. 이러한 역사적 요청에 따라 특히 20세기의 첫 10년은 당시의 역사적 과제 수행을 위한 애국 계몽 운동과 독립 전쟁이 도처에서 전개되고 있었다.

애국 계몽 운동과 독립 전쟁의 1차적 목적은 모두 국권 수호에 있었다. 다만 국권 수호의 방법으로 독립 전쟁론은 직접적인 무장 투쟁을 주장했던 반면, 애국 계몽 운동론은 국민적 실력 양성을 기초로 한 국권 수호의 방법론을 제시한 것이다. 그리고 이들은 모두 근대적 국가를 전망하고 있었다.

즉, 독립 전쟁론의 경우에 있어서는 무장 투쟁을 수단으로 하여 국제 사회에 있어서의 주권과 대내적 정치 체제의 개혁을 동시에 추진해 나가고 있었던 것이며 이는 결국 근대화 운동에 귀일되는 것이다. 또한 애국 계몽 운동론은 비폭력적 방법에 의해 정치·경제·사회·문화 각 분야에 걸친 근대화 운동을 그 방법으로 하여 국권을 수호하고자 하던 운동이다. 그러므로 애국 계몽 운동론과 독립 전쟁론은 동전의 양면처럼 긴밀히 연결되어 있는 것이었다. 이들은 국권 수호를 목적으로 하고 근대화를 그 결과로 전망하면서 각기 폭력·비폭력적 방법을 채택하고 있었다.

구한말 애국 계몽 운동과 독립 전쟁 노선을 동시에 수행하며 이를 결합시켰던 대표적 인물로는 안중근安重根(1879~1910)을 들 수 있다. 개화 사상과 천주교 신앙의 영향을 일정하게 받으며 성장했던 안중근은 일찍이 천주교의 포교 활동에 투신한 적이 있었다. 그리고 교육 운동, 국채 보상 운동 등 애국 계몽 운동에 참여한 바 있었고, 독립 전쟁에도 직접 가담하여 활약했다. 그의 이토 히로부미에 대한 의거도 독립 전쟁의 일환이었고 애국 계몽 운동의 연장이었다.

안중근은 의거 직후부터 주목받는 인물이 되었다 그에 관한 각종 자료들이 의거 직후부터 간행되기 시작했고 조선의 독립 운동 과정에서 그는 민족적 영웅으로 부각되어 갔다. 그러나 그에 관한 연구가 본격적으로 시작된 때는 해방 이후, 특히 1970년대 이후의 사회에서였다. 그는 초기의 연구에 있어서는 단순히 독립 운동가라는 차원에서만 연구되었다. 그러나 오늘에 이르러서는 그의 사상과 생애에 관한 총체적 연구가 진행되어 나가고 있다.[1)

본고에서는 이러한 기존의 연구를 바탕으로 하여 안중근에 관한 인식 내지는 연구의 진전 과정을 간단히 살펴보고 그의 생애에서 만년에 해당되는 1905년부터 1910년에 이르는 기간에 걸친 그의 삶과 행동에 관하여 즉, 안중근의 애국 계몽 운동과 독립 전쟁 그리고 그 의거 과정에서 추출되는 사상적 원천에 관하여 집중적으로 살펴보고자 한다. 그러나 이

---

1) 안중근에 관한 문헌 목록으로는 다음과 같은 것을 들 수 있다.
  장석흥, 1992,『안중근의 생애와 구국 운동』, 한국독립운동사연구소, 159~163쪽 ; 천주교 정의구현전국사제단, 1990,『안중근(도마) 의사 추모 자료집』, 천주교 정의 구현 전국 사제단, 218~221쪽.

부분은 기존의 연구를 통하여 상당 부분이 밝혀지고 있으므로 본고에서
는 기존의 연구를 통하여 규명된 부분에 관해서는 최대한 생략하고 기존
의 연구들을 보완하거나 수정할 수 있는 부분들을 중점적으로 논하고자
한다. 본고가 안중근에 대한 연구를 보강하고, 그에 대한 이해를 강화시
키는 데에 일조할 수 있기를 기대해 본다.

2. 안중근에 대한 인식의 진전

안중근에 관한 연구를 위해서는 그 연구의 자료와 기존의 연구 성과
에 관한 검토가 요청된다. 우선 안중근에 관한 연구의 자료로는 안중근
자신이 작성한 기록을 주목할 수 있다. 예를 들면 안중근 자신이 여순
감옥에서 작성한 『안응칠역사安應七歷史』와 같은 자전적 기록 및 1909년
11월 6일 자신이 작성하여 재판소 당국에 제출한 '한국인안응칠소회韓國
人安應七所懷'나 '동양평화론東洋平和論'과 같은 자신의 견해를 밝힌 자료
들을 우선 주목할 수 있다. 그리고 그가 『해조신문海潮新聞』에 기고한 기
사(1909. 3. 21.) 등도 그를 연구하는데 필요한 자료다.

그런데 이 자료들이 학계에 보고된 것은 비교적 최근의 일이다. 1970
년대에 이르러 동경東京 한국연구원韓國硏究院 등의 노력에 의해 이 자료
들이 수습될 수 있었고 국내의 학계에 알려지게 되었다.[2] 이때 국내에
본격적으로 소개되기 시작한 안중근의 자서전이 한글로 번역 간행된 때
는 1979년이었다. 이로써 안중근의 생애와 사상이 연구자와 일반인에게
폭넓게 알려지는 계기가 마련되었다.[3] 한편 그가 『해조신문』에 기고한

---

2) 외솔회에서 간행하는 『나라사랑』 34(1979)에 『安應七歷史』와 『東洋平和論』이 수록,
   소개되었고 여기에는 최서면, 이현종 등의 안중근 관계 논문도 함께 수록되었다.
3) 이은상 역, 1979, 『안중근의사 자서전』, 안중근의사 숭모회. 이 자서전은 1990년

글이 한 편 전해지고 있으며[4] 이와 같이 안중근이 직접 남긴 글들을 찾아내기 위한 노력이 좀 더 요청된다고 하겠다.

안중근의 연구에 있어서는 그에 관한 재판 관계 기록도 일급 자료로 평가될 수 있다. 즉 안중근의 신문조서訊問調書나 그 밖의 각종 보고서를 우리는 그에 관한 연구 자료로 일정한 의미를 부여할 수 있다. 또한 안중근의 재판을 방청하고 남긴 기록 등도 안중근을 연구하는 데에 있어서는 상당한 중요성을 가지고 있다.

이 자료 가운데 가장 먼저 정리되어 나온 것은 1910년 3월 만주滿洲의 '만주일일신문사滿洲日日新聞社'에서 일문으로 간행한 『안중근사건공판속기록安重根事件公判速記錄』을 들 수 있다.[5]

이 자료는 간행 직후부터 주목받았고 널리 활용되어 왔으며, 공판 속기록에 근거한 번역자료 내지는 전기류 저서들이 국내에서 다수 간행되었다. 그러나 오늘에 이르러서는 일제 당국에서 작성한 신문조서 등이 새롭게 발달됨에 따라 이 속기록의 사료적 가치는 감소될 수밖에 없었다. 오늘날 연구자들이 활용할 수 있는 안중근의 재판 관계 자료로는 안중근의 신문조서와 공판시말서公判始末書를 들 수 있다.[6] 또한 안중근 사건에 대한 주한일본공사관 기록도 안중근의 연구에 있어서 제외될 수 없

에 再刊되었고 崔利權 編譯, 1990, 『愛國衷情 安重根義士』에도 전재되어 있다.

4) 이 자료의 복사본이 '독립기념관'에 소장되어 있다. 본고에서는 이 복사본을 이용했다.

5) 『安重根事件公判速記錄』은 滿洲日日新聞 기자가 재판을 방청하며 작성한 속기록이다. 이 속기록이 정리되어 1910년(明治43) 3월에 초판이 간행되었고, 같은 해 5월에는 再版이 간행되었다. 이 공판기는 崔利權, 1990, 앞의 책을 비롯하여 다음의 책자로 번역 간행되었다.
   朴性綱 編, 1946, 『獨立運動先驅 安重根先生公判記』, 京鄉雜誌社 ; 崔洪奎 偏, 1975, 『安重根 事件公判記』, 정음사.

6) 金正柱 編, 1970, 「안중근 等 殺人被告公判記錄」 『朝鮮統治史料』 5, 韓國史料研究所 ; 국사편찬위원회, 1976, 「安重根義士 및 그 關聯者 公判記錄」 『韓國獨立運動史 資料』 6, 국사편찬위원회.

는 자료이다.[7]

한편, 오늘날의 안중근 연구에 있어서 간과할 수 없는 자료로는 사건 당시의 신문 기사나 안중근과 직간접으로 연관을 가졌던 인물들에 의해 단편적으로나마 기록된 것들을 들 수 있다. 예를 들면『대한매일신문大韓每日新聞』,『동경조일신문東京朝日新聞』등의 신문 기사 그리고『경향신문京鄉新聞』,『Le Séoul Bulletin』과 같은 천주교 측의 정기 간행물 및 그 밖의 애국 계몽 운동 계열의 잡지에서 안중근에 관해 보도한 기사들을 소중한 사료로 활용할 수 있을 것이다. 그리고『뮈텔주교일기』,『빌렘서 한문』등 선교사들이 직접 남긴 자료들 가운데에서도 안중근 관계 기사들이 산견된다.[8]

한편, 안중근에 관한 후일의 회고적 기록들도 그에 관한 연구에 필요한 자료들이 될 것이다.[9] 이상과 같은 자료들은 안중근을 연구하는 데에 적절히 활용되어야 할 것이다. 그리고 안중근 관계 자료에 대한 본격적 연구도 기대된다.[10]

한편 안중근 내지는 그의 의거에 관한 연구는 식민지 시대 독립 운동에 종사하던 민족주의 사학자들이 중심이 되어 진행되어 가기 시작했다.

---

7) 국사편찬위원회, 1976,「駐韓日本公使館記錄」『韓國獨立運動史 資料』7, 국사편찬위원회.

8) 이 자료들은 현재 체계적으로 정리되어 있지 아니하다. 그러므로 안중근에 관한 연구를 촉진하기 위해서는 책임 있는 연구기관에 의해 이러한 자료들을 발췌 수집하고 자료집으로 간행하기 위한 노력이 요청된다.

9) 안중근에 관한 회고적 기록이나 증언들이 포함되어 있는 자료로는 다음과 같은 것들을 주목할 수 있다.
Weber, 1915, *Im Lande der Morgenstille : Reiserinnerungen an Korean*, Frei-burg, Herdersche Verlagshandlung ; 金 九, 1947,『白凡逸志』, 교문사(1979년 重刊) ; 김파, 1985,「안중근과 그의 동료들」『송화강』, 延吉.

10) 안중근 관계 자료에 대한 선행의 연구로는 다음 두 편의 글을 들 수 있다.
山脇重雄, 1956,「安重根關係書類」『歷史教育』第4卷 第2號, 歷史教育研究會 ; 최서면, 1979,「안중근자고」『나라 사랑』제34, 외솔회 ; 최서면, 1979,「안중근자전고」『靑坡盧道陽博士 古稀紀念文集』, 同刊行委員會.

김택영金澤榮(1850~1927)의 안중근에 관한 전기적 연구를 비롯하여 박은식朴殷植(1859~1925)의 안중근에 관한 적극적 평가를 우리는 우선 주목할 수 있다.[11) 의사 안중근에 관한 적극적인 평가는 그 후에 간행된 여러 종류의 안중근 전기에서도 일관하여 나타나고 있다.[12) 그러나 이러한 전기들은 대개가 안중근의 독립에 대한 염원은 잘 나타냈다 하더라도 그의 사상이나 생애를 천착하는 데에까지는 이르지 못했다.

안중근 연구는 1970년대 이후에 이르러서야 본격적으로 전개되었는데 물론 1960년대에도 안중근에 관한 연구가 전혀 없었던 것은 아니다. 예를 들면 김영숙(1965)의 연구는 해방 이후 안중근에 관한 본격적 연구의 시작을 말하는 것으로 평가할 수 있다.[13) 그러나 1970년대 일본에서 안중근 관계의 새로운 자료들이 발굴됨에 따라 일본과 남한의 학계에서 거의 동시에 그 연구가 촉진되어 나갈 수 있었다. 일본 학계에서의 안중근 연구는[14) 재일 교포 학인들에 의해서 주도된 감이 없지 않으나 여기

---

11) 金澤榮, 1916, 「安重根傳」(문학예술사, 1986, 『독립정신』에 번역 소개되어 있다.) ; 박은식, 『韓國通史』 『韓國獨立運動之血史』(『朴殷植全書』 上에 수록되어 있다.)
12) 안중근에 관한 전기는 다음과 같은 것들이 있다
    滄海老紡室 稿, 1910, 『安重根傳』, 漢文本 ; 滄海老紡室 稿, 『安重根傳』, 위 책의 懸吐本 ; 李泰浩, 1931, 『哈爾賓 驛頭의 銃聲』, 三中堂 書店 ; 金春光, 1946, 『安重根 史記 最後編』 ; 普賢山, 1947, 『義士 安重根』, 漢城出版社 ; 李全, 1949, 『安重根血鬪記血』, 延泉中樓校期成會 ; 安鶴植 編著, 1963, 『安重根義士傳記』, 萬壽詞保存會 ; 安鶴植 編著, 1963, 『義士安重根傳記』, 海東文化社 ; 劉庚煥, 1972, 『安重根』, 太極出版社 ; 안중근의사숭모회, 1975, 『민족의 얼 안중근의사』, 안중근의사숭모회 ; 安在祐 編, 1965, 『文成公安裕, 島山安昌浩, 義士安重根略傳』, 大阪.
13) 김영숙, 1965, 「열렬한 반일 애국 열사 안중근의 생애와 그의 옥중 투쟁」 『력사과학』 1965년 3호, 사회과학원 력사연구소.
14) 市川正明, 1979, 『安重根と 日韓關係史』, 原書房 ; 中野泰雄, 1984, 『安重根 - 日韓關係の 原像 - 』, 亞紀書房(김영광 옮김, 1984, 『일본 지식인이 본 안중근』, 경운출판사) ; 崔永禧, 1980, 「歷史上からみた安重根義士」 『韓』, 韓國研究院 ; 崔書勉, 1980, 「日本人がみた安重根義士」 『韓』, 韓國研究院.
    이밖에도 安宇植, 朴慶植 등에 의해 안중근에 관한 계몽적인 글들이 일반 교양 잡지에 발표되었으나 여기에서는 제외한다.

에서는 안중근 의거로 인한 한일 관계의 전개 양상을 집중적으로 밝히고
자 했다. 물론 동경 한국연구원을 비롯한 일본에서의 연구자들도 1980
년대에 이르러서는 안중근의 사상에까지 주목하게 되었지만15) 이 분야
에 관한 연구는 남한 연구자들의 노력에 의해 보다 집중적으로 전개되어
갔다.

남한 학계의 연구는 대략 1970년대의 연구와 1980년대 이후의 연구
로 대별할 수 있을 것이다. 그런데 1970년대의 연구는 대략 안중근의 의
거와 그것이 가지고 있는 독립운동 과정에서의 의미를 밝히려 했다고 볼
수 있다.16) 그러나 1980년대 이후에는 안중근의 생애와 사상 및 그 독립
운동을 종합적으로 파악하려는 경향이 강화되어 나가고 있다.17) 이 논
문들 가운데 특히 신용하(1980)와 윤경로(1985)의 연구 논문은 안중근 연
구자들이 참조하고 넘어가야 할 글들이다.

한편, 안중근에 관한 연구사를 좀 더 잘 이해하기 위해서는 이와 같은
연구가 수행되던 때 이 연구들과는 별개로 안중근에 관한 일반 사회의
인식이 어떻게 변화되어 나가고 있었는지를 함께 밝혀보아야 한다. 왜냐
하면 한 연구자가 특정 주체를 연구한다 할 때 그 주제에 관한 당시 사

---

15) 姜德相, 1984, 「安重根の 思想と 行動」 『朝鮮獨立運動の 群像』, 靑水書店 ; 井
田泉, 1984, 「安重根と キリスト教」 『キリスト敎學』 26, 立敎大學 キリスト
敎學會.

16) 김갑득, 1975, 「안중근에 관한 일 연구 - 국권회복운동과의 관련에서 - 」, 이화여
자대학교 교육대학원 교육학 석사 학위 논문(미간행) ; 김경태, 1976, 「안중근의
거와 국내외 언론의 반향」 『이해창선생회갑기념논문집』, 同 간행위원회 ; 이강효,
1979, 「안중근의사와 독립운동」 『나라사랑』 34, 외솔회 ; 이현종, 1979, 「살신보
국으로 광복운동한 안중근」, 『나라사랑』 34, 외솔회 ; 신용하, 1980, 「안중근의
사상과 의병운동」 『한국사학』 2, 한국정신문화연구원(신용하, 1986, 『한국민족독
립운동사연구』, 을유문화사에 재수록)

17) 李柱浩, 1982, 「安重根論」 『崔奭祐神父 華甲紀念韓國 敎會史論叢』 ; 尹慶老,
1985, 「安重根 思想 硏究-의병론과 東洋平和論을 중심으로」 『민족문화』 3, 한성
대 민족문화연구소(윤경로, 1992, 「사상가 안중근의 생애와 활동」 『한국근대사의
기독교사적 이해』, 역민사에 재수록)

회의 일반적인 해석 내지는 인식 경향에 일정한 영향을 받을 수 있기 때문이다. 안중근에 대한 관심은 그의 의거 직후부터 고조되었다. 국내의 언론에서는 그의 재판에 관한 소식들이 상세히 보도되었고 이에 비례하여 많은 사람들의 관심도 안중근의 사건에 집중되고 있었다. 그리고 그는 위인 내지는 영웅으로 해석되어 갔다.[18] 안중근에 관한 긍정적 평가는 그의 의거 직후부터 간행되기 시작한 그 전기류의 간행물을 통해서도 드러나고 있다. 안중근의 전기들은 상당수가 문학적 감동을 목적으로 하여 저술되었다. 그리고 이와 같은 문학적 작품의 간행 등을 통해 안중근에 대한 긍정적 평가는 확산되어 갔다.[19] 그리고 안중근에 관한 연극이나 아동물 기록을 통해 그에 대한 이해가 확산되어 갔다.[20] 안중근에 관한 이러한 긍정적 평가들은 안중근에 관한 연구를 촉진하는 데에 어느 정도 기여하고 있을 것으로 생각된다.

요컨대, 안중근에 대한 연구를 위해서는 안중근 자신이 직접 남긴 기록들을 우선적으로 검토해야 한다. 안중근 관계와 관련해서는 많은 참고 자료들이 산재해 있다. 안중근 관계 자료들이 집중적으로 정리 제시된 때는 1970년대 이후의 일이다. 이 새로운 자료의 발굴에 힘입어 안중근 연구가 촉진되어 갔다. 안중근 연구는 그 초창기에는 주로 독립 운동 내지는 의거 그 자체에 관심이 집중되었지만 최근에 이르러서는 안중근의 의거에 있어서 배경으로 작용했을 그 근본 사상에 관한 관심도 상대적으로 강화되어 갔다. 한편 안중근에 대한 관심은 그 의거 직후부터 일어나기

---

18) "Le Séoul Bulletin", 1910. 8. 9.
19) 안중근 관계의 문학 작품 가운데 대표적인 것은 李浩哲, 1986, 『까레이 우라』, 한겨레를 들 수 있다.
20) 안중근 관계 연극으로는 "안중근 이등박문을 쏘다"와 같은 작품을 들 수도 있을 것이다. 이 연극은 1928년 1월 김일성에 의해서 창작 공연된 것으로 전해지고 있다.(사회과학원 력사연구소, 1971, 『력사사전』 II, 사회과학출판사, 1188쪽 참조) 한편 안중근 관계 아동물로는 현재 10여종 이상에 이르는 위인전들이 있는 것으로 추정된다.

시작했다. 전기류의 기록들과 문학 작품들을 통해 그에 관한 긍정적 인식
이 확산되었다. 오늘날 안중근에 관한 연구사들은 안중근의 행동에 대한
사상적 근거를 보다 확실하고 설득력 있게 구성해나가야 할 것이다.

3. 안중근 사상의 형성 배경

안중근의 애국 계몽 운동을 좀 더 잘 이해하기 위해서는 그 생애에
관해서 간략히 검토할 필요가 있다. 안중근의 생애는 대체로 두 단계로
나눌 수 있다. 그 첫째 단계는 출생 이후 1897년 그의 나이 18세에 이르
러 천주교 세례를 받은 기간까지를 들 수 있다 이에 이어 두 번째 단계
로는 세례를 받은 이후 본격적인 사회활동을 전개한 시기를 말한다. 안
중근의 생애를 검토하는 데에 있어서 세례가 갖는 의미는 결코 적지 않
다고 생각된다. 물론 그는 15세 때인 1894년 김아려金亞麗와 결혼함으로
써[21] 성년의 단계에 접어들었고 황해도에서 봉기한 동학군과 대항하여
전투를 전개하는 등의 활동을 한 바 있었다.[22] 또한 그는 가정적 배경으
로 인해 개화사상을 수용하고 있음을 주목할 수 있다.[23] 그렇다면 그의
생애를 검토할 때에는 영세라는 사건 이외에 이러한 사실들도 충분히 감
안되어야 할 것이다.

그러나 그의 자서전을 검토해 볼 때 안중근의 본격적인 사회 활동으

---

21) 『안응칠역사』, 7쪽, 본고에서는 현재 독립기념관에 소장되어 있는 한문본의 복사
   본을 주된 자료로 사용한다. 이 한문본은 필사본으로서 不分面으로 되어 있으나
   본문의 첫 장부터 면수를 순서대로 手書하였고 이 숫자에 근거하여 이 자료의 면
   수를 밝히는 것으로 하겠다.
22) 『안응칠역사』, 8~10쪽.
23) 윤경로, 1985, 「안중근 사상연구-의병론과 동양평화론을 중심으로-」『민족문
   화』 3, 민족문화연구소, 79쪽.

로 빌렘(Wilhelm, 洪錫九, 1860~1938) 신부와 함께 전개한 선교 활동을 주
목할 수 있고 이 선교 활동은 그가 세례를 받은 이후에야 가능한 것이었
다. 물론 그의 세례가 그의 사회 활동을 촉발시킨 것만은 아니었다. 그가
세례를 받을 때 그의 연령이 사회 활동을 본격적으로 할 수 있는 적령기
에 이르게 되었음을 우리는 우선 주목해야 한다. 그의 본격적 활동기와
세례가 겹침에 따라 그의 사회 활동에서 차지하는 교회 활동의 비중이
높게 되었을 것이다. 이러한 까닭으로 본고에서는 그의 생애를 영세 중
심으로 전후 구분해서 검토해 보고자 한다. 그리고 그의 생애 후반기는
바로 청년기에 해당된다.

　1897년 이후 1910년에 이르는 그의 청년기는 다시 세 부분으로 나눌
수 있다. 그 첫째 부분은 1897년 이후 1905년 을사조약이 체결되기까지
9년간의 기간이다. 이 기간 동안 그는 자신의 향리에서 천주교 신도의
총대總代로 활동하고 있었다.[24] 그러면서 그가 자신에게 세례를 준 빌렘
신부와 함께 활발한 선교 활동을 하고 있었던 사실을 주목할 수 있다.[25]
물론 그는 교회 활동에만 전적으로 종사했던 것은 아니었다. 그는 복권
福券 추첨모임이었던 만인계萬人契의 사장으로 활동하기도 했다.[26] 이 만
인계는 추첨된 이들에게 복금을 지급하는 일종의 사행성이 있는 것으로
이 만인계를 안중근 일가가 신천읍信川邑에서 설행했던 것이다.[27] 그러
나 이 시기 안중근의 생애에 있어서 가장 특징적으로 드러나는 것은 천

---

24) 『안응칠역사』, 31쪽.
25) 『안응칠역사』, 18~20쪽.
26) 『안응칠역사』, 32쪽.
27) 安鶴植, 1963, 『安重根義士傳記』, 萬壽祠 保存會 刊, 39쪽 참조. 이 만인계는 사
　　행성이 있는 모임이었지만 이 만인계의 복권 추첨을 관람한 인물들이 '수만'이었
　　다는 안중근 자신의 기록을 살펴보면 이 계에도 적지 아니한 사람이 복권을 구입
　　했을 것으로 생각된다. 이는 안중근 집안의 명망 내지는 신뢰도를 배경으로 하여
　　야만 가능한 일이었을 것이다. 그리고 이 일을 통해서 청년 안중근의 사업 수완을
　　엿볼 수도 있을 것이다.

주교 신도로서의 활동이었다. 그리고 이러한 그의 활동은 그 후 그의 행동에도 계속해서 영향을 미치고 있었다.

한편 1905년 을사조약이 조선에 강요됨에 따라 조선은 외교권을 상실당하고 국가적 위기에 직면하고 있었으며 도처에서는 이른바 을사 의병들이 봉기하는 상황이었다. 안중근도 이때(1905년 말) 해외로의 이주를 계획하고 상해上海로 건너갔다. 그는 그곳에서 뜻밖에 르각(Le Gac, 郭元良, 1876~1914) 신부를 만나게 된다. 르각 신부는 황해도 재령의 본당 신부였다. 안중근은 르각 신부가 사목하던 본당 신도는 아니었다 하더라도 르각 신부를 알고 있었다. 즉, 그는 르각 신부와 동일한 선교회 소속인 빌렘 신부를 도와 선교에 종사한 바 있었고 이미 황해도 일대에서 저명한 신도로 성장했기 때문에 상해에서 르각 신부와 감격적 해후를 할 수 있었다.[28] 그는 르각 신부로부터 국권을 회복하기 위해서는 교육과 사회단체의 조직 그리고 민심의 단합과 실력 양성이 중요함을 역설 받고 이에 전적으로 동의하고 조선으로 돌아왔다.[29] 이러한 르각 신부의 권유는 안중근의 차후 행동에도 큰 영향을 미쳤다.

한편, 청년 안중근의 생애에 있어서 두 번째 부분은 상해에서 귀국한 이후부터 본격적으로 전개된다. 그는 1906년 3월 진남포로 이사를 간 이후부터 1907년 10월경까지 2년 가까운 기간에 걸쳐 애국 계몽 운동에 열정적으로 투신하여 교육 운동과 결사 운동 그리고 식산 진흥 운동 및 국채 보상 운동에 참여하고 있음을 확인하게 된다. 그가 이 애국 계몽 운동에 투신하게 된 데에는 당시 상황에 대한 그 자신의 판단과 르각 신부 등의 조언을 주목할 수 있을 것이다. 그러나 이때는 그가 추진하고

---

28) 이 시기 안중근의 신앙 등에 관해서는 노길명, 1993, 「안중근의 가톨릭 신앙」에서 상론하고 있으므로 여기에서는 자세한 언급을 생략하기로 한다.
29) 『안응칠역사』, 67쪽, 「一日敎育發達 二日社會擴張 三日民志團合 四日實力養成」 여기에서 언급된 '사회'는 프랑스어의 'société'를 직역한 말로서 일반적인 사회를 뜻한다기보다는 '사회단체'를 의미하는 것으로 해석된다.

자 하던 대학교 설립 운동이 뮈텔(Mutel, 閔德孝, 1854~1933) 주교에 의해
거부되었고 이로 말미암아 그는 실의에 빠져 있을 때였을 것으로 추정된
다. 또한 이 시기 대한 제국의 상황은 극도로 악화되어 1907년 7월에는
고종 황제가 퇴위를 당하고, 군대도 해산되는 지경에 이르러 국가의 멸
망이 점차 박두하고 있었다. 이러한 과정에서 그는 교육 운동에 한계를
느끼고 무장 투쟁으로의 전환을 기도하게 되었을 것으로 생각된다.

　청년 안중근의 생애에 있어서 마지막 단계는 그가 북간도北間島로 망
명하게 된 1907년 10월경부터 1910년 3월 순국하기까지 2년 반에 걸친
기간이다. 이 때 그는 무장 투쟁을 전개함과 아울러 애국 계몽적 활동에
도 종사하고 있었다. 이 기간에는 전국적으로 의병들이 봉기하여 일제의
침략에 강하게 맞서 투쟁을 전개하고 있던 때였다. 의병의 봉기를 당시
통감부에서는 '비적'의 발호로 파악했고 조선의 선교사들도 대체로 이러
한 견해에 수긍하고 있던 상황이었다.[30] 그러니 안중근은 이때의 상황
을 전쟁 상태로 인식하고 있었으며 당시의 객관적 상황도 완전한 전쟁으
로 평가되고 있었던 것이다. 물론 이 시기 그 자신도 독립 전쟁에 투신
하고 있었다. 그러므로 그는 독립 전쟁의 일환으로 자신의 의거를 정당
하게 해석할 수 있었다.

　청년 안중근의 생애에서 드러나는 이 세 부분은 각각 별개의 특성을
가진 단계들로 구분할 수는 없다. 왜냐하면 그 첫 부분을 관류하고 있는
종교적 특성은 두 번째 부분인 애국 계몽 운동기에도 계속하여 관철되고
있다. 이 양자의 결합에 의해 그의 애국 계몽 운동도 더욱 촉진될 수 있
었다. 또한 세 번째 부분의 독립 전쟁 기간에도 그는 종교적 성격과 애
국 계몽적 특성은 의연히 지속되고 있었다. 안중근의 사상적 특성을 검
토해 볼 때, 그의 사상은 단계적으로 전환되어 간 것이 아니라 매 단계

---

30) 『경향신문』, 1907년 3월 2일, '기서'의 내용 등을 참조할 때, 당시의 교회 지도층
　이 의병에 관해 가지고 있던 비판적 입장을 이해할 수 있을 것이다.

마다 새로운 요소를 흡수하며 확장되어 갔던 것이다.

요컨대 안중근의 애국 계몽 운동 및 독립 전쟁에 대한 구조적 이해를 위해서는 안중근이 생존했던 당시의 사회적 특성과 그 사상적 배경을 주목하야 한다. 안중근은 청년기 이후 당시 사회의 요구에 호응하면서 교육 운동을 비롯한 애국 계몽 운동과 독립 전쟁을 전개했다. 그의 이와 같은 활동 배경에는 당시의 사회 사상과 천주교 신앙이 동시에 작용하고 있었다. 그는 종교 운동과 결별하고 애국 계몽 운동을 새롭게 시작했던 것이 아니라 이 둘을 연결해서 일을 전개시켜 나갔다. 또한 애국 계몽 운동을 전개하다 이와 결별하고 독립운동으로 전환된 것이 아니라 이 양자를 상호 연결시키고 있었다. 이러한 점이 그의 사상에서 드러나는 특성으로 생각된다.

4. 안중근의 애국 계몽 운동

안중근은 1900년 3월 청계동을 떠나 진남포로 이사를 간 이후 애국 계몽 운동에 투신하게 되었다. 안중근의 애국 계몽 운동을 비롯한 그의 행동을 이해하기 위해서는 그 행동의 사상적 배경을 좀 더 주목하여 분석해야 한다. 그리고 그 행동의 배경들로 그의 종교적 성향을 지적할 수 있다. 예를 들면 그의 애국 계몽 운동 가운데 교육운동에 영향을 미친 천주교 신앙의 영향에 관해서 살펴 볼 수 있다. 물론, 당시 교육의 중요성에 관해서는 사회 전반에서 인정하고 있던 것이었다. 예를 들면 그가 후일 가입하여 활동했던 서우학회西友學會에서 간행하던 『서우西友』에서는 교육 구국론을 자주 전개하고 있었다.31) 또한 당시의 천주교에서 간

31) 박은식, 1906, 「교육이 불흥이연 생존을 부득」『서우』, 서우학회 ; 박은식, 1907,

행하던『경향신문』에서도 교육의 중요성을 강조하여 '교육이 국가의 대본임'을 연설하고 있었다.[32] 또한 앞서 살펴본 바와 같이 그가 상해에서 만난 르각 신부도 그에게 교육의 중요성을 거듭 강조한 바 있었다. 이와 같이 그는 르각의 설득에 직접 영향을 받아 국내에 들어와 교육 운동을 비롯한 애국 계몽 운동을 전개한 것으로 생각된다. 안중근의 교육 사상 및 교육운동의 전개에 관해 구조적으로 이해하기 위해서는 당시 사회의 영향과 함께 그의 신앙적 배경에 관해서도 함께 검토해야 한다.

그가 애국 계몽 운동을 전개한 목적은 당시 사회의 일반적 경향이나 1905년 말 상해에서 르각 신부와 나눈 대화를 동해서 추정할 수가 있다. 즉 그는 을사조약 이후에 구국적 차원에서 전개된 사회 운동에 참여한 것이므로 그가 애국 계몽 운동을 전개한 목적도 궁극적으로는 구국에 있음을 확인할 수 있다.[33] 또한 당시의 천주교회에서는 참된 개화와 거짓 개화를 구분하며 참된 개화의 중요성을 강조했고 그 참된 개화의 핵심으로 '정신의 개명'을 강하게 주장하고 나섰다.[34]

그리고 이를 위해서는 교육이 필요함을 강조하고 스스로가 교육 운동에 참여하고 있었던 때였다. 이러한 상황을 감안할 때 안중근도 정신을 개명해야 한다는 사실에 적극 동의하고 있었고 여기에 그가 생각했던 운동의 목적이 있었을 것이다. 사실 이런 점은 1905년 말 상해에서 르각 신부와 대화를 하는 과정에서 나눈 다음과 같은 말에서 잘 나타나고 있다.

> "옛글에 이르기를 스스로 돕는 이를 하늘이 돕는다고 했다. 그대는 속히 본국으로 돌아가서 먼저 그대의 일을 하도록 하시오, 첫째는 교육의 발달이오, 둘째는 사회단체의 확장이요, 셋째는 민심의 단합이오, 넷째는 실력의 양성이다. 이 네 가지를 확실히 성취시키기만 하면 이천만의 정신의 힘은 반석

「축의무교육실시」,『서우』제7호, 서우학회.
32)「교육은 국가의 대본이라」,『경향신문』1906년 12월 28일 논설.
33)『안응칠역사』, 66쪽.
34)『경향신문』, 1906년 7월 2일 논설 등 참조.

같이 튼튼해서 비록 천만 문의 대포를 가졌더라도 공격하여 깨뜨릴 수 없을
것이다."[35]

이상과 같은 르각 신부의 맘에 안중근은 적극 동의하고 "선생의 말씀
은 좋습니다. 그것을 쫓아 행하겠습니다"라고 하고나서 즉시 짐을 꾸려
기선에 탑승하여 진남포로 돌아왔다고 한다.[36] 안중근은 1905년 12월
상해로부터 진남포로 돌아왔다. 이 대화를 통해서 거듭 확인되는 바와
같이 그는 실력 양성론의 입장에 서서 애국계몽운동에 투신하게 되었다.

그가 전개한 애국계몽운동 가운데 먼저 우리는 교육 운동을 주목할
수 있다. 그의 자서전에 보면 그는 "가산을 기울여 학교 두 곳을 설립했
는데, 하나는 삼흥학교三興學校이며, 다른 하나는 돈의학교敦義學校이다.
교무를 맡아 청년 영준한 이들을 교육했다"고 되어 있다.[37] 또한『대한
매일신보』에도 안중근 3형제가 삼흥학교의 경비를 자담한 지가 여러 해
가 되었는데 안씨의 처남인 김능권金能權이 엽전 15,000냥을 기부하여
교사校舍를 마련하게 되었다는 사설을 보도하고 있다.[38] 기존의 학계에
서는 주로 이 기록에 근거하여 안중근의 교육 활동을 언급해 왔다.

그런데 여기에서는 안중근의 교육 활동을 보다 정확하게 이해하기 위
해 이상의 두 학교의 교육에 관한 검토를 시도해 보고자 한다. 원래 진
남포 천주교회에는 교회에서 운영하던 교회 학교가 있었다. 1901년 당
시 이 학교에는 17명의 학생이 재적하고 있었다.[39] 이 학교의 경영자는
식물학자로서 조선의 식물에 특별한 관심을 갖고 연구하여 몇 개의 신종
을 발견해서 자신의 이름을 따라 명명하고 이를 유럽의 학계에 보고한
바도 있던 파우리(Faurie) 신부였다.[40] 이 학교의 이름이 돈의학교였고 당

35)『안응칠역사』, 6~68쪽.
36)『안응칠역사』, 68쪽.
37)『안응칠역사』, 69쪽.
38)『대한매일신보』제525호, 1907년 5월 31일자 잡보.
39) Faurie,『진남포 성당 교세통계표』, 1904년 6월.

시의 정황을 감안할 때 이 학교는 초등 교육 기관이었음에 틀림없다. 이
학교는 1907년 1월에는 학생수가 50명에 이르렀다. 이 학교가 진남포
본당에서 운영하던 학교인 만큼 그 운영경비는 선도들의 헌금에 의존하
였을 것이다. 이 학교에 관한 기사가 안중근의 미담 기사와 함께 『경향
신문』에 수록된 바 있다.[41] 이 학교의 교사로는 '임안당' 부자가 있었고
서울로부터 진남포에 파견되어 근무하던 외사 경찰이었던 '순검 정씨'가
비번 날에는 자진하여 체조를 교수하고 있었다.[42] 1907년 진남포를 방
문했던 뮈텔 주교도 이 돈의학교를 공식으로 방문하였고, 자원하여 학생
들을 교육하고 있던 이 외사 경찰에게 특별한 감사를 표한 바 있다.[43]
돈의학교는 안중근이 진남포를 떠난 후인 1908년 8월20일(음력)에 황
해·평안 양도의 80여 학교 3천여 명의 학생들과 교사 등 학교 관계자
1천여 명이 모여 개최한 운동회에서 일등을 차지하기도 했다.[44] 안중근
도 이와 같은 사실을 그의 자서전에서 자랑스럽게 이야기하고 있다. 일
부 기록에서는 이 돈의학교의 초대 교장이 이평택(李平澤, 바드라시오)이었
고 제2대 교장이 안중근(도마)으로도 기록되어 있다.[45] 이러한 사실들을 종
합해 볼 때 돈의학교는 당시 진남포 교회에서 경영하던 사립 학교였는데
안중근이 이에 각별한 관계를 가지고 있었음을 알 수 있다. 이러한 각별
성 때문에 그는 자신의 자서전에서 "설립"이라는 말을 쓰기까지 했던 것
으로 해석된다.

　한편 삼흥학교도 진남포 교회와 일정한 관계를 가지고 있던 학교였
다. 이 학교는 원래 진남포 해관에 근무하던 오일환이 성당 안에 설치한

---

40) 이창복·이문호, 1987, 「프랑스 선교사의 한국 식물 연구」 『교회사연구』 6, 150~
　　151쪽.
41) 『경향신문』, 1907년 1월 4일.
42) 『경향신문』, 1907년 7월 20일.
43) 뮈텔, 『뮈텔 주교 일기』, 1907년 11월 8일.
44) 『경향신문』, 1908년 10월 16일.
45) 평양교구사 편찬위원회, 『천주교 평양교구사』, 157쪽.

야학교였다. 여기에서는 영어를 가르쳤고 학생수가 40여명에 이른 것으로 보도되고 있다. 그리고 이 학교의 경비를 안중근이 부담하고 있었다.[46] 즉 삼흥학교는 안중근의 경비 부담과 오일환의 노력에 의해 성당 건물 안에 세워졌던 야학교로서 영어를 주로 가르쳤고 학생 수는 1907년 초에 40여명에 이르렀던 것이다. 이 학교에서 영어를 주로 가르쳤다는 사실을 감안할 때 이 학교는 성인 교육 기관 내지는 중등 교육 기관에 해당하는 것으로 볼 수 있다. 이 삼흥학교는 안중근이 진남포를 떠난 이후인 1908년 4월에 심각한 운영난에 봉착했다. 이 때문에 삼흥학교는 진남포의 신상회사 임원들이 세운 주간의 초동 교육 기관이었던 오성학교五星學校의 야학부로 재편되어 운영되기에 이르렀다.[47] 이 삼흥학교에 대해서도 안중근은 매우 긴밀한 관계를 유지하고 있었다. 그와 그의 형제들은 『대한매일신보』의 보도대로 삼흥학교의 운영 경비를 부담하고 있었고 그는 삼흥학교의 독립교사를 미련하기 위해 자신의 인척이었던 이능권의 의연을 이끌어 내었던 것으로 볼 수 있다. 이러한 과정에서 그는 자신이 삼흥학교를 '설립'한 것으로 표현하게 되었다고 생각된다.

이와 같이 안중근은 1907년 초 진남포에서 학교의 운영을 위해 노력하며 교육운동에 투신하고 있었다. 한편 안중근은 초등 교육 기관인 이러한 학교의 운영에 참여하는 데에만 만족하지 아니했다. 그는 대학교를 세우고자 하는 포부를 새롭게 가지게 되었던 것으로 생각된다. 그리고 그는 이 포부를 자신에게 세례를 준 빌렘 신부와 상의하여 교회의 힘을 빌려 이를 관철시켜 보고자 했다. 안중근이 대학 설립의 포부를 품고 뮈텔 주교에게 이를 건의한 시기에 대해서 기주의 연구자들은 대략 그가 영세 받은 직후로 파악하고 있다. 대학 설립 건의시기를 이렇게 본 근거로는 그의 자서전 『안응칠역사』에서 그가 영세 입교하고 교회 활동을

---

46) 『경향신문』, 1907년 1월 4일.
47) 『경향신문』, 1908년 4월 24일.

전개한 부분을 설명한 다음에 바로 이어서 대학 설립 건의에 관한 내용
이 기록된 것에 근거하고 있는 듯하다. 물론『안응칠역사』에서는 그 생
애의 사건들을 시간의 순서에 따라 기록하고 있는 부분이 많다. 그러나
안중근은 자신이 서술하고자 하는 사건의 성격에 따라서는 자신의 자서
전에 편년적인 순서를 무시하고 서술하고 있는 경우도 있다. 예를 들면
1894년에 이루어진 자신의 결혼에 관해서는 자서전의 머릿 부분에 설명
하고 있는 경우를 주목할 수 있을 것이다. 이러한 사례들을 감안할 때
안중근이 대학 설립을 건의했던 시기도 영세 직후인 18세 때로 보기 위
해서는 사료와 당시의 상황에 대한 신중한 재검토 작업이 필요하다.

　그리고 그가 영세를 받은 직후에는 이와 같은 발상을 하기가 어려웠
던 시기임을 먼저 주목해야 할 것이다. 그가 영세를 받았던 1896년에는
아직 교육 제도가 정비되지 못했을 때였다. 당시에는 중등 교육 기관에
대한 개념마저도 확립되어 있지 못했던 시기였다. 그리고 그는 세례를
받은 직후 교육에 패대한 관심보다는 직접적인 선교에 더 크게 관심을
가지고 빌렘 신부를 수행하여 선교에 종사하고 있었다.[48) 이러한 정황
으로 미루어 볼 때 그가 1896년에 대학 설립에 관한 발상을 가지고 있었
다고 보기는 어렵다. 더욱이『안응칠역사』에서는 안중근 자신이 대학
설립에 관한 발상을 했을 당시 교회 상황을 "신도가 수만 명에 가깝게
확장되었고 선교사 8명이 황해도 안에 와서 머물고 있던 때" 자신은 홍
신부에게서 프랑스어를 배우고 있었고 대학 설립 문제에 관해 협의했음
을 밝혀주고 있다.[49)

　이와 같이 전국 내지는 황해도의 교세가 신장된 때는 그가 세례를 받
았던 1896년경이 아니라 대략 1907년을 전후한 때로 봄이 타당하다.[50)

48)『안응칠역사』, 18~29쪽.
49)『안응칠역사』, 29쪽.
50) 황해도천주교회사 편찬위원회 편,『황해천주교회사』, 64쪽.

그리고 이때는 그가 이미 애국 계몽 운동에 참여하여 삼흥학교, 돈의학교 등을 운영하면서 당시 교육의 문제점에 관한 반성과 고등 교육 기관의 필요성을 심각히 느낄 수 있었던 시점이다. 이에 그는 대학을 설립 운영할 수 있는 주체로 교회를 상정하고 이를 뮈텔 주교에게 건의하고자 했던 것으로 추정된다. 이러한 상황을 감안할 때 그의 대학 설립론에 관한 발상 시기는 적어도 1896년 직후로는 보기가 어렵다고 생각된다.

그렇다면 그가 이 포부를 실천하기 위해 서울의 뮈텔 주교를 빌렘 신부와 함께 방문한 때를 추정하기 위해서는 여러 자료에 대한 폭넓은 고찰이 필요하다. 뮈텔 주교의 일기를 검토해 보면 뮈텔과 빌렘이 직접 대면한 때가 1902년과 1903년이었다. 그러나 이때 빌렘은 신환포 사건의 여파로 매우 난처한 입장에 놓여 있었다. 즉, 빌렘은 당시 대학 설립을 건의할 만한 정신적 여유가 없었던 때였다. 그 후 그는 1907년 4월 20일에 끝난 사제 피정 때 뮈텔 주교를 또 만나고 있다.[51] 그리고 바로 이 기간에 즈음하여 안중근도 서울에 머물러 있었음이 확인된다.[52] 그렇다면 안중근과 빌렘 그리고 뮈텔이 같이 만날 수 있었던 가능성은 바로 이 때가 가장 높았을 것으로 생각된다. 한편, 뮈텔은 1907년 11월 25일 청계동 성당에 사목 방문차 들러서 빌렘 신부를 만난 바 있다.[53] 그러나 이때 안중근은 이미 간도로 망명한 후였으므로 청계동에 없었고 이 시점에서의 삼자대면은 불가능했을 것이다. 그렇다면 그들 세 사람의 대좌는 앞서 제시한 1907년 4월일 가능성이 가장 높다고 생각된다.

그는 당시 천주교 조선교구장이었던 뮈텔 주교에게 대학교 설립을 건의했다. 그러나 뮈텔은 이에 대해 한마디로 거절하며 "한국인들이 만약

---

51) 뮈텔, 『뮈텔 주교 일기』, 1907년 4월 20일.
52) 「주한일본공사관기록」(諸機密 제37호, 1909년 12월 10일조), 『한국독립운동사자료』 제7집, 222쪽. 「안응칠은 명치 40년(1907) 3월. 경성에 주류하여 중부 다동 김달하의 집에 기우(寄寓)하기를 수개월하다가 … 그해 6월 북간도로 갔다고 한다.」
53) 뮈텔, 『뮈텔 주교 일기』, 1907년 11월 25일.

에 학술과 문학을 가지게 되면 종교를 믿는 것에 좋지 않으니 또다시 이와 같은 말을 내어놓지 마시오"라고 했다.[54] 이로써 대학 설립을 위한 그의 주장은 좌절되었지만 이를 통해 우리는 고등 교육 기관의 설립 중요성에 착안했던 그의 교육사상이 가지고 있는 특성을 알 수 있다.

한편, 안중근의 대학 설립 요청에 대한 뮈텔 주교의 부정적 반응의 원인이 어디에 있는지를 검토해 봄으로써 우리는 당시의 상황에 대해 좀 더 잘 이해할 수 있을 것이다. 뮈텔 주교가 안중근의 제안을 거부한 이유로는 먼저 뮈텔 자신의 교육관 내지는 사상적 제약성을 상정할 수 있겠고 다음으로는 뮈텔이 안중근이나 빌렘에 대해서 가지고 있었을 부정적 선입견과의 관련성을 검토해 블 수 있겠다. 그렇다면 우선 뮈텔 주교의 교육관 내지는 사상적 특성에 대해서부터 검토해 보아야 할 것이다.

뮈텔 주교는 이미 1902년 이래 조선에서 교육 기관의 설립을 꾀하고 있었다. 당시 그가 설립하고자 했던 교육 기관이 고등 교육 기관인지 아니면 중등 이하의 교육 기관인지는 불명확하다. 그러나 그는 이때 교육을 전당하는 수도회인 마리아니스트회와 접촉하여 그들의 조선 선교를 요청한 바 있었다.[55] 이러한 그의 요청은 마리아니스트 수도회의 거부로 좌절되었지만 뮈텔 주교는 학교 교육을 전담하는 수도회의 초빙을 위해 계속 노력하고 있었다. 그리하여 그는 1908년 교육 전담 수도회의 한국 초빙 등을 교섭하기 위해 프랑스를 직접 방문한 바 있었다. 그리고 그는 이를 위해서 벨기에의 브뤼셀에 있던 Scheut 수도회를 방문하기도 했지만 이룰 수가 없었다.[56] 그러나 그는 독일의 오틸리엔 베네딕도 수도회로부터 교육기관의 운영을 전담할 수도자의 파견을 허락받았다.[57] 이 이후 오틸리엔 베네딕도 수도회에서는 한국에 진출하여 1909년 중등

----

54) 『안응칠역사』, 30쪽.
55) 『뮈텔 주교 일기』, 1902년 11월 27일.
56) 『뮈텔 주교 일기』, 1908년 1월 31일 ; 1908년 2월 25일 ; 1908년 3월 18일.
57) 『뮈텔 주교 일기』, 1908년 9월 25일.

교육 기관에 해당하는 사범 교육 기관인 숭신학교崇信學校를 개교했고, 1911년에는 실업 교육 기관인 숭공학교崇工學校를 개교한 바 있었다.[58]

이상에서 간략히 살펴본 바와 같이 뮈텔은 이미 1902년경부터 교육을 전담할 수도회의 초빙에 관심을 가지고 있었다. 이러한 사정을 빌렘도 알고 있었기 때문에 빌렘은 안중근과 대학 설립에 관한 논의를 하면서 "현재 한국의 교인들은 학술과 문학에 어두워서 전교상 손해가 적지 아니하다, 하물며 닥쳐올 국가의 대세는 말하지 않더라도 예상할 만하다. 뮈텔 주교에게 말씀을 드려 서양 수도회 가운데 박학사博學士 몇 사람을 불러와서 대학교를 설립한 다음에 국내의 똑똑한 젊은이들을 교육한다면 수십 년이 지나지 아니하여 틀림없이 큰 효험이 있을 것이다"라고[59] 말하면서 서양 수도회의 초빙 문제를 제기하게 되었던 것으로 생각된다.

아마도 빌렘의 경우에는 교육의 시급함에 안중근과 의견을 같이 하면서 지지부진한 대학 설립을 비롯한 교육 사업을 촉진하기 위한 노력의 일환으로 이를 안중근과 함께 뮈텔 주교에게 건의하고자 했던 것으로 생각된다. 이때 안중근도 초등교육 기관 내지는 성인 교육 기관을 직접 운영해나가는 과정에서 고등 교육 기관의 필요성을 깨닫고 있었기 때문에 대학교의 설립을 뮈텔 주교에게 정식으로 건의했던 것으로 볼 수 있다. 그러나 이러한 안중근과 빌렘의 건의를 뮈텔은 전적으로 거부했다. 즉, 뮈텔 자신은 학교 설립을 위해 외국 수도회의 초빙문제를 가지고 고심하면서도 대학교를 설립해 달라는 안중근과 같은 조선인 신도들의 견해를 전적으로 배제하는 이중적 태도를 지니고 있었다. 이와 같은 이중적 태도가 나타나게 된 원인에 대해서는 별도의 고찰이 필요하겠지만 그의 이

---

58) 최석우, 1987, 「한국종교운동사Ⅳ(천주교)」『한국현대문화사대계』, 고려대학교 민족문화연구소.
59) 『안응칠역사』, 30쪽.

와 같은 이중적 태도는 교육운동을 본격적으로 추진하고자 했던 안중근에게는 심대한 심적 타격을 주었다.[60] 또한 안중근은 교육 운동에 종사하면서 당시를 풍미하고 있던 결사운동에도 투신하였다. 당시인들이 학회 설립과 같은 결사 운동을 일으킨 데에는 청 말의 지식인 량치차오梁啓超의 영향이 컸다. 또한 이와 같은 학회 활동은 르각 신부가 안중근에게 상해에서 말했던 '사회거장社會據張' 즉 '사회단체의 조직 확대'란 권고와도 연결되는 것이었다. 그리고 이 학회 운동은 1906년 서우학회가 창립된 이래 당시 사회를 풍미하고 있었던 중요한 현상이기도 했다. 이와 같은 시대적 여건이 배경이 되어 안중근은 학회에 가담했고 활동하게 되었다.

즉, 그는 1907년 6월 이전에 서우학회(후일 서북학회로 통합 개칭)에 가입하여 활동하고 있었다.[61] 당시의 서우학회는 애국 계몽 운동기 학회운동의 도화선을 마련해 주었던 학회로서 이갑李甲, 박은식朴殷植, 노백린盧伯麟, 유동설柳東說, 이도재李道宰, 안병찬安秉瓚, 안창호安昌浩, 이승훈李昇薰, 김달하金達河 등 서북 지방의 명망인이 망라되었던 학회였다. 이 학회는 개화 지식을 보급하고 교육과 식산의 진흥을 통해 국권을 수호하려던 결사였다. 이 학회에는 그가 이미 알고 있던 김달하가 발기인으로 활동하고 있었다.[62] 안중근은 이러한 서우학회의 취지에 찬동한 바 있었고,

---

60) 안중근이 대학 설립 건의를 한 시기가 1907년경이었다면 이에 대한 뮈텔 주교의 부정적 반응은 안중근의 차후행동에도 많은 영향을 주었을 것으로 생각된다. 그는 1907년에 북간도로 망명의 길을 떠났다. 이는 그가 애국 계몽 운동의 차원에서 주로 교육 운동을 전개하던 입장의 포기를 의미한다. 그는 수 개월간 배우던 프랑스어의 학습마저 포기하고 망명을 통해 본격적 무장투쟁으로의 전환을 꾀하게 되었다. 그는 외국인에 의존하는 애국 계몽적 교육운동의 허상을 분명히 깨달았기 때문에 "천주교의 진리는 믿을 만하나, 외국인의 심정은 믿을 수 없다"는 말을 하고 본격적인 무장투쟁의 길로 접어들게 되었을 것으로 생각된다. (『안응칠역사』, 31~32쪽)

61) 「제8회 신입회원입금수납보고」, 『서우』 광무 11년 7월 1일 발행, 48쪽 ; 『개화기 학술지 서우』 상, 474쪽, 아세아문화사.

주변인 등의 권고로 여기에 참여하여 활동했던 것으로 추정된다. 그러나 그는 국내에서의 학회 활동과 같은 결사 운동에 열심히 참여할 수는 없었다. 이는 그의 활동 무대가 그의 서우학회 가입 직후 진남포나 평양에서부터 간도로 바뀌었기 때문이다. 그러나 그는 연해주沿海州로 망명한 이후에는 결사 운동에 적극 참여하여 청년회의 임시 사찰직을 맞아 보기도 했다.[63] 이 단체의 이름은 '계동청년회啓東靑年會'로 밝혀지고 있다.[64] 그는 이곳에서 결사 운동을 통해 그의 애국적 결의를 실천해보고자 했던 것이다.

한편 그는 당시의 가장 대표적 비밀 결사체였던 신민회新民會의 회원들과 긴밀한 관계를 유지하고 있었다. 신민회에는 서북학회의 주요 인사들이 모두 가입하고 있었으므로 안중근과 신민회 계통의 인사들은 매우 밀접한 관계를 유지하고 있었다고 볼 수 있다. 또한 그는 신민회의 블라디보스톡 책임자였던 이강李剛과 긴밀한 관계를 가지고 있었다.[65] 이로 미루어 볼 때 안중근도 신민회의 회원이었거나 적어도 신민회의 주의 주장에 대해 잘 알고 있었던 인물이었다고 생각된다. 이러한 그의 활동 범위를 감안할 때 그의 애국 계몽 사상 형성 배경에는 이와 같은 애국 계몽 단체의 존재가 자리 잡고 있음을 알 수 있다. 안중근은 교육 운동과 더불어 국채 보상 운동에도 적극적으로 참여했다. 즉, 1907년 대구의 광문사光文社 회장 김광제金光濟와 부회장 서상돈徐相燉 등이 중심이 되어 당시 1,300만원에 이르렀던 국채를 일본에 상환함으로서 국권을 지켜보고자 하는 운동이 일어났다. 이 운동은 곧 전국적인 호응을 얻을 수 있

---

62) 1907년 안중근은 서울에서 김달하의 집에 수개월 간 기숙하고 있었다. 이러한 점을 감안할 때 안중근은 서우학회에 가입하기 전부터 김달하를 알고 있었으며 그의 권고로 서우학회에 가입하게 되었을 가능성이 크다고 생각된다.

63) 『안응칠역사』, 73쪽.

64) 안학식 편저, 1963, 『의사 안중근 전기』, 만수사보존회, 57쪽.

65) 안학식 편저, 1963, 앞의 책, 69쪽..

었다. 이 운동을 일으킨 서상돈은 일찌기 독립협회 운동에도 참여한 바 있었던 인물로서 영남지방의 대표적 천주교 신도였다. 이 운동에는 천주교회도 적극 참여하고 있었는데, 이러한 상황 및 이 운동의 목적에 안중근은 적극적인 참여를 시도했다. 그리하여 그는 자신이 활동하고 있던 평안도에서 '국채보상회'를 열고 이 운동의 주요 지도자 가운데 하나로 활동하게 되었다.66) 그리고 그가 주관하고 있는 이 운동에 그의 가족부터 솔선하여 참여하고 있었다.67) 한편 국채 보상 운동이 진행되어 갈 때 그는 평양에서 한재호韓在鎬, 주병운朱秉雲 등과 함께 '삼합의三合義'라는 무연탄 판매 회사를 경영하며 건전한 사업에 종사하고 있었다.68) 이는 교육 운동을 비롯한 민족 운동에 소요되는 자금의 마련을 목적으로 한 것으로 추정된다. 그러나 이와 같은 그의 사업은 일본인들의 방해로 말미암아 난관에 처하게 되었고 성공하지 못했다. 그러나 이와 당시 국내의 상공인 사이에서 애국 계몽 운동의 일환으로 전개되던 민족주의적인 식산 진흥 운동의 성격을 간직하고 있는 것이기도 했다.

요컨대 안중근은 을사조약이 체결된 직후에는 해외로의 망명을 꾀하기도 했다. 그러나 그는 상해에서 만난 르각 신부 등과의 토론 과정에서 다시 귀국을 결심하고 국내에서의 애국 계몽 운동에 기여할 것을 다짐했다. 그 후 그는 조선에 귀국하여 당시 진남포 천주교회에서 직접 또는 간접으로 운영하던 교의학교 및 삼흥학교를 맡아서 운영했다. 그리고 그는 이 시기에 이르러 뮈텔 주교에게 대학교 설립을 건의했으나 재고의 여지없이 거절을 당하고 실의에 빠지기도 했던 것으로 추정된다. 한편, 그는 당시 활발히 진행되던 결사 운동의 효시가 되는 서우학회의 회원으

---

66) 「주한일본공사관기록 복명서」(1909년 12월 5일자), 『한국독립운동사자료』 제7권, 335쪽 ; 『안응칠역사』, 71면.
67) 『대한매일신보』, 1910년 1월 29일자 ; 『한국독립운동사자료』 제7권, 525쪽 ; 안학식, 1963, 앞의 책, 47~48쪽.
68) 『안응칠역사』, 32~33쪽.

로 가입하여 활동하고 있었고, 신민회와 같은 애국 계몽 단체와도 일정한 관계를 맺고 있었던 것으로 추정된다. 또한 그는 평안도 지방의 국채보상 운동에 있어서도 지도자로 참여했고 식산 진흥 운동에도 관여하고 있었다. 이렇게 그가 국내에서 전개하고 있던 애국 계몽 운동은 그가 간도 지방으로 망명을 떠나던 1907년 6월경까지 줄곧 계속되고 있었다. 그리고 그는 애국 계몽적인 활동을 간도와 연해주에서도 계속 전개하고 있었다. 그러므로 망명 중에 있던 안중근을 올바로 이해하기 위해서도 우리는 그의 애국 계몽 운동을 주목해야 하며 이와 더불어 그의 무장독립 운동의 전개 과정을 검토해야 한다.

5. 안중근의 독립 전쟁

조선 왕조는 1907년 헤이그 밀사 사건을 전후로 하여 일제 식민지로의 길에 더욱 가깝게 접근해 갔다. 일제는 『신문지법』을 공포하여 언론 출판에 대한 탄압을 가중시켰고(1907. 7. 24) 『보안법』을 공포하여 집회 결사의 자유를 억압했다(1907. 7. 27). 또한 대한 제국 군대를 해산하여 식민지화에 있어서 예상되는 장애를 제거했다(1907. 7. 31). 이와 같이 1907년을 전후하여 나라의 운영은 매우 위태로웠던 것이다. 이러한 상황에서 전국에서는 정미의병丁未義兵으로 불리는 무력 저항 운동이 대대적으로 전개되고 있었다. 이 의병의 봉기는 단순한 '폭동'이 아니라 본격적인 전쟁의 상황으로 전개되어 가고 있었고 의병 자신들도 이를 국권 수복을 위한 정당한 전쟁으로 인식하고 있었다.

한편, 안중근은 1907년 국내에서 자신이 참여하고 있던 교육 운동이나 결사 운동과 같은 비폭력적 방법의 애국 계몽 운동에 한계를 느끼고

국외에서의 활동을 통해 새로운 진로를 모색하고자 했다. 그리하여 그는
연해주에 망명하여 결사 운동과 같은 애국 계몽 운동을 계속하고 있었
다. 즉 그는 1907년 10월 경 간도 지방 일대를 돌아보고 그해 겨울 이후
에는 블라디보스톡에 도착한 후 이곳을 배경으로 하여 활동하기 시작했
다. 이 시기 그가 목표로 하고 있었던 바는 "하나는 한국의 교육을 도모
하기 위함이고 또 하나는 본국의 의병이니 국사를 위하여 유설遊說하는
것이었다"고 한다.[69] 이로 미루어 볼 때 그는 연해주에 망명한 이후에도
애국 계몽 운동과 무장 독립 운동을 병행하여 진행하고자 했음을 알 수
있다. 이러한 그의 행동 가운데 애국 계몽 운동에 관한 부분을 먼저 검
토해 보면 다음과 같다.

그는 앞서 언급한 바와 같이 그곳에서 계동청년회에 참가하여 '임시
사찰'에 선출되었고 연추煙秋에서 최재형崔在亨이 중심이 되어 조직되었
던 동의회同議會의 평의원으로 활동했다.[70] 그리고 그는 신문 기고 등을
통한 언론 계몽 운동을 계속했다. 즉 그는 독립전쟁을 수행하는 과정에
서도 언론을 통한 애국 계몽 운동적 활동을 지속하고 있다. 예를 들면
그는 이강을 도와『대동공보大東公報』의 발간에 참여함으로서 언론 구국
의 대열에 동참하고 있다. 그리고 그는 1909년 3월 21일『해조신문』에
안응칠이란 이름으로 글을 기고한 바 있다. 이 기서의 내용은 인심을 단
합하여 국권을 회복하기 위해서는 국민 상하가 서로 단합해야 하는데 그
러지 못하는 원인이「교오矯傲」에 있음을 지적한 바 있다. 그리고 그는
이「교오병」을 고치기 위해서는 겸손이 '좋은 약良藥'임을 역설하고 있
다.[71] 또한 그는 대동학교大東學校의 학감으로 활동하였으며 한인민회韓
人民會의 고문을 맡아 활동한 바도 있었다. 이와 같이 안중근은 연해주에

---

69) 박성강 편, 1946,『안중근선생공판기』, 경향잡지사, 8쪽.
70)「第一回公判始末書(1910년 2월 10일자」『독립운동사자료』제7권, 218쪽.
71) 안응칠,「긔서」,『해조신문』21호, 융희 2년(1906) 3월 21일.

망명한 이후에도 애국 계몽 운동을 계속하고 있었다.

그러나 그는 1908년에 그곳에 경주하는 유력한 한인들을 설득하여 의병 부대의 창설을 주도했다. 그는 이때 엄인섭嚴仁燮, 김기룡金起龍 등과 의형제를 맺고 독립 전쟁에의 길을 준비하고 있었다.72) 이때 창설된 의병 부대의 총독에는 김두성金斗星이 추대되고73) 총대장에는 이범윤李範允이 추대되었으며, 안중근 자신은 참모중장을 맡았다. 이때 의병부대의 규모는 대략 300명 정도였다. 그들은 두만강 부근의 연추를 근거지로 하여 군사훈련을 실시했다. 그들은 1908년 6월 두만강을 건너 함경북도 경흥군 노면 상리에 주둔하고 있던 일본군 수비대를 공격하여 승리를 거두었다. 이것이 안중근 부대가 감행한 제1차 의병 전투였다.74)

또한 그 해 7월에는 함경도 경흥 부근과 신아산新阿山 등지로 진입하여 일본군과 전투를 전개했다. 이것이 안중근 부대가 전개한 제2차 의병 전투로 평가되기도 한다. 이때 안중근 부대에서는 일본군 두 명을 생포한 바 있었는데 이 포로들은 안중근의 주장에 의해 석방되었다. 이 과정에서 의병 부대는 분열을 면치 못하게 되었다. 또한 포로들을 석방한 '며칠 후에' 안중근의 부대는 제3차 의병 전투를 치렀으나 석방된 포로

---

72) 『안응칠역사』, 76쪽.
73) 『안응칠역사』, 83쪽에는 "김두성(金斗星)과 이범원(李範元)이 이미 총독과 대장으로 임명된 바 있었다"고 쓰고 있다. 여기에서 이범원은 이범윤의 오기임이 확실하다. 그리고 이 인용문은 김두성이 총독으로 활동했고 그 휘하에서 이범윤(1863~?)이 대장으로 있었다는 표현으로 해석함이 자연스러울 것이다. 이 김두성은 조동걸, 앞의 논문에서 유인석(柳麟錫, 1842~1915)으로 논증되고 있다. 그러나 이에 관해 신용하는 김두성이 실존 인물일 것으로 보며, 그 근거로 「주한일본공사관기록 헌기」 제2364호(『한국독립운동사 자료』 제7권, 219쪽)의 자료를 제시하고 있다. 이 자료에는 평양군 송정동(松亭洞) 출신의 27세 청년 김두성에 관한 언급이 나온다. 그러나 1908년 당시 55세였던 이범윤을 휘하에 거느릴 수 있었던 인물로 27세의 청년 김두성보다는 66세의 유인석이 더 개연성이 있었으리라 생각된다.
74) 신용하, 1980, 앞의 논문, 325쪽.

들이 안중근 부대에 관한 정보를 제공해 줌에 따라 일본군은 안중근 부대를 기습할 수 있었다. 안중근은 이때 철저한 참패를 겪게 되었다.

이상에서 살펴본 바와 같이 안중근은 애국 계몽 운동 내지는 무장 저항 운동 즉 독립 전쟁을 병행해 가고 있었다. 그의 이와 같은 활동의 근지가 되는 사상으로는 민족주의에 대한 그의 각성과 함께 자신의 신앙을 주목할 수 있을 것이다. 우리는 그가 연해주에서 시행했던 애국 계몽 연설의 내용을 통해서 그의 민족주의적 열정을 확인하게 된다. 그리고 그가 『해조신문』에 기고했던 투고문의 내용을 통해서 우리는 그의 민족주의적 열정과 함께 그 열정을 구현하는 방법론이 영향을 끼친 천주교 신앙의 요소를 확인한 수 있다. 예를 들면 『해조신문』의 기서에서 「교오병」과 겸양을 대비시켜 설명한 바 있는데 이 내용은 당시 천주교 신도들에게 널리 알려져 있던 천주가사 중 사향가思鄉歌의 내용과도 합치되고 있다.

그는 독립 전쟁 과정에서 포로로 잡은 일본군의 즉결 처분을 끝까지 반대하며 포로에 대한 즉결 처분도 살인 행위임을 역설하고 그들을 석방한 바 있었다.[75] 이러한 그의 이상주의적 내지는 낭만주의적 사고의 배후에도 살인을 금하던 천주교의 교리[76] 내지는 그가 새롭게 인식하기 시작한 「만국공법」에 대한 신뢰가 기반하고 있었던 것이다. 그는 이번의 전투를 국제법에 의한 교전으로 생각했기 때문에 이와 같은 결정을 내릴 수 있었다. 또한 그는 패전 후 연해주로의 귀환 중에 동료 의병 2인에게 천주교 교리를 설명하고 대세代洗를 주었다.[77] 이는 그가 전투 상황에서도 자신의 신앙을 의식했음을 뜻한다. 이로 미루어 볼 때 그의 사

---

75) 『안응칠역사』, 85쪽.
76) 당시의 신도들이 세례를 받기 위해서 반드시 암송해야 했던 '천주십계'에는 제5계에서 '살인을 하지 말고'라는 구절이 있었다. 당시 교회의 관행을 감안할 때 아마도 그는 이 십계명을 거의 매일 외우고 있었을 것이다.
77) 『안응칠역사』, 85~87쪽 참조. 그는 동료들에게 萬國公法, 즉 국제법을 들어 포로 석방을 요구하고 있다.

물에 대한 가치판단에 있어서는 그 자신의 신앙은 적지 않은 영향을 미처주고 있었음을 알 수 있다. 또한 그가 최후의 의거를 결행하고 법정투쟁을 전개하는 전 과정에도 그의 신앙적 요소가 개입되고 있다.[78]

그러나 그가 연해주에서 전개했던 애국 계몽 운동이나 독립 전투의 과정에서 당시의 조선 천주교회가 직간접적으로 지원한 바는 결코 없었다. 당시의 교회는 그의 이러한 행동을 지원했다기보다 오히려 견제하고 방해했다. 이러한 사례를 우리는 브레(白, Bret) 신부의 조처를 통해서 확인할 수 있다. 즉 그는 1907년 자신의 주된 활동 무대였던 평안도를 떠나 원산을 거쳐 간도 지방으로 망명의 길을 떠나게 되었다. 이때 그는 원산 성당의 브레 신부를 만났다. 브레 신부는 안중근의 영세 신부였던 빌렘 신부로부터 안중근에 관한 소식을 미리 듣고 있었다. 브레 신부는 당시 선교사들이 강조하고 있었던 정교 분리 원칙을 안중근이 위배하고 있는 것으로 판단하여 그에게 성사를 베풀어 주는 것을 거절한 바 있었다. 브레 신부는 안중근이 "어떠한 정치적 선동에도 가담하지 않겠다고 사람들에게 확실하게 약속하려 하지 않았기 때문에"[79] 그에게 성사 집전을 거부했고 이러한 결정은 신도들이 교회 당국으로부터 당할 수 있는 중대한 처벌 가운데 하나였다. 이 사례에서 볼 수 있는 바와 같이 안중근의 독립 전쟁 수행은 결코 교회 조직과 공적인 연결을 가질 수는 없었다. 그는 이와 같은 교회 당국의 냉대와 몰이해에도 불구하고 전장에서까지 그리스도교적 윤리 의식을 고수하려 했고 그리스도교적 구원관에 확신을 가지고 있던 인물이었다.

요컨대, 안중근은 국내에서의 운동에 한계를 느끼고 연해주에 망명하여 애국 계몽 운동과 독립 전투를 전개하게 되었다. 그는 연해주에서 계

---

78) 안중근의 신앙의 관해서는 노길명, 위의 글에서 상론하고 있으므로 여기에서는 그의 행동에 있어서 작용했을 사상적 배경을 확인하는 입장에서 간략히 지적하고 넘어가고자 한다.

79) M.E.P. de Seoul, Le Séoul Bulletin, 7. Nov, 1909.

동청년회를 비롯한 애국결사의 일원으로 활동했으며 언론 및 교육의 분야에서 구국 운동을 지속하였다. 또한 그는 의병 부대에 직접 가담하여 참모중장의 자격으로 독립을 위한 전투를 전개했다. 이러한 그의 애국 계몽 운동과 독립 전투에 참여한 사상적 배경으로는 강화된 민족주의 의식과 함께 그의 그리스도교적 신앙심을 들 수 있다. 그러나 그는 당시의 교회로부터 어떠한 격려나 지원을 받은 바도 없이 자신의 운동을 진행시켜 나가고 있었다. 그는 이 지역이나 본국의 교회 조직과는 별개로 주로 연해주와 간도 지역에 망명해 있던 민족주의 운동자들과 연합하여 애국 계몽 운동을 수행하고 독립을 위한 전투를 전개해 나갔다. 연해주를 근거로 하여 전개한 그의 독립 운동에 관한 사실을 검토해 보면 이와 같은 사실들이 분명히 드러나고 있다. 그에게 있어서 천주교 신앙은 그의 민족주의와 병존하는 것이었지 그의 민족애를 능가하는 것은 아니었다. 그러므로 그는 민족주의 운동을 전개해 나가는 과정에서도 자신의 종교적 윤리의식이나 가치관을 표출해 줄 수 있었다. 이 당시 그의 행동에서 드러나는 이와 같은 특성은 이토 히로부미를 사살한 그의 의거 과정에서도 마찬가지로 드러난다.

6. 안중근의 의거

안중근의 생애에 있어서 가장 중요한 부분은 그가 이토 히로부미를 제거한 일이다. 우리는 그 생애의 정점이 된 이 사건의 규명을 통해서 그의 민족주의 정신을 올바로 알 수 있을 것이다. 이에 여기에서는 그 의거의 정신적 배경을 올바로 알기 위해서 그 자신이 이토 히로부미를 어떻게 평가하고 있었나를 우선 집중적으로 규명해 보고자 한다. 그리고 여기에 이어서 그의 의거와 관련된 일부의 상황을 좀 더 검토함으로서 의거에 임하는 그의 정신적 자세가 어떠했는지를 확인하고자 한다.

안중근은 조선의 국권이 위태롭게 된 원인이 이토 히로부미에게 가장 큰 책임이 있는 것으로 일찍부터 생각해 왔다. 이러한 사실을 우리는 그의 자서전인『안응칠역사』나 그에 관한 신문 기록을 통해서 확인할 수 있다. 이토에 대한 이와 같은 생각은 1905년 을사조약을 전후한 시기에 분명히 제기되어 있다. 그는 이토가 조선에 '5조약'을 강요하여 조선의 주권을 침탈하기 시작한 것으로 보고 이에 대해 그의 부친과 함께 분개한 바가 있었다.[80] 이와 같은 분개 때문에 그는 조국을 떠나 중국으로 망명할 계획을 세우고 1905년 중국으로 건너가 상해 등지를 유랑하며 망명의 적지를 고르고 있었다. 그러다가 그는 망명을 포기하고 귀국하여 애국 계몽 운동을 본격적으로 전개했던 것이다. 그리고 그는 1907년 정미 7조약을 계기로 하여 이토의 죄악에 대해 더욱 분개하고 있었다.[81] 그러기에 그는 연해주 망명을 전후한 1907년경부터 가능하다면 조선 침략의 원흉인 이토를 제거하고자 계획하게 되었다. 이 점은 이토에 대한 암살 계획을 언제부터 가지고 있었는가에 대한 재판관의 질문에 대한 그의 대답을 통해서 분명히 드러난다.[82] 이렇듯이 그가 이토를 제거하고자 했던 것은 그 의거가 단행되기 대략 3년 전부터였다. 이렇게 그는 이토의 제거를 장기간에 걸쳐 계획하고 있었으므로 그가 체포된 직후 이토의 죄악상 15개조를 정리하여 제시함으로써 자신의 행동이 가지고 있는 정당성을 논증하고자 했다.

그가 제시한 이토의 죄악 15개조의 구체적 내용은 당시의 여러 자료들에 각기 상이하게 기록되고 있다. 그러나 이에 관한 가장 확실한 자료

---

80) 『안응칠역사』, 60쪽.
81) 『안응칠역사』, 73쪽.
82) 「피고인안응칠신문조서」『한국독립운동사자료』6, 9쪽.

는 그가 의거를 감행한지 얼마 되지 않은 '명치 42년(1909년) 11월 6일 오후 2시 30분'에 재판 당국에 제출한 「한국인안응칠소회」와[83] 그의 자서전인 『안응칠역사』를 통해서 확인할 수 있다. 이 두 자료에서 그가 제시하고 있는 이토의 15개조 죄악에는 그 서술의 방법이나 순서에 있어서 약간의 차이가 나타나고 있다. 즉 그가 1909년 11월 6일자로 작성한 소회에서는 '이등박문죄악伊藤博文罪惡'으로 다음과 같은 내용들이 수록되어 있다.[84]

1. 1867년 대일본 명치 천황 폐하 부친 태황제 폐하를 시해한 대역 부도죄.
2. 1894년 사람을 시켜 한국에서 군사를 몰아 궁중에 돌입하여 대한 황후 폐하를 시살한 죄.
3. 1905년 병력으로 대한의 황실에 돌입하여 황제 폐하를 위협해서 5조약을 억지로 정하게 한 일.
4. 1907년 다시 병력을 더하여 한국 황실에 돌입하여 칼을 빼들고 위협해서 7조약을 억지로 체결한 다음 대한 황제 폐하를 폐위한 일.
5. 한국 안에 있는 산림과 천택과 광산과 철도와 어업과 농상공업 등을 일일이 침탈한 일.
6. 이른바 제일은행권을 억지로 사용하게 하고 한국 내지에 통용시켜 전국의 재정을 고갈시킨 일.
7. 한국에 국채 1,300만원을 억지로 지운 일.
8. 한국 내지의 학교 교과서를 압수하여 불태우고 국내 및 외국의 신문을 민인들에게 전하지 않게 한 일.
9. 한국 내지에서 수많은 의사들이 국권을 회복하고자 하여 봉기한 사람들을 폭도라고 칭하면서 총살하거나 교수하여 살육하기를 그치지 아니하여 심지어는 의사들의 가족들로 도륙을 당한 사람이 십여만에 이른 일.
10. 한국 청년의 외국 유학을 금지한 일.
11. 소위 한국 정부의 5적 7적 등과 일진회원들과 체결하여 일본의 보

---

83) 이 자료는 안중근의 친필로 추정되며, 현재 그 사본이 독립기념관에 보관되어 있다.
84) 「한국인안응칠소회」, 2~3장.

호를 받고자 한다고 한 일.

12. 1909년 다시 5조약을 억지로 체결한 일.

13. 한국 3천리 강토가 일본의 屬邦인 양 선언한 일.

14. 한국에서 1905년부터 온전히 편안한 날이 없고 2천만 생령의 통곡 소리가 하늘을 진동하고 살육이 그치지 아니하며 포성과 탄우가 지금까지 그치지 아니하나, 오직 이토만이 한국이 태평무사한 것인 양 위로는 명치 천황을 속인 일.

15. 이로부터 동양 평화에 영원한 상처를 입히고 수많은 인종들이 멸망을 면하지 못하게 한 일.

이러한 이토의 죄악 15개조는 1910년 2월 15일 이후 그 자서전을 작성하는 과정에서는 약간의 변경이 일어난다. 그 자서전에 등장하고 있는 내용은 다음과 같다.

1. 한국 민황후를 시해한 죄.

2. 한국 황제를 폐위시킨 죄.

3. 5조약과 7조약을 강제로 체결한 죄.

4. 무고한 한국인을 학살한 죄.

5. 정권을 강제로 빼앗은 죄.

6. 철도, 광산, 산림, 천택을 강제로 빼앗은 죄.

7. 제일은행권 지폐를 강제로 사용한 죄.

8. 군대를 해산시킨 죄.

9. 교육을 방해한 죄.

10. 한국인들의 외국 유학을 금지한 죄.

11. 교과서를 압수하여 불태워버린 죄.

12. 한국인이 일본인의 보호를 받고자 한다고 세계에 거짓말을 한 죄.

13. 현재 한국과 일본 사이에 경쟁이 쉬지 않고 살육이 그치지 아니한데 한국이 태평무사한 것처럼 위로는 천황을 속인 죄.

14. 동양 평화를 깨뜨린 죄.

15. 일본 천황 폐하의 아버지 태황제를 죽인 죄.

이상의 두 가지 자료에 나타난 이토 죄악 15개조의 내용을 비교해 보

면 후에 작성되어 자서전에 수록된 내용이 한층 간결하면서도 조선의 황
설에 대한 모독과 국권 침탈과 관련된 내용들이 더욱 강조되고 있다는
해석이 가능할 것이다. 그의 「소회」에서 제시된 15개조 죄악에서는 '국
채를 억지로 짊어지게 한 일', '국내외 신문들을 민인들에게 전하지 못
하게 한 일', '1909년 5조약을 억지로 체결케 한 일' 등이 수록되어 있
다. 그러나 그의 자서전에서는 이 부분이 빠진 반면이 '정권탈취'와 '교
육방해', '군대해산'의 죄목을 추가하고 있다. 또한 그는 이토의 '명치
천황의 부친을 시역했다는 죄목'을 「소회」에서는 가장 먼저 제시한 반
면, 자서전에서는 가장 뒷부분으로 돌렸다. 이러한 사례들을 통하여 우
리는 안중근 자신의 사상적 발전에 관한 흔적을 확인할 수 있을 것이다.

이와 같이 안중근이 이토를 제거한 것은 그 나름대로의 신중한 판단
을 내린 결과였다. 한마디로 그는 이토를 일본의 천황까지도 속인 불충
한 인물이고 조선 침략의 원흉으로 파악했던 것이다. 그는 이와 같이 이
토를 판단하고 오래 전부터 그를 제거하려고 했다. 즉 그가 이토를 제거
한 것은 민족주의 운동을 진행하던 과정에서 확신을 갖고 추진해 오던
일을 이룬 것이었다.

그러나 안중근이 이토 히로부미를 제거하자 당시의 재판 과정에서 그
를 변호하고자 했던 변호사들은 그가 이토 히로부미를 오해하여 암살하
게 되었다는 일종의 '오해론'을 제기했다. 그들은 이에 대한 안중근의
동의를 얻음으로서 그의 형량을 경감시켜 보고자 했다.[85] 또한 당시의
조선 천주교회 뮈텔 주교도 안중근에게 이토 히로부미를 제거한 것은 이
토 히로부미에 대한 순전한 오해 때문이라는 사실을 공개적으로 선언할
것을 강요한 바 있었고 이러한 선언을 해야 고해성사를 주겠다는 위협을
감행하고 있었다.[86] 그는 이러한 요구들을 모두 거부했다. 그는 자신의

---

85) 「公判始末書」『한국독립운동사자료』 제7권.
86) 이런 당시 상황에 관해서는 최석우, 1994, 「안중근의 의거와 교회의 반응」, 『敎會

행동이 정당함을 확신했고 이러한 그의 확신은 그가 처해 있던 상황에 대한 역사적 통찰의 결과로 내릴 수 있었던 당연한 판단이었다.

한편, 안중근이 연해주에 머물던 당시 연해주의 블라디보스톡에는 미국의 샌프란시스코에서 스티븐스를 암살하려 시도했던 전명운田明雲이 체류하고 있었다.[87] 안중근은 신문과정에서 전명운을 모른다고 말하면서 그와 알고 있다는 사실을 부인한 바 있었다.[88] 그러나 최근에 알려진 바에 의하면 안중근은 전명운과 같은 주소지에 머물고 있었다 한다. 그는 이곳에서 『대동공보』의 기자 및 대동학교의 학감을 지냈다. 그리고 의병 재기를 기도했으나 여의치 못했다. 그는 1909년 1월 동지 11명과 함께 단지동맹斷指同盟을 맺고 구국을 위해 목숨을 바칠 것을 다짐했다. 그는 조선 침략의 원흉인 이토 히로부미가 만주에 오게 된다는 소식에 접하고 이를 제거하기 위한 구체적 계획을 세웠다.

그는 우덕순禹德淳, 유동하柳東夏, 조도선曹道先 등과 함께 이토의 제거를 모의했다. 그리고 1909년 10월 26일 하얼빈에서 안중근은 이토를 제거하였다. 그는 이토의 제거를 기도하면서도 자신의 신앙에 대한 남다른 신뢰를 가지고 있었다. 예를 들면 그는 거사 직전에 탄피에 십자 표시를 새겨 넣으면서 이토의 제거를 충심으로 기원했다.[89] 또한 그는 이토가 죽었다는 말을 듣고 '십자 성호'를 긋고 대한 만세를 불렀다. 또한 그는 체포된 직후 자신의 신분을 말하며 '천주교인 안응칠'이라고 했다. 이러한 일련의 사실로 미루어 볼 때 그에 있어서 신앙심과 애국심은 조화를 이루고 있었던 것이다.

그가 이토를 제거한 것은 의병 참모중장의 자격으로 수행한 독립 전

史』 9에 수록되어 있다.
87) 「諸機密 三七號 別紙」, 『한국독립운동사자료』 제7권, 222쪽.
88) 「被告人訊問調書」, 『한국독립운동사자료』 제6권, 7쪽.
89) 「피고인신문조서」, 『한국독립운동사자료』 제6권, 17쪽 ; 김파, 1985, 「안중근과 그 동료들」, 『송화강』 3월호 참조.

생의 일환이었다. 그는 이토를 제거함과 동시에 법정 투쟁을 통해 조선 독립의 정당성을 세계 여론에 호소하고자 했다. 그러나 그에 관한 재판은 비공개를 원칙으로 하여 진행되었기 때문에 후자의 목적을 효율적으로 수행할 수 없었다. 반면에 그는 옥중에서 자신의 주장을 수록한 글들을 부분적으로나마 남길 수는 있었다.

요컨대 안중근은 자신의 민족주의 운동을 전개해 나가던 마지막 과정에서 최후로 이토 히로부미를 제거하여 자신의 민족주의 운동과 자신의 생애를 완성시켰다. 그는 당시의 상황에 대한 역사적 판단의 결과 이토 히로부미가 조선 침략의 원흉인 전쟁 범죄자임을 인식하고 의병 참모중장의 자격으로 그를 제거한 것이다. 이러한 그에게 당시 법정에서 그를 변호하던 사람들이나 뮈텔 주교는 '오해론'을 승인하도록 요구했다. 이러한 요구는 안중근 자신이 생명을 걸고 전개했던 민족주의 운동 전체에 대한 자기 부정을 요구하는 무리한 것이었다. 이러한 요청을 안중근은 의연히 거부하였다. 그런데 그는 이번의 의거 과정에서도 자신의 신실한 신앙에 의존하며 자신의 의거가 성공할 것을 기원했고 이러한 그의 기원은 이루어졌다. 그는 이로써 민족주의자요, 천주교도로서의 삶을 마치게 되었다.

7. 맺음말

안중근은 신앙심과 애국심을 조화시킬 수 있었던 인물이었다. 그는 당시 교회에서 정교분리를 엄격히 주장하며 신도들의 독립운동마저도 정치운동으로 판단하고 이를 파문으로 금했던 당시의 교회 장상에 저항했고 그러한 상황으로부터 피해를 받았던 인물이다. 그러나 그는 신앙심과 애국심의 조화를 통해 개항기 조선 교회가 나아가야 했을 올바른 방향을 제시해 주었다.

안중근은 애국 계몽 운동과 무장 독립 운동을 조화시킴으로써 당시 우리나라 역사가 걸어가야 했던 올바른 방향을 제시해주고 이를 실천했던 인물이었다. 그는 국권 수호라는 목적을 위해 교육 운동, 국채 보상 운동과 같은 애국 계몽 운동에 투신했고 무장 역량을 키워 직접 독립 전쟁에 참여했다. 그리고 그는 이토 히로부미를 제거했는데 그 제거의 열 다섯 가지 이유 가운데 세 가지는 이토가 '교육을 방해했고, 한국인의 외국 유학을 금했으며 교과서를 압수하여 불태웠다'는 것을 들고 있다. 이러한 예에서 드러나는 바와 같이 그의 무장 투쟁은 그의 애국 계몽사상과 표리를 이루고 있는 것이었다. 또한 그는 자신의 무장 투쟁이 가지고 있는 역사적 정당성에 대해 확신하고 있었던 인물이었다. 그는 국권 수복을 목적으로 하는 의병을 조직 지휘하여 직접 의병 투쟁에도 투신했던 실천적 인물이었다.

이러한 그의 행동은 역사가 그 정당성을 설명해 주고 있다. 이러한 그의 행동을 비판하고 이에 올바른 평가를 거부했던 당시 사회의 일부 세력들은 후일 역사의 전개 과정에서 도태되어야 할 존재들이었다. 그리고 지난 날 안중근을 비판했던 그들은 오늘에 이르러 도리어 비판을 받고 도태되어 나가고 있다. 반면에 안중근의 역사적 행동과 그의 양심은 더욱 빛을 더하게 될 것이다.

제3장 안중근 의거 이후 그 가문의 동향

1. 머리말

한 인물에 관한 종합적 연구를 위해서는 그 시대와 역사적 조건에 대한 연구가 선행되어야 한다. 그리고 그 사건이 배태되어 자라난 기본 문화에 대한 이해가 요청된다. 한국문화의 특성 가운데 하나로 가족적 유대가 남달리 강하다는 점이 지적되기도 한다. 사실 우리 전통사회에서는 부계父系 혈족을 중심으로 해서 강하게 결속되어 있었다. 가족 내지는 가까운 친족들은 하나의 혈연공동체를 이루고 있었고, 그 공동체는 동일한 가치를 공유하던 과정에서 일정한 경향성을 드러내며 공동유대를 강화하기도 했다.

이러한 사실은 우리나라 교회사 초기 천주교 신앙의 전파 과정에서 여실히 드러난다. 그리고 독립운동의 과정에서도 확인된다. 안중근安重根 (1879~1910) 일족은 만주에서 독립운동에 종사하던 이시영李始榮 가문이나, 이상룡李相龍 가문과 함께 국가와 민족의 독립을 위해서 투쟁한 대표적 가문으로 평가될 수 있다.

안중근의 가족 및 친족 관계를 살펴보기 위해서는 적어도 그 조부祖父 대까지는 소급해 올라가야 한다. 안중근의 조부 안인수安仁壽는 아들 여섯 명을 낳았다.[1] 이 가운데 안중근의 아버지 안태훈安泰勳은 그 세 번째

아들이었다. 남자 형제가 많은 만큼 안태훈은 매우 번성한 집안 출신이
었다. 그러므로 안중근에게 두 명의 백부와 세 명의 숙부가 있었다.

안중근은 손아래로 두 형제가 있었다. 그리고 근자根字 항렬의 4촌 형
제들이 열한 명이었고, 이들이 소생인 생자生字 항렬의 조카들이 적어도
스물 두 명은 되었다. 우리는 안중근安重根의 독립 의지가 그의 친동생이
나 종형제從兄弟들을 비롯한 친족들의 독립운동을 통해서 관철 계승되어
나가는 과정을 확인할 수 있다. 안중근 가문의 독립운동은 안중근의 의
거에 의해서 직접적으로 고무되었다.

안중근 가문의 독립운동에 대해서는 이미 상당한 연구업적이 축적되
어 있다.[2] 본고에서는 이러한 선행논문들을 참작하되, 그들의 독립운동

---

1) cf. 別添 安重根 家系圖. 이 가계도는 順興安氏族譜 및 "朴魯連, 2000,『안중근과
   평화』, 을지출판공사"을 비롯한 그밖의 자료들을 종합 정리하여 작성했다.
2) 韓詩俊, 2000,「安恭根의 생애와 독립운동」,『敎會史硏究』15, 한국교회사연구소 ;
   오영섭, 2002,「안중근 가문의 독립운동」,『한국민족운동사연구』30, 한국민족운
   동사학회(오영섭, 2002,「안중근 가문의 독립운동」,『안중근과 한인민족운동』, 국
   학자료원) ; 오영섭, 2006,「을사조약 이전 안태훈의 생애와 활동」,『안중근 부자
   의 독립운동』(안중근의사 의거100주년 기념준비 제 3회 학술대회 발표자료집), 안
   중근기념사업회 ; 오영섭, 2007,「개화기 안태훈(1862~1905)의 생애와 활동」,『한
   국근현대사연구』40, 한국근현대사연구회(오영섭, 2007,「개화기 안태훈의 생애와
   활동」,『한국근현대사를 수놓은 인물들(1)』, 경인문화사) ; 오영섭, 2007,「일제시
   기 안공근의 항일독립운동」,『한국근현대사를 수놓은 인물들(1)』, 경인문화사(오
   영섭, 2009,「안공근의 항일독립운동」,『안중근과 그 시대』, 경인문화사) ; 오영
   섭, 2007,「일제시기 안정근의 항일독립운동」,『안중근과 그 가족의 독립운동』(안
   중근의사 의거 100주년 기념준비 제 6회 학술대회), 안중근의사 기념사업회(오영
   섭, 2008,「일제시기 안정근의 항일독립운동」,『남북문화예술연구』2, 남북문화예
   술학회) ; 이동언, 2008,「안명근의 생애와 독립운동」,『남북문화예술연구』2, 남
   북문화예술학 ; 이동언, 2007,「안명근의 생애와 독립운동」,『안중근과 그 가족의
   독립운동』(안중근의사 의거100주년 기념준비 제6회 학술대회), 안중근기념사업회
   (이동언, 2009,「안명근의 생애와 독립운동」,『안중근과 그 시대』, 경인문화사) ;
   박태균, 2008,「한국현대사 속의 안중근 일가」,『동북아평화와 안중근의거의 재
   조명』, 안중근·하얼빈학회 발표논문집 ; 도진순, 2009,『안중근 가문의 百歲遺芳
   과 妄覺地帶』(안중근의거100주년기념국제학술대회), 안중근하얼빈학회.

뿐만 아니라 일반적인 동향까지도 포괄하여 검토해 보고자 한다. 그리고
선행 연구성과에서 미처 밝히지 못했던 부분들을 보완해 보고자 한다.
그리하여 한국근현대사에서 안중근 일가가 걸어온 발자취를 확인함으로
써 일제의 침략에 저항적이었던 한 가문의 역사를 복원해보고 이를 통해
서 한국 근현대 천주교사의 결락된 일부를 보완해 보고자 한다.

본고에서는 안중근의 친자親子인 안분도安芬道, 안준생安俊生 등의 동
향을 먼저 주목해 보겠다. 그리고 또한 동기간인 안성녀安姓女 안정근安
定根과 안공근安恭根 및 그의 자손들 즉 안중근과는 3촌 간인 생자生字 항
렬 조카들의 행적을 검토하고자 한다. 이에 이어서 안중근의 사촌인 안
명근 등 근자根字 항렬의 친척들과 5촌 간인 생자生字 항렬의 조카들이
전개했던 독립운동과 그 삶에 대한 자료들도 정리해 보고자 한다.

2. 안중근 가족의 이주 경위와 그 직계 가족들

안중근의 직계가족으로는 안중근의 부모 및 처자식을 들 수 있다. 안
중근은 안태훈安泰勳(베드로)과 조趙마리아의 맏아들로 태어났다. 안중근
의 의거 당시 그의 부친은 이미 사망한 이후였고, 그의 모친이 황해도
신천군 청계동에 안중근의 가족들과 함께 살고 있었다.[3] 안중근의 부친
안태훈은 황해도에서 2-3위를 다투던 부호였다. 안중근의 모친 조마리아
는 '너그러우면서 대의에 밝은 분'으로 기억되고 있다.[4] 조마리아는

---

3) 현재 서울 대교구청에 보관되어 있는 1890년대 황해도 지방의 영세대장(Liber
   Baptizatorum)에는 안중근이 세례를 받은 안악 麻廉성당의 세례문서가 보관되어
   있지 않다. 따라서 안중근 자신의 세례대장은 직접 확인할 수 없으나, 황해도 지
   역에 거주하던 그 일족의 세례사실과 세례명은 부분적으로 확인이 가능하다.
4) 김자동, 2010, 「임정의 품 안에서」(58) 『한겨레』, 2010.3.25. 황해도 관찰사였던
   김자동의 조부 金嘉鎭은 安泰勳이 거느리고 있던 私兵의 해산문제와 관련하여 안

1927년 7월 상하이에서 별세하여 프랑스 조계 안의 외국인 묘지인 징안
쓰(靖安寺) 만국묘지에 묻혔다.[5]

그리고 안중근은 김아려金亞麗(아네스)와 결혼해서 2남 1녀를 두었으
니, 장녀 안현생安賢生과 맏아들 안분도安芬道, 둘째아들 안준생安俊生(마태
오)이 그들이다. 이들도 안중근의 모친 조마리아 및 처 김아려와 함께 청
계동에 거주하고 있었다. 그러나 안중근은 연해주 및 북간도 지역으로
망명한 이후 청계동에 있던 가족과는 떨어져 살게 되었다.

이와 같은 상황에서 안중근은 의거를 단행했고 순국했다. 안중근의
의거를 높이 평가하던 연해주의 교민들은 안중근이 순국한 직후 '안중근
유족 구제공동회'를 결성했다. 이들은 1910년 1월 14일 블라디보스톡에
서 의연금을 모집했던 사실이 있었다.[6] 안중근에 대한 사형 선고가
1910년 2월 14일에 내려졌음을 감안하면, 안중근 유족 구제 공동회가
활동을 개시한 시점은 안중근의 사형이 확정되기 이전이었다. 그러나 북
간도와 연해주의 교민들은 안중근에 대한 사형선고가 틀림없이 있을 것
으로 전망하면서, 그의 가족들을 돕기 위한 운동을 전개하기 시작했다.
이 운동의 중심에는 간도지역의 대표적 독립 운동가였던 최재형이 있었
다. 그는 이 의연금을 보관 관리했다. 그리고 안중근 가족이 연해주로
이주한 직후인 1910년 10월경 크라스키노에 있던 최재형崔在亨과 그의
사위 엄인섭嚴仁燮의 집에 머물러 있었다.[7]

또한 이 운동의 배후에는 아마도 연해주에서 유력한 인물이었던 유승
렬과 같은 사람이 있었을 것이다. 유승렬은 그 지역에서 의사로 일하며

태훈과 불편한 관계를 갖기도 했다.
5) 김자동, 2010, 「임정의 풀 안에서」(59)『한겨레』, 2010.3.28. 이 묘소는 1950년대
   말에 도시개발 과정에서 사라졌다.
6) 金源模, 1984, 『근대한국외교사연표』, 단대출판부, 251쪽.
7) 오영섭, 2009, 「일제시기 안정근의 항일독립운동」, 『안중근과 그 시대』, 경인문화
   사, 185쪽.

일정한 재력을 갖출 수 있었으므로 안중근에게 군자금의 일부를 지원한
바도 있었다. 안중근은 1907년 초봄에 유승렬의 집을 방문하여 "연해주
일대의 모든 조선인들은 최저의 민족량심과 애국심이 있는 사람이라면
신분과 빈부를 막론하고 지식 있는 사람은 구국정신을 널리 선전하고 돈
있는 사람은 돈을 지원하고 나이 젊은 청년은 의군에 자진해 나서라는
주장"을 나눈 바 있었다.[8] 그리고 유승렬의 아들 유동하劉東夏는 안중근
의 의거 직후 함께 체포되어 재판을 받았다. 이와 같은 유승렬의 경력으
로 볼 때 그가 안중근 유족들을 돕기 위한 일에 일정하게 간여했을 것으
로 추정된다.

　안중근의 가족은 안중근에 대한 재판부의 사형선고가 내려진 후 예상
되던 일제의 탄압을 피해서 조선 황해도 신천군 청계동淸溪洞으로부터
러시아령 연해주沿海洲로 이주했던 안중근의 가족은 안중근의 모친 조씨
趙氏(마리아) 및 부인 김아려金亞麗, 동생인 안정근安定根과 그의 처 한씨韓
氏, 그리고 셋째인 안공근安恭根 및 안중근의 장녀 안현생安賢生과 맏아들
인 안분도安芬道 및 차자 안준생安俊生(마태오)까지 모두 여덟 명이었다.[9]

　그 후 그들은 유승렬 이외에도 도산 안창호安昌浩, 이갑李甲 등의 도움
으로 1911년 4월 경 꼬르지포에서 10여 리 떨어진 조선인 마을인 중국
길림성 목릉현穆陵縣 팔면통八面通에 옮겨서 '열여드레 갈이' 농장을 마
련하여 생활할 수 있었다. 그러나 안중근 가족에 대한 일제의 추적은 이
마을에까지 이르렀다. 1911년 여름 이 마을에서 안중근의 맏아들인 안
분도가 12세의 나이로 일제의 밀정에 의해서 독살당해 죽게 되었다.[10]

---

8) 유동선 구술·김파 정리, 1985, 「안중근과 그의 동료들」, 『송화강』. 안중근의 이 말
　은 후일 사회주의 계열의 통일 전선론에서 다시 활용되었다. 그 결과 이 말은 『毛
　澤東語錄』이나 『김일성선집』 등에 약간 변형된 형태로 포함되어 있다. 이를 보면,
　안중근이 이들의 사상에 미친 영향도 부분적으로나마 파악할 수 있을 것이다.
9) 유동선 구술·김파 정리, 1985, 「안중근과 그의 동료들」, 『송화강』.
10) 유동선 구술·김파 정리, 1985, 앞의 글. 유동선은 안분도가 살고 있던 곳에 낯선
　외지 사람이 와서 준 과자를 먹은 직후 복통을 일으켜 사망했고, 당시 그 주변의

안분도는 안중근이 그의 부인과 어머니에게 보낸 유서에서 신부로 키워
달라고 부탁했던 아이였다. 안중근 가족은 1917년 7월 니콜리스크로 다
시 이주하여 벼농사를 시도했다.

그러나 당시 연해주는 러시아 혁명의 큰 물결에 휩쓸리고 있었다. 이
와중에서 연해주의 동지들은 안중근 가족의 보호에 특별히 유념해야 했
다. 그리하여 안중근 가족들은 당시 동양 최대의 국제도시였던 상하이(上
海)로 다시 옮기게 되었다. 안중근 가족 일행이 상하이에 정착한 때는
1919년 10월이었다.

안중근의 가족이 상하이에 이주한 시점은 대한민국 임시정부가 상하
이에서 출범한 지 몇 개월이 지나서였다. 상하이로 이주한 안중근 가족
들은 프랑스 조계 내 남영길리南永吉里에서 살았다. 그들이 살던 곳은 평
안도 출신 서북 지방 인사들이 집중적으로 거주했으며 홍사단의 상하이
지부가 있던 선종로善鍾路나 기호 지방 인사들의 거주지였던 애인리愛仁
里와는 약간의 거리가 있었다.[11]

안중근 가족의 상하이 정착에는 도산 안창호가 일정한 도움을 주었
다. 또한 구한말 1894년 동학농민혁명 직후부터 안중근의 부친인 안태
훈과 잘 알고 지냈으며 안중근보다 세 살 연상이었던 백범白凡 김구金九
도 그들의 생활을 도왔다. 상하이 시절 초기, 어머니 조마리아와 안중근
의 부인 및 자녀들을 전적으로 돌보아준 사람은 우선 안중근의 동생 안
공근이었다. 그리고 안중근의 아들 안준생이 장성한 이후에는 안중근의
유족들은 안준생이 상하이 교향악단 바이올린 주자로 받아들이는 비정

사람들은 분도의 죽음을 독살로 이해했음을 말했다. 그런데 안분도의 죽음은 당
시의 신문에는 단순히 病死로 보도되었다. 그러나 유동선의 傳聞證言에는 상당한
신빙성이 있고, 이 증언 자체가 안중근의 측근인 가운데에서 그의 죽음을 독살로
보았다는 당시의 상황을 나타내는 것으로 판단된다. 그러므로 본고에서는 안분도
의 독살설을 취했다.

11) 金明洙, 1985, 『明水散文錄』, 삼형문화사, 245쪽.

기적 수입 및 그 처가의 권유로 운영하게 된 약국의 경영을 통해서 마련
된 넉넉지 않은 수입에 의존하고 있었다.12)

안중근의 맏딸 안현생은 상하이의 대학에서 프랑스어와 미술을 전공
했고,13) 황일청黃─淸과 결혼하였다. 그러나 안현생의 삶은 그의 남편 황
일청이 1939년 9월26일 안중근의 아들 안준생 등 14명과 함께 '재상하
이유지만선시찰단在上海有志滿鮮視察團'의 일원이 되어 서울을 방문하게
되자 꼬이기 시작했다. 이 시찰단은 상하이에 거주하던 대표적 친일조선
인으로서 상하이 조선인회 회장이었던 이갑녕李甲寧을 단장으로 하여 조
직되었다. 이때 황일청을 비롯한 시찰단은 장충단에 소재한 이토 히로부
미의 사당인 박문사博文寺를 방문하여 분향했다.

1941년에는 안현생도 박문사를 찾아 분향했다. 안현생 부부는 해방
당시 1945년 당시 중국 쉬저우(徐州)에 거주하고 있었다.14) 해방 이후 황
일청은 상하이에서 조직된 한교민단韓僑民團 단장을 맡아 동포들의 귀국
사업에 종사하다가 1945년 12월 4일 한 교민의 저격을 받아 죽음을 당
했다.15) 그후 안현생은 1946년 11월 11일 두 딸과 함께 남한으로 귀국
했다.16) 그는 한국전쟁 과정에서 1952년 피난지 대구에 소재한 효성여

12) 안천, 1999, 『일월오악도』 2, 260 쪽.
13) 이지혜, 2010.4.4. 「안중근 의사 후손들 ; 장녀 안현생씨 대구 가톨릭대 재직기록
   발견」『평화신문』
14) 김자동, 「임정의 품안에서 60」『한겨레』, 2010년 3월 30일.
15) 安賢生, 1956, 「安重根義士 따님의 手記 ; 擧事後에 우리 가족이 더듬어온 길」
   『實話』 4289年 4月號, 59쪽.
16) 安賢生, 1956, 「安重根義士 따님의 手記 ; 擧事後에 우리 가족이 더듬어온 길」
   『實話』 4289年 4月號, 59쪽 ; 해방직후 안중근 가족은 일단 황해도 신천군 청계
   동으로 귀환했다 한다. 그후 그들 가운데 상당수는 서울에 정착한 김구의 연락으
   로 월남하게 되었다 한다.(안천, 1999, 『일월오악도』 2, 교육과학사, 185쪽) 단, 여
   기에 인용된 『일월오악도』에는 여러 곳에서 오류가 발견되고 있다. 그러므로 본
   고는 주로 그 글에 轉載된 인터뷰 증언 관계 자료에 한하여 인용하고자 한다. 이
   는 그의 책에 인용된 全泰俊의 증언자료는 본 필자가 전태준으로부터 직접 청취
   했던 증언과도 일치되고 있음을 감안한 결과이다.

자대학의 문학과 교수로 부임하여 불문학을 가르치면서 3년동안 근무했
다. 안현생은 한국전쟁이 휴전을 하고 서울로 환도한 후 효성여대를 떠
나 서울로 돌아왔다.[17]

그리고 맏아들 안분도安芬道는 앞서 언급한 바와 같이 일제에 의해 독
살되었고, 안중근의 대를 이을 혈족으로는 둘째 아들 안준생安俊生(마태
오)이 있었다. 안준생이 성장한 곳은 상하이였다. 안준생은 이곳에서 수
학했고, 상하이의 가톨릭스쿨(震檀大學)에서 영어를 공부하고 있었다. 그
는 정옥녀鄭玉女와 결혼하여 2녀 1남을 두었다.[18]

그런데 안준생은 젊은 시절 상해한인청년당上海韓人靑年黨의 이사로 활
동했던 이회영의 조카 이규서李圭瑞와 독립운동가의 후손이었던 연충열
延忠烈 등과 자주 어울렸다.[19] 이규서와 연충렬은 일본 밀정이 되어
1932년 이회영을 일제 경찰 당국에 밀고해서 죽음을 맞게 했던 사람들
로 지목되어 1933년 1월 상하이에서 김구 일파에 의해 암살되는 사건이
일어났다. 이 사건의 희생자들과 안준생의 관계를 생각할 때, 안준생은
당시 임정 주류 세력과의 사이에 일정한 간극이 있었으리라는 추정이 가
능하다.

중일전쟁 시 안준생은 임시정부를 따라 중경으로 가지 못하고 그의
가족 및 모친 김아려와 함께 상하이에 남아 있었다. 그는 약국을 경영하
던 처가의 권유에 따라 처가와 같이 매약에 종사했다.[20] 그는 앞서 언급
한 바 있는 이갑영李甲寧을 단장으로 하는 만선시찰단에 합류하였다.[21]

---

17) 安賢生, 1956, 「安重根義士 따님의 手記 ; 擧事後에 우리 가족이 디듬어온 길」
  『實話』4289年 4月號, 64쪽 '(이지혜, 2010.4.4. 「안중근 의사 후손들 ; 장녀 안현
  생씨 대구 가톨릭대 재직기록발견」『평화신문』
18) 金明洙, 1985, 앞의 책, 35쪽. 김명수는 소년시절 安偶生, 엔젤라(安蓮生), 鄭玉女
  등과 자주 어울렸다. 그는 그의『명수산문록』에 안중근 일가에 관한 기록을 남기
  고 있다.
19) 김자동, 2010, 「임정의 풀 안에서」(59)『한겨레』, 2010.3.28.
20) 金明洙, 1985, 앞의 책, 252쪽.

그들은 조선총독부의 초청을 받아 1939년 10월 7일 조선을 방문했다.[22] 그는 조선총독 미나미 지로(南次郎)와도 면회했다. 그런데 당시 서울의 장충단 터에는 총독부 당국에 의해서 이토 히로부미(伊藤博文)을 추모하는 박문사(博文寺)가 세워져 있었다. 박문사는 이토 히로부미가 사망한 기일에 맞추어 1932년 10월 26일에 준공되었다.[23]

안준생은 총독부의 계획대로 1939년 10월 15일 박문사를 찾아 이토의 영전에 향을 피우고 주지가 준비한 안중근의 위패를 모시고 추선공양追善供養을 거행했다. 이때 그는 "죽은 아버지의 죄를 내가 대신 속죄하고 전력으로 보국報國의 정성을 다하고 싶다"라는 담화를 발표했다.[24] 그리고 다음날에 안준생은 조선 총독부 외사과장 마쓰자와 다쓰오(松澤龍雄)의 주선으로 이토 히로부미의 차남인 이토 분기치(伊藤文吉)를 조선호텔에서 만나 "아버지를 대신 깊이 사과드린다."고 말했고, 이토 분기치는 "나의 아버지도 너의 아버지도 지금은 부처가 되어 하늘에 있기 때문에 사과할 필요가 없다."라고 말하며,[25] '눈물의 악수 일 장면'을[26]

---

21) 金明洙, 1985, 앞의 책, 70쪽. 상하이 조선인회 제 3대 회장 李甲寧은 그 후 대한독립단원에 의해 상해에서 암살되었다. 상해 조선인회 제 1대 회장 李容魯, 제 2대 회장 柳寅發도 이미 암살당한 바 있었다.

22) 金明洙, 1961, 『思想界』 ; 1985. 앞의 책, 32쪽. 당시 상하이에 있었던 김명수는 당시 방문단의 면모를 다음과 같이 비판하고 있다. "소위 황군의 앞잡이가 되어 위안소 경영은 한인들이 독차지하고 후방에서 중국 국민에게 痲藥을 팔아 치부하는 것도 우리 한인들이다. 외면에는 某某 실업 공사나, 의원 약국 등의 간판을 버젓이 걸어놓고 내면에는 90%가 이 살인적 행위이다. 과거의 누구누구라는 독립운동자, 애국지사, 종교가, 문화인, 학자 등의 일류 신사님(?)들이 일본군용기를 타고 그 부귀한 상품을 운반하는 형편이었다 … 고국방문단을 조직하여 錦衣還鄕(?)하는 넌쎈스 연극을 꾸민 일도 있다."

23) 신주백, 2009, 「식민시기 조선에서의 이토 히로부미의 기억」, 『한국과 이토 히로부미』, 선인, 397쪽.

24) 『京城日報』, 1939년 10월 16일 ; 도진순, 2009, 「안중근 가문의 百歲遺芳과 忘却地帶」, 『안중근의 동양평화론과 동북아 평화공동체의 미래』(안중근 의거 100주년 기념 국제학술회의 발표논문집), 안중근 하얼빈학회, 206쪽.

25) 『大板每日新聞』 朝鮮版, 1939년 10월 19일 ; 도진순, 2009, 앞의 논문, 206쪽.

연출했다. 이토 분기치는 이때 안준생에게 안중근의 옥중생활 및 안중근의 죽음과 관련된 사진 15매가 든 앨범을 전해주었다고 한다.[27] 이들의 만남에는 조선총독부 외사부장이었던 마쓰자와 다쓰오(松澤龍雄)와 촉탁(통역) 아이바 기요시(相場淸)가 함께 임석했다.[28]

안준생의 부일행위는 일본이 점령한 상하이에서 살아야 했던 자신과 모친 김아려 등의 안위를 위한 행동일 수도 있었다. 그러나 안준생은 이른바 내선일체(內鮮一體)의 길을 향해 가고 있던 일제의 침략 정책에 이렇게 동원되었고, 안중근을 아끼던 사람들은 그 아들의 행위에 가슴을 쳤다. 김구는 진노하여 그를 민족 반역자라고 지칭하기까지 했다.[29] 해방이 되었다. 그러나 안준생은 해방 조국에 떳떳이 귀환할 수 없었다. 어찌 보면, 일본제국주의의 또 다른 희생양이었던 그는 1950년 조용히 귀국하여 서울에 머물다가 한국전쟁을 겪었고, 1·4후퇴 때 부산으로 피난했다.

안준생은 피난지 부산에서 신병이 악화되어 덴마크 병원선에서 치료를 받다가 1952년 11월 18일에 사망했다. 그를 덴마크 병원선에 입원시켜 준 사람은 그와 상하이 시절부터 알고 지냈던 손원일 해군 제독이었다.[30] 그는 부산시 초량의 천주교회 묘지에 안장되었다가, 1971년 경기도 포천군에 소재한 혜화동 천주교 공원묘지에 이장되었다.

비운의 주인공 안준생이 죽은 이후 부인 정옥녀는 시어머니 김아려와 아들 안웅호 및 딸들을 데리고 미국으로 이민을 갔다.[31] 1987년 정옥녀

26) 金明洙, 1985, 앞의 책, 252쪽.
27) cf. Anthony Ahn, M.D., 2000, *Crisis of Humanity*, p. 368 ; 안천, 1999,『일월오악도』2, 교육과학사, 260쪽.
28) 미즈노 나오키, 2009,「식민시기 조선에서의 이토 히로부미의 기억」『한국과 이토 히로부미』, 선인, 399쪽.
29) 김구 저, 도진순 편, 1997,『주해 백범일지』, 돌베개, 408쪽.
30) 金明洙, 1985, 앞의 책, 238쪽. 손원일은 上海 吳淞에 있던 水産學校를 다닐 때부터 안준생과 교류가 있었던 것으로 추정된다.
31) 김자동,「임정의 품안에서」(60),『한겨레』, 2010년 3월 30일.

는 귀국하였고, 1991년 사망하여 남편 안준생의 묘에 합장되었다.[32]

안준생의 아들 안웅호는 1950년 한국전쟁 당시 서울에 머물고 있었다. 서울이 함락된 직후 국군 패잔병을 찾기 위해 세 명의 북한군이 안준생의 집을 수색하다가 안웅호를 국군 패잔병으로 오인하고 벽돌담벽 앞에 세워놓고 사살하려 했다. 이때 안웅호의 부친 안준생이 '그를 죽이면 안중근의 유일한 혈통이 끊긴다'고 말했다. 안준생은 그 증거를 요구하는 인민군 장교에게 이토 히로부미의 아들이 자신에게 전해주었던 안중근 의거 관계 앨범을 찾아서 보여주었다. 장교는 사격을 중지시키고 '남이건 북이건 우리는 조선사람으로서 안중근의 전설을 어찌 잊을 수 있겠는가? 나는 그의 유일한 혈통을 끊을 수 없다'라고 말하며 떠났다.[33]

안웅호는 1·4후퇴 때에 부친 안준생과 함께 부산으로 피난했다. 그는 부친 안준생이 부산에서 죽은 후 1952년 도미하여 예수회에서 운영하던 씨아틀 대학(Seattle University)에서 학부과정을 마쳤다.[34] 그리고 샌프란시스코대학(Univ of California in San Francisco)의 의학전문대학원(Medical School)을 졸업했다.[35] 그는 현재 미국에서 내과의사로 활동하였고, 자신의 조부 안중근의 의거에 관한 서술이 포함된 책자를 자비로 간행한 바 있다.[36]

---

32) 도진순, 2009, 앞의 논문, 207쪽.

33) Anthony Ahn, M.D., 2000, *ibid.*, p. 368, "North or South Korean, we still Korean. Who can ever forget the legend of An Joong-Geun, I can never cut his one and only direct blood line"

34) Anthony Ahn, M.D., 2000, *ibid.*, p. 3.

35) Anthony Ahn, M.D., 2000, *ibid.*, p. 9.

36) Anthony Ahn, M.D., 2000, *ibid.*, 自家出版한 이 책자의 12장 'Reinforcing Legacy to Humanity'에서 안중근 의거에 대한 기록과 함께 안중근과 관계되는 자신의 채험담을 기록했다.

3. 안중근의 형제와 그 조카들

안중근의 부친인 안태훈은 3남 1녀를 두었다. 장자인 안중근(1879~1910), 아래로는 안성녀(1881~1954), 안정근(1885~1949), 안공근(1889~1940) 등이 있었다. 안중근의 형제들은 독립운동에 직접적으로 참여하고 있었다. 이들 가운데 우선 안정근安定根(시릴로, 1885~1949)의 독립운동을 살펴볼 수 있다.[37)

안정근은 안중근보다 여섯 살 아래였다. 그는 안중근 의거 당시 양정의숙 법률과에 유학중이었다.[38) 그는 부인 이정서 여사와[39) 결혼해 살면서 학업을 닦고 있었다. 의거 직후 천주교 조선교구장 뮈텔주교를 만나서 안중근에게 고해신부를 보내줄 것을 강하게 요청한 바 있었다.[40) 그 후 그는 양정의숙을 중퇴한 다음 안중근 가족을 이끌고 북간도로 이주했다.

---

37) 안정근의 생애에 관해서는 오영섭, 2002, 「안중근 가문의 독립운동」, 『한국민족운동사연구』30, 한국민족운동사학회 ; 오영섭, 2009, 「일제시기 안정근의 항일독립운동」, 『안중근과 그 시대』, 경인문화사 ; 도진순, 2009, 앞의 논문 등에 자세한 연구 성과가 수록되어 있다.

38) 오영섭, 2009, 「일제시기 안정근의 항일독립운동」, 『안중근과 그 시대』, 경인문화사, 181쪽.

39) 김자동, 2010, 「임정의 풀 안에서」(61) 『한겨레』, 2010.3.31. 한편, 이구영은 안정근의 부인을 한씨로 기억하고 있으나 이는 착오인 듯하다. 이구영, 2001, 『역사는 남북을 묻지 않는다』, 소나무, 145~148쪽. 안정근의 부인 한씨는 남편이 사망한 1949년 이후 귀국하여 서울에 살았다. 그는 자신의 독립운동의 과정에서 남편과의 동지요, 딸의 시아버지인 백범 김구를 방문하여 인사를 드린 일이 있었다. 당시 한민당 선전부 차장으로 있었던 김승원은 이 일을 빌미로 삼아, 이 때 백범 김구가 그 미망인에게 '장차 내가 조선의 왕이 될 터이니 그대는 왕비가 되지 않겠는가.'라고 편지를 주었다는 날조된 기사를 동아일보에 보도케 하여 김구와 한민당을 결별시키는 공작을 진행하여 성공시켰다고 한다.

40) 뮈텔, 1998, 『뮈텔주교일기』 4, 한국교회사연구소, 431쪽. 1909년 12월 20일자 등.

안정근은 연해주에 이주한지 얼마 후인 1911년 4월까지 밀산현 봉밀산 밑에서 교육과 그리스도교 선교에 종사하고 있었다.[41] 그러다가 1914년 권업회 활동을 통해 독립운동에 투신했다. 그는 독립운동의 효율적 추진을 위해 동생 안공근과 함께 러시아에 귀화했지만, 1915년에는 독립운동 단체인 신민회新民會의 노령露領 총감을 맡고 있었다. 1918년 11월 중국의 지린(吉林)에서 자주독립을 위해 전개된 '무오독립선언문'의 발표에도 공동으로 참여했다. 3·1운동 후 상하이에 임시정부가 조직된 후 이에 적극 가담하여 활동했다.

즉, 그는 1919년 11월 상해 임시정부에서 국내 각 지방에 있는 유력자·재산가·학교·종교 등에 대해서 기초 조사를 할 때 김구와 함께 황해도 신천군의 조사위원으로 활동했다. 그리고 그는 1920년 5월 17일자로 왕삼덕王德三과 더불어 임시정부 내무부의 '북간도급노령파견특파원北間島及露領派遣特派員'으로 임명되어 활동하고 있었다. 그리고 그는 북간도와 러시아령에 교민단僑民團을 설치하고 함경북도에 임시정부의 독판부督辦府를 설치하고자 시도했다. 그리고 1920년 10월 25일에 전개되었던 청산리靑山里 전투에 참여하여 그 상황을 상해 임시정부에 보고했다.[42]

안정근은 청산리 전투를 마치고 가족들과 함께 상하이로 이주했다. 이들의 이주는 안중근의 맏아들 분도가 급사急死한 이후 안전한 활동 근거지를 찾으려던 자신들의 소망과, 이미 상하이에 집결해 있던 백범 김구金九(1876~1949)나 도산 안창호 등의 초청과 도움이 있었기 때문이었다. 그는 임시정부의 내무차장과 대한적십자회 회장 직무대리를 맡기도 했으며 임시의정원 활동을 계속하고 있었다.

그 후 안정근은 뇌병腦病이 발병되어 1925년 웨이하이웨이(威海衛)로 옮겨가서 살았다. 그는 1937년 중일전쟁이 발발하자 임정 요원과 더불어 난징(南京)으로 이주하였다. 그후 다시 난징이 위태로워지자 임정 가족과 함께 창사(長沙)로 가는 대신에 홍콩으로 탈출했고, 잠시 베트남의 하노이에 가서 살기도 했다. 그는 1941년말 태평양 전쟁이 터진 후에 윈난성(雲南城)의 쿤밍을 거쳐 42년에 충칭으로 돌아왔다.[43] 해방이 되자 그는 상하이로 귀환하여 한국적십자회 회장 및 중국에 체류하던 한국인들을 본국으로 송환하는 일을 맡아보던 한국구제총회의 회장이 되었다. 그는 1949년 3월 17일 상하이에서 뇌병으로 세상을 떠났다.[44] 그의 유해는 상하이 만국묘지萬國墓地에 매장되었다. 그는 1987년 건국훈장 독립장을 추서 받았다.

안정근은 부인과의 사이에 3남原生(珍生, 王生) 3녀惠生(美生, 恩生)를 두었다. 안정근의 맏아들 안원생安原生은 상하이 자오퉁(交通)대학을 다녔으며, 이때 자오퉁대학 축구부 주장으로서 중국의 국가 대표급 축구선수로 활동하기도 했다.[45] 안원생은 1943년 충칭에서 조직된 임시정부 계통의 청년 조직인 한국청년회의 총간사가 되었다.[46] 안원생은 해방 이후 귀국했다가 미국에 귀화했고, 미국 USIS와 미국 국무성에 직원으로 근무하기도 했다.

---

43) 김자동, 「임정의 품 안에서」(60) 『한겨레』, 2010년 3월 30일.
44) 鄭華岩, 1982, 『이 조국 어디로 갈 것인가』, 도서출판 자유문고, 181쪽. 상해에서 무정부주의 운동을 하던 정화암(1896~1981)은 안중근의 둘째 동생인 안공근이 중국 국민정부의 정보기관인 藍衣社의 戴笠이란 사람과 손을 잡고 자신의 형인 안택근을 김구 대신에 임시정부의 주석으로 추대하고자 꾀했기 때문에 김구와 결별하게 되었다고 언급한 바 있었다. 만일 이와 같은 언급이 사실이라면, 여기에 나오는 안택근은 아마도 안정근의 誤植일 것으로 생각된다.
45) 金明洙, 1985, 앞의 책, 30·243쪽.
46) 鄭靖和, 1998, 1998, 『長江日記』, 학민사, 210쪽. 저자 정정화는 1900년 생으로 金嘉鎭의 자부, 金義漢의 처, 김자동의 모친이다.

안원생은 1942년 이후 중국의 충칭(重慶) 시절부터 충칭 주재 미국대
사관에서 근무하며, 개성에 파견되었던 미국 선교사의 아들이었던 미군
중위 웨임스 중위를 통해서 광복군과 미국 해외전략국(OSS)이 협조하는
데에 중계역할을 하고 있었다.[47] 이러한 경력을 바탕으로 하여 그는 해
방 이후에도 미국 정부기관과 연계를 가지게 되었다고 생각된다. 그는
해방 후 인천 미국공보원장으로 일했으며, 그 뒤 인도네시아 등에서 미
국대사관 직원으로 근무한 바 있다.[48] 그의 자손들은 현재 미국에 살고
있다.[49]

안정근의 차남인 안진생安珍生(1918~1988)은 중국에서 태어나 성장했
다. 그는 당시 중국천주교회의 지도자였던 위빈(于斌) 주교의 주선으로[50]
1938년 이탈리아로 유학했고, 제노아 공대에서 1945년 7월 조선造船 공
학을 전공하여 박사 학위를 받았다.[51] 그는 제2차 세계대전이 막바지에
이르렀던 시기에 반反무솔리니 저항 운동에 가담하여 활동하기도 했다.
그 후 안진생은 제노아 조선소에서 근무하다가 1947년부터 1953년까지
미국에서 회사 생활을 했다. 그는 이승만 대통령의 제의를 받고 귀국하
여 서울대 사대 출신인 박태정과 결혼했다. 안진생은 해군 대령으로 3년
간 복무한 뒤, 상하이 재류시에 교류했던 손원일 해군 참모총장의 추천
으로 대한조선공사 부사장에 취임했다.[52]

안진생이 외교관 생활을 시작하게 된 때는 1962년이었다. 당시 박정

---

47) 김자동, 「임정의 품 안에서」(58) 『한겨레』, 2010년 3월 25일.
48) 김자동, 「임정의 풀 안에서」(61) 『한겨레』, 2010년 3월 31일.
49) 조성관, 「조국에 기여했다는 자부심으로 살아요 ; 안중근 조카며느리 박태정여사
　　최초 인터뷰」, 『주간조선』 1818호, 2004년 8월 26일.
50) 김자동, 2010, 「임정의 풀 안에서」(60) 『한겨레』, 2010년 3월 30일.
51) 조성관, 「조국에 기여했다는 자부심으로 살아요 ; 안중근 조카며느리 박태정여사
　　최초 인터뷰」, 『주간조선』 1818호, 2004년 8월 26일.
52) 조성관, 「조국에 기여했다는 자부심으로 살아요 ; 안중근 조카며느리 박태정여사
　　최초 인터뷰」, 『주간조선』 1818호, 2004년 8월 26일.

회 대통령은 이탈리아로부터 어업 차관을 얻기 위해 그를 주駐로마 한국
대사관 참사관에 임명했다. 이후 그는 프랑스 공사, 네덜란드 대리대사,
자이레 대사, 콜롬비아 대사, 미얀마 대사 등을 지내며, 18년간 해외에서
근무했다. 1980년 외교안보연구원 본부대사로 있던 중 전두환 정권에
의해 강제 해직되자 그 충격으로 병을 얻어 8년간 투병 생활을 하다가
사망했다.[53]

안정근의 장녀는 안혜생安惠生이었다. 그리고 안정근의 차녀는 안미생
安美生인데, 그는 명문대학인 충칭의 중앙대학 영문과에 입학했다.[54] 이
학교가 항일 전쟁 과정에서 서남연합대학西南聯合大學으로 합류하게 되어
그 대학의 영문과를 졸업하고 임정 주석 김구의 비서로 있으면서 건국
운동에 참여했다.[55] 안미생은 김구의 아들 김인金仁과 중국 중앙대학의
동창이었으며, 중앙대학에 재학 중에 김인과 결혼하여 김구의 며느리가
되었다. 안미생은 1944년 충칭주재 영국대사관 공보원에 근무했다.[56]

그러나 김인은 1945년 초 폐결핵으로 충칭(重慶)에서 사망했고,[57] 이
부부는 딸 김효자를 두었다.[58] 안미생은 1945년 11월 임정 요인들이 귀
국할 때 백범 김구의 비서 자격으로 환국했다. 그 후 안미생은 중국의
친정 부친 안정근에게 맡겨놓은 딸 김효자와 잠시 떨어져 1947년 여름
미국으로 유학을 떠났다. 이는 아마도 미국대사관에 다니던 안원생의 주
선이었을 것이다.[59] 한편, 그 안미생의 동생인 안왕생安王生과 안은생安
恩生은 미국으로 유학했고, 안은생은 캐나다로 이주하였다 한다.[60]

---

53) 조성관, 「조국에 기여했다는 자부심으로 살아요 ; 안중근 조카며느리 박태정여사
   최초 인터뷰」, 『주간조선』 1818호, 2004년 8월 26일.
54) 鄭靖和, 1998, 앞의 책, 115쪽.
55) 朴性綱, 1946, 『安重根先生公判記』, 京鄕雜誌社, 227쪽.
56) 김자동, 「임정의 품 안에서」(61) 『한겨레』, 2010년 3월 31일.
57) 鄭靖和, 1998, 앞의 책, 259쪽.
58) 鄭靖和, 1998, 앞의 책, 115쪽.
59) 김자동, 「임정의 뜰 안에서」(61) 『한겨레』, 2010년 3월 31일.

한편, 김인과 안미생 사이에서 출생한 김효자는 해방 직후 외조부인 안정근과 함께 상하이에 머물러 있다가 1947년 9월 초, 숙부 김신과 함께 귀국하여 김구와 더불어 경교장에 살고 있었다.[61] 이때 그의 모친이 미국으로 유학을 갔으므로 김효자는 조부 김구가 기르고 있었다. 이 상황에서 해방 직후 귀국한 김구에게 탈장수술을 시술했던 서울 성모병원 의사 박병래朴秉來(1903~1974)가 김구에게 요청하여 자신의 집으로 김효자를 옮겨살게 했고 그의 교육을 책임졌다. 김구는 자신의 며느리가 천주교 신자이므로 천주교 신자인 박병래의 집에서 김효자가 양육되는 것을 긍정적으로 찬성하리라 생각하고서 그를 박병래에게 보냈다. 김효자는 박병래의 도움으로 이화여대에서 미술을 전공했고, 1960년대 중반 모친을 찾아서 미국으로 떠났다.[62]

또한 안미생의 남동생이었던 안왕생安王生과 여동생 안은생安恩生도 해방 직후 미국으로 유학을 떠났다. 이들이 미국유학을 떠난 때는 김신이 중국 공군에서 제대하고 귀국을 준비하던 1947년 여름 이전의 시기였을 것이다. 안은생은 김구의 둘째 아들 김신과 동갑으로서 김신이 중국 공군훈련을 미국에서 마치고 귀국하기에 앞서 만난바 있었다. 안은생은 카나다에 이주해서 살았다.[63]

안중근의 둘째 동생으로는 안공근安恭根(요한, 1889~1939?)이 있다.[64] 그는 원래 서울의 한성사범학교를 마치고 진남포에서 안중근이 운영하던 학교의 교사로 근무했다.[65] 그는 안중근 의거를 계기로 하여 교사로

---

60) 김자동,「임정의 뜰 안에서」(61) 『한겨레』, 2010년 3월 31일.
61) 김자동,「임정의 뜰 안에서」(61) 『한겨레』, 2010년 3월 31일.
62) 김자동,「임정의 뜰 안에서」(62) 『한겨레』, 2010년 4월 1일.
63) 김자동,「임정의 뜰 안에서」(61) 『한겨레』, 2010년 3월 31일.
64) 오영섭, 2009, 앞의 논문, 181쪽.
65) 安賢生, 1956,「安重根義士 따님의 手記 ; 擧事後에 우리 가족이 더듬어온 길」 『實話』 4289年 4月號, 53쪽. 당시 안중근이 운영에 관여하고 있던 학교는 敦義學校와 三興學校가 있다. 이 두곳의 학교 가운데 안공근은 사범학교를 마친 정규

서의 생활을 접고, 중형 안정근 등과 함께 연해주로 이주하여 살면서 독
립운동에 참여했다. 안공근은 1910년 봄 원산에서 배를 타고 블라디보
스토크에 도착한 후 러시아령 꼬르지포에 잠시 머물렀다. 이들이 거주지
로 결정한 곳은 중국 길림성 목릉현穆陵縣이었다. 안공근은 1912년 6월
10일 중국 길림성 목릉역을 출발해서 모스크바 및 뻬쩨르부르크로 가서
러시아어를 공부하고 1914년 니콜리스크로 돌아온 것으로 되어 있다.[66]

그는 1919년 임시정부 안창호의 추천으로 모스크바 특사로 임명되어
상하이 임시정부로 오게 되었다. 상하이에 도착한 다음 그는 임시정부
대통령 이승만에 의해 외무 차장으로 임명되었고, 1921년에 임시정부에
서 공식적으로 파견한 외교관으로 모스크바에 도착하여 레닌 등을 상대
로 하여 독립 자금의 확보를 위해 활동한 바 있었다. 안공근은 상하이로
귀임한 1925년 이후부터 모친 조마리아와 안중근의 가족들을 부양해야
할 실질적 책임을 지게 되었다.

안공근은 1925년 상하이로 귀환한 직후 임시정부 대통령 박은식이 서
거했을 때 '독립운동을 위한 전 민족적 통일'을 강조했던 그의 유언을 필
기한 바 있다. 이처럼 그는 임시정부의 핵심에서 활동하고 있었다. 그는
1926년 여운형의 후임으로 상하이 한인 교민단장을 역임하게 되었다.

그는 독립운동과정에서 파생된 좌우의 분열을 극복하기 위해 노력하
면서 1927년에는 유일당 운동에 김구·이동녕 등과 함께 집행위원이 되
어 활동했다. 그는 전 민족 유일당 운동이 실패하자 안창호·조소앙·김
구 등과 함께 우파 계열의 통일체인 한국독립당을 창당하여 이사직에 취
임했다. 그는 임시정부를 유지·옹호하는 역할을 맡고 있었다. 그리고 한
독당의 별동대로서 의열 투쟁을 목적으로 한 한인애국단이 김구의 주도

교사였던 점을 감안할 때 야간학교였던 삼흥학교보다는 주간 보통교육기관인 돈
의학교에서 근무했을 가능성이 더 높다.
66) 오영섭, 2009, 앞의 논문, 127쪽.

로 결성되자 안공근은 그 단장이 되었다. 한인애국단은 이봉창 및 윤봉
길 의사의 의거를 계획한 조직이었다. 이 시기 일제의 정보 보고서에는
"안공근은 김구의 참모로서 그의 신임이 가장 두텁고 김구가 범한 불법
행동은 안공근의 보좌에 의해서 이루어졌다."고 평한 바 있었다. 1930년
대 그는 이처럼 임시정부 주석 김구의 최측근인으로 활동했다.

안공근은 6개 국어에 능통했다 한다.[67] 그는 상하이에서 미국 혹은
영국대사관에 통역으로 근무한 바 있었고, 소련 영사관 및 독일 영사관
과도 관계를 맺었다. 그는 임시정부와 중국 국민당 정부를 연결하는 역
할을 맡아서 국민정부의 정보기관인 남의사藍衣社와도 일정한 관계를 유
지하고 있었다. 그는 임정을 중국을 비롯한 외국 정부 기관 및 조선인
좌파 세력이나 무정부주의자들과 연결시켜주던 인물이었다.

정화암鄭華岩(1896~1981)은 그의 회고록에서 1928년 이후 1930년대
중엽에 이르는 기간 동안 안공근의 상하이 생활에 대해서 기록했다.[68]
그 회고록에 의하면, 안공근은 1922년 신규식이 세상을 떠난 이후 중국
정부와의 교섭을 주로 맡고 있었다.[69] 안공근은 1928년 상하이(上海)에
머물며 무정부주의자들인 정화암·백정기白貞基(1896~1936), 신현상申鉉商
등과 함께 빙과점을 운영하고 있었다.[70] 그 후 무정부주의 계통 단체인
남화연맹南華聯盟을 이끌던 정화암은 1932년 11월 우당友堂 이회영李會榮
(1866~1932)이 일본 경찰에 체포되어 고문치사 당한 후 이회영의 밀고자
를 수색하는 과정에서 안공근과 다시 만나게 되었다.

그들은 이회영을 밀고한 사람으로 연충렬延忠烈과 이태공李太公을 지
목하여 자백을 받고 처형했다고 한다.[71] 그리고 이 과정에서 안공근의

---

67) 서재현 증언, 1996년 3월 9일 ; 안천, 1999, 『일월오악도』 2, 교육과학사, 170쪽.
68) 鄭華岩, 1982, 앞의 책, 159~181쪽 등 참조.
69) 鄭靖和, 1998, 앞의 책, 122쪽.
70) 鄭華岩, 1982, 앞의 책, 92~93쪽.
71) 註 19. 李太公은 李圭瑞와 동일인물로 추정된다.

처조카였던 이종홍李鍾洪이 밀정으로 확인되었다. 이종홍은 김구 및 정화암의 지시에 의해서 처단되었고 안공근도 이에 동의했다.[72] 이 시기 안공근은 상해임시정부 주석 김구의 최측근인으로 활동하고 있었으며, 임정 계열의 무장투쟁 단체인 애국단에도 관여하고 있었다.

한편, 1933년 상하이에서 불자약창佛慈藥廠을 경영하면서 일제 관헌과 내통하고 있던 옥관빈玉觀彬이 살해당한 서간단鋤奸團 사건이 발생했다. 옥관빈은 합방 전후 신민회에서 활동했으며, 1911년에 발생한 105인 사건에도 개입되었던 인사였다. 그러나 1930년대에 이르러 일제와 타협의 길을 걷고 있었다. 이에 임시정부 김구의 자금 지원에 의해서 정화암의 지휘를 받아 남화연맹의 엄형순과 양여주[吳冕稙]가 행동 대원이 되어 그를 제거하게 되었다. 이때 안공근은 김구와 정화암을 연결하는 역할을 수행하고 있었다.

그런데 이 사건 이후 남화연맹에 속했던 엄형순과 양여주가 임시정부 계열의 애국단으로 적을 옮겼다. 이에 정화암은 안공근이 이들을 빼내 간 것으로 생각했고, 이로 인해서 정화암과 안공근 사이에는 간극이 생기기 시작했다. 한편, 애국단으로 적을 옮긴 양여주는 애국단 자체에 대한 비판을 시도했다. 애국단의 주요 업무에 종사하던 안공근은 이러한 일이 애국단의 분열을 획책하려는 정화암의 사주로 발생했다고 판단했다. 이로써 그들 사이의 틈은 더욱 벌어졌다.

한편, 안공근은 김구를 주석으로 한 상해임시정부 산하에서 박찬익朴贊翊과 경쟁관계에 있었다. 그는 주변 인물들과 원만한 관계를 유지하지 못했고 종국에는 김구와도 불화하게 되었다.[73] 그가 김구와 결별하게 된 것은 남의사와 연결하여 자신의 형을 임시정부의 주석으로 추대하고자 했기 때문이라는 설이 있다.[74] 또한 그와 김구의 관계가 소원해진 이

---

72) 鄭華岩, 1982, 앞의 책, 145쪽.
73) 鄭華岩, 1982, 앞의 책, 181쪽.

유로 1932년 윤봉길의 의거 이후 각처에서 들어온 공금 사용과 관련된 문제가 지적되기도 한다.[75] 안공근과 김구의 관계가 좋지 않게 되자, 김구는 임정과 중국 정부를 연결하는 임무를 이광李光에게 맡기고 안공근을 중심으로 했던 모든 활동을 봉쇄했으며, 안공근이 쓰던 전신 기계와 집까지 몰수해 버렸다 한다.[76]

그러나 김구와 안공근의 사이가 결정적으로 멀어진 계기는 1937년 10월 일본군이 상하이를 함락시킨 이후의 일이었다. 김구는 안공근에게 상하이에 들어가 그의 가솔과 형수 김아려(즉 안중근의 부인)를 모셔오도록 명했다. 이에 1939년 상하이에 잠입한 안공근은 자신의 가솔만을 데리고 나오고 형수를 모시지 못했다. 이로 인해서 안공근은 김구의 신망을 잃게 되었다 한다.[77]

안공근은 충칭(重慶)에서 김구 계열의 단체에 편입되지 않고 독자적 생활을 했다. 당시 충칭에는 병원을 경영하여 여유가 있었던 유진동劉振東 號 狂波이 있었다.[78] 안공근은 상하이 시절부터 가까이 지내던 유진동

74) 註 44 참조.
75) 김자동, 「임정의 뜰 안에서」(62)『한겨레』, 2010년 4월 1일 ; 鄭靖和, 1998, 앞의 책, 97쪽. "안중근의 동생 되는 안공근이 상해에 있을 때 형 안중근의 일로 말썽을 일으키고 공금을 챙겨 홍콩으로 잠시 피한 일이 있었다. 재주가 많고 말을 잘 하는 이라서 여기저기에 허튼 소리를 하고 다녔던 모양이다. 임정 어른들께 야단을 맞게 생겼으니까 홍콩으로 도망갔던 것인데, 임정이 중경으로 옮겨 갔을 때 홍콩이 일본인의 손에 넘어가게 되자 용케 홍콩을 빠져나와 중경으로 왔다. 그때 백범이 그를 붙들어놓고 타일렀다. "이제 사람이 되라. 지금 이 자리에서 결심해라. 그 대신 나도 내가 좋아하는 이 담배를 끊겠다. 너 사람이 될 때까지" 그 후로 백범은 담배를 끊었다. 한마디로 안 하겠다면 안 하는 분이었으니, 그렇게 즐겨 피우던 담배도 하루아침에 끊어 버린 것이다. 안중근의 조카딸 安美生이 백범의 큰며느리였으니까 사실 백범과 안공근은 서로 사돈 집안이었고 해서 서로 무척 가깝게 지내며 친형제처럼 대했었다. 그러나 백범의 성품으로는 공적인 일만큼은 사사로이 처리할 수 없었던 것이다."
76) 鄭華岩, 1982, 앞의 책, 181쪽.
77) 김구 저, 도진순 편, 1997, 앞의 책, 361~362쪽.
78) 鄭靖和, 1998, 앞의 책, 185쪽 ; 金明洙, 1985, 앞의 책, 238쪽. 劉振東은 上海

의 집에 자주 내왕했다. 안공근은 1939년 어느 날 유진동의 병원을 방문하기 위해 길을 나섰다가 그 이후의 행방이 묘연해졌다.[79] 아마도 그는 임시정부의 파쟁 과정에서 임시정부 계열의 인물들에 의해 충칭에서 제거 당했으리라 추정되고 있다.[80]

안공근은 부인 이인숙과의 사이에 안우생安偶生(~1991), 안낙생安樂生, 안지생安志生 등 세 아들과 두 딸蓮生(안젤라, 錦生)이 있었다. 안우생은 임시정부에서 운영하던 교육기관인 인성학교 출신이었다.[81] 그는 인성학교를 거쳐 중국 광뚱(廣東)에 있던 국립 중산대학中山大學 영문과에서 수학했다. 이때 광뚱에서 발발했던 하룡賀龍과 섭정葉挺이 주도했던 공산폭동이 발생했다. 이 폭동에는 님 웨일즈가 지은『아리랑』의 주인공 김산金山을 비롯해서 40여명의 조선인 청년학생들이 참여한 바 있었다. 이

吳淞에 있던 독일계통 대학인 同濟大學 醫科 출신이었다. 김구의 주치의였던 그는 김구가 암살된 후 그는 김구의 영어 비서이며 안공근의 아들이었던 안우생과 함께 홍콩으로 탈출했다.

79) 鄭華岩, 1982, 앞의 책, 181쪽.
80) 김자동,「임정의 뜰 안에서」(62)『한겨레』, 2010년 4월 1일. "중국 공안당국이 이 사건을 일본과 중국 이중간첩의 소행으로 결론을 내렸다는 글을 읽은 적이 있다. 그러나 주범으로 지목된 중국인이 영국 시민권을 갖고 있었기 때문에 확고한 증거가 없어 기소하지 못했다는 것이다. 그러나 나는 당시 한인 청년들이 충칭에서 개업중인 한인 의사 유진동 선생의 병원으로 공근 선생의 시신을 들고 왔다는 말을 들었다 … 당시 유 선생이 간호사와 내연의 관계를 맺고 지내는 사실은 주변이 다 알고 있었다. 유 선생은 충칭 시내의 병원에서 기거했으며, 본부인 강영파 여사와 딸 수란은 강남에서 약 30㎞ 떨어져 있는 투차오의 우리 집 옆방에 살고 있었다 … 그는 남편에게 지극히 충성스러워 남편의 외도 소문을 오히려 감싸려 했다 … 강 여사는 중국인 간호사가 공근 선생 시신 사건을 알고 있기 때문에 어쩔 수 없이 데리고 사는 것이라는 남편의 해명을 어머니에게 전하기도 했다." 현재 학계에서는 안공근을 제거한 인물로 朴贊翊을 지목하는 견해가 유력하다.
81) 여연구, 2001,『나의 아버지 여운형』, 김영사. 31쪽. "몇 해 전에 나는 김구의 비서였던 안우생(安偶生)과 이야기 하다가 그가 바로 인성학교 출신이라는 것을 알았다. 그는 봉구(鳳九) 오빠와 동창이었다. 그때를 추억하며 인성학교 교가를 부르던 그를 바라보던 나의 가슴도 몹시 설레었다."

폭동에 참여했던 조선인 대부분은 죽음을 당했다. 그러나 안우생은 이에 참여하지 않고 몸을 피해 살아남게 되었다.[82]

안공근의 아들 안우생은 충칭 시절부터 환국 이후까지 김구의 측근으로 임시정부에서 활동했고,[83] 해방 이후 충칭에서 귀국하여 김구의 영문비서가 되어 건국사업에 참여했다. 그러나 김구가 암살된 직후 서울에서 김구의 주치의로 활동했던 유진동과 함께 홍콩으로 다시 망명의 길을 떠났다. 안우생의 모친과 처는 한국전쟁 중 하루 간격으로 폐렴으로 작고했다. 안우생은 북한에서 '비밀사업'에 종사하다가 1991년 평양에서 사망하여 평양의 애국열사릉에 안장되었다.[84]

안우생은 장녀 안기애와 기철·기호·기영의 세 아들을 두었다. 안우생의 장녀 안기애는 1965년경 북한 과학원 출판사 편집부에 수학전문가로 배치되어 일했다. 그의 장남 안기철은 제주도 유격대장이었던 김달삼의 딸과 결혼하여 장모와 함께 평양에서 살고 있으며, 차남 안기호는 전쟁 중 홀로 된 고모安錦生?와 함께 부친이 거주했던 평양 신원동 간부 사택에서 살았다. 셋째 동생 안기영은 평양 정권의 부주석을 역임한 김병식의 사위가 되었다.[85]

안공근의 둘째 아들은 안낙생安樂生이었다 안낙생은 임시정부가 상하이에서 난징으로 이주할 때, 상하이에 남아서 임정의 연락 업무를 수행하고 있었다. 1937년 임정이 또다시 난징에서 철수할 때도 안낙생은 상하이 프랑스 조계에 남아서 생활했다. 안낙생은 41년 태평양전쟁이 발발한 뒤 일경에 체포됐으나 실형은 받지 않았으며, 해방될 때까지 어렵게 지냈던 것으로 알고 있다.[86] 후일 그는 한국광복군에 참여하여 활동했

---

82) 金明洙, 1985, 『明水散文錄』, 삼형문화사, 258쪽.
83) 김자동, 「임정의 뜰 안에서」(63)『한겨레』, 2010년 4월 3일.
84) 도진순, 2009, 앞의 논문, 212쪽.
85) 성혜랑, 1999, 『소식을 전합니다』, 지식나라, 129쪽.
86) 김자동, 「임정의 뜰 안에서」(63)『한겨레』, 2010년 4월 3일.

던 사실을 인정받아 대한민국 건국훈장 애족장이 수여되었다.

안공근의 셋째 아들은 안지생安志生이었다. 그는 해방 이후 충칭에서 귀국하여 서울에 있었다. 안지생은 1950년 성시백 사건에 연관되어 체포당했다. 그러나 이시영 부통령과 이범석 총리가 보증을 서서 석방되었다.[87] 성시백成始伯은 안우생과도 충칭 시절부터 알고 지내던 사이었다. 그리고 안우생은 서울의 남창동 자택에서 안지생과 함께 온 성시백을 만난 바도 있었다.[88] 이러한 점을 감안하면 안지생과 성시백은 어떠한 형태로든 상호 연결되어 있었음을 알 수 있다. 안지생은 한국전쟁의 과정에서 정신병으로 자살했다고 안우생이 말한 바 있다. 그러나 안지생은 미국으로 건너가 중앙정보국(CIA)에서 일했다는 설도 있다.[89]

안공근의 딸 안연생은 1930년대 상하이에서 활동하던 김광주金光洲 (1910~1973)와 교류한 기록이 남아 있고,[90] 충칭 시절에도 활기있는 생활을 했다. 정부 수립 당시 여성으로서는 임영신 상공부 장관 다음의 고위관직이었던 공보처장 서리를 지냈다. 그 후 안연생은 도미하여 미국에서 살았다.[91] 2004년 당시 안연생은 파나마에 살고 있다는 증언이 있었다.[92]

안공근의 사위 가운데 하나가 한지성韓志成이었다. 한지성은 안공근의 막내딸인 안금생安錦生의 남편이 되었다. 한지성은 장인 안공근과 함께 독

---

87) 김자동, 「임정의 뜰 안에서」(63) 『한겨레』, 2010년 4월 3일.

88) 도진순, 1997, 『한국민족주의와 남북관계: 이승만, 김구 시대의 정치사』, 서울대출판부, 231쪽에서 재인용; 김종항·안우생, 1986, 「민족대단합의 위대한 경륜: 남북련석회의와 백범 김구선생을 회고하여」『인민들 속에서』 39, 조선로동당출판사.

89) 김자동, 「임정의 뜰 안에서」(63) 『한겨레』, 2010년 4월 3일.

90) 金明洙, 1985, 앞의 책, 194쪽. "金光洲는 상해시절부터 술을 좋아했다. 내가 아직 맥주도 입에 대지 않을 때 스물 안팎의 그는 벌써 독한 고량주를 꿀꺽 꿀꺽 들이키고 있었다. 그것이 아마 안연생에게 실의를 당했을 때였던 것 같다."

91) 김자동, 「임정의 뜰 안에서」(63) 『한겨레』, 2010년 4월 3일.

92) 조성관, 「조국에 기여했다는 자부심으로 살아요 ; 안중근 조카며느리 박태정여사 최초 인터뷰」『주간조선』 1818호, 2004년 8월 26일.

립운동에 종사했고, 1943년 충청에서 사촌 매부인 안원생이 총간사로 있던 한국청년회의 간사장에 취임한 바 있다. 그는 광복군 인면특파대印緬特派隊 대장을 지냈다.[93] 그리고 그는 해방이 되자 북쪽으로 가서 활동했다. 한국전쟁이 일어나자 서울로 내려와서 서울시 인민위원회 부위원장을 역임했고,[94] 9·28 서울 수복 때 다시 북으로 올라갔다. 이때 한지성은 자신의 장모인 이인숙과 처남 안우생의 부인을 동반하여 북행北行했다.[95]

안성녀安姓女(루시아, 1881~1954)는 안중근의 손아래 누이였고, 안정근이나 안공근의 누님이었다.[96] 그는 1905년 경 안동 권씨 권승복權承福(?~1920)과 결혼했다. 그는 안중근의 의거가 단행된 이후 친정 일가와 함께 망명의 길에 나섰다. 권승복은 1920년 만주에서 순국했다.[97] 안성녀는 독립운동을 지원하는 활동을 하다가 허베이(河北省) 스자좡(石家庄)에서 해방을 맞이하여 남한으로 귀국했다. 그는 귀국 이후 김구 등의 도움으로 서울에서 살다가 한국전쟁 때에 부산으로 피난했다. 부산에서 안성녀는 부산 시장이 마련해 준 영도 봉래동의 가옥에서 생활하다가 신선동으로 옮겨 살았고, 1954년 이곳에서 사망했다.[98] 그의 무덤은 부산 용호동 천주교회 묘지에 있다.[99] 안성녀의 아들 권헌權憲(1914~1980)은 부인 오항선吳恒善(1910~2006)과 함께 만주에서 독립운동을 전개했다. 오항선은 1990년 건국훈장 애국장을 받았다.

93) 김자동, 「임정의 뜰 안에서」(63) 『한겨레』, 2010년 4월 3일.
94) 鄭靖和, 1998, 앞의 책, 210쪽.
95) 김자동, 「임정의 뜰 안에서」(63) 『한겨레』, 2010년 4월 3일.
96) 도진순, 2009, 앞의 논문, 197쪽.
97) 김자동, 2010, 「임정의 풀 안에서」(59) 『한겨레』, 2010년 3월 29일.
98) 도진순, 2009, 앞의 논문, 198쪽.
99) 사회 1부 광역이슈팀, 「안중근의사 여동생 묘 부산 있다」 『국제신문』 2005년 8월 1일 ; 사회 1부 광역이슈팀, 「안성녀여사의 행적」 『국제신문』 2005년 8월 1일 ; 사회 1부 광역이슈팀, 「안성녀 여사 독립운동 연구과제」 『국제신문』 2005년 8월 1일 ; 사회 1부 광역이슈팀, 「안중근 의사 일가의 독립운동」 『국제신문』 2005년 8월 1일 등 ; 도진순, 2009, 앞의 논문, 196쪽.

4. 안중근의 친척들

안중근의 조부인 안인수는 6형제를 두었고 안중근의 부친인 안태훈은 안인수의 제3자였다. 즉, 안태훈에게는 두 형과 세 동생이 있었다. 그러므로 안중근에게는 적지 않은 사촌형제들이 있었다. 안인수의 첫 번째 아들은 안태진安泰鎭이었다. 안태진의 둘째 아들 안장근安莊根은 5형제를 두었는데, 그 첫째 아들은 안봉생安鳳生이었다. 안봉생은 북만주 중로中露 국경 부근의 해륜海倫(하이라얼)으로 망명해서 천주교 교우촌을 이루고, 양조장을 운영하면서 독립운동에 참여하고 있었다. 그는 독립운동 관계로 만주국 관리에게 체포되어 8·15해방 당시에는 하얼빈 감옥에 수감되어 있다가 소련군에 의해 석방되었다.[100)

안장근의 둘째 아들이 안춘생安椿生(1912~)이었다. 안중근의 조카 항렬인 그는 1917년 이래 가족을 따라 만주에서 망명 생활을 하다가, 만주사변 이후 만주를 떠나 난징(南京)에 있던 중앙육군군관학교를 졸업했다. 그는 임관된 1936년 이후 항일전선에 뛰어들었다. 그리고 1940년 한국광복군에 편입되어 제2지대 제1구대장에 임명되었다. 해방 이후 그는 귀국하여 육군 중장까지 진급했고, 한국의 육군사관학교 교장과 광복회 회장 등을 역임했다.

안중근의 조부인 안인수의 제2자는 안태현安泰鉉이었다. 안태현의 장남이 안명근安明根(1879~1927)이다. 안중근의 4촌 동생인 안명근은 1910년 말에 발생한 '안악 사건' 혹은 '안명근 강도 사건'의 주모자로 등장했다. 안악 사건은 독립군 기지 건설을 위해 황해도 일대의 부호들을 대상으로 군자금을 모금하던 과정에서 발생한 사건이었다.[101) 안명근은 이

---

100) 全泰俊 증언, 1996년 1월 19일 ; 안천, 1999, 『일월오악도』 2, 교육과학사, 103쪽.

사건으로 체포되어 1911년 7월 22일 강도급강도미수죄強盜及强盜未遂罪
로 경성지방재판소에서 종신 징역이 선고되었다.[102]

그러나 그가 체포되던 과정에서는 당시 서울교구장이었던 뮈텔 주교
가 개입되어 있었다. 뮈텔 주교는 황해도 신천 청계동에서 선교하던 빌
렘 신부를 통해서 안명근이 독립운동을 전개하고 있다는 사실을 알게 되
었다. 그런데 당시 식민지 조선의 치안을 책임지고 있던 사람은 조선총
독부의 정무총감이었던 아카시(明石元二郞) 장군이었다. 아카시는 일찍이
파리주재 일본공사관의 무관으로 근무한 바 있었고, 아마도 프랑스어를
구사할 수 있었던 듯하다. 그는 프랑스인 선교사 뮈텔 주교와 가깝게 지
냈다. 거기에는 물론 조선에 나와 있는 선교사들을 회유하려던 식민 당
국의 복선이 깔려 있었다. 그런데 뮈텔은 안명근이 독립운동에 투신하고
있다는 사실을 아카시에게 직접 찾아가 알려주었다.[103] 물론 뮈텔이 제
보가 있기 이전에 총독부 헌병경찰에서는 이 사건을 인지하고 있었다.
그러나 뮈텔의 행동에 대해 총독부에서는 특별한 감사를 표시했다.

뮈텔 주교의 이와 같은 행동은 안중근 사건으로 인해서 조선천주교회
가 일본 식민지 당국자들에게 '실추당한' 체면을 회복해야 한다는 교회
행정가의 입장에서 내린 판단의 결과였다고 생각된다.[104] 그러나 이 일
로 인해서 안명근의 체포는 당겨졌고, 안명근의 독립운동 사건은 이른바

---

101) 尹慶老, 1990, 『105人事件과 新民會硏究』, 一志社, 261쪽.
102) 이동언, 2009, 앞의 논문, 경인문화사.
103) 뮈텔, 『뮈텔일기』, 교회사연구소, 1911년 1월 11~13일 ; 뮈텔, 『뮈텔일기』, 교
    회사연구소, 1월 21일.
104) 오늘날 독립운동사를 연구하는 일부 인사들은 이 사건을 가지고 뮈텔 주교가 고
    해 비밀을 누설하여 안명근을 고발했고, 총독부로부터 고발의 반대급부를 받았
    다고 주장하기도 한다. 그러나 고해 비밀 누설로 볼 수는 없다. 물론 뮈텔 주교
    는 안명근의 형이 확정된 다음 그의 석방을 위해서도 노력한 바 있다. 그렇다
    하더라도 이 사건과 관련해서 나타난 뮈텔 주교의 단견은 한국교회사의 어두운
    부분으로 두고두고 기억될 것이다.

'데라우치 총독 암살미수사건' 혹은 '105인 사건'으로 확대 조작되어 많은 애국지사들이 죽음과 고통을 강요당했다.

안명근은 복역 중이던 1913년 메이지천황明治天皇이 죽었을 때에도 요배遙拜를 거부하면서 "우리는 일본 천황에게 조그마한 은택도 입은 일이 없다."는 '불경한' 말을 한 것으로 기록되어 있다.[105] 이러한 기록으로 미루어 보아 그는 감옥에서도 항전 의지를 굽히지 않았음을 알 수 있다. 그는 1926년 가출옥으로 석방되어 신천 청계동에서 천주교 관계의 일을 거들다가 나중에 만주 길림성 의란현依蘭縣 팔호력八虎力 원가둔袁家屯으로 이주했다. 그는 이곳에서도 천주교 전교에 종사하다가, 신도 급환자의 종부성사終傅聖事에 임석하고 나서 이질에 이환되어 일주일 동안 앓다가 세상을 떠났다.[106]

안명근은 부인 권수산나와의 사이에서 슬하에 안의생安毅生과 안양생安陽生, 두 아들과 딸 안순생安順生을 두었고, 이들은 해방 후까지 중국에서 생활한 것으로 알려졌다.[107] 안명근의 손녀 안기숙의 남편이었던 전태준全泰俊(1925~2004)은 안명근의 업적을 밝히기 위해 많은 노력을 했다.

한편, 안홍근安洪根은 안명근의 동생이었다. 안홍근도 안중근의 의거 이후 자신의 사촌인 안장근安莊根과 함께 북만주 중로中露 국경도시인 해륜海倫에 망명해서 살고 있었다.[108] 그 안홍근의 셋째 아들은 안무생安武生이었다. 안무생은 일제 말엽 간도지방의 천주교 교우촌 가운데 하나였던 해북촌海北村에 살던 중 강도에게 피살되었다. 그의 아내 차로길車路吉(루시아)은 결혼 후 남편의 성을 따라 아예 안로길로 개명할 만큼 안씨 가

---

105) 『뮈텔 문서』, 1913~1914년 8월. 柿原檢事正代理가 司法部 長官에게 보낸 回答抄錄.

106) 全泰俊, 1989, 「秘史 安明根」, 『現代公論』, 368쪽. 안명근은 1962년에 건국훈장 독립장을 추서 받았다.

107) 김자동, 「임정의 뜰 안에서」(64) 『한겨레』, 2010년 4월 5일.

108) 全泰俊 증언, 1996년 1월 19일 ; 안천, 1999, 『일월오악도』 2, 교육과학사, 103쪽.

문의 부인됨에 자부심을 가지고 있었다. 안로길(루시아)은 남편이 죽자 하얼빈으로 이주해서 살았다. 중국에 인민정권이 들어선 1949년 이후 안로길(루시아)은 중국천주교 애국회에 참여를 반대하던 김선영 신부와 임복만 신부를 도와 일하다가 이들이 투옥되자 그 옥바라지를 담당했다.

그러다가 자신도 애국회의 미사 거행을 방해한 사상범으로 체포되어 투옥되었다. 안로길은 형기를 마치고 출옥한 다음에도 내몽고지방으로 끌려가 20년간 '노동개조농장'에서 강제노동을 했다. 무의탁 노인이 된 그는 1999년에 이르러서야 비로소 그 농장을 떠나 하르빈으로 귀환할 수 있었다. 이제 안로길은 한국순교복자회 최선옥崔仙玉 수녀 등의 도움으로 90년을 지탱해준 늙은 몸을 누일 방 한 칸을 마련해서 남편과 시숙 안중근이 기다리는 천국으로의 여행을 준비하고 있다.

안명근과 안홍근에게는 여동생 안익근安益根이 있었다. 안익근은 안악 安岳 출신 최익형崔益馨과 결혼했다. 최익형은 처남인 안홍근과 함께 해방 이후 옹진으로 이사하여 옹진중학 서무주임을 하면서 적산 과수원 1만여 평을 매입하여 이를 함께 경작하고 있었다. 최익형과 안홍근은 한국전쟁 발발 직후 미처 후퇴하지 못했던 국군 5인을 자신의 과수원에 숨겨주었다가 1950년 10월에 발각되어 공산군에 체포되었고, 10월 15일경에 후퇴하던 공산군에게 총살당했다.109)

안중근에게 마지막 성사를 집전하기 위해 주교의 명령을 어기고 여순 감옥에 갔던 빌렘Wilhelm(1860~1838, 洪錫九) 신부는 그 후 동료 선교사들에게 소외당했고, 결국은 1914년 4월 조선 선교지에서 쫓겨나 프랑스로 추방되었다. 이때 빌렘 신부는 안인수의 제4자 안태건의 아들로서, 안중근의 사촌인 안봉근安奉根에게 독일유학을 주선해서 함께 조선을 떠났다.110) 그는 독일에서 지냈다. 1936년 베를린 올림픽 마라톤에서 손기정

---

109) 황해도천주교회사 편찬위원회, 1984, 『황해도천주교회사』, 한국교회사연구소, 535~537쪽.

이 우승했을 때 독일 방송에 일본인으로 소개되었다. 이때 그는 방송국에 찾아가서 손기정은 일본인이 아니라 한국인이라고 항의하고 이를 정정하고자 노력했었다.[111) 안봉근은 베를린에 거주하다가 그 후 나치스에게 추방되어 이탈리아로 갔다. 그는 해방 후 귀국 도중에 병사했다.

한편, 안봉근의 아들 안민생安民生은 만주에서 젊은 시절부터 항일유격대에 투신하여 활동하다가 포로로 잡혀 서울로 압송되어 옥살이를 했다.[112)

1930년대 초 상해에는 안중근의 사촌인 안경근安敬根이 있었다. 그는 안중근의 조부祖父 안인수安仁壽의 제 5자인 안태민安泰敏의 맏아들이었다. 안경근은 1918년 블라디보스토크로 가서 항일 운동을 전개한 바 있고, 1925년에는 중국 운남군관학교를 졸업하고 나서, 만주에 세워진 독립운동단체인 정의부에서 활동했다. 그러다가 1930년대 상해로 와서 백범 김구를 보좌하며 항일 운동을 계속했고, 독립운동가인 이회영李會榮의 밀고자를 수색하던 작업에도 참여하고 있었다. 그는 "자상하고, 재치있고 인정이 넘치던 사람이었다."[113) 안경근은 일제의 침략이 강화되자 1935년 이후 난징(南京)으로 이주했다가, 다시 충칭으로 옮겨 생활했다.

해방 이후 귀국한 다음 안경근은 1950년대 말 자신의 5촌 조카 안민생安民生과[114) 함께 '민주구국동지회'를 결성하여 반이승만 운동을 전개했다. 1960년 이승만이 하야한 다음 대구에서 7·29 총선 이후 시국대책위원회를 구성하여 위원장에 취임했다. 이 위원회는 1961년 초순 '경상북도 민족자주통일연맹'(위원장 안경근, 총무위원회 기획부장 안민생)으로 개칭하고 평화통일운동을 전개했다. 또한 그는 4·19시기 교원노조운

---

110) 『한독수교100년사 연표』
111) 조성관, 「조국에 기여했다는 자부심으로 살아요 ; 안중근 조카 며느리 박태정 여사 최초 인터뷰」 『주간조선』 1818호, 2004년 8월 26일.
112) 김자동, 2010, 「임정의 뜰 안에서」(64) 『한겨레』, 2010년 4월 5일
113) 鄭靖和, 1998, 앞의 책, 134쪽.
114) 安民生는 安重根의 祖父인 安仁壽의 제4남 安泰健의 孫子였고, 安奉根의 아들이다.

동에도 적극 참여했다. 그러나 안경근은 1961년 5·16쿠데타 이후 친북 용공의 죄목으로 투옥되어 징역7년을 선고 받고 복역 중에 옥사했다. 이 때 안민생은 징역 10년을 선고 받아 복역했다.[115] 그리고 그가 복역 중 이던 1963년 정부의 주도로 안중근의사숭모회가 발족하게 되었다.

한편, 안중근 가문에 속하는 이들은 현재 러시아 지역에도 살고 있는 것으로 전해지고 있다. 즉, '안중근 의사 동생의 손녀'인 안라이씨(74)가 전남 장흥의 고려인문화교류협회의 초청을 받아 2009년 말에 치료차 입국한 바 있다. 안 라이씨는 재러시아 동포들과 함께 살던 중 1937년 타지키스탄으로 강제 이주를 당했다가 다시 연해주로 돌아와 시루떡 장사를 하며 어렵게 생활하고 있는 것으로 알려졌다.[116] 그러나 그는 안중근의 친동생이 었던 안공근이나 안정근 계열의 후손은 아니었던듯하다. 아마도 그는 안중근의 4촌 형제인 안장근安莊根이나 안명근 계열의 후손이 아닌가 추정된다.

이상에서 서술된 안중근 친족들의 행적을 통해서 볼 수 있는 바와 같이 안중근의 친족들은 남한과 북한 그리고 중국과 러시아 및 미국, 파나마 등 세계 도처에 흩어져 살고 있다. 이는 근현대 식민지시대 이래 우리 민족과 저항적 천주교도들이 걸었던 삶의 한 사례이며, 한민족 디아스포라의 전형이기도 하다.

5. 맺음말

안중근은 1910년에 순국했지만, 그의 죽음은 긴 파장을 남겼다. 그의 형제들이나 친척들은 안중근의 뜻을 이어서 독립운동을 계속했다. 이 과

---

115) 도진순, 2009, 앞의 논문, 213쪽.
116) 정대하, 「가족과 함께 고국서 여생을 보내고파」, 『한겨레』, 2010년 1월 3일.

정에서 그의 친족들은 조선뿐만 아니라 중국과 러시아·독일·이태리 등
전 세계로 흩어져서 독립운동에 투신했다. 안중근 의거 직후 안중근의
가족과 친족 상당수는 중국으로 망명했다. 망명지에서 안중근의 맏아들
안분도는 일제에 의해 독살 당했고, 그의 둘째 아들 안준생도 일제의 농
간으로 정신적 죽음을 당해야 했다.

그의 형제들과 조카들은 독립운동의 전선에 뛰어들어 중국을 배경으
로 하여 독립운동을 전개했다. 그의 동생 안정근은 신병으로 고생하면서
도 독립운동을 수행하다가 해방 이후 상하이에서 서거했다. 그의 또 다
른 동생 안공근은 김구의 측근으로 활동한 바도 있었으며, 임시정부의
내분에 의해 암살된 것으로 추정되고 있다. 안중근의 여동생 안성녀도
독립운동에 종사하다 귀국해서 살다가 부산 용호동 천주교 묘지에 잠들
어 있다.

안중근의 4촌 동생이었던 안명근은 1911년 105인 사건의 주역이 되
어 수감 생활을 했다. 석방된 후 그는 간도 의란현에서 교회사업에 종사
하다가 순직했다. 안명근의 동생 안홍근은 한국전쟁 과정에서 후퇴에 실
패한 국군을 보호하다가 북한군에게 처형당했다. 또 다른 4촌 동생 안경
근은 독립운동에 종사하다 귀국한 이후 대구 지역을 중심으로 민주화운
동 내지 통일 운동에 참여했고, 이로 인해서 5·16쿠데타 이후 투옥되어
복역 중에 옥사했다.

안중근의 친조카인 안우생은 김구의 비서를 지내다가 김구가 암살된
이후 홍콩을 거쳐 북한으로 들어가서 통일 운동에 투신했고 지금은 북한
의 애국열사릉에 묻혀 있다. 그의 또 다른 조카인 안원생은 중국에서 독
립운동에 참여했고, 해방 이후에 귀국하여 건국 운동에 종사하다가 미국
에 귀화하여 미국의 관리가 되었다. 그리고 5촌 조카인 안춘생은 대한민
국 육군사관학교 교장 등을 지내기도 했다.

이렇듯 안중근의 친척 대부분은 독립운동에 종사하면서 치열한 삶을

살았다. 안중근이 제창했던 대한독립과 동양 평화의 정신은 그들을 통해서 구체적으로 실현되어 갔다. 안중근의 혈족 가운데에는 11명이 대한민국 독립유공자로 포상을 받았다. 그의 가족사는 한국 현대사와 한국현대 천주교회사의 축소판이다. 안중근 가문이 없었다면 일제하 천주교도의 독립운동은 매우 미미했을 것이다. 해방 이후 한국 천주교 신자들은 민족과 교회 문제를 생각할 때 안중근과 그 가족들의 독립운동을 통해서 자신들의 모범을 찾을 수 있게 되었다. 이러한 점에서 볼 때 안중근 친족들의 독립운동은 우리 역사와 교회사의 귀중한 자산이다. 제국주의 침략에 결연한 태도를 보였던 안중근과, 침략에 시달리다가 남한과 북한 그리고 세계 여러 나라로 갈라져서 살게 된 안중근 친족들의 고뇌에서 평화로운 미래를 전망해 본다.

제4장 일제하 무장 독립 투쟁과 조선 천주교회

1. 머리말

한국 근현대사는 제국주의의 침략과 그에 대한 저항으로 특징 지워지고 있다. 이 저항운동은 두 가지 방면에서 전개되었다. 그 하나는 비폭력적 방법에 의한 민족주의 운동으로서 교육운동이나 언론 결사운동 식산진흥운동 등을 들 수 있다. 또 다른 하나로는 의병전쟁이나 독립군 항쟁과 같은 무장 독립투쟁을 지적할 수 있다. 학계에서는 이 독립운동 가운데 무장독립투쟁에 관해서 적지 않은 업적을 축적하고 있다.

대한제국이 일본 제국주의의 침략을 받아 그 국권을 상실했던 20세기의 첫 10년간을 전후해서 무장투쟁을 통해 국권의 회복을 기도하는 움직임이 강화되고 있었다. 당시에 전개된 무장독립운동의 사례로는 1907년의 정미의병丁未義兵을 들 수 있다. 그리고 1910년 이른바 '한일합방'이 단행된 이후에도 무장 저항운동의 전통은 계승되었다. 1919년 3·1운동 이후 다양한 형태로 나타난 독립군의 투쟁을 통해서 우리는 이를 확인할 수 있다. 1930년대를 전후해서도 만주나 중국 대륙에서 활발하게 전개되던 독립운동은 무장투쟁이 주류를 이룬 것이었다. 물론 당시 무장투쟁의 대열에 있어서도 좌우의 대립과 합작이 거듭되어 갔다. 그러나 이 무장투쟁은 신분이나 출신지역 및 종교의 차이를 두지 않고 광범위한

민중의 지지를 받고 있었다. 그리고 일제에 항거하는 무장 투쟁이 집중
적으로 전개되었던 지역은 간도 지방이었다.

한편 조선천주교회는 개항기 신앙의 자유를 쟁취한 후 새로운 발전의
계기를 맞이하여 활발하게 선교 사업을 전개하고 있었다. 이러한 과정에
서 조선 천주교회는 교육이나 언론을 통한 구국운동의 전개에 참여하게
되었다. 당시의 교회는 비폭력적 방법에 의해 실력을 양성하여 국가의
독립을 지켜보려던 운동에 대해서는 지지의 자세를 분명히 하였다. 그리
고 교회가 주도하는 이러한 실력양성 운동의 성격을 갖는 독립운동은 일
제 식민지하에서도 지속되고 있었다.[1]

그런데 제국주의의 침략과정에서 피침략 국가 민중들은 자국의 독립
을 수호하고 쟁취하기 위한 저항권 행사의 일부로 무장 독립운동을 전개
하기 마련이다. 이는 한국 근대사의 경우에도 동일하게 나타나는 일이었
다. 그러나 식민지 시대 교회 당국의 공식적인 입장으로는 비폭력적 실
력양성운동에는 지지의 입장을 보이면서도 무장 독립운동에는 반대하는
것이었다.[2] 이러한 상황에서 교회 당국이 공식적으로 주도하거나 후원
하는 무장저항운동은 당시의 역사에서 찾아보기가 어려울 것이다.

이러한 상황에도 불구하고 당시 치열하게 전개되는 독립운동의 조류
와 관련하여 천주교 신도들도 무장저항운동에 참여하고 있음을 확인하
게 된다. 이들의 무장저항운동은 교회로부터 공식적인 지지나 지원을 받
은 것은 결코 아니었다. 그러나 이 무장저항운동에 참여했던 신도들은
독립운동을 하는 과정에서 자신의 정체성을 조선인 천주교도로 규정하
며 이 운동에 참여하고 있음을 확인하게 된다. 이러한 예의 대표적 사례
로는 안중근의 투쟁을 들 수 있다.[3] 이러한 데에서 우리는 천주교 신도

---

1) 조광, 1994, 「안중근의 애국계몽운동과 독립전쟁」『교회사연구』9, 한국교회사연
구소, 75쪽.
2) 윤선자, 1996, 「일제하 조선천주교회의 선교정책」『북악논총』14, 국민대학교 대
학원, 49쪽.

들의 무장독립운동을 논할 수 있는 근거를 확보하게 된다. 당시의 일부 천주교 신도들도 여타 종교 신앙인들과 같은 모양으로 무장 독립운동을 전개하고 있었다.

간도지방에서 전개된 무장 독립운동의 초기에 있어서는 개신교 천도교 대종교 등과 같은 종교계통의 무장 세력들이 활발히 참여하고 있는 것으로 확인되고 있다. 간도지역의 이와 같은 분위기는 당시 그곳에서 적지 않은 교세를 확보하고 있던 천주교 신도들에게도 일정한 영향을 끼쳐 주게 되었다. 그리하여 그들은 조선 본토에서와는 달리 무장독립운동에 참여하기에 이르렀다.

본고에서는 이른바 한일합방을 전후한 시기부터 1945년 광복에 이르기까지 조선인 천주교 신도들에 의해 전개된 독립운동 가운데 특히 무장 저항운동의 실상을 간단히 정리해 보고자 한다. 그리고 이와 같은 사실을 알기 위한 전제로서 이 운동이 전개될 수 있었던 시대적 조건과 지역적 배경 등을 간략히 검토해 보고자 한다.

본론에서 언급하겠지만, 천주교 신도들의 무장 항쟁은 간도를 중심으로 이루어졌다. 간도지역에서 전개된 각 종교집단의 무장독립운동에 관해서는 이미 서광일徐紘一, 민경배閔庚培, 최봉룡崔峰龍 등 선학들의 연구 결과가 있다.4) 그리고 그곳에서 전개된 천주교의 무장독립운동에 관해서도 조광趙珖, 최석우崔奭祐 등에 의해서 단편적으로 언급된 바 있다.5)

3) 조광, 1994, 앞의 글, 84~92쪽.
4) 홍종필, 1986, 「만주 조선인 종교문제 소고 - 1910~1930년을 중심으로 - 」『백산 학보』 33, 백산학회.
　　서광일, 1988, 「일제하 북간도 한인들의 민족주의 교육운동」『한국교육의 재인식』, 한신대학교 출판부.
　　민경배, 1991, 「일제하 간도에서의 한국기독교 과격독립운동」, 『일제하 한국기독 교민족·신앙운동사』, 대한기독교서회.
　　최봉룡, 1992, 「재만 조선인 반일민족독립운동에서의 종교의 역사적 지위에 대하여」『한국독립운동사의 제문제-김창수교수화갑기념 사학논총』, 범우사.

그 언급의 과정에서 의민단義民團과 방우룡方雨龍 등의 역할이 부분적으로 밝혀졌다. 그리고 최근에 이르러 윤선자尹善子에 의해서 이 주제에 관한 연구가 계속하여 제시되고 있다.[6] 그러나 이와 같은 기존의 연구에서 천주교 관계 무장 독립운동을 주제로 한 본격적 연구는 아직 이루어지지 못하고 있다. 그러므로 본고에서는 천주교 신도들과 관련된 무장독립운동의 전개 양상과 그 운동이 일어날 수 있었던 배경을 검토해 보고자 한다.

이 문제에 관한 연구를 위해서는 독립운동 관계 자료에 대한 폭넓은 검토 작업이 요청된다. 특히 국내뿐만 아니라 만주를 비롯한 중국에서 전개된 독립운동에 관한 자료에 대한 조사 분석 작업을 진행시켜야 한다. 이와 함께 교회 내의 자료 및 현지의 증언들도 널리 수집해야 할 것이다. 그런데 이 주제와 관련하여서 교회 내의 자료에서는 거의 언급하지 않고 있다. 이는 정교분리 정책을 강력히 실천하고 있던 당시 교회의 지도층에서 무장독립운동은 교회와는 결코 무관한 행위이며, 설령 신도들이 무장독립운동에 관계한다 하더라도 이는 교회와는 상관없는 것임을 강조하기 위한 태도의 결과였다고 생각된다. 한편, 간도 현지에서의 증언 청취나 문헌자료의 확보에도 많은 어려움이 있었다. 1970년대 문화혁명이 전개되는 과정에서 간도지방에 관한 거의 모든 문헌 자료들이

---

5) 조광, 1975, 「일제침략기 천주교도의 민족독립운동」『사목』, 한국천주교중앙협의회.
   최석우, 1980, 「한국종교운동사 - 천주교 - 」『한국현대문화사대계』 4, 고려대학교 민족문화연구소.
   조광, 1994, 「안중근의 애국계몽운동과 독립전쟁」『교회사연구』 9, 한국교회사연구소.
6) 윤선자, 1996, 「'한일합병' 전후 황해도 천주교회와 빌렘신부」『한국근현대사연구』, 한국근현대사연구회.
   윤선자, 1996, 앞의 글, 국민대학교 대학원.
   윤선자, 1996, 「일제하 천주교 신자들의 간도이주와 민족운동」『부산교회사보』 11, 부산교회사연구소.

일실되었고 세월의 경과로 인해 직접적인 증언을 청취하기가 불가능했기 때문이다. 그러나 일본 제국정부가 한국의 독립운동에 관해서 남긴 광범한 사찰자료들 가운데에서 천주교 신도의 무장독립투쟁에 관한 자료들이 단편적으로 제시되고 있다.

그러므로 간도지방에서 천주교 신도들이 전개한 무장독립운동에 관한 검토 작업을 위해서는 거의 전적으로 이러한 일제의 자료에 의존하게 된다. 이러한 자료 가운데 '명치백년사총서明治百年史叢書' 가운데 하나로 김정명金正明이 편찬한 『조선독립운동』(1-3)과 같은 방대한 사료집을 들 수 있다. 이 사료집 가운데 상당 부분은 당시의 독립운동에 직접 관여했던 사람들이 남긴 조선어 자료 등 각종 문건들을 일본어로 번역하여 수록한 것으로서, 비록 번역된 사료라 하더라도 그 사료적 가치를 높이 인정해 줄 수 있다. 그리고 '일본현대사자료' 가운데 강덕상姜德相 등이 편찬한 『조선』(1-6) 등에도 제한된 범위 내에서나마 자료를 찾을 수 있었다. 또한 본고에서는 이러한 사료집들 외에도 독립운동에 관한 각종의 자료집들과 간도 현지인들의 증언 자료까지도 포괄하여 보고자 했다.

이 연구는 광복운동기 천주교사의 전개에 있어서 간과되어 왔던 신도들의 독립운동을 이해하는 데에 일조할 수 있을 것으로 생각된다. 또한 간도지방에서 전개된 항일 독립운동에 관한 이해에도 부분적으로 도움을 줄 수 있을 것이다. 나아가 본고가 식민지 시대를 살았던 조선인 천주교도의 고뇌와 실천적 신앙의 특성을 이해하는 데에 도움이 될 수 있다면 다행으로 생각하겠다. 그러나 제한된 단편적 사료들에 의해서 작성된 이 글은 그 완성도에 있어서 상당히 미흡함을 스스로 인정하면서, 이 분야의 연구에 관한 일종의 시론으로 이 글을 정리해보고자 한다.

2. 무장 항쟁의 전개 배경

식민지 시대를 전후하여 조선인 천주교 신도들이 독립운동을 전개하게 된 배경으로는 우선 시대적 조건을 주목할 수 있을 것이며, 이에 이어서 독립운동이 전개되기에 이르는 지역적 특성도 함께 검토해야 한다. 그리고 그 독립운동을 촉발시키는 데에 작용한 사상적 배경에 대해서도 주목해야 한다. 그렇다면 우리는 천주교 신도들이 무장투쟁에 투신하게된 시대적 배경으로는 제국주의의 침략과 그에 대한 저항이라는 19세기 말엽과 20세기 전반기 한국사가 가지고 있는 일반적인 시대적 조건들을 주목해야 한다. 신도들도 당시 조선인 대다수와 함께 일본제국주의의 침략으로 인한 피해의 당사자였다. 이러한 상황에서 그들도 일반 민중들과함께 독립운동의 노선에 참여할 수 있었다고 생각된다.

한편, 일제하 한국천주교회의 구성원들이 주도한 무장독립 운동은 주로 만주 내지는 간도지방을 중심으로 하여 전개되었다. 그런데 당시 조선 본토에 있던 천주교회에서는 일제에 저항하는 무장 항쟁이 거의 일어나지 않았다. 그렇다면 간도지방의 신도들이 무장 항쟁에 참여하게 된데에는 본토와는 다른 특수한 배경이 있을 것이다. 그러므로 본고에서는 천주교 신도들이 간도에서 무장 항쟁을 전개할 수 있었던 역사적 계기들을 주목해 보아야 한다. 간도 지방 신도들이 전개했던 무장 항쟁의 배경에 대한 이해는 여타 지역이나 시대에 전개된 천주교 신도들의 무장 항쟁을 이해하는 데에도 하나의 사례로 이해될 수 있을 것이므로 여기에서는 간도지역의 사례를 중심으로 하여 그 배경을 검토해 보고자 한다.

간도에서 천주교 신도들이 전개한 무장항쟁의 발생 배경 가운데 첫번째로는 간도지방의 천주교 전파와 본토 신도들의 이주를 들어야 한다.

간도 천주교회는 김이기金以器와 김영렬金英烈의 일화로부터 시작된다.[7] 이 지역에서 활동하면서 신망을 얻고 있었던 '동학도' 김이기가 회령에서 1895년 동학농민전쟁의 여파로 사형을 당했다. 그 후 김이기의 제자이자 동료였던 김영렬(?~1931)이 1896년 원산에서 베르모렐 신부로부터 영세를 받고 간도로 귀환하였다. 그는 그의 동료 12인과 함께 1897년부터 이 지역에서 본격적으로 천주교를 전교하게 되었다. 이리하여 천주교는 그 전래 초기부터 이 지역에 활발히 전파되어 갔다. 1898년 1월 원산의 브레(Bret) 신부가 간도의 호천포湖泉浦 등지를 방문하여 영세를 준 기록이 나타나고 있다.[8] 이후 천주교 신도들은 간도지방의 개척에도 적지 않은 기여를 하게 되었다. 그 대표적 예로는 용정龍井의 개척을 들 수 있다. 이곳 용정은 1900년도 함경남도에서 이주한 천주교 신자 최문화崔文化와 최병학崔炳學이 시가의 절반에 가까운 443헥타르의 토지를 구입하여 조선인 천주교 신자 개척촌을 건설한 데에서 본격적으로 발전하기 시작했다.[9] 1900년에 20여 호의 신자들이 이곳을 개간하여 도시로 성장시켜 나갔다는 기록도 있다.[10] 이밖에도 천주교 신도 집단취락 즉, 교우촌의 건설도 계속되었으니, 그 대표적인 것으로는 불동佛洞 신자 20여 호가 개척한 대교동大敎洞을 들 수 있다. 이곳은 1900년 뮈텔주교가 간도지방을 순회할 때 수백 명의 신도에게 견진성사를 집전할 수 있을 만큼

---

7) 1936, 「간도천주교회 전래사」, 『가톨릭청년』, 가톨릭청년사.
8) 「Mutel 문서」 1898-177, 간도교우촌 박해소식 ; 한국교회사연구소 역, 1995, 『함경도선교사서한집』 1, 한국교회사연구소, 278쪽.
9) 조선총독부 내무국 사회과, 1927, 『滿洲及西比利西地方におげる朝鮮人事情』 ; 홍종필, 1986, 앞의 글, 235쪽.
10) 유홍렬, 1962, 『한국천주교회사』하, 가톨릭출판사, 350쪽. 한편, 용정촌이 개척된 기원으로는 1883년 회령에서 들어온 장인석과 박윤언 2인이 혜란강 兩岸 지역을 개간하던 중 옛 우물자리를 발견하여 보수해서 사용함으로써 용정이 시작되었다는 기록이 있다(박흥성, 1993, 「유서깊은 룡정」『간도사신론』 상, 85쪽). 이로 미루어 볼 때 유홍렬의 기록은 용정이 개촌된 직접적 계기를 설명하는 것은 아니고, 용정촌이 발전될 수 있었던 계기를 말했던 것으로 생각된다.

발전했다.[11] 또한 조양하朝陽河의 팔도구八道溝도 1903년부터 12가구의 천주교 신도들이 개척한 곳이었다.[12] 간도지방에서 천주교회는 학교의 설립 등을 통해서 그 지역사회에 깊이 뿌리를 내려가고 있었다.

또한 일제에 의해서 '삼림령森林令'(1911)과 '국유삼림산야보호규칙國有森林山野保護規則'(1912)이 반포된 후 옹기제조에 종사하던 신도들은 화목을 구하기 어렵게 되자 간도로 대거 이주하기 시작했다.[13] 이들은 간도지역의 신자들로부터 도움을 받으며 그 지역에 정착해 갔다. 그리고 1919년 3·1운동이 일어난 이후에도 신도들의 간도 이주는 강화되어 갔다. 또한 1920년대 후반부터는 일제의 탄압으로 인한 조선 농촌의 피폐화로 말미암아 조선 남부로부터의 이민이 증가해 갔다.[14] 또한 '만주국滿洲國'이 세워진 1932년 이후에도 조선으로부터 만주로의 집단적인 이민이 진행되어 갔다. 이러한 과정에서 적지 않은 천주교 신도들이 만주 내지는 간도지방으로 이주하게 되었다. 이와 같은 간도지방에서의 활발한 천주교 신앙운동과 이 지역으로의 천주교 신도 이민이 증가하게 된 것은 이곳에서 천주교도들이 무력항쟁을 전개할 수 있었던 직접적인 배경으로 작용하고 있었다.

천주교 신도들이 간도 지역에서 무력항쟁을 전개할 수 있었던 두 번째 배경으로는 간도의 천주교 신도들이 본토에서와는 달리 개신교와 협동사업을 전개해 온 경험을 들 수 있다. 간도에 개신교가 전파된 것은 1903년 경이었다.[15] 그러나 그곳의 개신교는 곧 천주교의 교세를 능가할 정도로 발전하고 있었다. 이러한 상황에서 조선인 천주교 신도들과

---

11) 뮈텔, 1992, 『뮈텔주교일기』, 한국교회사연구소.
12) 유홍렬, 1962, 앞의 글, 350쪽.
13) 윤선자, 1996, 「일제하 천주교 신자들의 간도이주와 민족운동」『부산교회사보』 11, 부산교회사연구소, 51쪽.
14) 윤선자, 1996, 앞의 글, 52쪽.
15) 구례선(서굉일 역), 1993, 「구례선박사의 선교수기」『간도사신론』, 우리들의 편지, 90쪽.

개신교도들은 상호 협동하여 금융기관이나 교육기관을 운영하게 되었다. 예를 들면 1915년 당시 간도에서 조선인이 운영하던 금융기관 3개 가운데 '흥업회사興業會社'와 '광동상회廣東商會' 2곳은 천주교와 개신교 신도들이 연합하여 운영한 것이었다. 그리고 이곳의 '교향학교敎鄕學校'의 사례에서 볼 수 있는 바와 같이 학교까지도 공동으로 운영하고 있었다.16) 간도지역 천주교 신도들이 그곳의 개신교 신도들과 교류와 협동을 강화해 가고 있던 사례는 상호 질시와 교리 논쟁에 급급했던 본토 교회의 몰역사적 태도와 상당한 차이를 드러내는 것이었다. 한편 1910년대를 전후하여 간도지역의 개신교도들은 독립운동에 주도적으로 참여하고 있었다. 이는 김약연金躍淵을 비롯한 개신교의 교육운동가들의 노력에 힘입은 것이었다. 이와 같은 상황에서 천주교도들도 간도의 주민들 특히 개신교 신도들이 독립운동을 전개하는 데에 자극 받아, 이들과 연합하거나 독자적으로 무장투쟁을 계획할 수 있었으리라 생각된다.

간도지역에서 조선 민중이 항일 무장투쟁을 전개하게 된 가장 직접적인 계기는 일제의 침략과 그에 저항하는 독립운동을 들 수 있다. 이 지역에는 구한말부터 의병들이 들어와 활동하던 곳이었고 이들 가운데 적지 않은 수의 사람들이 3·1운동 이후 독립군으로 무장투쟁에 다시 투신하게 되었다.17) 또한 이곳에서는 본토에 못지않게 3·1 만세운동이 활발하게 전개되고 있었다. 그리고 1920년 10월 일본군의 간도출병 이후 자행된 조선인에 대한 학살은 이곳에서의 조직적인 저항을 더욱 강화시켜 주었다. 이러한 상황에서 천주교 신도들은 일종의 자위적 노력으로 그리고 궁극적으로는 조선의 독립을 쟁취하기 위해서 무장투쟁을 전개해 나갔다.

---

16) 조선총독부, 1915, 「국경지방시찰복명서」『백산학보』9, 237쪽.
17) 김정명 편, 소화 42년, 「圖們江方面等の獨立運動に關する件」;「光復團檢擧に關する件」『朝鮮獨立運動』2, 東京 ; 原書房, 777·989쪽 참조.

한편, 무장투쟁을 비롯하여 독립운동을 올바로 이해하기 위해서는 그 배경 중 하나로 사상적 특성을 검토해 보아야 한다. 천주교 신도들의 독립운동을 이해하기 위해서는 우선 천주교 신앙과 독립운동과의 관계 여부를 주목할 수 있다. 그런데 당시의 교회에서는 성속이원론聖俗二元論의 입장에서 정교분리를 엄격히 주장했다. 교회의 지도자들은 신도들이 독립운동에 간여함을 금지했고 독립운동에의 간여가 곧 정교분리정책을 위배하는 것으로 보았다.18) 이러한 상황에서 천주교 신앙 그 자체나 교회의 가르침으로부터 직접적인 영향을 받아 독립운동이 전개되었다고 보기는 어려울 것이다. 물론 독립운동자 개개인들이 독립운동에의 투신을 결심하는 과정에서 천주교 신앙이 일정한 영향을 주었을 가능성을 부인할 수만은 없다. 그러나 독립운동에 투신한 신도들에게 보다 직접적인 영향을 미쳐 주었던 사상으로는 민족주의 사상을 들 수 있을 것이다. 신도들은 당시 사회를 풍미하던 이 사상을 수용했고, 이 민족주의 사상과 자신의 신앙이 상호 충돌되지 아니한 것으로 판단했기 때문에 자신을 천주교도이며 동시에 독립운동자로 생각했던 것이다.

간도천주교회의 사상적 흐름과 관련하여 동학과의 관련성 여부가 검토되어야 한다. 앞서 살펴본 바와 같이 간도천주교사의 첫머리는 김이기의 신종교에 대한 탐구운동에서 시작하고 있다. 그러나 그는 1895년 회령에서 동학도로 사형을 당했고, 그의 제자들에 의해서 천주교 신앙운동이 일어났다.19) 간도의 '12종도'로 불리는 사람 가운데 하나인 '지유붕'

---

18) 장병길, 1985, 「조선총독부의 종교정책」 『정신문화연구』 여름호, 한국정신문화연구원, 57쪽.
윤선자, 1996, 「일제하 조선천주교회의 선교정책」 『북악논총』 14, 국민대학교 대학원, 51쪽.

19) 간도천주교사 관계 문헌에서는 당시 관헌들이 김이기를 동학도로 사형에 처했다고 기록되어 있다. 이를 당시 관헌들의 오해에서 나온 것이라고만 해석하기에는 어려움이 따른다. 그리고 이렇게 사형을 당한 김이기의 제자들이 주도했던 간도교회의 신도층은 한국 본토 교회의 신도들과는 성격에 있어서 차이를 드러내고

도 입교 이전에는 동학도였다.[20] 이와 같은 일은 간도 천주교회의 초창기에 활동했던 인물들이 입교 이전에는 반제국주의적 성향을 가지고 있던 동학에 접근했던 적이 있었음을 제시해 주는 사례로 생각된다. 이밖에도 일제의 정탐기록에는 동학 잔당들이 천주교에 입교한 후 천주교의 중건 세력이 되었다고 기록되어 있다.[21] 이와 같은 사료를 참조할 때, 초기의 신도들 가운데에는 동학교도 출신자들이 적지 않았던 듯하다.

요컨대, 일제의 침략과정에서는 이에 대한 무장 항쟁이 도처에서 일어나고 있었다. 이러한 무장항쟁에 천주교 신도들도 부분적으로 간여되고 있었다. 그러나 이 무장 항쟁이 집중적으로 전개된 곳은 간도지방이었다. 그러므로 무장 항쟁이 일어난 배경으로는 간도지방을 주목하게 된다. 간도지방에서 조선인 천주교도들이 일제에 대한 무장 항쟁을 전개하게 된 배경적 사건으로는 우선 이 지역에서의 천주교 전파와 성공적 포교를 들 수 있다. 그리고 이 지역의 천주교도들은 본토의 교회와는 달리 개신교도들과의 협동한 경험을 축적해 왔다. 이러한 경험에 따라서 그들은 독립운동의 과정에서도 협동이 가능했던 것이다. 그리고 간도 지방에서 천주교 신도들이 반식민지 무장투쟁에 참여할 수 있었던 또 다른 배경으로는 일본제국주의의 조선인에 대한 탄압을 들 수 있을 것이다. 간

있었을 가능성도 생각해 보아야 할 것이다.

20) 간도 천주교회의 사상적 배경을 암시하는 증언자료로는 연길 천주교회 지철근(토마스)이 채록하여 1995년 2월 5일자 편지를 통해서 조광에게 보내 준 '지춘호의 증언자료'(이하 '지춘호 증언자료'라 약칭한다)가 있다. 이를 옮겨서 제시하면 다음과 같다. "북간도 12종도 지유붕(다두) . 지유붕 다두는 동학당 선생도 하고 붓글씨도 잘 써서 소문이 높았고 독립운동에도 투신했다. 쏘련 하바롭스쿠에도 몇 번 다녀왔는데 독립군의 총을 구입하려 애쓰신 분이다. 1938년 병으로 사망하였는데 성당이 세워지는 곳에는 지유붕의 발자취가 닿았고 활동면이 대단히 넓어 근본 집 살림을 관계치 않고 교회와 독립군 활동에 전력하다가 병이 나게 되었다.(지춘호 아마또 제공)."

21) 김정명 편, 소화 42년, 「間島における宗教團體と抗日獨立運動との關係報告の件」『朝鮮獨立運動』3, 117쪽.

도지역의 신도들 가운데 상당수는 일제의 식민정책으로 말미암아 간도 지방으로 내쫓겨진 사람들이었다. 그들 가운데에는 이미 구한말 때부터 의병에 참여하여 반일 항쟁의 경험을 가진 사람도 있었다. 이러한 분위기에서 일제에 대한 저항이 가능했다. 한편, 일제에 대한 간도 지역을 비롯한 천주교도들의 무력 저항에는 사상적 요소도 일정한 영향을 주고 있다. 특히 간도 지역의 교회는 반제국주의 운동의 경험이 있던 동학도들이 교회 설립 당초에는 주류를 이루고 있었다. 이러한 저항적 분위기는 3·1운동 이후 다시 촉발되어 일제에 대한 무장 저항을 가능하게 해주었을 것으로 생각한다. 이러한 간도지방의 사례들은 다른 지역이나 시기에 전개된 천주교 신도들의 무장 항쟁을 이해하는 데에도 하나의 전범으로 참고할 수 있을 것이다.

3. 3·1운동 이전의 무장 항쟁

일제의 조선에 대한 침략이 강화되어 감에 따라 조선에서는 의병전쟁이 치열하게 전개되었다. 이 의병전쟁에도 불구하고 조선은 일제의 식민지로 전락되었다. 한편 이 의병전쟁에 일부 천주교 신도들이 참여하고 있는 것을 확인할 수 있다. 또한 1910년 '한일합방'이 강요된 이후에도 무력저항을 기도하는 시도가 이어져 발생했고, 이 과정에서도 천주교 신도들의 존재를 부분적으로나마 확인할 수 있게 된다. 그러므로 여기에서는 3·1운동 이전 천주교 신도들의 무력 저항에 대한 사례들을 간략히 검토해 보고자 한다.

물론, 당시의 천주교회에서는 일제에 대항하는 무장독립운동을 원칙적인 차원에서 부인하고 있었다. 그러나 신도들은 이러한 교회의 공적인

입장과는 달리 개인의 양심적 차원에서 무장독립운동에 투신하고 있었
다. 이러한 무장투쟁의 선구적 사례로는 충청북도 영춘군 동면 용담리
출신인 김상태金尙台(1864~1912)를 우선 주목할 수 있다. 그는 1907년 정
미의병 이후 순흥順興, 봉화奉化, 풍기豊基, 영춘永春, 영월寧越 등지에서
의병항쟁을 전개했다.[22] 그런데, 그의 심문조서에서는 종교관계에 관한
언급이 나타나지는 않지만[23] 그가 가지고 있던 유품 가운데에서 발견된
각종 성물로 미루어 보아, 그는 천주교 신자로 추정되고 있다. 물론 우리
는 김상태 이외에도 의병전쟁에 관여했던 천주교 신도들의 존재를 추정
할 수 있는 몇몇 자료를 찾을 수 있다. 예를 들면 훗날 간도에서 조직된
의민단의 구성원들이 '구폭도파舊暴徒派' 출신이라는 일본 정보기관의 파
악은 이러한 추정을 뒷받침해 준다.[24] 그리고 1920년 경신참변庚申慘變
때에 간도 팔도구에서 일본군에게 학살당한 '리경찬'의 경우에도 전력이
의병이었다.[25] 그밖에 장호원長湖院 성당의 신자들을 비롯하여 일부 지

---

22) 김정명 편, 소화 42년,『朝鮮獨立運動』1, 22·83·196·233쪽.

23) 일본헌병대, 1912,「敵魁金尙台逮捕顚末報告」(독립기념관 소장 사본) 독립유공자
공훈록편찬위원회 ; 1988,『독립유공자공훈록』, 국가보훈처, 532~533쪽. 한편,
김상태 관계 자료로『巨魁金尙台之略傳』이 있는 것으로 전해지고 있으나 이 자
료를 검토하지는 못했다.

24) 윤선자, 1996, 앞의 글, 55쪽 참조.

25)「지춘호의 증언자료」, "팔도 리경찬(강원도 평강 출신)씨는 일제를 반대하여 독립
운동에 진력, 초기 강원도에서 의병단 운동을 하였고 조선 3·1운동 당시 지하조
직에서 주력으로 활약하였다. 가톨릭 신자로서 항일한 분으로 유명하다. 경신년
대토벌에서 일본군이 팔도를 습격하여 당시 체포되고 일본놈에게 목을 잘리웠다.
일제가 '대일본제국 만세' 구호를 외치면 살려주겠다고 했으나 끝까지 대항하여
'독립만세'를 불렀다. 당시 3분이 함께 피살되었는데 이듬해 눈이 녹을 때 시체를
찾았다 한다. 당시 많은 사람들이 연루되어 일본인에게 붙잡혔는데 어떤 사람들
은 견결하게 대항하지 않았기에 목숨을 부지할 수 있었다. 집 수색을 하면서 삐
라·선전문 등이 발견되었고 당시 천주교 내부에도 친일파가 존재하여 어떤 교우
들은 감쪽같이 일본놈들에게 붙들려 가서는 심문을 당하고 매도 맞았다 하는데
확실한 근거는 묘연하다. 리경찬의 손자가 지금 조선 청진에 있는데 구역 당 비서
로 일하고 있으며 할아버지 공로로 하여 국가의 혜택을 크게 받는다 한다. 리경찬

역의 신자들이 의병에 가담했다는 증언도 전해지고 있다.

그러나 이보다 더욱 확실한 무장투쟁의 사례로는 안중근의 경우를 들
수 있다. 그는 1908년 김두성金斗星과 이범윤李範允의 휘하에서 대한의군
참모중장大韓義軍參謀中將의 자격으로 의병전쟁을 직접 전개한 바가 있었
다. 이때 그의 의병부대는 대략 300명의 병력이었다. 그들은 두만강 대
안 지역인 연추烟秋를 근거지로 하여 군사훈련을 실시했다. 그들은 1908
년 6월 두만강을 건너서 함경북도 경흥군 노면蘆面 상리上里에 주둔하고
있던 일본군 수비대를 공격하여 승리를 거둔 바도 있었다. 또한 그 해
7월에는 함경도 경흥 부근과 신아산新阿山 등지로 진입하여 일본군과 전
투를 전개했다.26) 이와 같이 안중근은 1908년 자신이 직접 의병전쟁에
참가하여 활동한 바 있었다. 그리고 그는 1909년에는 이토 히로부미를
제거하여 독립투쟁의 기치를 높였다.27)

한편, 그의 의거가 감행된 지 얼마 지나지 않아서 1910년 11월 안중
근의 사촌 동생인 안명근安明根(1879~1927)은 '안악사건'으로 투옥되었
다.28) 이때 그는 서간도에 무관학교를 설립하기 위해서 황해도 안악과
신천 등지에서 군자금을 모금하기 시작했다. 그는 안악의 원행섭元行燮
과 신천의 한순직韓淳稷 등 천주교 신도의 집에 유숙하면서 이들과 함께
군자금을 모금했다.29) 그러나 그는 일제에 의해 체포되었고, 1911년 7
월 22일 강도·강도미수죄로 경성지방재판소에서 종신징역이 선고되었
다. 그는 同年 9월 4일 경성공소원 제2심 판결을 통해서 그 형량이 확정
되었고, 그와 함께 모의했던 천주교인 한순직과 원행섭에게는 징역 15년

씨가 치명할 때 35세 좌우이다(지춘호 제공).
26) 조광, 1994, 「안중근의 애국계몽운동과 독립전쟁」『교회사연구』 9, 85쪽.
27) 조광, 1994, 앞의 글, 65~92쪽.
28) 최석우, 1980, 「한국종교운동사-천주교-」『한국현대문화사대계』 5, 228쪽.
29) 경허전기편찬위원회, 1970, 『안악사건과 3·1운동과 나-경허최명식선생약전과
    자서-』(등사자료), 39~40쪽.

이 구형되었다.[30] 무관학교를 건립하고자 하던 그의 기도는 이로써 좌절되었지만, 안명근 및 그와 함께 체포되었던 적지 않은 천주교 신도들은 일제에 대한 무력저항에 찬성하고 이를 추진했다고 볼 수 있다.[31]

안명근의 투쟁에 이어서 일제 당국에서는 안악사건을 '105인 사건'과 연계시켜 조작적으로 확대하고자 한 바 있다. 그런데 이 '105인 사건'의 과정에서도 이기당李基唐과 안성제安聖濟와 같은 천주교 신도들이 연루되어 혹독한 고문과 옥고를 치루기도 했다.[32] 이기당의 옛 이름은 이석대李石大이고 세례명은 '안당'이었다. 그는 1913년 석방될 수 있었다. 그는 석방된 직후 서간도 무송현撫松縣으로 망명하여 그곳에서 광제회廣濟會를 조직하고 회장으로 활약하는 한편, 통화현通化縣에 자치회를 조직하고 병학교를 설립하는 등 본격적인 무장 항쟁을 시도하고 있다.[33] 그가 조직한 광제회에는 200명 이상의 회원이 있었고, 자치회는 3,500명 이상이 소속되어 있었다. 그리고 병학교의 생도수도 500명 이상이었다.[34] 이와 같이 활발한 독립운동이 전개되자 일제는 그에 대한 체포령을 내렸다. 이러한 상황에서 1916년 신의주 천주교회의 서병익徐丙翼 신부는 그를 파문하고 축교逐敎한다는 사실을 일제 당국에 통고했다.[35] 이 사건을 통

---

30) 『Mutel 문서』 1913-148 안명근 사면건 ; 최석우, 1980, 앞의 글, 228쪽.

31) 안명근은 1913년 일본 메이지(明治)천황이 죽었을 때에도 요배(遙拜)를 거부하며 "우리는 일본 천황에게 조그마한 은택도 입은 일이 없다"는 '불경한' 말을 한 것으로 기록되어 있다. (『Mutel 문서』1913-148 栖原檢事正代理가 사법부 장관에게 보낸 회답초록 ; 최석우, 1980, 앞의 글, 229쪽) 이러한 기록으로 미루어 보아 그는 감옥에서도 항전의지를 굽히지 않고 있었다고 생각된다. 그는 1926년에 가출옥으로 석방되어 신천 청계동에서 천주교 관계의 일을 거들다가, 나중에 滿洲 吉林省 依蘭縣 八虎力 袁家屯으로 이주했다. 이곳에서도 그는 천주교 전교에 힘쓰던 중, 교우 급환자의 종부성사에 임석하고 나서 이질에 감염되어 1주일 동안 앓다가 1927년 8월에 세상을 떠났다.(전태준, 1989, 「비사 안명근」, 『현대공론』, 368쪽)

32) 윤경로, 1990, 『105인 사건과 신민회 연구』, 일지사, 90쪽.

33) 『Mutel 문서』, 1926-86, '이기당파문건' ; 최석우, 1980, 앞의 글, 230쪽.

34) 『Mutel 문서』, 1916-85, 1916-86 ; 최석우, 1980, 앞의 글, 230쪽.

35) 『Mutel 문서』, 1916-85, ; 최석우, 1980, 앞의 글, 230쪽.

해서 볼 수 있는 바와 같이 당시 교회에서는 신도들의 일제에 대한 무장 항쟁이 교회의 존립에 영향을 줄 것으로 판단하고 이에 대해서 신도들을 파문하기까지 했음을 알 수 있다.

요컨대, 한일합방을 전후한 시기 천주교회에서는 일제에 대한 폭력적인 저항을 반대하고 비폭력적 방법에 의한 저항만을 용인하고 있었다. 이러한 상황에서도 일부 천주교 신도들은 위기에 처한 국가의 운명을 구하기 위해서 무력항쟁에 뛰어 들었음을 확인할 수 있다. 그 대표적 사례로는 주로 경상도 지방에서 활동했던 의병장 김상태의 경우를 들 수 있다. 그리고 안중근도 1908년을 전후하여 의병전쟁에 참여했고 1909년에는 이토 히로부미를 저격하여 제거했다. 그리고 1910년 '한일합방'이 단행된 직후에는 황해도 지역에서 안명근을 중심으로 한 '안악사건'이 발생했다. 또한 '105인 사건' 과정에서도 이기당을 비롯한 천주교 신도들의 존재를 확인할 수 있다. 그러나 3·1운동 이전에 진행된 일제에 저항하는 무장 항쟁의 대열에서 천주교도들의 활동은 대체적으로 볼 때 일반 무장 세력의 일부로 활동하고 있을 뿐이며, 무장투쟁을 목표로 하는 신도들만의 단체가 조직되어 있지는 아니했다. 이러한 사실은 3·1운동 이후 간도 지방을 중심으로 하여 전개된 천주교 신도들의 무장투쟁과는 차이를 드러내는 것이라고 생각된다.

4. 간도 지방에서의 무장 투쟁

간도지방에서는 3·1운동 이후 비폭력적인 만세 시위가 아닌 무장투쟁이 활발히 전개되고 있었다. 이 무장투쟁은 독립전쟁의 양상을 취하고 있었으며, 상해에 조직된 대한민국 임시정부와도 일정한 연관을 가지고

진행되었다. 물론 모든 무장 역량들이 임시정부 산하에 집결했던 것은
아니나, 민족주의 계통의 무장 집단들 가운데 상당수는 상호 연합하여
독립전쟁을 수행해 나갔다. 이러한 과정에서 천주교 신도들도 무장 투쟁
에 참여하게 되었고, 그들만의 독자적인 무장 부대를 편성하여 운용하기
도 했다. 간도지방에서의 무장투쟁은 3·1운동과 긴밀한 관련을 가지고
있었다. 그러므로 여기에서는 간도 지방의 3·1운동 과정에서 천주교 신
도들이 전개한 저항운동의 특징과 그 이후의 의민단 운동 등에 관해서
약술해 보고자 한다.

간도 지방에서의 무장 항쟁은 3·1운동의 연장선상에서 진행되었다.
그런데 간도지역에서는 국내에서 전개된 3·1운동에 앞서서 이미 1919
년 2월 18일·20일 국자가局子街 하장리下場里에서 간도지역의 독립운동
자 33인이 회집하여 앞으로 전개될 독립운동의 방향을 정한 바 있다. 이
때의 비밀집회에서는 "간도 내 각 교회와 단체는 서로 단결하고 협력
일치하여 한족 독립운동에 힘을 다한다."고 결의했다.[36] 그리고 이 약조
의 구체적 실천 방안으로는 "야소교耶蘇教, 천주교, 대종교, 공자교의 각
유력자의 연락을 밀접히 하고 같은 교도 및 지기知己를 권유한다"고 합
의한 바 있다.[37]

이 결의에 따라 용정에서는 1919년 3월 13일 독립만세 시위가 있었
고, 이 시위에는 교우촌인 대교동의 학교도 정식으로 참여했다.[38] 그리
고 이 만세 시위를 기폭제로 하여 간도 전역에서 독립운동이 치열하게
일어났다. 천주교 신도들의 만세시위는 비폭력운동에만 국한된 것은 아

---

36) 김정명 편, 소화 42년, 「間島方面韓族獨立運動に關する起因及經過の槪要」 『朝
    鮮獨立運動』 3, 6쪽.
37) 김정명 편, 소화 42년, 「間島方面韓族獨立運動に關する起因及經過の槪要」 『朝
    鮮獨立運動』 3, 13쪽.
38) 김정명 편, 소화 42년, 「龍井村における獨立宣言發表の件」 『朝鮮獨立運動』 3,
    3쪽.

니었다. 그들의 독립운동은 무장저항운동으로 전개되어 갔다. 그 예로서
는 1919년 3월 16일 장백현의 천주교 신도 30여명이 압록강 대안의 혜
산에 있는 일본 경찰서를 습격했던 사례를 들 수 있다.[39] 그리고 그해
5월 15일에 대한학생광복단大韓學生光復團 사건이 터졌고, 이로 인해 많
은 사람들이 일제에 의해 검거되었다. 검거된 사람들 가운데는 천주교에
서 운영하던 교향학교 교사인 박춘범朴春範(22세)과 연길지방의 대표적
교우촌인 연길현 용지향勇智鄕 대교동大敎洞에 거주하는 수모자首謀者 남
성일南星一이 포함되어 있었다.[40] 이를 살펴보면 천주교 계통 학교의 학
생과 교사들이 계속하여 독립운동에 참여하고 있음을 확인하게 된다.

그런데, 3·1운동 이후 간도지방에서 전개된 무장투쟁의 주류는 종교
단체를 배경으로 하여 형성되고 있었다. 당시 무장단체에 속한 인원으로
집계되어 있었던 3,700명 가운데 종교계열에 속하는 무장단체의 인원수
는 2,500명으로서 총 인원의 67.5%를 점하고 있었다.[41] 이들은 명확한
반일투쟁의 기치를 들었을 뿐 아니라 이를 실천에 옮겼으며 불완전한 통
계에 의하더라도 1920년에 중국과 조선의 변경에서 1,631회에 걸쳐 출
현하고 있었다.[42] 이와 같이 무장 투쟁이 강화되어 가고 있던 과정에서
천주교 신도들도 무장투쟁에 직접적으로 참여하고 있었다.

간도지역에서 전개된 천주교 신도들의 무장 항쟁 가운데 가장 대표적
인 사례로서는 방우룡이 대표로 있던 의민단을 들 수 있다. 의민단은 의
민회義民會로도 불렀다.[43] 의민단이 결성된 시기는 명확하지 않다. 그런
데 1920년 3월 16일자 일본 정보당국의 첩보에 간도지방의 여러 독립운

39) 최봉룡, 1992, 「재만 조선인 반일민족독립운동에서의 종교의 역사적 지위에 대하
    여」『한국독립운동사의 제문제- 김창수교수화갑기념 사학논총』, 범우사, 225쪽.
40) 김정명 편, 소화 42년, 「大韓學生光復團檢擧に關する件」『朝鮮獨立運動』3, 165쪽.
41) 民政部急務司調査課 編, 『在滿朝鮮人事情』, 84~85쪽 ; 최봉룡, 1992, 앞의 글,
    226쪽.
42) 일본외무성, 1920. 10. 20, 『高警』34, 381호 문건 ; 최봉룡, 1992, 앞의 글, 226쪽.
43) 김정명 편, 소화 42년, 「朝鮮民族運動年鑑(1920)」『朝鮮獨立運動』2, 260쪽.

동 단체에 관한 기록이 나오고 있으나, 여기에서는 의민단에 관한 기록은 언급되어 있지 아니하다.[44] 그리고 1920년 6월 2일 자 북간도 지방의 '불령선인不逞鮮人' 단체를 언급하고 있는 일제의 첩보문서에서도 의민단의 명칭은 나타나지 않고 있다.[45] 그렇다면 의민단은 이 이후 어느 시기에 조직된 것으로 볼 수 있다. 그러나 의민단에 관한 기록은 1920년 7월 이후에 이르러 상해 임시정부의 보고서나 일제 정보기관의 첩보기록에 나타나기 시작한다. 즉, 상해 임시정부에서는 간도지방에 특파원 왕덕삼王德三을 보내어 이 지역의 독립운동 상황에 관한 자료를 수집하여 보고하게 했다. 이에 왕덕삼은 대한민국 2년(1920) 7월 3일 국민회國民會, 군정서軍政署, 신민회新民會, 의민단을 비롯한 모두 16개에 이르는 독립운동 단체를 보고하고 있다. 왕덕삼의 보고서는 소재지·목적·색채·무장내용·간부 등의 항목으로 나누어 작성된 것이었다.[46] 이러한 자료들을 참고해 보면 의민단은 1920년 6월 2일 이후부터 7월 3일 이전 어느 시점에서 창설된 것으로 볼 수 있다.

한편, 의민단의 대표인 방우룡은 1919년 말 현재로 '임시정부 산하에서 임시정부의 명령에 복종하는 단체' 가운데 대표적 조직인 '재간도대한민회在間島大韓民會, 회장 구춘선具春先'의 의사원議事員으로 활동하고 있었다. 이 단체는 1919년 8월 9일 현재 간도지방의 연길, 화룡和龍, 왕청汪淸 등 3개 현을 5개의 구회區會로 나누었고, 그 구회의 산하에 52개 지회를 두어 간도 지방의 조선인들을 포괄하고 있었다.[47] 이러한 사실을 참고할 때, 3·1운동 이후 간도지방의 천주교 신도들은 '재간도 대한민회'

---

44) 김정명 편, 소화 42년, 「間島地方韓族獨立運動機關所在およぴ幹部氏名報告の件」, 『朝鮮獨立運動』2, 131-134쪽.

45) 김정명 편, 소화 42년, 「間島地方における抗日六團體代表者協議事項等情報の件」, 『朝鮮獨立運動』3, 166쪽.

46) 在上海日本總領事館, 1932, 『朝鮮民族運動年鑑』, 在上海日本總領事館 警察部(謄寫資料本), 155쪽.

47) 김정명 편, 소화 42년, 「朝鮮民族運動年鑑(1919)」『朝鮮獨立運動』2, 213쪽.

의 산하에서 독립운동에 참여하고 있었던 것으로 추정된다. 그 후 간도의 천주교도들은 당시 간도 교민 사회에서 활발히 진행되던 단체 결성의 분위기에 힘입어 1920년대 전반기에 이르러 천주교 신도 독립운동 단체로 의민단을 조직하기에 이른 것으로 생각된다.

이와 같이 의민단은 일제에 대한 무력투쟁을 목적으로 간도 지방의 천주교인들이 조직한 단체였고, 군인 수가 200인, 무기 200개를 가지고 있었으며, 다른 단체에 비해서 창설된 지가 일천하여 국민회와 연합하고 있다고 보고되고 있다.[48] 한편, 이 단체의 군인 수가 300명이고 '구폭도파'에 속하며 노령의 조선독립운동자들과 긴밀한 유대를 가지고 있다는 기록도 있다.[49] 이는 의민단에 참여했던 독립군의 주류가 의병 출신이었음을 말해 주는 것이다. 사실 당시는 독립군 가운데 의병 출신자들이 적지 않았던 때였다.[50] 그렇다면, 의민단은 천주교 신자 출신 의병투쟁 경력자들 내지는 의병투쟁 경력자로서 간도에 이주한 후 천주교에 입교한 사람들이 다수 포함되어 있었다고 볼 수 있다. 이 단체의 재정은 천주교 신도들의 헌금에 의존하였으므로 비교적 윤택한 편이라는 기록도 나타나고 있다.[51]

의민단의 대표는 방우룡方雨龍으로 되어 있다. 그는 방위룡方渭龍 등 몇 가지 다른 이름으로 나타나고 있다. 그리고 그와 함께 공동의 대표로 언급되는 의민단의 주요 인사로는 김연군金演君이 있다. 이들 외에도 현빈玄斌·채창묵蔡昌默[52] 김종헌金鍾憲·허근許根·홍림洪林 등의 의민단 관

---

48) 김정명 편, 소화 42년, 「朝鮮民族運動年鑑(1920)」『朝鮮獨立運動』 2, 259쪽.

49) 윤선자, 1996, 앞의 글, 55쪽.

50) 김정명 편, 소화 42년, 「圖們江方面の獨立運動に關する件」 ; 「光復團員檢擧に關する件」, 『朝鮮獨立運動』 2, 776·989쪽.

51) 채근식, 1949, 앞의 책, 82쪽. 한편, 앞의 자료에서는 의민단의 재정을 200원이라고 기록하고 있다. 그러나 이는 당시의 상황에 비추어 볼 때 정확한 기록으로 보기 어려우므로 이를 채택하지는 아니한다.

52) 김정명 편, 소화 42년, 「間島地方における獨立趣旨書および警告文入手の件」『朝

계자의 성명을 여러 자료를 통해서 확인할 수 있다. 한편 최근에 채록된 증언자료 가운데에는 의민단의 군의軍醫로 참여했던 '김병렬'에 관한 전해들은 증언이 있다.[53]

의민단은 1920년 7월 26일 북간도 독립군 부대들이 재연합하여 동도東道 독군부督軍府를 창설할 때, 대한독립군과 함께 제2대대로 편성되었다. 이 부대의 주둔지는 연길현 숭례향 명월구였으며, 대대장은 방우룡이었다. 한편 의민단은 독립군 간부를 양성하기 위해서 1920년 7월 대한국민회, 대한독립군과 연합하여 명월구 이청배에 사관학교를 설립했다. 그러나 그해 9월 1일 일제의 압력을 받은 중국 기병 100여명이 이곳을 방화함으로써 이 사관학교는 폐교되었다.[54]

이 의민단은 '의민회' 혹은 '대한의민회' 등의 명칭으로도 나타난다. 의민단은 1920년 9월 '대한의민회'의 명칭으로 대한신민단, 대한광복단, 대한국민회 등과 더불어 '북로사령부'를 구성하여 독립운동을 전개하기도 했다.[55] 이 북로사령부에 참여한 '대한의민회'의 대표로는 방우룡과 김연군이 명기되어 있고, 북로사령부 산하에는 제1연대장 홍범도洪範圖, 제2연대장 김좌진金佐鎭, 제3연대장 최진동崔振東 등이 있었다. 이와 같은 군사조직을 기초로 하여 천주교도 독립군은 1920년 10월 21일 이후 홍

<hr/>

鮮獨立運動』2, 398쪽.

53) 「팔도구 김병렬 관계 증언 자료」, "(김병렬은) 팔도 의민단에서 군의질을 하였는데 별명은 '슬-슬 김병렬'이라 한다. 술에 취한 것처럼 비틀거리며 경찰 파출소 경찰들을 놀려 주곤 했다. 소변을 보아도 술에 취한 모양으로 헌병대 문 어구에 대고 보았다. 독립군과 혁명군에 많은 약품을 보내 주어 천주교 보통신자로서 항일을 도왔고 팔도구에서 적지 않은 영향을 끼쳤다(증언자 : 김병렬의 며느리 박복실. 1995년 2월 5일, 지철근 제공).

54) 윤선자, 1996, 앞의 글, 56쪽.

55) 김정명 편, 소화 42년, 「朝鮮民族運動年鑑(1920)」『朝鮮獨立運動』2, 260쪽. 여기에 제시되어 있는 연합세력 중에 대한의민회가 다른 단체보다 앞서 제시되고 있는 것을 보면, 대한의민회의 역량이 다른 단체보다 상대적으로 컸음을 의미한다고 하겠다.

범도, 김좌진 등이 이끈 청산리 전투에도 참가하고 있다.[56]

한편, 청산리 전투가 진행 중이었던 1920년 10월 29일 대한의민회는 대한신민단·대한광복단·대한국민회 등을 연합하여 상해 임시정부의 지휘 감독을 받는 총판부總辦府를 설치했다. 이 총판부는 이미 형성되어 활동하고 있던 군사조직인 북로사령부의 기능을 보완할 수 있는 일종의 민정 기관으로 생각된다. 이 총판부는 '간북남부총판부墾北南部總辦部'와 '간북북부총판부墾北北部總辦部'로 나뉘게 되었는데, 구춘선이 총판으로 있던 간북남부총판부는 연길, 화룡, 돈화, 액목額穆 지역을 관장했다. 이 때 방우룡은 간북남부총판부의 부총판으로, 김연군은 참사로 참여하고 있다.[57]

그러나 의민단의 병력은 청산리 대첩 이후 일제의 추격을 받아 독립군들이 러시아령 자유시로 집결 피신했을 때에도 이에 행동을 같이 했으리라 생각된다. 그러다가 그들은 러시아의 독립군 무장해제 과정에서 1921년 6월 29일에 발생한 '자유시 참변'을 겪게 되었을 것으로 추정된다.[58] 한편 1921년 8월 4일 간도지방에서 무장항쟁을 전개하던 독립군들은 대한독립군단大韓獨立軍團(임시단장 이범윤)을 조직하여 무장 항쟁의 전열을 재정비했다. 이 대한독립군단에 참여한 의민단의 대표로 현빈과 채창묵이 나타나 있음을 보면 의민단은 어떠한 이유에서인지는 미상이나 방우룡 대신에 현빈이 대표로 기록되기에 이르렀다.[59] 그러나 1921년 9월에 자유시참변에 대해서 독립운동 단체들은 강력한 항의를 제시

---

56) 編輯委員會, 1984, 『延邊朝鮮族自治州槪況』, 연변인민출판사, 43쪽.

57) 김정명 편, 소화 42년, 「朝鮮民族運動年鑑(1920)」『朝鮮獨立運動』 2, 256쪽.

58) 자유시 참변에 대해서는 다음과 같은 논문들이 있으나, 이 논문에서는 의민단 관계 기사를 찾아볼 수는 없다.
신재홍, 1973, 「자유시참변에 대하여」 『백산학보』 14, 백산학회.
권희영, 1994, 「자유시 사변연구」 『한국사학』 14, 한국정신문화연구원.

59) 김정명 편, 소화 42년, 「間島地方における獨立趣旨書および警告文入手の件」 『朝鮮獨立運動』 2, 398쪽.

한 바 있는데, 이 항의의 대열에 방우룡이 의민단 대표로 다시 참여하고 있다.[60] 이 이후로는 의민단의 활동이 기록을 통해서는 확인되지 않고 있다. 이는 자유시 참변이후 의민단의 잔여 인원이 대한독립군단의 일원으로 편입된 결과일 것으로 생각된다. 또한 의민단이 '북간도 국민회'와 연합되었다는 기록이 남아 있음을 볼 때,[61] 1921년 9월 이후 어느 시점에서 의민단은 국민회와 연합 이후 자체의 독자적 활동을 중지했던 것으로 추정된다. 한편, 의민단의 존재가 소멸된 데에는 의민단 내부에서 무장저항 독립운동의 재검토를 요구하는 세력들이 있었을 가능성도 있다. 이는 종교인들을 인적 기반으로 조직된 독립운동 단체들은 독립운동 과정에서 종교에 대한 탄압이 가중되자, 독립운동보다는 종교 자체의 보호에 더욱 주력함으로써 직접적인 무장투쟁에서 멀어져 갔던 것으로 생각된다.[62] 이상에서 살펴본 바와 같이 의민단은 대략 1920년 6월 전후에 창설되어 1921년 9월까지 활동한 기록을 남기고 북간도 국민회에 연합되었고, 그 이후 간도 지방 천주교 신도들도 국민회의 기치 아래 계속 활동했던 것으로 파악된다.

한편, 간도지방에서는 1919년 3·1운동 직후 국민회가 조직되어 있었다. 일제의 첩보자료에 의하면 이 국민회는 회원수가 약 800명이었고, 그 구성원은 개신교·천주교·천도교 신도들이 연합하여 창설한 단체였다.[63] 국민회는 북간도 교민들의 통일기관임을 자임하면서 상해 임시정

---

60) 김정명 편, 소화 42년, 「朝鮮民族運動年鑑(1921)」『朝鮮獨立運動』2, 284 쪽. 여기에서는 의민단의 대표로 方面龍, 金演源이 명기되어 있다. 이는 方雨龍과 金演君의 별명이거나 오자일 것으로 생각된다.

61) 채근식, 『무장독립운동사』, 대한민국 공보처, 82쪽. 여기에서는 의민단이 국민회와 연합된 시기를 1920년 초로 서술하고 있다. 그러나 여러 자료에서는 그 이후에도 의민단의 활동을 계속 서술해 주고 있다. 이를 감안하면 그 통합된 연도가 1920년 초로 서술된 것은 오류일 것이다. 그러나 이 자료를 통해서는 의민단이 국민회와 통합되었다는 사실 자체는 확인할 수 있다.

62) 윤선자, 1996, 앞의 글, 57쪽.

부를 지지하고 있었다.[64] 이 국민회는 간도 내 각 지방에 지회를 두고
있었으며 무관학교를 산하에 두고[65] 조선 국내와 연락을 긴밀히 하였으
며 러시아의 볼셰비키들로부터 무기를 구입하고 있었다.[66] 구춘선이 회
장으로 있던 국민회는 북간도 교민들에게 임시정부 군적등록령軍籍登錄
令을 반포하여 북간도에 있던 동포들을 독립전쟁에 참가시켰다.[67] 그리
고 국민회군은 일제에 대한 무장 항쟁에도 직접 참여하였다.[68] 그러므
로 의민단은 자신과 조직 성원이 중첩되고 활동목적도 크게 다르지 아니
한 이 국민회와 연합하게 되었던 것으로 생각된다.

또한 3·1운동 직후에 간도지방에서 조직된 독립운동 단체 가운데 하
나로 신민단(단장 김규면, 재무 한경서)이 있었다. 왕청현汪淸縣 춘화사春華社
석현石峴에 근거를 두고 있었던[69] 이 신민단은 신민회로도 불렸으며
1920년 7월 3일 현재 군인 500인, 무기 150개로 보고되어 있었다.[70] 그
리고 1921년에 작성된 일제의 기록에 의하면 이 신민단에도 경신향敬信鄕
금당촌金塘村의 '완미頑迷한 천주교 신도 일부'가 참여하고 있는 것으로

---

63) 김정명 편, 소화 42년, 「間島および通溝方面における抗日運動狀況報告の件」『朝
   鮮獨立運動』3, 111쪽.
64) 김정명 편, 소화 42년, 「間島方面における抗日運動狀況報告の件」『朝鮮獨立運
   動』3, 142쪽.
65) 김정명 편, 소화 42년, 「間島地方における抗日獨立運動團體の組織系統報告の
   件」『朝鮮獨立運動』3, 280쪽.
66) 김정명 편, 소화 42년, 「國民會と抗日團體との確執に關する件」『朝鮮獨立運動』3,
   168쪽.
67) 김정명 편, 소화 42년, 「大韓國民回裝の告諭文等入手の件」『朝鮮獨立運動』3,
   171쪽.
68) 김정명 편, 소화 42년, 「朝鮮民族運動年鑑(1920)」『朝鮮獨立運動』2, 260쪽.
69) 김정명 편, 소화 42년, 「間島地方韓族獨立運動機關所在および幹部氏名報告の件」
   『朝鮮獨立運動』3, 133쪽.
70) 김정명 편, 소화 42년, 「朝鮮民族運動年鑑(1920)」『朝鮮獨立運動』2, 259쪽. 한
   편, 1920년 3월 16일자의 기록에 의하면 신민단은 300명의 군인과 러시아제 소
   총 150정을 보유하고 있는 것으로 되어 있다.(김정명 편, 소화 42년, 「間島地方韓
   族獨立運動機關所在および幹部氏名報告の件」, 『朝鮮獨立運動』3, 133쪽)

보고되어 있다.[71] 이로 미루어 볼 때 간도 지역의 독립운동에서 천주교 신도들은 개신교 내지는 민족주의 계열의 독립운동가들과 긴밀히 연합하여 활동하고 있음을 알 수 있다.

상해 임시정부는 1919년 10월 15일에[72] '천주교 동포에게'라는 성명서 내지는 호소문을 발표하여,[73] 천주교 신도들이 독립운동에 적극 참여해 주기를 촉구한 바 있다. 이 호소문은 조선 본토에 있는 교회와 신도들에게 분명히 전파되었던 것으로 생각된다. 그러한 예로는 서병익 신부에게 전달되었던 선언서의 사례를 들 수 있다. 즉, 1919년 11월 20일 평안북도 지사는 총독부 고등경찰에게 '천주교도에 대한 불온 문서' 사건을 보고했다. 이는 의주군 의주면 동외동 의주천주교회 신부 서병익이 자신에게 11월 4일자로 평양에서 발송된 대한임시정부 십삼도 총간부總幹部의 명으로 된 '통유通諭'와 '천주교동포에게', 그리고 '독립운동의 건'이라는 문건과 '선언서', '대한민국 림시성립축하문', '독립운동가'와 같은 문건을 우송받고, 이를 현지의 경찰 당국에 신고했다.[74] 서병익의 신고는 당시 종교계의 동향에 대해서 주의를 집중시키고 있던 총독부 고등경찰에게 곧바로 보고되었다.

이 자료를 통해서 확인되고 있는 상해 임시정부에서 조선 천주교 신도들에게 보낸 성명서 내지 호소문에는 천주교 신도들이 천주의 명을 받들려고 한다면 불의의 압박에 고통을 당하고 있는 동포들을 위해서 솔선해서 일어나야 할 것이라 호소하고 있었다.[75] 이러한 호소문이 발표된

---

71) 김정명 편, 소화 42년,「琿春地方におけるキリスト教の状況報告の件」『朝鮮獨立運動』 3, 389쪽.

72) 김정명 편, 소화 42년,「朝鮮民族運動年鑑(1920)」『朝鮮獨立運動』 2, 207쪽.

73) 김정명 편, 소화 42년,「朝鮮民族運動年鑑(1919)」『朝鮮獨立運動』 2, 207쪽은 상해임시정부에서 10월 15일자로 '천주교동포에게'라는 성명을 발표한 사실을 기록하고 있다.

74) 강덕상 편,「지방민정휘보」『현대사자료·조선(4)』, 582~583쪽.

75) 강덕상 편, 앞의 책, 583쪽. 이 성명은 이 자료집에 일본어로 번역되어 수록되어

데에는 상해 임시정부에 참여하고 있던 안정근의 노력이 있었을 것으로 생각된다.

　천주교 신도의 무장저항운동을 논하는 과정에서 안정근의 역할을 주목해야 할 것이다. 그는 안중근의 친동생으로서 천주교 신도로써 상해임시정부의 활동에 참여했던 대표적 인물이었다. 안정근은 1919년 11월 상해임시정부에서 국내 각 지방에 있는 유력자·재산가·학교·종교 등에 관한 기초 조사 작업을 할 때, 김구와 더불어 황해도 신천군信川郡의 조사위원으로 활동하고 있었다.76) 또한 그는 왕덕삼과 더불어 1920년 5월 17일에 상해 림시정부 내무부의 북간도北間島·영령露領 파견 특파원으로

있다. 이를 다시 한글로 옮겨 보면 다음과 같다. 「천주교 동포에게 "여러분은 대한민족이 아닌가. 천주께서는 여러분의 선조를 우리 대한 반도에 보내어 이 땅을 건설하고 여기에서 자유와 복락을 향유하게 하셨다. 여러분의 선조도 이 자비스러운 한국 땅의 雨露 가운데 생장한 것이 아닌가. 그런데 대다수의 동포는 유혈의 괴로움을 맛봄으로써 자유를 획득하려고 급급하고 있는 이때를 맞아 30만에 가까운 천주교 동포의 침묵은 어떠한 이유에서인가? 여러분은 한민족이 아님을 자처하려는 것인가? 아니면 천주님의 명령을 무시하는 저 민족의 노예가 되고자 하는 것인가? 만일 여러분이 진실로 천주님의 명을 받들려고 할 진데 불의의 압박에 고통당하고 있는 이들을 위해서 솔선해서 일어나야 할 것이다. 그리고 정의와 자유를 위해서 죽는 사람은 천주님의 은총을 받을 것이다. 이것은 異民族 간에 있어서도 그러하거늘 하물며 우리 동포 민족을 위함에 있어서랴. 듣건대 주교의 명령이 없어서 궐기하지 않을 것이라 한다. 그러나 주교는 프랑스인이다. 가령 여러분이 프랑스인이라면 이미 우리 운동의 필요성을 인정했을 것이다. 주교인 프랑스인에 있어서도 그러하다. 그런데 아무런 원조도 주지 않고 침묵을 지키고 있는 것은 다름이 아니라 외국인이 우리의 사업에 간여함으로써 장차 사랑하는 본국에 누를 끼치게 될까 염려하기 때문이다. 비록 종교적 관점에서는 주교가 여러분의 우두머리가 될지라도 민족적 관점에서 여러분은 일본인들에게 학살당한 한국민족의 남녀 형제자매가 아닌가? 만일 천주교도 동포 중에 그러한 사람이 없다고 단언한다면 2천만 한국민족은 여러분을 일본인 이상으로 증오해야 할 원수로 간주할 것이다. 그러면 여러분 자신은 물론이요 천주교도 전체에 온갖 원한과 압박이 내릴 것이다. 30만 천주교 동포여, 아직 늦지 않았으니 궐기하여라. 민족이 자유를 획득하기 위하여, 그리고 자유의 국가를 건설하여 여기에 2천만 동포는 소리를 맞추어 천주님의 영광을 찬송할 것이다."」

76) 김정명 편, 소화 42년, 「朝鮮民族運動年鑑(1919)」『朝鮮獨立運動』2, 224쪽.

임명되어 활동하고 있었다.[77] 그의 활동과 관련하여서는 1920년 1월 1
일 자로 만주의 동포들에게 선포된 '경고동포급수군비서敬告同胞急輸軍費
書'에 회원으로 기재되어 있음을 확인할 수 있다. 이 글은 1920년 5월
11일 일본 정보기관 봉천奉天 파견원의 보고에 의해서 일제 당국에 통고
된 것이었다. 이 글에는 '군사독판부' 참모총장 유동열柳東悅 이하 군사
협회 회원 30명의 명단이 제시되어 있다. 이 들은 강령을 통해서 먼저
'군사절대독립'을 주장하고 이에 이어서 '군사준비를 절대급무絶對急務'
로 여기고, '군사외교는 절대신중絶對愼重'히 하고, 모든 '수금收金은 정의
와 인도를 존중해야' 하고, '피를 흘려 싸움으로써 독립을 위해 분투하
고', '군사에 관한 모든 행동은 함부로 하지 아니하고 군기를 지키며',
'이러한 정신을 위배하는 사람은 적에 준하여 대처한다'고 선언했다.[78]
이 단체의 회원 가운데에는 김귀金龜, 여운형呂運亨, 이상룡李相龍 등 당시
의 저명한 독립운동자들이 포함되어 있었다.

바로 여기에 안정근이 동참하고 있음을 보면 그는 후일 임정의 주류
를 이루고 있던 외교독립노선을 지향하던 사람들과는 달리 직접적인 무
장투쟁을 선호했음을 알 수 있다. 안정근은 1920년 5월 17일 왕덕삼과
함께 상해임시정부에 의해 북간도 및 러시아령에 임시거류민제臨時居留
民制를 시행하기 위한 준비작업을 하러 그곳에 파견되었다.[79] 한편 다른
자료에 의하면, 그는 상해 대한민국 임시정부 내무부 특파원으로 북간도
와 노령에 교민단을 설치하고, 함경북도에 독판부를 설치하기 위하여 파
견되었던 것으로 기록되어 있기도 하다.[80] 그리하여 그는 훈춘사건琿春
事件 이후 간도 지방에서 자행된 일제의 만행과 1920년 10월 25일에 전

---

77) 김정명 편, 소화 42년, 「朝鮮民族運動年鑑(1920)」『朝鮮獨立運動』 2, 238·263쪽.
78) 김정명 편, 소화 42년, 「敬告同胞急輸軍費書」『朝鮮獨立運動』 2, 941쪽.
79) 김정명 편, 소화 42년, 「龍井村における獨立宣言發表の件」『朝鮮獨立運動』 2,
     238쪽.
80) 김정명 편, 소화 42년, 「朝鮮民族運動年鑑(1920)」『朝鮮獨立運動』 2, 263쪽.

개된 청산리 전투 상황을 상해 임시정부에 보고하고 있었다.[81] 이 보고
는 대략 청산리 전투가 끝난 1920년 11월 초에 작성되어 발송되었을 것
으로 추정되나, 일제의 정보 기관에서는 이를 동년 11월 25일에 입수하
여 기록하고 있었다.[82] 이와 같은 안정근의 행동을 살펴볼 때, 그는 독
립의 방법으로서 무장투쟁을 중시했음을 알 수 있다. 그리고 간북남부총
판부 등과 같이 상해 임시정부를 지지하는 독립군 연합체가 성립된 것은
안정근의 활동과도 관계가 있을 것으로 추정된다. 우리는 이상과 같은
사례를 통해 일제하 천주교 신도들이 무장독립운동에 참여했다는 사실
을 확인할 수 있다.

한편, 청산리 전투 이후 일제는 1920년 이른바 '경신참변庚申慘變'을
자행하는 과정에서 천주교 신도들에게 적지 않은 피해를 입혔다. 일제는
이 과정에서 종교를 "불량 조선인鮮人들의 독립운동에 이용되는 불령자
不逞者의 소굴"로 인식하고 있었고, 이른바 '경신토벌'을 '불량종교 토벌'
이라고까지 말했다.[83] 그리고 일제는 당시 천주교 신도들이 거주하고
있었던 경신향 금당촌과 대하전大荷田, 순의향順義鄕 동포실東砲臺, 수선
향首善鄕 현성縣城 등에 거주하던 천주교 신도들이 일제의 토벌대에 타격
을 받아 그 힘이 매우 감소되고 있다고 판단한 바 있었다.[84] 이 기록에
의하면 바로 이러한 지역의 교우촌들이 일제의 집중적인 공격을 받고 피
해를 받았음을 알 수 있다. 일제가 자행한 이와 같은 무차별적 반격 과
정에서 간도의 신도들은 적지 않은 피해를 당한 사례로는 팔도구의 '이

81) 김정명 편, 소화 42년, 「大韓民國臨時政府の間島事件に關し間島特派員安定根の
報告文入手の件」『朝鮮獨立運動』 2, 126쪽.
82) 김정명 편, 소화 42년, 「大韓民國臨時政府の間島事件に關し間島特派員安定根の
報告文入手の件」『朝鮮獨立運動』 2, 127쪽.
83) 川口忠 編, 소화 7년, 「間島琿春北鮮及東海岸地方行脚記」, 106쪽 ; 최봉룡, 1992,
앞의 글, 229쪽.
84) 김정명 편, 「琿春地方におけるキリスト敎の狀況報告の件」『朝鮮獨立運動』 3,
389쪽.

경찰'에 관한 증언 자료를 들 수 있다.[85] 그는 합방 이전 강원도에서 의
병운동에 투신한 바 있었고, 간도로 이주한 후에도 일제에 대항하여 3·1
운동에 참여하는 등 항쟁을 지속하다가, 이때 체포되어 사살당했다. 한
편, 이때 10월 5일부터 11월 23일 사이에 일본군들은 연길지역의 교우
촌인 대교동大敎洞에서 43인을 학살했고 6인을 강간했다. 혼춘琿春 지역
교우촌인 금당촌에서는 일본군에 의해서 10인이 학살되었고, 가옥 70채
가 소각되었다.[86] 이처럼 간도지역의 일부 교우촌에서는 일제에 대한
저항이 강렬했기 때문에, 일제는 이 지역에 대한 공격과 살인·방화를 자
행했던 것으로 생각된다.

　요컨대, 3·1운동 직후 간도 지방에서는 천주교 신도들은 개신교와 연
합하여 독립운동에 참여하고 있었다. 이 과정에서 대한학생광복단에 참
여했던 천주교 신자들의 존재가 확인되고 있다. 이렇듯 간도의 천주교도
들은 독립운동에 직접 투신한 체험을 가졌고, 그들은 당시 간도 일원에
서 활발히 전개되던 무장 독립투쟁에 고무되어 있었다. 그 결과 간도 지
방의 천주교도들은 3·1운동 이후 의민단을 스스로 조직하여 일제에 대
한 무력항쟁을 전개했다. 의민단은 1920년 6월 전후에 발족되어 1921년
9월 전후까지 활동하다가 국민회와 통합한 무장단체였다. 이 의민단은
방우룡을 단장으로 하여 활동하였다. 의민단은 독립군 전투사에서 가장
널리 회자되고 있는 청산리 전투에도 참여했다. 간도 지방의 신도들은
의민단 이외에도 신민단의 구성원이 되었으며, 국민회에서도 활동하고
있었다. 이들 단체는 대체로 상해 임시정부의 노선을 따르는 민족주의
단체였다. 한편, 임시정부의 간도 지방 특파원으로 파견되었던 안정근의
역할도 주목되는 바이다. 그는 안중근의 친동생으로서 간도지방에서 민

---

85)「지춘호의 증언자료」참조.
86) 박은식, 1920,『한국독립운동지혈사』, 유신사, 166·168쪽. 이러한 교우촌의 피해
　　에 대해서 당시 교회 당국이 일제에 항의를 제기한 자료는 찾아 볼 수 없었다.

족주의적 독립운동에 상당한 영향력을 발휘하고 있었다. 비록 간도라는 지역적 제한성은 있으나, 일제하에서 조선 천주교 신도들이 고유한 단체를 결성해서 제국주의 식민지 통치에 반대하여 직접 무장투쟁에 종사하고 있었던 당시 조선 본토의 신도들은 상상하기도 어려웠던 일이다. 간도의 신도들 가운데 적지 않은 이들이 자신의 목숨을 던져 민족의 독립을 위해서 투신했던 것이다.

5. 3·1운동 이후의 무장 항쟁

3·1운동을 계기로 하여 간도지방에서 활발히 전개되던 민족주의적 무장 항쟁은 그 이후에도 상당 기간 지속되고 있었다. 그러나 1920년대 말엽에 민족주의 운동 내부의 파벌투쟁이 발생했고 1920년대 중엽 이후 이 지역에서는 공산주의 운동이 강화되어 갔다. 이와 같은 상황에서 이 지역에서 전개된 무장 투쟁의 대열도 새로운 양상으로 전개되었다. 한편 국내에 있어서도 1925년 조선공산당의 창건 이후 공산주의 운동이 반제국주의 운동 선상에서 뚜렷한 위치를 차지해 갔다. 국내외의 공산주의자들은 1926년 좌우익전선 통일운동을 뜻하는 민족협동전선 운동을 전개해 갔다. 그들은 이 과정에서 우익 내지는 종교계의 존재를 인정하고 협동을 모색하게 되었다. 그러나 이 협동전선 운동은 1930년 코민테른의 결정에 따라서 와해되어 갔다. 협동전선 운동은 만주국의 성립으로 대륙 정세가 급변해 가던 1932년을 전후해서 다시 제기되었고, 협동과 분리를 반복하면서 제2차 세계대전이 마무리 된 1945년에 이르렀다. 이와 같은 시대 배경과 관련하여 우리는 협동전선운동 내지는 무력항쟁과 천주교 신도와의 관계를 추적해 볼 수 있을 것이다.

'경신참변'을 겪은 이후 1922년 상해 임시정부에서는 민족 협동전선
적 취지에서 '국민대표회'를 소집한 바 있었다. 좌우익을 망라한 100개
지역 및 단체의 대표 118명이 결집하여 민족대단합회의를 개최한 바 있
었다. 이들 가운데에 천주교 대표로 곽연성郭然盛이 참여하고 있었다.[87]
여기에서 확인할 수 있는 바와 같이 3·1운동 이후에도 천주교 신도로서
상해 임시정부의 활동에 참여하고 있는 신도들의 존재는 꾸준히 확인되
고 있다. 그러나 이 때에 이르러서 독립운동의 노선에서는 공산주의 운
동이 새롭게 발흥하여 운동의 전개 양상에 일대 변화가 일어났다.

그런데, 3·1운동을 전후하여 1920년대 만주와 한반도에서 전개된 초
기 공산주의 운동은 반종교운동과 긴밀히 연관되어 있었다. 조선인 공산
주의자들도 반종교운동에 참여했다. 예를 들면, 1919년 '중·러 연합선전
부'의 부속기관이었던 '선인공평회'의 길림 통신부가 간도지방에 배포한
선전문을 보면 제일 먼저 '무종교'의 구호가 제시되어 있음을 통해서 이
를 확인할 수 있다.[88] 그리고 1925년에는 간도지방에서도 공산주의 운
동이 앙양되어 가면서 반종교운동이 강화되어 갔고, 천주교에서 경영하
던 해성학교에서도 '학교를 종교에서 개방하자'는 구호 아래 반종교운동
이 일어나기도 했다.[89] 조선공산당이 창설된 1925년에는 화요계火曜系의
한양청년연맹漢陽靑年聯盟이 중심이 되어 반종교운동의 일환으로 '반조선
주일학교대회反朝鮮主日學校大會'를 개최된 바도 있었다.[90]

그러나 민족협동전선운동이 진행되어 가고 있던 1928년의 제3차 조
선공산당 단계에 이르러 공산주의자들은 식민지 사회운동에 민족주의운

---

87) 국사편찬위원회, 1967, 『한국독립운동사』, 76~78쪽 ; 이현희, 1975, 「국민대표회
    의 소집문제」『백산학보』18, 백산학회, 188쪽.

88) 최봉룡, 1992, 앞의 글, 230쪽.

89) 『間島に於ける朝鮮人の問題に就いて』, 東京 ; みすず書房, 62쪽 ; 崔峰龍,
    1992, 앞의 글, 230쪽.

90) 강덕상 편, 1972, 「附隨的資料」『現代史資料·朝鮮(五)』, 162쪽.

동을 배제하고서는 도저히 공산주의혁명을 수행할 수 없음을 확인했다. 그리고 그들은 종교단체가 민족주의 운동의 주류를 이루고 있는 상황을 충분히 인식하게 되었고, 종교계와의 협동 문제도 내부에서 검토 논의되고 있었다. 그렇다 하더라도 종교를 이론적 측면에서 부인하고 있던 그들 가운데 일부는 여전히 종교단체와의 제휴를 불가능한 것으로 파악하기도 했다.91) 여하튼 그들은 종교문제에 관해서 계속적인 관심을 가지고 있었으며, 조선공산당이 국제공산당에 보고한 항목 가운데에는 '종교청년' 및 '종교청년에 대한 대책' 및 '반종교운동'과 같은 항목이 들어 있었다.92)

공산주의 운동가들은 1930년 공산당 재건운동이 전개되던 과정에서 공산당운동과 종교와의 관계를 개선해야 할 필요에 따라서 전술적 차원에서 종교에 대한 통일전선적 입장이 강조되기도 했다.93) 그러나 이 시기에도 현당縣黨 차원에서는 여전히 종교에 대한 반대운동이 진행되어 갔다. 일례를 들면, 1931년 10월 간도의 화룡현和龍縣에서는 '군중을 기만하는 종교 즉, 천도교·시천교侍天敎·천주교 등의 주구기관走狗機關에 반대할 것'을 지령하고 있었다.94) 화룡현당에서는 1931년 11월에도 '종교와 미신적 사상을 배격하는 데에 적극 노력하도록' 지시했다.95)

그러나 민족통일전선을 지향하는 입장에서는 종교와 공산주의자들과의 관계를 재정립하고자 했다. 항일민족 통일전선의 강화과정에서 1937

---

91) 강덕상 편, 1972, 「秘密結社朝鮮共産黨幷二高麗共産靑年會事件檢擧ノ件」 『現代史資料·朝鮮(五)』, 94~95쪽.

92) 강덕상 편, 1972, 「國際共産二對スル朝鮮共産黨ノ報告項目」 『現代史資料·朝鮮(五)』, 135쪽.

93) 강덕상 편, 1972, 「朝共黨組織問題二對スル國際黨執行部ノ決定」 『現代史資料·朝鮮(五)』, 185쪽.

94) 강덕상 편, 1976, 「東滿特委和龍縣區農協常務執行委員會決定書」 『現代史資料·朝鮮(六)』, 85쪽.

95) 강덕상 편, 1976, 「中日戰爭ノ局面二際シ少年先鋒隊和龍縣委決意」 『現代史資料·朝鮮(六)』, 135쪽.

년에는 천도교 청년들이 항일 무장대에 자원입대하는 사례도 드러나고
있다.96) 이렇듯 당시에는 종교인들의 항일의식도 고양되었다. 이러한 분
위기로 인해서 1941년 5월 당시 일본 당국자들은 '종교를 통해서 반일·
반만 사상의 보급이 점차 노골화되어 가는' 것으로 파악하고 가목사佳木
斯 성당의 독일인 선교사가 수빈綏濱에 천주당 설립을 요청한 데 대해서
거부한 바도 있었다.97) 한편 통일전선 논리에 따라서 1943년 3월 공산
당 내부에서는 종교인들의 '항일의식을 앙양 격발시켜 항일 구국혁명에
참가시키기 위해서' '종교계 공작'을 강화시키고자 한 바도 있었다.98)

그러나 이와 같은 과정에서 항일 통일전선에 참여하는 천주교도들의
행적에 대한 추적에는 상당한 어려움을 느끼게 된다. 그런데 통일전선이
형성되었던 이 시기에 일제에 대한 무장투쟁과 관련이 있는 천주교 신도
의 사례로는 안공근과 강병학姜炳學의 예를 들 수 있을 것이다. 이 때, 안
중근의 친동생인 안공근은 무정부주의 운동을 하면서 일제에 대한 무력
저항을 지속하고 있었던 정화암과 함께 중국 복건성福建省에서 광복군 운
동을 지원하고 있었다.99) 안공근은 안중근과 마찬가지로 빌렘(Wilhelm)
신부와 밀접한 인연을 가지고 있었다. 빌렘은 프랑스와 독일의 접경지역
인 알자스 로렌의 스파이헤른(Speichern) 출신 독일계 프랑스인 신부로서
파리외방선교회 회원이었다.100) 빌렘은 안중근 문제의 여파로 조선 선
교지를 떠나서 본국으로 추방될 때 안공근을 동반했고 그의 독일 유학을
주선한 것으로 전해지고 있다. 안공근은 그 후 상해에 망명하여 대한민

96) 강덕상 편, 1976, 「中國共産黨の朝鮮內抗日人民全線結成および日支事變後方攪
    亂事件」『現代史資料·朝鮮(六)』, 259·295쪽.
97) 강덕상 편, 1976, 「佳木斯地方思想對策月報」『現代史資料·朝鮮(六)』, 761쪽.
98) 강덕상 편, 1976, 「抗日聯合軍第三路軍第十二支隊長朴吉松取調狀況」『現代史資
    料·朝鮮(六)』, 726쪽.
99) 정화암, 1982, 『이 조국 어디로 갈 것인가 - 鄭華岩自敍傳 -』, 자유문고, 144쪽.
100) 윤선자, 1996, 「'한일합병' 전후 황해도 천주교회와 빌렘 신부」『한국근현대사
    연구』4, 한국근현대사연구회, 110쪽.

국 임시정부의 활동에 참여한 바 있었다. 한편, 1940년 조선민족혁명당
에 가입하여 중국의 중앙군관학교中央軍官學校를 졸업하고 조선의용대朝
鮮義勇隊의 일원으로 일제에 대한 무장투쟁을 전개했던 인물 가운데 강
병학과 같은 천주교 신도도 확인된다.[101]

그러나 이 시기에 있어서는 천주교 신도들이 중심이 되었던 무장 투
쟁단체가 존재했던 것도 아니며, 천주교 신도임을 확실히 표방하면서 무
장투쟁에 참여하고 있는 경우를 찾아보기 어렵다. 이와 같이 무장투쟁에
있어서 천주교 신도들의 기여가 상대적으로 적었던 까닭은 그 당시 교회
가 취하고 있었던 '비폭력'만을 강조하던 선교 정책 내지는 선교사들의
견해 조선 교회 내에 강하게 영향력을 발휘했기 때문으로 생각된다.

요컨대, 3·1운동 이후 간도지역에서의 민족주의적 무장 항쟁운동의
노선에는 변화가 일어났고, 공산주의 계열의 무장투쟁이 강화되고 있었
다. 공산주의 운동자의 경우에는 원래 종교운동에 반대하는 입장이었지
만 민족 협동전선 운동의 차원에서 종교운동 내지는 종교인과의 통일전
선이 논의되기도 했다. 이러한 과정에서 일부 신도들은 공산주의 계열
내지는 무정부주의 계열의 무장항쟁에 참여하고 있는 것을 확인하게 된
다. 그렇다 하더라도 그들의 활동은 1920년대 초기 간도지방에서 전개
되었던 민족주의 계열의 천주교 신도 무장 항쟁자들의 투쟁과는 그 양과

---

101) 김학철, 1995, 『최후의 분대장 - 김학철 자서전 - 』, 문학과 지성사, 122쪽. "張重
光이라는 친구가 있었는데, 그의 본명은 康炳學. 조선 전쟁 때 그는 북군의 사단
장으로 출전했으나 전쟁이 끝난 뒤에는 숙청을 당해 그 생사조차 알 길이 없는
상태다. 장중광은 '천주학장이'였으므로 식사 전에는 반드시 앞가슴에 십자를
긋고 '성부 성자 성신 … 아멘'을 외웠었다. 후에 사관학교에 입교를 한 뒤에도
이 주문인지 기도문인지를 계속 외웠으나 정 먹고 살 수가 없게 되자 그만 집어
치워버렸다(신앙도 함께). 그가 경건스레 '성부 성자'를 외우고 있는 동안에 한
상에 둘러앉은 친구들이 게 눈 감추듯 반찬을 싹쓸이 해치우는 바람에 그는 하
루 세 때 끼니마다 맨밥, 싱거운 밥을 먹어야 했기 때문이다. 순교자라면 영양실
조쯤은 고사하고 굶어 죽는 것도 헤아리지 않았을 테지만 그의 믿음은 그 정도
에까지는 미치지를 못했던 모양이다."

질적인 측면에 있어서 상당한 차이를 드러내고 있는 것이었다. 이 시기에 이르러 천주교 신도의 무장 항쟁이 급속히 감소된 데에는 당시 교회의 선교정책 내지는 독립운동에 대한 소극적 태도와 관련 있을 것으로 생각된다.

6. 맺음말

일본제국주의가 조선에 대한 침략을 강화해 가고 있는 동안 이에 대한 조선인들의 저항도 강화되고 있었다. 이 과정에서 비폭력적 방법에 의한 민족주의 운동의 단계를 지나서 직접 무장투쟁에 투신하는 사례들이 늘어갔다. 무장투쟁에 투신한 사람들은 조선의 독립을 위해서 자신의 목숨까지도 아끼지 않은 전방위적 투쟁을 시도한 것이다. 이 무장투쟁의 대열에 일부 천주교 신도들도 가담하고 있음을 확인하게 된다.

물론 당시의 교회의 공식적인 입장은 비폭력적 민족주의 운동에 대해서는 일정한 이해를 하고 있었지만, 직접적인 무장투쟁에 대해서는 반대하는 것이었다. 그러나 일제 침략의 강화와 민족의식의 각성 과정에서 천주교 신도들은 이와 같은 천주교의 선교정책이나 선교사들의 방침을 거부하고 자신의 양심에 따라서 무장투쟁에 종사하게 되었다.

천주교 신도들의 일본제국주의에 저항하는 무장 항쟁은 대략 '한일합방'을 전후한 시기에 시작되었다. 특히 의병전쟁의 과정에서 김상태와 같은 인물이나 안중근의 사례를 통해서 무장투쟁의 초기적 양상을 확인하게 된다. 그리고 이토 히로부미를 제거한 안중근의 의거를 통해서도 무장 독립투쟁의 사실을 확인하게 된다. 한편, '한일합방'이 강행된 이후에도 천주교 신도들의 무장투쟁은 지속되고 있었다. 이 당시의 대표적 인물로는 안명근이나 이기당을 들 수 있다. 안명근은 무장 항쟁에 참여를 시도하고 군자금을 모금하고자 했다. 이기당의 경우에도, 직접 독립군을 양성하는 병학교를 설립하여 운영하기도 했다.

일제에 대항하는 천주교 신도들의 무장 항쟁은 3·1운동 이후 간도에서 본격적으로 전개되었다. 이 가운데 대표적인 움직임은 방우룡이 대표로 있던 의민단 투쟁이다. 의민단은 1920년 6월 경 부터 1921년 9월 사이에 천주교 신도들의 무장투쟁 단체로 존속하고 있었다. 물론 이 의민단은 교회 당국의 공식 인정을 받은 단체는 아니었다. 그러나 간도 지역의 일부 신도들은 이 의민단에 참여함으로서 일제에 대한 무력 저항을 시도했다. 그들은 의민단 외에 국민회·신민단 등에도 참여하여 다른 종파나 교파의 신도들과 연합해서 독립운동을 전개하고 있었다.

또한 1930년대와 1940년대 전반기에 있어서도 일부 천주교 신도들이 일제에 대한 무장 항쟁에 참여하고 있었던 사례를 확인할 수도 있다. 그런데 이 시기에 있어서 천주교 신도들의 무장 항쟁은 사회주의 진영에서 보다는 민족주의 진영에서 전개되었을 가능성이 더 크다. 그러나 본고에서는 민족주의 진영에서의 무장투쟁에 대한 사례를 자료상의 제약으로 인해서 제대로 검토하지 못했다. 앞으로의 연구에서는 이 분야에 관한 자료 수집을 위한 노력이 더욱 강화되어야 할 것이다.

한편, 이들의 무장 투쟁은 전체 독립운동의 과정에서는 극히 일부의 역할을 담당한 데에 지나지 않았다. 그리고 이들의 행동은 당시 교계제도를 중심으로 한 교회사에서는 서술될 수 있는 여지가 없을 것이다. 식민지 시대 교회사의 일반적인 상황은 정교분리론이라는 명분 아래 일제 침략에 대한 무관심이 유도되고 있었다. 그리고 신도들의 무장 투쟁은 죄악시되었다. 우리는 원산성당 브레(Bret) 신부와 안중근의 관계 그리고 의주성당의 서병익 신부와 이기당의 관계를 통해서 이 점을 확인할 수 있게 된다.

그러나 이러한 상황에서도 천주교 신도 무장 투쟁자들은 당시의 시대적 요구에 응답하여, 신앙인으로서의 양심과 결단에 따라 투쟁을 단행했다. 그러나 그들의 행동은 식민지 치하의 교회 당국으로부터는 긍정적인 평가를 받을 수 없었다. 그렇지만, 민족사와 관련하여 그들의 투쟁을 검토해 보면, 그것은 상당히 긍정적인 의미를 가지고 있는 것으로 판단된다. 또한 그들의 행동은 「천주교 동포에게」라는 호소문을 통해서 확인되는 바와 같이, 신앙심과 자기희생 정신의 발로였기 때문에 교회사적 측면에 있어서도 긍정성을 가지고 있다. 그러므로 천주교 신앙공동체를 배경으로 하여 수행된 그들의 무장투쟁은 자신의 희생을 각오하는 일종의 예언자적 행동이었고 한국교회사의 귀중한 일부였다고 평가되어야 할 것이다.

제5장 일제하 장면의 역사인식과
조선교회사 서술

1. 머리말

한국 현대의 인물 가운데 운석 장면張勉(1899~1966)은 신앙인 내지는 종교운동가, 교육자로 우선 기억되고 있다. 그가 종교운동가 내지는 교육자로서 활동하던 시기는 1925년 이후 해방에 이르는 시기였다. 또한 그는 1945년 해방 이후 외교관 내지는 정치인으로 신생 한국의 국제적 승인과 이승만에 대한 반독재 투쟁에 기여한 인물이었다. 그는 내각책임제 하 제2공화국의 국무총리로서 한국 민주주의의 발전에 남다른 공적을 남겼다.

본고에서는 그의 생애를 이해하는 데에 있어서 그가 본격적으로 사회활동에 착수했던 1925년 이후 1945년에 이르기까지의 기간을 주목하고자 한다. 즉 본고는 그 생애에 있어서 수학기를 지나 두 번째 단계에 해당되던 이 시기에 그가 가지고 있었던 역사관 내지는 역사인식의 특성을 밝히려는 데에 목적이 있다.

역사인식이라고 할 때는 과거의 역사적 사건에 대한 이해 방향 및 당대의 역사적 상황에 관한 의식 내지는 판단을 뜻한다. 그러나 특히 사학사적입장에서 역사 인식을 밝히려는 과정에서는 그 자신이 처해 있던 현실상황에 대한 인식보다는 과거의 역사적 사건에 대한 서술상의 특성을 주목하게 된다.

따라서 본고에서는 우선 장면이 남긴 역사적 논문이나 저술에 대한 분석을 통해서 그의 역사인식을 밝혀보고자 한다. 이를 위해서는 1930년대 그가 월간지 『가톨릭청년』을 통해서 발표했던 역사에 관한 소논문을 주목할 수 있다. 그리고 1931년 천주교 조선교구 설정 100주년을 기념하여 간행한 『조선천주공교회약사朝鮮天主公敎會略史』를 주된 분석의 대상으로 삼고자 한다. 『조선천주공교회약사』의 표지나 판권지에는 그 저자가 밝혀져 있지 않으나 이 책이 그의 저서로 판단되기 때문이다.

장면의 역사인식에 대한 이해를 위해서 우선 그의 생애를 간략히 약술해 보고자 한다. 그리고 그의 역사인식의 특성과 그러한 인식이 형성된 계기가 어디에 있었는지를 검토하겠다. 이에 이어서 그의 주된 관심 분야였으며 자신의 종교적 신념이 담긴 한국천주교회사를 그가 어떻게 서술했는지를 살펴보고자 한다.

장면에 대한 연구는 최근에 이르러 본격적으로 전개되기 시작했다. 특히 그의 생애에 관한 전기적 연구가 간행되었다.[1] 그리고 그의 활동이나 그가 살았던 시대에 관한 연구도 비교적 활발히 전개되고 있다. 그러나 장면이 가지고 있던 역사인식에 관한 연구는 아직 본격적으로 착수되지 못하고 있었다. 따라서 본 연구는 이 주제에 관한 첫 번째의 글이 될 것이다. 그러나 본고에서는 장면의 역사인식 가운데 중요한 한 부분인 그의 현실인식에 대한 문제에 대한 분석은 일단 보류하고 그의 과거사 인식에서 드러나는 특성만을 분석하고자 한다. 바로 이 점에서 본고의 제한성이 확인된다. 그의 현실인식에 관해서는 별도의 연구를 통해서 진행될 수 있으리라 기대한다.

---

1) 허동현, 1999, 『건국·외교·민주의 선구자 장면』, 분도출판사.

2. 그 생애와 역사인식의 형성 과정

한 인물의 역사의식은 그가 살았던 시대 내지는 그가 가지고 있던 여러 관념과 긴밀한 관계를 가지고 있다. 그리고 이와 같은 관념은 사회교육이나 제도교육을 통해서 형성되기 마련이다. 따라서 그 인물의 역사의식이 형성되는 과정을 올바로 파악하기 위해서는 그 시대적 특성과 교육과정을 주목해 보게 된다. 역사인식의 특성을 파악하기 위해서 적용되는 이와 같은 방법은 장면의 경우에 있어서도 동일하게 적용된다.

여기에서 우리는 그의 생애가 전개된 시대적 특성을 먼저 주목해야 한다. 67년에 걸친 그의 생애는 대략 세 단계로 나누어 볼 수 있다. 그 첫째 단계로는 1899년 출생 이후 1925년에 이르는 기간 학교교육을 받던 수학기이다. 그는 구한말에 태어나서 애국계몽운동의 열기 아래에서 성장하면서 천주교계통의 학교에서 초등교육을 받았다. 그는 이 과정에서 전통적인 한학의 기초부터 닦았다. 이 때 그는 『동몽선습童蒙先習』, 『통감通鑑』과 같은 한문교재를 학습했다.[2] 이로써 그는 『통감』의 학습을 통해 포폄褒貶과 의리를 중시하던 성리학적 역사인식의 방법에 접하게 되었다. 그리고 『동몽선습』의 학습과정에서 조선역사의 기본적 줄거리를 이해하게 되었으리라 생각된다.

또한 그는 당시의 애국계몽운동적 분위기에서 4년 간 초등교육을 받았다. 이 과정에서 그는 당대 거의 모든 사립학교에서 이수되고 있었던[3] 민족주의적 '국사' 교육을 받았을 것으로 추정된다. 구한말 그는 이처럼 조선의 역사에 대한 기초적 내용을 이해하고 있었고 그가 처해 있던 애

---

2) 장면, 1999, 『한 알의 밀이 죽지 않고는』, 가톨릭출판사, 34쪽.
3) 조광, 1994, 「개항기 역사서술의 특성과 한계」 『한국사』 23, 한길사, 93~101쪽.

국계몽기적 상황은 그 역사인식에 자극을 주었을 것이다.

한편 그는 한일합방 직후 식민지하에서 각 3년간의 중등교육과 고등교육을 이수했다.[4] 특히 그는 수원농림학교에서 임학·농학·축산학·양잠학 등 농업분야에 관한 전문 교육을 받았다. 이 기간 동안 그가 자국사에 대해 공식적 교육을 받았을 가능성은 전혀 없다.

그러면서도 현실적으로 그는 '토지조사사업'을 비롯한 일제의 침략정책이 구체적으로 적용되어 가고 있던 상황에 처해 있었다. 그는 수원농림학교 입학 직후 배일운동을 목적으로 하는 학내의 비밀결사에 참여했다.[5] 그리고 그가 잠시 근무했던 천주교 소신학교小神學校에서 3·1운동을 체험했다.

당시의 사회적 상황은 그가 역사의식을 고양시킬 수 있었던 객관적 조건을 제공해 주었다. 아마도 그가 미국에 유학하던 과정에서 영어와 같은 도구 과목 이외에 역사학 분야의 강의를 가장 많이 수강하게 된 것은 이 시대에 대한 그의 체험에 원인이 있을 것으로 생각된다.

이와 함께 그는 수원농림학교 시절 천주교의 선교를 위해서 성서와 교회사에 대한 지식이 중요함을 깨닫게 되었다. 그가 다니던 수원농림학교의 학생 120명 가운데 유일한 천주교 신자였던 장면은 개신교 신자 학생과의 논쟁에서 '부전참패不戰慘敗'를 당하고 교리와 교회사에 어두웠

---

4) 그는 오늘날 서울대학교 농과대학의 전신으로 평가되고 있는 수원농림학교를 졸업했다 엄격히 말하여 당시 수원농림학교가 고등교육기관으로 평가될 수 있는지에 대해서는 이론의 여지가 있다. 그러나 그가 후일 맨허튼 대학에 제출한 공식문서에 보면 수원농림학교가 "Soo Won Agricultural College"로 되어 있음을 볼 때, 적어도 당시 국내에는 이를 고등교육기관으로 파악했을 가능성이 높다. 한편, 그는 서울중앙기독교학관(YMCA) 영어과에서 3년의 교육과정을 이수했다. 이 학관의 교육수준을 어떻게 평가해야 하는지는 좀 더 검토해야 한다. 그러나 그의 이와 같은 국내 학력은 그가 적어도 농학과 영어 두 가지를 전공했다고 볼 수 있을 것이다.

5) 이는 장면과 수원농림학교 동급생이었던 한근조의 증언이다. 장면, 1999, 위의 책, 456쪽.

던 자신을 반성하며 이 분야에 대한 공부의 필요성을 절감했다.[6] 이 사건이 계기가 되어 그는 후일 교회사에 남다른 관심을 가지게 되었고 『교부들의 신앙』과 같은 호교서를 번역 간행하였다.

한편, 그는 일제의 식민지 지배에 대한 민족적 저항인 3·1운동이 종료된 직후 미국유학을 떠났다. 그리고 그는 일제의 식민지 지배가 일종의 '안정기'에 접어들었던 1925년에 귀국하게 되었다. 그는 미국에서 1년간에 걸쳐 중등교육과정을 다시 보충했다. 그리고 뉴욕에 있는 맨해튼 대학에 진학하여 6학기를 마치고 문학사 학위를 받았다 그가 8학기가 아닌 6학기 만에 문학사 학위를 받을 수 있었던 것은 국내의 고등교육과정에서 취득한 학점의 일부를 인정받았던 결과로 생각된다.[7] 그는 이 시기 동안 국내에서 팽배했던 민족주의를 목도했고 미국 유학을 통해서는 보편적 가치를 중시하던 가톨릭적 교양교육을 이수했다. 그의 미국유학은 개별적 민족주의와 보편적 가톨릭의 가치를 동시에 생각할 수 있는 기회를 그에게 주었다.

그는 미국 유학 기간 동안 정규 대학에서 모두 186학점을 이수하고 문학사 학위를 받았다. 그가 수강한 과목 중에는 당시 천주교 계통의 고등교육 기관에서는 필수적이었던 기본과목으로서 종교(24학점), 철학(10학점)이 있다. 그리고 그는 영어(36학점), 프랑스어(32학점) 등과 같은 도구과목의 강의도 이수했다. 이외에도 그는 인문사회과학 계통의 과목으로서 역사학(24학점), 교육학(8학점), 사회과학(8학점), 웅변술(4학점)을 수강했다 그리고 자연과학 계통의 과목인 물리학 및 물리실험(8학점), 화학 및 화학실험(8학점)을 수강했다.[8]

---

6) 장면, 「50년 유서 깊은 호교서 : '敎父들의 신앙' 飜譯經緯와 改版構想」, 『가톨릭시보』 1964년 3월 29일.

7) 조광, 1999, 「장면의 생애와 신앙에 관한 연구」 『운석 장면의 생애와 업적』(운석 장면 선생탄신 100주년 기념 학술회의 발표자료집), 운석연구회, 3쪽.

8) 허동현, 1999, 앞의 글, 49쪽의 성적표 사진자료 참조.

여기에서 특히 주목되는 바는 그가 역사학 분야에서 많은 학점을 취득했다는 사실이다. 미국 유학 기간 중 그가 기본교양과목이나 도구 과목을 제외하고 가장 많은 학점을 취득한 분야는 역사학이었다. 또한 당시의 관행으로 보아 기본 교양과목이었을 종교분야의 강의 가운데에 교회사에 관한 부분도 포함되어 있었을 것이다. 그는 이를 통해서도 가톨릭적 역사해석의 경향에 대해 이해했으리라 판단된다. 그가 유학기간에 접했던 바로 이와 같은 기회는 1930년대 전반기에 그로 하여금 『조선천주공교회약사』를 편찬했다. 그리고 그가 『가톨릭청년』에 가톨릭적 역사해석의 입장에서 서술된 세계교회사를 연재할 수 있었던 배경이 되었다.

장면 생애의 두 번째 단계(1925~1945)는 종교운동 내지는 교육운동의 시기로 규정된다. 그는 1925년 맨해튼 대학을 마치고 귀국한 후 천주교 종교운동에 관여하게 되었다. 천주교 가문 출신인 그는 이미 유학 이전부터 교회와 관련된 일에 종사하기도 했다. 즉, 그는 수원농림학교를 졸업한 직후 서울의 용산에 있던 중등교육과정의 천주교 소신학교에서 일반학과의 교사로 2년 6개월 간 근무한 바 있었다. 소신학교에서의 교육경험은 그가 그 생애의 두 번째 단계에서 천주교회의 평신도 지도자로 부각될 수 있는 조건을 제공해 주었다.

그는 유학을 마친 다음 귀국 직후부터 천주교 종교 활동 내지는 선교운동에 깊이 관여했다. 즉, 그는 1925년 미국 메리놀회의 한국선교본부가 있던 평양에서 천주교회의 일을 보는 한편 평양천주교 청년회장으로 활동하기 시작했다. 그 후 그는 1931년부터 당시 천주교 서울교구에서 경영하던 동성상업학교의 교사로 취임해서 영어와 과학을 가르쳤고 1936년부터는 같은 학교의 교장으로 활동하게 되었다.

1930년대 그는 가톨릭 운동의 중심에 서 있게 되었다 이 시기 그의 활동과 관련하여 확인되는 중요한 사건으로는 월간지 『가톨릭청년』의 발간이었다. 당시 이 잡지의 간행에는 장면 이외에 시인 정지용鄭芝溶,

문학평론가 이동구李東九가 관여했다. 그리고 이 기간 동안 그는 역사와 문학 부분의 작업을 진행시켜 나갔다. 1939년에는 '천주교경성교구 청년회연합회'의 회장에 피선되기도 했다. 이 시기에 그가 가톨릭운동에 전념하게 되었던 배경에는 가톨릭적 역사인식이 일정한 작용을 했을 것으로 생각된다. 그의 생애에 있어서 세 번째 단계(1945~1966)는 1945년 민족해방 이후를 들 수 있다. 이 시기 그는 정치인 내지 외교관으로 활동했다.

요컨대, 장면은 그의 수학기를 통해서 교회사 내지는 역사학에 대한 상당한 수준의 지식에 접하게 되었다. 그는 학업을 이수하던 과정에서 학우들과의 논쟁을 통해서 교회사에 대한 지식의 필요성을 절감한 바 있었다. 그리고 해외 유학을 통해서 교회사 내지는 역사학에 대한 지식을 본격적으로 획득할 수 있었다. 이라한 준비과정을 거쳐 그는 그 생애의 제2단계에 해당하는 1931년 조선천주교회사를 정리했다. 1933년 이후에는 월간지『가톨릭청년』을 통해서 자신의 역사관을 피력하게 되었다.

3. 역사인식의 특성

장면이 가지고 있었던 역사인식의 특성은 그가 1930년대 전반기『가톨릭청년』에 기고했던 각종의 글을 통해서 확인된다. 그리고 조선천주교회사에 관한 그의 정리된 견해도『조선천주공교회약사』를 통해서 제시되었다. 따라서 본 장에서는 이러한 자료에 입각하여 그가 가지고 있던 역사인식의 특성을 간략히 정리하고자 한다.

1) 가톨릭적 전통 존중

장면의 역사인식에서 가장 중요한 요소는 가톨릭적 교리와 전통에 대한 존중을 들 수 있다. 그는 가톨릭교회 자체가 유구한 역사 과정을 거쳐 왔으며 교회창설의 계기가 되는 예수 그리스도의 탄생도 역사적 사건임을 믿어 의심치 않았다. 장면은 예수 그리스도의 탄생을 가장 중요한 일로 다음과 같이 평가했다.

> 인류역사에서 가장 찬란한 호화편은 의심없이 유태 일우에 탄생하신 그리스도의 사랑의 복음과 그 인류애를 위한 십자가상의 고귀한 희생일 것이며 이로 인한 전 인류 인생관의 근본적 전향의 사실이 곧 그것이다.[9]

이 자료에서 볼 수 있는 바와 같이 그는 예수 그리스도의 탄생을 인류 역사에서 가장 중요한 사건으로 보았다. 그리고 예수 그리스도에 의해 세워졌다고 항상 확신했던 가톨릭교회의 유일성과 신성성에 대단한 자부심을 가지고 있었다. 그러므로 장면은 「교회의 유일성」에 관한 글을 발표한 바 있었다.[10] 그는 교회의 유일성을 밝히고자 하는 과정에서 이와 관련된 성서적 근거를 먼저 제시하고 있다. 그리고 교회의 유일성을 파괴하는 프로테스탄트 신앙을 약술했다.

그리고 그는 교회의 유일성에 대한 회의가 가톨릭 안에서도 나타날 수 있음을 제1차 바티칸 공의회가 개최되던 19세기 말엽 될링거(Döllinger, 1799~1890)의 주장에 관한 예를 들어 설명하고 있다. 될링거는 독일의 저명한 교회사가였다. 그러나 그는 제1차 바티칸 공의회 때에 교황의 무류권無謬權에 대해 반대하며 구 가톨릭운동을 전개했던 인물이었다.[11] 이

---

9) 장면, 1933, 「순교의 의의와 가치」 『가톨릭청년』 4, 2쪽.
10) 장면, 1933, 「教會의 唯一性」 『가톨릭청년』 5, 7~13쪽 ; 1933, 『가톨릭청년』 6, 6~11쪽.
11) 프란츤 著, 崔奭祐譯, 『敎會史』 : 분도출판사, 391쪽.

될링거는 장면에 있어서 반면교사로서의 역할을 하고 있었다. 될링거와는 달리 장면은 가톨릭교회의 유일성을 지키고 선양하기 위해서 노력했고 이러한 노력은 그의 역사인식에 있어서도 중요한 비중을 차지하게 되었다.

한편, 장면은 교회의 유일성에 이어서 「교회의 신성성」에 관해서도 자신의 입장을 밝혔다. 그는 '나 거룩하고 공번된 교회를 믿노라'는 사도신경의 일부를 인용하여 자신의 글을 시작하고 있었다.[12] 그는 교회의 신성성을 성서적 입장에서 설명하면서 가톨릭교회는 이 신성성에 기초하여 그 신도들에게 지고지성至高至聖한 도덕률을 제시하고 있음을 말했다. 그는 교회에서 가르치는 도덕률의 우월성과 가톨릭 신앙에 대한 확신을 정리해서 제시했다.

요컨대, 장면은 가톨릭 신앙에 대한 확신을 가지고 있었다. 특히 그는 가톨릭 신앙의 신성성과 유일성을 옹호하고 있었다. 이 신앙에 대한 확신은 그의 역사인식에 기초가 되었다. 그리고 이러한 역사인식은 자신의 가톨릭 신앙을 옹호하기 위한 실천적 노력으로 연결되었다.

2) 가톨릭적 역사해석

장면이 자신의 역사인식을 집중적으로 정리해 주었던 1930년대 전반기 조선의 가톨릭 신자는 전체 인구의 0.5% 내외에 불과한 소수자였다. 조선의 가톨릭 신앙은 신흥 개신교의 도전, 그리고 민족적 혈통과 문화의 순수성을 주장하던 인종주의적·국수주의적 민족주의 세력의 도전에 직면해 있었다. 또한 당시의 시대사조와 관련하여 그는 사회주의 내지는 공산주의의 확산도 신앙에 대한 도전으로 생각했다.

아마도 그 사회적 세력이 미미하였던 당시의 조선 가톨릭에서는 일제

---

12) 장면, 1934, 「교회의 신성성」『가톨릭청년』 13, 14쪽.

의 식민지 통치라는 역사적 도전보다는 이러한 민족 내부의 문제에 대해
서 상대적으로 더 큰 위기의식을 가지고 있었을 것이다. 그러기에 당시
교회에서는 조선 민족의 인간성을 말살하는 식민지 지배에 대한 저항은
상대적으로 약했고 자신의 신조와 조직에 대한 호교론을 강조했다고 볼
수 있다.

이 상황에서 당시 교회의 지식인들은 교회에 대한 도전 현상에 더욱 민
감한 반응을 보이게 되었다고 판단된다. 그리고 장면도 가톨릭 신앙을 옹
호하기 위한 호교론(Apologetica)의 필요성을 이미 절감한 바 있었다. 가톨릭
적 입장에서 본 호교론은 가톨릭 신앙의 수용을 거부하는 사람들이 제시하
는 반론과 의문에 대해서 가톨릭 교리의 정당성을 밝히는 부분이다.

그는 자신의 역사인식에 이 가톨릭적 역사해석을 적극 수용하고 있었
다. 이러한 그의 입장은 당시 호교론적 이론이 요청되던 상황과 일정한
관계가 있었다. 그는 '이단'이나 개신교에 관한 글들을 통해서 이러한
자신의 견해를 제시했다. 우선 장면은 세계교회사에서 나타난 '이단'에
관한 글을 발표했다.[13]

그는 여기에서 초기 교회의 아리안 이단(Arianism)을 비롯하여 여러 이
단들을 언급했다. 희랍 이단과 이교離敎를 말한 데 이어서 위클리프와 같
은 초기 종교개혁가의 사상을 이단으로 설명했고 루터의 '이단', 칼빈의
'이단'을 교회사적으로 간략히 정리하여 제시했다. 또한 그는 가톨릭 내
에서 18세기 초에 이를 이단으로 신죄新罪하는 과정을 설명했다. 그는 20
세기 초 교황 바오로 10세가 현대주의를 단죄하며 발표한 교서에서 현대
주의라는 신종 이단은 "가톨릭 교회뿐만 아니라 모든 종교의 전반적 멸
망을 의도하는 것"이라는 지적을 주목하여 인용하고 있다.

그가 여기에서 이단으로 설명하는 것은 모두 18종류였다. 그는 이단
이 부패한 인성에서 유래되었다고 보았다. 그리고 이단은 "가족과 국가

---

13) 장면, 1934, 「異端一束」 『가톨릭청년』 14, 11~16쪽.

와 민족간 사랑의 연결을 단절하였다"고 지적했다.[14] 그러나 그는 이단이 정통교회의 신성을 손상하지 못한다고 보았다. 이러한 그의 이단 논의에서 우리는 그가 정통 가톨릭 신앙을 옹호하고 존중하는 차원에서 자신의 교회사적 지식을 활용하고 있음을 확인하게 된다.

또한, 장면은 종교개혁 과정에서 주요 문제가 되었고 당시 조선의 프로테스탄트에서 문서 논쟁을 통해 가톨릭교회에 제기하고 있던 '면죄부'에 관한 문제를 직접적으로 다루었다. 그는 면죄부의 원어인 인덜젠스(Indulgence) 즉 은방恩放의 어원과 이의 성서적 근거 및 역사적 전통을 먼저 밝혀주었다. 그리고 독일에서의 은경논쟁恩敬論爭과 종교개혁의 관계를 가톨릭의 입장에서 밝혀주었다.

그리고 그는 "오늘날 동양제국에 있어서 서양역사 중에 은사에 관한 사실이 이와 같이 오도된 것은 필경 반대 입장에서 인식부족 또는 악의에서 나온 영국과 독일 프로테스탄트계의 역사문헌을 동양학자들이 십분 구명하여 보지 않고 그대로 직수입적으로 번역한 데 그 원인이 있다고 볼 수밖에 없다"고[15] 결론짓고 있다. 이 글에서 그는 가톨릭적 신앙을 기반으로 한 세계 교회사의 지식을 유감없이 발휘하고 있었다.

한편 장면은 종교개혁 이후에 형성된 개신교파 가운데 성공회와 장로교에 관한 글을 남겼다. 즉 그는 먼저 성공회의 기원과 교리 및 여러 분파를 말하고 옥스퍼드 운동에서 드러났던 바와 같이 '영국 성공회가 모교회로 다시 돌아오기를' 기원했다. 그리고 조선의 성공회는 성공회 고교회파에 속함을 간략히 설명했다.[16]

그리고 장로교에 관해서는 칼빈 이후의 역사를 정리했다. 그리고 웨스트 민스터 신조를 비롯해서 장로교의 주요 교리 및 관련 종파들을 소

---

14) 장면, 1934, 「異端一束」『가톨릭청년』14, 16쪽.
15) 장면, 1934, 「'免罪符'의 진상」『가톨릭청년』10, 11쪽.
16) 장면, 1935, 「英國聖公會」『가톨릭청년』24, 20쪽.

개했다. 또한 장면은 장로교가 조선에 전래된 과정까지도 약술해 주었다.[17] 장면은 조선장로교를 이해하기 위해서 그 발생과 전개과정을 역사적으로 검토했다. 여기에서 우리는 장면이 상황 인식의 전제로 중요시했던 역사인식의 한 단면을 이해할 수 있을 것이다.

장면은 19세기 영국에서 전개되었던 옥스퍼드 운동의 전개에 대해서도 지대한 관심을 가지고 있었다. 옥스퍼드 운동은 1833년부터 1845년 사이에 영국교회에서 전개된 신앙부흥 및 교회개혁운동이었다. 이 운동은 운동의 주도자들이 가톨릭으로 개종함으로서 종료되어 갔다. 그는 조선사회에 영국의 옥스퍼드 운동과 같은 지적운동을 역사학적 견지에서 처음으로 소개했다. 여기에서 그는 뉴먼(Newman, 1801~1890)을 중심으로 하여 전개된 이 개종운동을 높게 평가하고 있다. 그리고 이와 같은 운동은 "가톨릭교회가 상시 도처에서 동일한 교의를 선포하고 유일한 수장에게 순종하여 동일불변하는 교회로서 존속하며 신적 초원의 비인秘印을 보존하여 온 사실에 감鑑하여 크게 깨달은 바 있었음에 기인한 것이다"고 규정했다.[18]

즉, 그는 옥스퍼드 운동 차체가 가톨릭 신앙이 우월하다는 사설을 당대 사회에서 실천적으로 증명해주는 것으로 해석했다. 그는 옥스퍼드운동의 중심인물이었던 뉴먼의 고결한 인격을 높이 찬탄했으며 그의 제자들이 가톨릭으로 개종한 것도 그 인격에 감화된 결과였음을 강조했다. 즉, 그는 이 글에서 개인적 도덕이 역사적 사건의 전환에도 영향을 미쳐주는 것으로 파악했고 가톨릭의 도덕적 우월성으로 '귀정歸正'이 강화되리라는 낙관적 전망을 함축하고 있다. 이 글만 가지고 평가해 볼 때 이 글의 저자인 장면은 자신이 본받고 모범으로 삼아야 할 인물로 뉴먼을 설정했다고 생각된다. 후일 그는 조선의 뉴먼처럼 여러 사람들을 감화시

---

17) 장면, 1935, 「長老敎會」『가톨릭청년』 28, 24쪽.
18) 장면, 1933, 「옥스포드 運動의 展望」『가톨릭청년』 7, 11쪽.

켰고 많은 영향력을 발휘하게 되었다.

한편, 그는 교회사에 등장하는 인물 가운데 현대과학의 발전에 영향을 준 인물로 멘델을 주목했다. 장면은 고등교육과정에서 자연과학에 관한 훈련을 받았던 인물이다. 이러한 경력으로 그는 동성상업학교에서 과학 과목을 가르치기도 했다. 장변의 이 경력과 관련하여 주목할 수 있는 글이 「유전법칙 발견자 멘델을 회고함」이라는 기고문이다.[19] 멘델(Mendel, 1822~1884)의 서거 50주년을 기념하여 기고된 이 글은 멘델의 유전법칙이 발견되는 과정과 세계 학계의 인정을 받게 되는 과정을 서술하고 있다. 이 글의 집필자는 '편집실'로 되어 있다. 그러나 당시 『가톨릭청년』의 편집에 참여하고 있었던 인물 가운데 이 글의 게재에 적극적으로 기여할 수 있었던 인물은 장면 이외에는 없었다. 즉, 장면은 이 글을 자신이 직접 작성하여 게재했거나 적어도 이 글의 게재에 영향을 미쳐 주었을 것으로 판단된다.

당시 조선사회에서는 종교를 비과학적 요소로 규정하고 이를 배격하는 사회주의권의 주장이 강력히 제시되고 있었다. 이 글은 이와 같은 상황에 대한 가톨릭적 응답을 시도한 것으로 생각된다. 이 글에서는 장면은 자연과학의 발전에 미친 아우구스틴회 수사이며 성 토마스 수도원의 원장을 역임했던 멘델이 세계 생물학계에 미친 영향을 일깨워 주었다. 이로써 그는 교회와 근대 과학이 대립적인 관계가 아님을 밝히고 과학의 발전에 미친 교회의 긍정적 역할을 설명하고자 시도했다. 이는 좀 더 적극적 의미에서 제시된 가톨릭적 역사해석의 입장이었다고 할 수 있다.

요컨대, 장면이 가지고 있던 세계교회사에 관한 관심은 종교개혁 이후의 근현대 교회사에 관한 문제에 중점을 두고 있었다. 이는 그가 활동했던 당시의 교회문제들이 주로 종교개혁 이후에 나타난 사항들과 관련

---

19) 편집실, 1934, 「가톨릭의 위대한 과학자 멘델의 50주년을 맞이하여」 『가톨릭청년』 15, 18~23쪽.

된 것이기 때문이었다. 그는 이단과 개신교 신앙 그리고 옥스퍼드 운동
과 같은 사건들을 서술하는 과정에서 가톨릭적 역사해석의 방향을 제시
했다. 그리고 근대 과학의 발전에 관한 가톨릭 교회의 적극적 역할도 주
목한 바 있었다. 이러한 것들은 다분히 '호교적' 해석이었다는 평가를
받을 수도 있다. 그리고 그의 '호교론적' 세계교회사 이해는 객관성을
추구하는 역사인식에서는 문제로 제기될 수도 있다. 그러나 이는 단순한
'호교론'으로 매도되기보다는 식민지 조선에서 전개되었던 세계교회사
이해의 다른 한 측면으로 해석함이 더 타당하다고 생각된다.

3) 역사의 실천적 의미 중시

그는 가톨릭적 역사해석을 통해서 과거의 교회사가 가지고 있는 현재
적 생명력과 그 실천적 의미를 주목하고자 했다. 즉 그는 교회적 현실
인식의 근거로 교회사를 탐구했다. 그리고 교회사에 대한 올바른 인식은
교회적 현실 타개의 방향을 제시해주는 것으로 생각했다. 이러한 그의
입장을 통해서 볼 때 그는 역사의 실천적 의미를 그 나름대로 중요시하
고 있었다고 볼 수 있다. 그리고 이러한 그의 인식을 분석해 볼 때, 그의
역사인식은 실용적 역사인식 내지는 교훈적 역사관의 수준을 넘어서는
것으로 생각된다.

이러한 그의 입장은 『가톨릭청년』에 수록된 여러 글들을 통해서 확인
된다. 장면은 교회의 현실적 문제를 접근하면서 반드시 교회의 역사적
전통을 검토했다. 이는 그가 현실 이해의 뿌리가 과거의 역사에 있음을
인식했던 결과였다. 이러한 그의 입장을 나타내주는 주는 예로서 「성직
자의 독신생활」에 관한 글을 들 수 있다.[20] 여기에서 그는 성직자 독신
생활의 성서적 근거와 함께 역사적 고찰을 시도했다. 그리고 독신제의

---

20) 장면, 1933, 「성직자의 독신생활」『가톨릭청년』 창간호, 15~21쪽.

효용에 대해서도 설명했다.

그는 독신제가 복음선포를 위한 성직활동에 적합하다는 사실을 조선 교회사의 사례를 통해서 제시하고자 했다. 즉 그는 선교사들이 결혼하지 않았기 때문에 복음 선교를 위해 자신의 목숨을 바칠 수 있었던 것으로 평가했다. 그리고 현대 사회에 있어서도 선교사들의 독신제가 계속 요청됨을 말하고 있다. 여기에서 그가 과거 교회의 독신제가 단순한 과거의 사건이 아니라 현실에 있어서도 실천적 의미를 가지고 있다고 파악했음을 알 수 있다.

한편 그가 편집위원으로 관여하고 있었던 『가톨릭청년』에서는 크리스토퍼 도슨(c. Dawson)의 「현대 가톨릭의 지적편명智的便命」이란 소논문이 번역되었다. 이 글의 필자인 도슨은 영국 액스터 대학 교수로서 서양 중세사 연구에서 당사 학계로부터 최고의 학자로 인정받고 있었던 인물이다. 도슨은 이 글에서 중세 가톨릭의 전통을 유념하면서 독일과 프랑스 등에서 전개되고 있는 가톨릭 운동을 소개했다. 이 글은 영국이 가톨릭 신앙을 통해서 문화의 지적공동성을 회복할 수 있음을 제시한 글이었다.[21]『가톨릭청년』의 편집자들은 이 글을 번역하여 소개함으로써 조선의 가톨릭 문화가 나아가야 할 방향을 모색해 보고자 했다.

그런데, 당시의 편집 동인 가운데 정지용이나 이동구는 영어를 이해할 수 있었던 인물들이었다. 그러나 그들은 주로 문학부분에서 활동하고 있었던 만큼 도슨의 연구 결과에 대해 직접적인 관심을 가지지는 않았을 것이다. 그렇다면 이 글은 이미 미국에서부터 도슨의 연구에 접할 수 있었던 장면이 선정해서 번역 수록했다고 추정된다.

이를 통해서 생각해 볼 때 당시 장면은 가톨릭 정신이 극도로 고양되었던 서양 중세문화의 전통을 적극적으로 평가했고 그 문화의 원류에 조선 가톨릭 문화를 접속시키고자 했음을 알 수 있다. 즉 당시 장면은 당

---

21) 도슨, 1933, 「현대가톨릭의 지적사명」 『가톨릭청년』 2, 2~7쪽.

대 가톨릭의 부흥을 위한 근거로 서양 중세 가톨릭의 전통을 주목했다.
그리고 이는 역사의 사회적 기능에 대한 긍정적 인식을 전제할 때 주목
될 수 있는 이론이었다.

요컨대 장면은 서양사에 대한 가톨릭적 역사해석의 방향을 제시하면
서 역사의 실천적 의미를 강조했다. 그리고 그 역사연구는 가톨릭의 문
화전통을 복원하는데 유효하다고 생각했다. 그는 서양 중세 가톨릭문화
의 전통과 오늘날의 교회가 가지고 있는 연결점에 주목하고자 했다. 이
러한 그의 역사관은 교훈적 역사서술의 단계를 벗어나고 있었다. 그러므
로 그의 역사관이 단순히 호교론적 입장에서만 전개된 것으로 보는 데에
는 신중을 기해야 한다.

4) 순교 전통 강조와 문화적 민족주의

장면은 교회의 초자연적 진리가 가지고 있는 보편적 가치를 존중했
다. 그리고 이 가치는 순교를 통해서 실증되는 것으로 인식했다. 그리하
여 그는 순교에 대한 신학적 검토와 함께 세계교회사 및 한국교회사에
나타난 순교의 사실이 가지고 있는 역사적 의미를 탐구하고자 했다. 그
리고 가톨릭 신앙이 바로 순교의 전통 위에 서 있음을 강조하면서 순교
적 신앙의 실천을 중시하고 있었다. 이는 그가 역사의 실천적 의미를 존
중했던 입장의 연장으로 볼 수 있다. 그리고 그는 특히 조선의 순교전통
에 자부심을 가지고 있었다.

장면은 1925년 로마에서 거행된 조선 순교복자 79위의 시복식諡福式
에 조선교회의 대표로 참석했다. 그는 이 시복식에 참여하여 조선교회의
순교적 전통에 대한 자부심을 확인하게 되었다. 시복식이 거행된 지 8년
후인 1933년 9월호『가톨릭청년』은 '복자정월'의 특집호를 꾸몄다. 이
과정에서 장면은 「순교의 의의와 가치」에 관한 글을 발표했다. 그는 여

기에서 "인류 정신생활에서 가장 고귀한 도덕관의 표현은 정의를 위한 자아의 희생이다"고 전제하면서 순교가 곧 초자연적 정의를 위한 희생임을 말했다.

그는 초자연적 정의와 진리를 위하여 현세의 일체 명예를 버리고 의연히 자신을 제헌하는 데에서 순교의 의의를 찾았다. 그는 순교를 찬양하면서 "순수한 진리애, 확고부동한 신념, 완전한 이욕초월, 호용豪勇과 강의剛毅의 극치는 오로지 순교자에 있어서 비로소 볼 수 있다"고 했다.22) 또한, 그는 "암흑과 광명의 투쟁에 있어서 그리스도의 진리가 선양되고 인류관·도덕관이 근본적으로 전향된 경세적 대변동의 배후에는 기백만 순교성자의 선혈이 숨어 있음을 알아야 한다"고 말했다.23) 여기에서 그는 세계교회가 가지고 있는 순교의 전통을 강조했다. 그리고 그는 "순교자는 그리스도의 신앙과 진리를 증명하고 그 기원이 천주께 있음을 지시하는 모든 감지적感知的·가견적可見的 사실을 증명하기 위하여 순교했다"고24) 파악했다. 그는 순교가 '증언'이었고 '증거'였다는 사실을 명확히 인식하고 이 점을 강조했다.

이에 이어서 그는 조선의 순교사殉敎史와 순교자들에 대해서 지극한 존경과 자부심을 표하고 있었다. 그는 조선의 순교사와 순교자에 대한 입장을 다음과 같이 서술했다.

> 우리 조선에서도 수천의 우리 선조들이 그리스도의 복음을 위하여 용감히 순교의 칼을 받아 교회 순교사를 더욱 광휘있게 꾸민 공훈을 자랑하며 그 중 79인이 영화로운 복자로 선언되어 10만 신도의 열혈적 존숭함을 받는 영예를 기뻐한다. 우리 후손들은 저들의 지대한 희생의 성덕을 못내 사례할지며 우리의 전폭적 노력으로 주의 복음을 크게 선양하여 우리에게 대한 저들의 기대가 헛되게 하지 말라.25)

22) 장면, 1933, 「순교의 의의와 가치」『가톨릭청년』4, 2쪽.
23) 장면, 1933, 앞의 글, 2쪽.
24) 장면, 1933, 앞의 글, 5쪽.

이 인용문을 통해서 볼 수 있는 바와 같이 그는 순교자 현양의 목적이 '복음의 선양'에 있음을 확인했다. 그리고 순교자를 모범으로 하여 '주의 복음을 선양하기 위한' 노력을 다짐해야 함을 역설했다. 여기에서 우리는 그의 순교자 예찬이 매우 실천적 목적을 가지고 있었던 것임을 알 수 있다.

한편, 장면은 자신이 참여하고 있었던『가톨릭청년』에서 한국사 내지는 한국교회사에 대한 특집을 자주 다루고 있었다.『가톨릭청년』에 보면 '조선순교복자시복식朝鮮殉教福者諡福式'(1933, 9), '김대건신부특집金大建神父特輯'(1934, 9), '소주교특집蘇主教特輯'(1935, 10), '다산정약용특집茶山丁若鏞特輯'(1936, 4), '간도천주교회특집間島天主教會特輯'(1936, 10) 등과 같은 기획물이 수록되어 있었다. 그리고 '조선 가톨릭사의 편영'과 같은 교회사적 연재물이 다수 게재되어 있었다. 또한 가람 이병기李秉岐는 여기에「조선어강화朝鮮語講話」를 계속해서 연재하여 조선말과 글의 특성을 밝혀주었다.

이러한 특집 내지는 연재기사를 분석해 보면 당시『가톨릭청년』은 일종의 문화적 민족주의의 방향을 취하고 있었다고 생각된다. 문화적 민족주의는 자기 문화의 독자성과 우월성에 대한 인식에서 출발하고 있다. 그런데『가톨릭청년』이 간행되던 당시에도 일제의 침략에 저항하는 민족주의 운동이 도처에서 진행되고 있었다. 특히 이 시기 일제에 비타협적이었던 민족주의자들은 '조선문화재건운동'을 전개하고 있었다.[26]

이러한 시대적 특성과 관련하여 식민지 치하 조선의 천주교 지도자들은 조선교회의 역사와 전통을 일깨우는 작업에 종사하게 되었다고 생각한다. 장면은 당시 교회의 신도 지도자들이 가지고 있었던 이러한 경향을 공유하고 있었고 교회에서 전개되는 이 운동의 중심에『가톨릭청년』

---

25) 장면, 1933, 앞의 글, 5쪽.
26) 장면, 1992,「조선후기 실학사상의 연구동향과 전망」『金昌洙教授 華甲紀念 史學論叢』, 범우사, 411쪽.

과 장면이 자리 잡고 있었다. 그들은 보편적 가치를 강조하던 가톨릭 신
앙이 조선이란 역사적 현실에서 구체적으로 전개되어 나가는 과정을 밝
히려 함으로써 당시의 시대적 요구를 외면하지 않고자 노력했다. 그리하
여 그들은 세계 교회사에 유례가 없는 자발적 교회창설과 순교의 사실을
특필했다. 이러한 그들의 경향은 넓은 의미에서의 '문화적 민족주의'와
관련되는 현상으로 해석된다.[27]

그러나 그들이 가지고 있던 '문화적 민족주의'의 개념은 무장투쟁 지
향적 민족주의 운동과는 상당한 차이를 드러내고 있었던 것이다. 그리고
국수주의적 민족주의와도 양립될 수 없었던 입장이었다. 여기에서 일제
하 조선 가톨릭 지성들은 민족주의의 주류로부터는 일정한 간격을 유지
하게 되었다. 그러나 그들도 조선 문화 내지는 천주교 신앙을 통해서 확
인되는 역사적 사건을 통해서 민족적 자부심을 가지고 있었다. 일제하
조선천주교회가 자신의 순교자에 대한 현양을 위해 크게 힘썼던 배경에
는 이와 같은 판단이 자리 잡고 있었다. 그리고 이러한 판단을 내리는
과정에서 장면과 같은 교회 여론 주도층의 역할이 일정하게 작용했던 것
으로 생각된다.

요컨대, 일제하 조선교회에서는 '문화적 민족주의'의 양상을 띠고 조선
순교복자에 대한 현양사업이 진행되었다. 그리고 장면이 편집위원 가운데
하나로 있던 『가톨릭청년』은 교회내의 이러한 움직임을 주도하고 있었다.
장면은 이 움직임과 직간접적인 관계를 맺고 있었다. 그렇다면 그의 역사
인식 가운데 하나로 문화적 민족주의의 경향을 들 수 있을 것이다. 이는
가톨릭적 보편주의 내지는 세계주의와 충돌하지 않으면서도, 조선교회의
자부심을 충족시켜 줄 수 있었기 때문에 가능했다고 생각된다.

---

27) Hayes, Nationalism ; 車基璧 譯, 1960, 『民族主義』, 을유문화사, 19쪽.

4. 조선교회사 서술의 특성

1) 『조선천주공교회약사』의 간행

1931년은 조선교구 설정 100주년에 해당되는 해였다. 이를 계기로 하여 경성구천주교청년회 연합회京城區天主敎靑年會聯合會에서는 『조선천주공교회약사』를 간행했다.[28] 이 책의 판권지에 보면 편집 겸 발행인으로 경성구천주교청년연합회 총장 원형근元亨根(Adrien Joseph Larribeau, 1883~1974)으로 되어 있다. 원형근은 1926년 이후 천주교 경성교구의 교구장 계승권을 가진 보좌주교에 취임하여 1933년 민덕효閔德孝(Mutel)주교의 사망 이후 경성교구의 교구장에 취임했던 인물이다. 그는 1931년 당시 보좌주교의 입장에서 교구 내 천주교청년연합회의 총장을 지내고 있었다. 이에 교구설정 100주년 기념사업을 추진하고 있었던 경성교구 천주교청년회에서는 본 사업의 최종 책임자인 그를 이 책의 '편집 겸 발행인'으로 판권지에 기록했다.

그러므로 이 책의 실질적 저자에 대해서는 별도의 고찰이 필요하다. 그런데 이 책의 문장 등을 분석해 볼 때 조선어를 모국어로 하며 역사학에 관해 일정한 수련을 받은 사람의 작품으로 생각된다. 그런데 당시 조선교회의 상황에서 이와 같은 조건을 충족시켜 줄 수 있는 인물은 장면을 제외하고는 찾기가 어려웠다. 그러므로 필자는 이 책의 실질적 저자가 장면이었음을 조심스럽게 추정한 바 있었다.[29]

그 후 장면의 유족들을 통해서 장면의 생시에 이 책이 자신의 저작이

---

28) 『朝鮮天主公敎會略史』, 昭和 6年, 경성천주교청년연합회, 112쪽.
29) 조광, 1996, 「한국현대사에서 제2공화국 민주당 정권의 의미」 『21세기 한국사회와 종교』, 가톨릭출판사, 490쪽.

었다고 말했다는 증언을 청취하게 되었다. 여기에서 이 책의 저자가 장
면이었음을 상정해도 큰 문제는 없을 것으로 생각된다. 당시 장면은 평
양교구의 사무직을 사임하고 동성상업학교의 교사로 부임한 직후였다.
그리고 이 책과 1930년대 전반기 장면이 기명 집필한 교회사에 대한 글
들은 상호 비교검토가 가능하다. 이를 상호 비교해 보면 교회사에 대한
인식의 특성이나 글의 문체 등을 감안할 때, 이 책의 저자는 장면이었다
고 단정해도 좋을 것으로 생각된다. 그러므로 여기에서는 이 책자를 장
면의 한국교회사에 대한 인식을 이해하기 위한 주요 자료로 분석해 보고
자 한다. 이 책의 간행목적은 그 서문에서 잘 드러나고 있다. 이를 옮겨
보면 다음과 같다.

> 금년은 우리 주 예수 그리스도의 복음이 우리 조선 땅에 전하여온 지 147
> 년이 되는 해이오, 「조선교구」가 설정된 지 일백 주년이다. 우리는 이 경사로
> 운 백주년 기념을 당하여 세계에 다시 類를 보지 못하는 복음전래의 기묘한
> 경로를 널리 소개하며, 우리 동포에게 영생의 길을 개척하여 주고자 이역산천
> 에서 만반고초를 감수하다가 마침내 생병까지 희생하신 열위 주교 선부의 지
> 대한 은덕을 감사하며, 주의 진리를 한번 깨달음에 세속 영화를 분토시하고
> 용감히 악형을 극복하여 흉한 칼날 아래 순교의 피를 뿌리신 거룩한 우리 조
> 상들의 높은 덕을 우러러 칭송하고 아울러 10만 대중 신도의 각성을 촉진하
> 여 앞으로 주의 진리를 더욱 널리 동포에게 전하여 우리 반도로 하여금 「주
> 의 나라」로 화하기까지 극진히 노력하기를 격려하는 뜻으로 이 작은 책자를
> 감히 드린다.30)

이 서문을 통해서 볼 수 있는 바와 같이 이 책의 저술 목적은 대략
네 가지로 요약된다. 즉, 첫 번째로는 천주교 신앙의 자주적 수용이라는
사실을 만방에 알리고, 둘째로 조선교구 설정 100주년을 기념하여 조선
교회의 선교에 종사했던 선교사들에 감사를 표하려는 의도를 가지고 있
다. 그리고 세 번째로는 조선 순교자를 현양하고, 네 번째는 당시 신도들

---

30) 장면, 1931, 「序」『朝鮮天主公敎會略史』

의 각성을 촉구하여 조선을 「주의 나라」로 변화시키고자 하는 데에 저
술의 목적이 있었다.

이는 당시 조선의 사학계 일각에서 논의되던 실증주의 사학에서 지향
하던 순수한 역사연구의 목적과는 상당한 차이가 있는 것이었다. 그렇다
하더라도 이 책의 서문에서는 조선교회사의 특별한 면모로 자주적 수용을
전제하고 있었다. 이 책에서 신앙의 자주적 수용을 강조하고 있는 사실은
조선 역사의 자주적 발전을 거부하던 식민주의 사학 이론에 대한 거부를
뜻한다. 여기에서 당시의 식민사학 이론과 신앙의 자주적 수용을 강조하
고 있는 역사서술 태도는 서로 대조될 수 있다. 그리고 이러한 점에서 이
책은 식민사학의 이론을 실천적으로 거부하고 있었다고 생각된다.

한편, 당시 사회에서는 조선어로 쓰인 조선교회사 개설서가 존재하지
않았다. 물론 달레의 『조선교회사』가 한글로 번역되어 『경향잡지』의 전
신인 『경향신문』의 부록 「보감寶鑑」에 장기간에 걸쳐서 연재되기는 했
다. 그러나 이 연재물은 교회 창설부터 당대에 이르기까지의 역사를 저
술한 개설서로는 볼 수 없다.

물론 이능화李能和는 1928년에 『조선기독교와 외교사朝鮮基督教及外交史』
를 저술하여, 조선인 가운데 처음으로 기독교사 개설서를 간행한 바 있었
다. 그러나 이 책자는 한문 문장에 현토한 형식이었다. 그리고 그 내용도
대부분이 『조선왕조실록』과 같은 정부의 연대기 자료에서 발췌한 것이
었다.[31] 반면에 1931년에는 척사적 입장에서 기록된 이만채李晚采의 『벽
위편闢衛編』이 간행되었다.[32] 이러한 상황에서 현대의 조선어로 저술된
천주교회사의 출간이 기대되고 있었다. 이와 같은 상황에서 간행된 『조
선천주공교회약사』는 천주교사 개설서 가운데 한글로 저술된 최초의 저
작으로 평가해 줄 수 있을 것이다.

---

31) 李能和, 1928, 『朝鮮基督教及外交史』, 朝鮮基督教彰文社, 288쪽.
32) 李晚采, 1931, 『闢衛編』(石印本, 漢裝本, 上下二册), 闢衛社.

요컨대, 1931년에 간행된『조선천주공교회약사』의 실질적 저자는 장
면으로 간주된다. 그는 조선에서 한글로 저작된 최초의 천주교회사를 저
술했다. 그가 이 책자를 저술할 당시는 이능화나 이호송李晧宋의 저술들
이 간행되어 있었다. 그러나 이 책의 간행에 직접 간접으로 참여했던 이
들은 기존의 책들로는 조선천주교회의 역사를 체계적으로 밝힐 수 없음
을 생각했다. 그리하여 조선교구 설정 100주년 기념사업 가운데 하나로
이 책의 간행을 추진했다고 판단된다.

2) 역사서술의 특성

역사상 특정 주제를 다루는 개설서나 한 시대에 관한 통사는 매 주제
에 대한 연구가 축적되어야 올바로 서술될 수 있다. 즉, 개별사건에 관한
충분한 연구를 기반으로 할 때 통사나 역사 개설서는 충실히 서술될 수
있다. 그러나 만일 이와 같은 조건을 충족시키지 못하면 그 개설서나 통
사의 내용에도 한계가 드러나게 마련이다.

그런데『조선천주공교회약사』가 간행될 당시에 조선천주교회사에 관
한 연구논문은 6편에 지나지 않았다. 일본인 연구자에 의해서 발표된 이
논문 가운데 4편은 조선교회 창설 이전 일본과 중국에서 선교사들이 전
개한 조선 개교를 위한 노력을 서술하는 것이었다.[33] 그리고 오직 두 편
의 논문만이 조선교회 창설 이후 박해시대에 관한 논문이었다.[34] 이러
한 기존의 논문과 달레의『조선교회사』및 이능화의『조선기독교와 외
교사』가 이 책을 저술하는데 직접적인 참고가 되었을 것으로 생각된다.

---

33) 山口正之가 연구한 세스뻬데스 신부의 조선입국에 관한 논문, 일본주재 예수회선
   교사들이 조선인 피납자를 구제하기 위한 활동, 그리고 소현세자와 湯若望 등에
   관한 4편의 논문이 1930년과 1931에『靑丘學叢』에 발표되었다.
34) 今西學士, 1918,「朝鮮李太王と天主教徒虐殺」『歷史と地理』1-6 ; 小田省吾,
   1930,「李朝の朋黨を略述いて天主教迫害に及ぶ」『靑丘學叢』l.

『조선천주공교회약사』는 이와 같은 열악한 집필 여건 아래에서 작성되었다. 따라서 조선천주교사에 대한 연구업적이 상당히 축적되어 있는 오늘의 입장에서 볼 때, 이 책 자체에는 사실 인식과 인과성 규명 등 여러 부분에서 문제점을 지적할 수 있다 그러나 이 책이 가지고 있는 가장 긍정적 특성은 이 책의 시대구분에서 찾을 수 있다.

이 책은 모두 서언과 5장으로 구성되어 있다. 그리고 이 장의 편제는 조선교회사의 시대구분과 관련된다. 이 책은 서언에서 교회의 창설, 동양에 전래된 그리스도교 그리고 임진왜란 시의 성직자 입국 문제를 간략히 취급하고 있다. 이는 달레가 임진왜란에 관한 문제를 본론의 처음에 다루었던 것과는 좋은 대조를 이룬다. 이는 일부 일본인 연구자들이 조선교회의 기원과 관련하여 임진왜란을 강조하던 입장과는 대조를 이룬다. 즉, 『조선천주공교회약사』의 저자는 조선천주교의 시작과 임진왜란과의 관계를 명확히 단절시켰다. 이로써 저자는 조선교회의 자발적 창설을 강조하고자 했고 이는 조선교회사를 서술하는 데에 있어서 올바른 방안이었다.

이 책의 제1장은 '공교의 조선전래와 그 초기'로 되어 있다. 이 부분에서는 먼저 조선의 부연사赴燕使들이 중국에 가서 선교사와 접촉하기 시작했던 내용을 간략히 언급하고 있다. 그리고 1784년 이승훈의 영세입교에서 조선 천주교회의 기원을 구하고 있다. 또한 가성직제도의 조직, 최초의 박해, 주문모신부의 입국, 신유대박해와 그 이후의 교회 등을 1장에서 서술하고 있다. 1장의 하한은 1831년 '조선교구의 설정' 직전까지로 규정되었다. 이와 같은 시대구분의 상한과 하한은 오늘의 학계에서도 인정되는 정당한 것이었다.

제2장은 '성풍육니腥風肉泥의 군난시대窘難時代'라는 제목 아래 1831년 조선교구 설정, 프랑스 선교사의 입국, 조선신학생의 외국유학, 기유대박해, 조선이 수선석덕首先釋德 안드레아 김 신부, 병인대박해 등에 관해

서술하고 있다. 2장의 하한은 종교 신앙의 자유가 허용된 1882년까지로
보고 있다. 특히 2장에서는 김대건 안드레아 신부에 대하여 2장의 ⅓에
가까운 지면을 할애하고 있다. 이는 저자가 조선인 성직자의 활동을 주
목하고, 조선교회의 발전에 미치는 조선인의 주체적 역할을 강조하기 위
한 의도적 작업의 결과였다고 생각된다.

제3장은 '신교信敎의 자유와 광양시대光揚時代'로 되어 있다. 여기에서
는 1882년 외국과의 조약을 통해서 군난시대가 끝나고 종교 선택의 자
유를 얻게 되었다고 보았다. 3장은 조선에 대구교구가 설정되기 직전이
었던 1911년을 하한으로 삼고 있다. 여기에서 저자는 신앙의 자유 획득,
민덕효(Mutel) 주교의 취임과 활동, 교회가 지방으로 확산되어 나가는 과
정, 1901년 제주도 사건, 성 분도회 수사들의 입국까지를 다루고 있다.
이 3장은 개항기의 교회사에 대한 서술이었다.

이 책의 제4장은 '공교회의 대발전과 신교구설정'으로 되어 있다. 이
항목에서는 대구교구 설정, 민덕효(Mutel) 주교의 대주교 서임, 원산·연길·
평양교구의 설정, 조선 순교복자의 시복식, 백주년 기념축하와 전 조선 주
교회의 등을 다루고 있다. 이로써 조선교회의 창설에서 당대에 이르기까
지 조선천주교의 통사를 서술하는 입장에서 교회사를 정리해 주었다.

한편, 제5장은 '각 교구의 사업과 시설일반'으로 되어 있다. 이는 조
선교회의 현황을 다시 일목요연하게 정리하고자 하는 의도에서 집필된
부분이다. 그리고 제6장은 '부록'으로 조선천주교회사 연표, 역대 교구
장 및 신자 증가 표, 각 도별 교세통계, 79위 복자명단, 조선 내 천주교
회 성당주소록과 성당 사진들이 들어 있다.

이와 같은 『조선천주공교회약사』의 구성은 한국천주교회사에 관해
적지 않은 연구업적이 축적되어 있는 오늘의 입장에서 볼 때에도 타당한
시대구분으로 생각된다. 물론 이 책의 저자는 교회사적 사건 인식과 이
해에 있어서는 오늘의 연구업적을 따라가지 못하고 있다. 그러나 저자는

사실인식에서는 미흡할 수밖에 없던 시대에 살았음에도 불구하고 역사의 줄거리를 세우는 작업인 시대 구분적 인식에서 자신의 역사가로서의 면모를 드러내고 있었다.

한편, 이 책의 내용에는 보완되어야 할 많은 부분이 있다. 박해의 원인을 '외교도外敎徒의 시기猜忌'로만 규정했다. 이는 당시 박해의 원인을 당쟁과 관련지어 서술하기 시작했던 일반적인 경향과는 상당히 다른 입장이다. 그러나 '시기'라고 하는 표현 자체가 가지고 있는 비과학적 막연성에는 문제가 있으며 박해가 일어나게 된 인과관계의 분명한 해명에는 이르지 못했다.

또한 1882년을 신앙자유의 기점으로 본 것은 매우 탁견으로 생각된다. 이는 후일의 연구자들 가운데 일부가 1886년 한불조약의 체결을 신앙자유의 기점으로 보는 견해와는 달리 당시의 시대상황을 정확히 이해한 것으로 생각된다. 그러나 신앙자유의 원인에서 외국과의 조약만을 강조하여 역사발전의 내재적 측면을 간과했다.

그리고 이 책의 역사인식 내지 서술방향에서 개선주의적凱旋主義的 특성이 드러남도 문제로 지적할 수 있을 것이다. 이는 저자가 신앙의 자유와 교회의 성장을 만족하게 생각했던 결과였다. 저자는 조선교회가 조선인의 영혼을 구원할 책임을 가진 것으로 생각했다 그리고 이 구령사업救靈事業은 교회의 당연한 몫이므로 조선교회와 신도들이 이를 위해 분발해야 함을 역설했다.

요컨대, 한국어로 간행된 최초의 조선교회사인 『조선천주공교회약사』는 1784년 교회창설로부터 저자가 삼고 있던 20세기의 20년대 상황까지를 서술하고 있다. 이 책의 시대구분이나 역사 인식은 당시 일반적으로 가지고 있던 관념과는 일정한 차이를 드러내고 있다. 이 책에서는 조선교회의 출발점을 1784년으로 정확히 지적했다. 그리고 신앙의 자유를 획득한 시점으로 1882년을 주목했고, 1911년 대구교구의 설정 등을 시대구분의 주요한 기준으로 잡았다. 이러한 이 책의 시대구분은 오늘날의 교회사 서술에 있어서도 적용될 수 있는 올바론 구분이었다. 그러나 이 책은 한국교회사에 관한 개별 사실의 연구가 거의 없던 상황에서 저술된 것이므로 이에 따른 문제점도 드러내고 있다. 또한 이 책에서는 사실에 대한 치밀한 분석적 입장이 부족하고, 호교적·개선주의적 입장에서 교회사를 서술하고자 했다. 이러한 문제점은 당시 교회의 신학적 사조나 교회사의 연구수준과 관련된 제한성이었다. 20세기의 30년대 초에 서술된 교회사에서 20세기 후반기에 등장한 보편적 구원의 개념이나 민족과 교회의 관계에 매한 예민한 성찰을 요구하기는 어려운 일일 것이다. 그렇다 하더라도 이 책은 한글로 쓰인 최초의 한국천주교회사로서 저자가 살고 있던 당대에 있어서 천주교회사로서의 책임을 다하고 있었다.

5. 맺음말

한국현대사에서 장면은 내각책임제를 채택했던 제2공화국 당시 국무총리를 역임한 인물로 기억되고 있다. 그러나 그는 해방 이후 외교관 내지 정치인으로 활동하기 이전에 종교운동가이며, 교육자로 활동했다. 이 시기 그는 한국천주교회에서 대표적 지식인이며 평신도 운동가로 인정되고 있었다. 또한 그는 1931년에 한글로 집필된 최초의 한국천주교회사인 『조선천주공교회약사』를 저술·간행했다.

장면은 그의 수학기를 통해서 교회사 내지 역사학에 관한 지식을 본격적으로 획득할 수 있었다. 이러한 학문적 배경을 가지고 있었기 때문에 조선교회사에 관한 저술이 가능했을 것이다. 그리고 그는 1933년 이후에는 월간지 『가톨릭청년』의 편집에 참여하면서 자신의 역사관을 피력하는 논설류의 글들을 발표하게 되었다. 그는 가톨릭신앙에 대한 확신을 전제로 하여 신앙의 옹호를 위한 실천적 노력을 전개했다. 그는 세계교회사적 사건의 서술을 통해서 가톨릭적 역사해석의 방향을 제시해 주었다.

또한 그는 가톨릭적 보편주의 내지는 세계주의와 충돌하지 않으면서도, 조선교회의 자부심을 충족시켜 줄 수 있는 방안으로 '문화적 민족주의'의 경향을 취했다고 생각된다. 그는 조선교회의 자주적 수용을 긍정적으로 서술하고 있으며 조선교회사에 나타나는 순교자들의 행적을 현양했다. 조선교회의 연원에 대한 그의 입장이나 조선순교자들에 대한 자부심을 통해서 당시의 '식민사학론'과는 다른 그의 '문화적 민족주의'의 입장을 확인할 수 있다.

한편 장면이 『조선천주공교회약사』에서 시도한 시대구분은 오늘의 연구자들에게도 폭넓은 지지를 얻을 수 있을 것이다. 그는 교회창설의 기점이 1784년에 있음을 정확히 말했다. 그리고 1882년을 신앙자유의 기점으로 보았다. 이는 후일의 일부 연구자들이 1886년 한불조약의 체결을 신앙자유의 기점으로 보는 견해보다 당시의 시대상황을 더 정확히 파악한 것으로 생각된다.

그러나 그의 역사인식에서는 이와 같이 긍정적 측면과 함께 여러 한계점도 노정시키고 있다. 그는 역사적 사건에 대한 분석적 성찰에서 제한성이 드러나며 역사발전의 내재적 측면을 정확히 서술하지 못했다. 그리고 이 책에서는 개선주의적 특성이 드러나기도 한다. 이러한 문제점은 그가 살았던 시대와 학문적 수준이 가지고 있었던 제한성과 직결되는 것이었다. 그렇다 하더라도 『조선천주공교회약사』를 비롯하여 서양교회사 관계 논문을 저술했던 장면은 누구보다도 앞서 조선천주교회사에 대한 관심을 가지고 이를 체계적으로 서술했던 인물로 기억될 수 있다. 그리고 한국 천주교사를 공부하는 오늘의 연구자들도 그가 가지고 있었던 여러 긍정적 견해들을 계속해서 발전시킬 책임을 확인하게 된다.

제2부

한국현대사회와 천주교

제1장 金益鎭의 생애와 가톨릭 신앙

1. 머리말

20세기 전반기 한국은 일제의 식민지 아래 놓여 있었다. 이 시대 식민지 조선에서 태어난 적지 않은 청년들은 제국주의적 압제로부터 민족을 구원하려는 생각에 몰두했었다. 그들의 노력은 민족 해방전쟁에의 직접적 투신을 통해서 표현되었다. 그리고 당시인들이 전개했던 문화운동이나 종교운동에도 이와 같은 민족 구원에의 열망이 담겨 있었다. 이 열망이 내연 內燃하던 가운데 조선은 1945년 일제 압제에서 해방되었다. 그러나 해방 이후에도 독립을 향한 여정은 멀기만 했고 해방공간의 혼란과 격변을 극복해 나가야 했다. 이러한 역사과정을 살펴볼 때 20세기 전반기 우리 역사는 다른 어느 때보다도 격변기를 맞고 있었음에 틀림이 없다.

김익진金益鎭(1906~1970)은 이 격변을 헤쳐가면서 20세기 중엽 한국 가톨릭 문필가로 활동했던 인물이다. 선각적인 그의 주장은 현대 한국 가톨릭교회에 적지 않은 영향을 주었음에 틀림없다. 그리고 그가 집필했거나 번역 소개했던 글들은 1960년대를 전후한 상당 기간 동안 가톨릭 지성계에 널리 읽히고 있었다. 그는 적지 않은 글들을 남겼다. 이 글들은 본격적 논저가 아니라 평론적 형식의 글들이 주류를 이루고 있었다. 그러나 그가 남긴 글들은 아직도 생명력을 가지고 있어서 오늘에도 계속

읽히고 있다. 그는 이미 사거한 역사 속의 인물이지만 현재의 역사를 살고 있는 살아있는 인물이다. 그러기에 오늘의 사람들도 그의 조언에 귀를 기울이게 된다. 여기에서 우리는 가톨릭 문필가 김익진을 연구해야 할 까닭을 확인하게 된다.

　그와 같은 시대를 살았던 사람들은 그를 알았음에 행복해 했고 그의 먼저 감을 안타까워했다. 그러기에 그의 됨됨이를 말하는 인물평이나 회고적 기록들이 적지 않게 남아 있다. 그의 삶과 사상 내지는 신앙의 특성을 알려주는 자료도 적지 않게 남아 있다. 한편, 그는 가문적 배경을 통해서 가학家學을 이어받아 실천했던 인물이기도 했다. 김익진의 조부는 구한말의 관료였던 김병욱金炳昱(1808~1885)이었고 그의 부친은 김성규金星圭(1863~1935)였다. 그 조부와 부친에 관해서는 이미 연구된 바 있었다.1) 김병욱의 삼대손으로 그 가학을 이어받은 김익진은 자신의 조상과는 다른 방면에서 상당한 영향을 남긴 인물이었다. 그러나 그에 대한 본격적 연구는 아직 진행되지 않고 있다. 이에 본고에서는 그에 대한 본격적 연구가 출현하기를 기대하면서 간략하게나마 그의 생애와 신앙에 대해서 검토해 보고자 한다.

---

1) 김용섭, 1972, 「광무양전의 (光武量田) 사상기반 – 量務監理 김성규의 사회경제론」 『아세아연구』 48, 고려대학교 아세아문제연구소(1975, 『韓國近代農業史研究』, 일조각에 재수록)

송찬섭, 2000, 「19세기 후반 金炳昱(1808~1885)의 사회개혁론」 『論文集』 29, 韓國放送通信大學校 ; 2003, 「김병욱, 사회개혁을 향한 꿈과 실천」 『63인의 역사학자가 쓴 한국사 인물 열전』 3, 한영우선생정년기념논총간행위원회 편, 돌베개.

노대환, 2001, 「개항기 지식인 金炳昱의 시세인식과 富強論」 『한국문화』 27, 서울대학교 한국문화연구소.

2. 김익진의 생애

김익진은 1906년 4월 18일 목포 북교동 46번지에서 김성규의 셋째 아들로 태어났다. 그의 조부 김병욱도 연풍현감을 역임했던 개혁적 관료였다. 김병욱은 안동을 본관으로 한 경상도 문경출신 사족이었다. 그가 태어난 시기는 안동김씨 등에 의해 세도정치가 전개되던 때였다. 그러나 그는 장동壯洞 김씨 세도가문과는 촌수가 멀었지만, 18세 때 상경한 이후 장동 김씨 김수근의 주선으로 6년 동안 관직생활을 할 수 있었다. 그는 환곡제還穀制를 개혁하여 사창제社倉制를 시행하려던 개혁론을 제기했고 이 개혁안이 대원군에게 채택되어 실시되기도 했다.[2] 그는 평범한 문경 사족이었지만 자신의 가학의 기초를 세워 이를 그의 아들인 김성규에게 전해 주었다.

김성규는 반계 유형원과 다산 정약용의 학문을 중히 여기던 부학父學의 전통을 이어받고 개화기 물밀 듯이 들어온 서양사상을 흡수하여 자신의 개혁안을 체계화시켰다. 그는 특히 농업개혁론과 사회개혁론을 주장하여 이를 부분적으로 실현시켜 나갔다. 그는 개화관료로서 점진적 개혁을 통해서 조선의 국권을 유지해 나가고자 했다. 그는 동학농민전쟁 때 시행된 폐정개혁안에도 일정하게 관여한 바 있었다. 그는 주체적 입장에서 외국문화를 수용하고자 했다. 그의 사상은 광무개혁의 이념과 밀접히 관계되고 있었다.[3] 그는 부친 김병욱의 동도서기東道西器적 입장을 이어받아 점진적 개혁안을 제시했다. 그의 관직은 장성군수, 양무감리量務監理 등에 이르렀다.

---

2) 송찬섭, 2003, 앞의 논문, 36·47쪽.
3) 김용섭, 1975, 앞의 책, 432쪽.

김익진의 부친인 김성규의 대에 이르러 그 가문은 크게 일어났다. 김성규는 개화관료로서 사회개혁안을 가지고 있었고 서양의 사상을 배격하지는 않았지만 향약鄕約조직을 중심으로 한 정신무장의 도구로 유학사상을 강조했다. 이 과정에서 김성규의 가학이 점차 이루어져 갔고, 그의 아들인 김익진의 사상 형성에도 일정한 영향을 미쳐주었다. 한편, 김성규는 자신이 지방관으로 근무했던 전라도 지역을 새로운 근거지로 삼아 막대한 부富를 형성해 갔다. 그는 장성, 무안, 목포 등지에 대략 2만석을 추수하는 대토지 소유자가 되었다.[4] 그가 한 해에 추수하는 녹두만도 800석이었다는 증언이 있음을 보면, 그가 실제로 상당한 토지를 소유하고 있었음을 알 수 있다. 그러나 그는 자신의 토지 안에서 근검한 생활을 하고 있었다. 그가 "소유한 농지 안에만도 대소 농가가 백 채나 되었으나 막상 당신은 양철지붕 집에서 사셨고 그 위에 있는 별채는 아담한 초가집이었는데 자당께서 거하셨다"는 증언에서[5] 이와 같은 그 삶의 방식을 확인할 수 있다.

김성규는 우진祐鎭, 철진哲鎭, 익진益鎭 세 아들을 두었다. 그들의 부친 김성규는 자식들에게 '위민爲民'과 '청렴淸廉'을 특히 강조했다고 한다.[6] 김성규의 맏아들 김우진은 위민을 강조하던 가학의 전통에 따라 식민지 지배에 시달리던 민중에게 눈길을 돌렸고, 사회주의를 수용하여 자신의 작품에 반영하기도 했다. 김우진은 1926년 윤심덕尹心惡과 함께 현해탄 해상의 덕수환德壽丸에서 투신했던 비련의 주인공 바로 그 사람이었다. 김우진은 표현주의 계통의 시인이며 극작가였고 연극이론가였다. 그는 비극적 자살을 통해 식민지 청년들에게 시대적 허무주의의 상징이 되었다.

김우진의 막내 동생이었던 김익진은 이와 같은 가문적 배경에서 태어

---

4) 김성규의 토지에 대해서는 그의 손자 김방한이 증언한 바 있다.
5) 진중하 회고.
6) 김성규의 손녀 ; 김익진의 딸인 김화영의 증언.

나 자랐다. 김익진은 아호를 스스로 야인也人이라 했다. 그 이 야인이라 는 호를 쓰기 시작한 때가 언제인지는 알지 못하겠다. 그러나 이 야인이 라는 호를 설명하면서, 흔히는 그가 당시 지성인임을 내세우던 시속에 대한 비판을 담아 자신은 야만인임을 자처했고, 야만인의 준말인 야인과 같은 음을 따서 만들었다고 말한다. 아마 김익진 선생 자신도 자신의 호 에 대해 이러한 설명을 한 듯하다. 그런데 이 야인이란 호에는 자신만이 간직한 숨은 뜻이 있으리라 생각된다. 흔히 자호自號를 할 때에는 이중적 내지는 다중적 의미의 단어를 즐겨 쓰고들 있기 때문이다.

그렇다면 그의 아호 '야인'에서 '입기 야也'는『천자문』의 마지막 구 절인 '언재호야焉哉乎也'의 마지막 단어와 관련된다고 생각된다. 아마도 그는 이 단어를 통해 삼라만상을 터득한 완결된 자아를 추구하고 있었던 것인지도 모르겠다. 만일 그가 이 아호를 영세 입교한 이후부터 사용하 기 시작했다면, 자신의 주보성인인 프란치스코의 모범을 따라 가장 후미 에 자리 잡은 겸허한 자세를 드러내고자 하던 숨은 뜻을 간직하고 있었 는지도 모를 일이다.[7]

그는 어린 시절을 목포에서 보내면서 집안에서 한학을 배웠다. 어린 시절의 한학 수업은 그의 중국어 학습 및 후일 한국교회사 관계 주요자 료인 「황사영백서黃嗣永帛書」와 「상재상서上宰相書」를 번역하는 데에도 기초가 되었다.

그는 목포공립보통학교(현재의 북교초등학교)를 마쳤다. 그가 출생한 이 후 초등교육을 받으며 성장하던 시기는 식민지 초기의 무단정치가 횡행 하던 1910년대였다. 그는 10대 초반의 나이에 전국적으로 일어났던 전 全 민족적 독립운동인 3·1운동을 목격했을 것이다. 이 격변하던 역사 속

---

7) 그는 말년에 '梅心'이라는 아호를 쓰기도 했다. 자신의 동인들이 정권의 문에 드 나들 때 점차 어지러워가던 세태에서 그는 스스로 은둔에 가까운 길을 걸으며 "일생을 떨어도 향기를 팔지 않는 매화"(一梅一生不賣香)의 마음을 읽은 듯하다.

에서 그는 초등 교육을 마친 후 대전중학, 중앙고보에 적을 두고 다니며 중등 교육을 받았다. 그리고 그는 23세를 맞던 1929년 일본 동경의 와세다 중학부(혹은 와세다 대학 예과)를 졸업했다 한다.[8]

그러나 그는 일본에서 대학 진학을 포기하고, 1931년 북경으로 유학의 길을 떠났다.[9] 그가 당시 지주 가문 출신 유학생들의 일반적 경향과는 달리 일본에서의 유학 생활을 접고, 중국의 북경에서 유학하고자 했던 데에는 아마도 상당한 이유가 있었을 것이다. 그러나 그가 굳이 북경 유학을 택했던 이유에 대해서는 당시의 상황을 미루어 짐작할 수 있을 뿐이다.[10] 그는 북경대학에서 언어학을 전공했다. 북경대학은 원래

---

8) 1921년도의 통계를 보면 일본에는 조선인 유학생 1200여명이 중등학교와 대학교에 적을 두고 있었다. 그 후 일본 유학생은 점차 증가하여 1920년대 후반에는 아마도 2000여명 가까이 이르렀을 것으로 생각된다. 한편, 당시 식민지조선의 고등보통학교는 5년제였다. 그런데 당시 일본의 교육법에는 6년 과정의 중학교 졸업자에게만 대학입학의 자격을 규정하고 있었다. 그러므로 고등보통학교 출신들이 대학에 진학하기 위해서는 정규중학교의 마지막 학년에 편입하거나 대학예과에서 1년의 과정을 더 이수해야 했다. 이러한 그 당시의 사정을 감안하면, 김익진은 대학 입학의 조건을 충족시키기 위해, 그리고 명문이었던 와세다 대학에 입학하는 데에 좀더 좋은 조건을 확보하기 위해 와세다 중학부 내지 동 대학 예과 과정을 다녔던 것으로 생각된다. 그런데 당시 조선의 지주층 자제들은 와세다 대학보다는 게이오 대학을 선호하고 있었다. 이 상황에서 만일 그가 자발적으로 와세다를 택했다면, 이는 그가 당시 조선 지주층 자녀들이 드러내고 있었던 일반적 경향과는 약간 다른 특성을 20대 전반기부터 가지고 있었음을 뜻한다. 아마 그는 고등보통학교를 졸업할 때부터도 일반 조선청년과는 좀 색다른 특성을 가지고 있었던 듯하다. 그러기에 그는 게이오대학 예과 대신에 와세다 예과를 택했고, 이를 마친 다음에도 와세다 대학에 들어가기보다는 아예 일본을 떠나 중국으로의 유학을 결행했던 것으로 판단된다.

9) 당시의 베이징은 식민지 조선을 지배하던 본산이었던 도쿄와는 달리 더욱 자유가 넘치던 곳이었다. 이 점에 그의 마음이 끌렸고 그는 와세다에 진학하는 대신 굳이 북경대학을 택하게 되었다고 생각된다.

10) 김익진의 형 김우진의 경우에는 사회주의에 대해 일정한 이해를 가지고 있었던 인물로 연구되어 있다. 또한 당시 북경대학의 분위기나 중국의 상황도 사회주의에 기울이던 경향이 있었다. 김익진은 아마도 와세다대 중학부를 마친 20세 전반의 나이에 귀국하여 조선국내에 머물면서 중국 유학을 단행하기까지 2년간의 기

1898년 경사대학당京師大學堂이란 교명의 종합대학으로 출발했다. 이 교명은 신해혁명 이후 1912년에 이르러 북경대학으로 개칭되었고, 북중국 일대의 명문으로 부상되고 있었다. 이곳은 일본제국주의의 중국침략에 저항해서 1919년에 봉기했던 5·4운동의 진원지였다. 그리고 중국 공산주의 운동사에서 북경대학은 초기의 주요 기지로 기록되고 있을 정도로 사회주의적 경향이 강했다.

김익진이 북경대학에서 유학하던 시대를 전후해서 당시 중국에서는 중국공산당이 활발히 활동하고 있었다. 마오쩌둥(毛澤東)은 제1차 국공합작이 실패한 이후 1927년 후난성(湖南省)으로 내려가 추수 투쟁을 전개했고, 이어서 주더(朱德)와 함께 홍군紅軍을 창설하여 소비에트 지역을 확대해 가고 있었다. 그러다가 그들은 국민당 군에 밀려 1934년에서 1935년에 걸쳐 9,656Km에 이르는 대장정을 단행했다.

일부의 증언에 따르면 김익진은 1932년 북경대학 4학년 때에 중국공산당에 입당하고서 사회주의 운동에 투신하여 홍군紅軍에 가담했고, 국부군의 추격을 받아 내몽고 지방까지 후퇴하던 과정에서 겨우 목숨을 건질 수 있었다고 한다.[11] 이와 같은 후대의 증언은 당시 북경대학의 지적 분위기나 북중국 일대의 정세에 비추어 볼 때 상당한 개연성이 인정된다. 김익진이 사회주의 활동을 본격적으로 전개하기 시작하던 때는 북경 일대에서 사회주의 운동이 점차 탄압에 직면하던 시기였다. 따라서 그의 사회주의 활동을 좌절시킬 수 있는 장애물이 많이 있었다. 그는 북경으로

간에 걸쳐서 자신의 향방을 숙고했던 듯하다. 이 과정에서 그는 사회주의 문제에 대해 구체적인 관심을 가지게 되었다고 생각된다. 그의 이와 같은 관심은 이미 죽은 형 김우진으로부터 받은 영향과 당시 시대상에 대한 자신의 판단에서 유래했을 것이다.

11) 木浦文化院, 1998, 「목포사람 이야기 : 야인 김익진」, 『목포문화사랑』 25, 木浦文化院; 木浦文化院, 1998, 「목포사람 이야기 : 야인 김익진 속편」 『목포문화사랑』 26, 木浦文化院 및 김화영의 증언.

귀환했고, 아버지 김성규의 강력한 요청에 따라 1934년 경 고국으로 돌아오게 되었다.[12] 그가 조선에 귀국한 시기는 중국 대륙에서 공산당 활동이 극도로 위축되어 옌안(延安) 일대에서만 그 명맥이 유지되던 때였다.

김익진은 귀국한 이후 사상적 갈등을 심하게 겪게 되었다. 그는 한때 불문(佛門)에 관심을 가졌던 적도 있었다. 그러나 그는 1935년 일본 도쿄의 간다 고서적 상에서 우연히 구해 읽은 "성 프란치스코"의 전기에 깊은 감화를 받았다. 그리고 서울의 오기선 신부를 방문한 기회에 차람借覽할 수 있었던 『가톨릭과 경제문제』에 깊은 감명을 받았다. 『가톨릭과 경제문제』는 아마도 토마스 아퀴나스의 신학이론에 입각하여 가톨릭과 경제 관계에 관한 내용을 재정리한 책으로 생각된다. 이 책에는 1891년 교종敎宗 레오 13세가 반포한 '노동헌장(Rerum Novarum)'도 소개되어 있었던 것으로 추정된다. 그러기에 공산주의 경제이론에 열광했던 그가 자신의 마음을 결정적으로 바꿀 수 있었을 것이다.

김익진은 자신의 입교 동기 내지는 그 과정을 다음과 같이 서술한 바 있다.

> 서구 미술은 나에게 교회로 가는 길을 살짝 열어주면서 하느님께 다가가는 첫 걸음을 내딛게 해주었고, 아시시의 성 프란치스코는 나를 교회로 더 가까이 들어서게 해주었다. 또 교회의 대사회 문헌들은 나의 입교를 결심하게 해주었다.[13]

즉, 이 글에서 나타나는 바와 같이 그는 서유럽의 미술들을 통해서 가톨릭교회에 대한 관심을 싹틔우기 시작했다. 그리고 '평화의 사도' 프란치스코 성인의 모범은 투쟁과 전란에 시들었던 그의 심성을 새롭게 해

---

12) 김성규는 상하이 주재 일본영사관에 위촉하여 김익진의 행방을 수소문했고, 김익진은 부친의 강력한 권고를 수용하여 귀국하게 되었다는 증언도 있다.
13) 김익진, 1966, 「동방문화연구기구(東方文化研究機構)의 창설을 : 悔恨, 기쁨, 希望」 『가톨릭청년』, 가톨릭 청년사.

주었다. 더욱이 그는 가톨릭의 경제 이론에 대한 검토를 통해 자유방임
과 무한착취를 당연시하던 초기자본주의 경제 이론과는 달리 노동자 문
제에 대한 교회의 관심을 확인했다. 그는 이에 세례를 서둘러 1936년 11
월 29일 부친상을 당한 얼마 후 목포 산정동 성당에서 골롬바노회 선교
사 패트릭 모나한 신부에게서 세례성사를 받았다. 세례성사 때에 그가
택한 세례명도 프란치스코였다.

김익진 프란치스코는 전시 체제 아래에 놓여있던 식민지 조선에서 신
앙인으로서의 새로운 삶을 시작했다. 그러나 입교 직후 그는 당시의 교
회 상황에 전적으로 만족하지 만은 않은 듯하다. 그러므로 그는 "내가
입교했을 무렵 교회 미술에 관한 이야기는 들리지 않았고 사회 문제란
종교와 무관한 것으로 여겨졌다. 또한 마테오 리치의 공용성이 로마에서
재확인되었으나 반反 마테오 리치적 사고가 지배적이었고, 기도문의 용
어 개정은 상상할 수도 없었다."고 증언한 바 있다.[14] 그러나 그는 '달을
가리키는 손이 아니라 달을 보면서' 자신의 신앙생활을 다져갔다.

세례 이후 향리 목포에서 김익진은 곧 태평양 전쟁을 맞게 되었다.
이 전쟁 기간 동안 그는 중국에서의 사회주의 활동 경력으로 인해 요시
찰인이 되어 식민지 당국의 감시를 받고 있었다. 그러다가 1945년 해방
을 맞게 되었다. 해방 공간에서 그는 "해방된 조국이 독립국으로 잘 살
려면 미친놈 호로 자식이 되지 말고 대동단결大同團結해야 한다."고 역설
했다. 이는 미친美親 즉 친미주의와 호로好露 즉 러시아에 대한 호의를
경계하던 해방 당시의 재담이었지만, 조국의 독립을 염원하는 그의 절실
한 마음을 담고 있는 말이기도 했다.

전라남도 장성에 머물던 그는 해방 공간에서 광주에 주둔했던 미 군
정기관과 일정한 관계를 가지고 있었다. 그러나 이때 그는 자신이 물려
받은 농지의 일부인 13,000여 평을 천주교 광주 교구에 기증하여 장성

---

14) 김익진, 1966, 앞의 글.

성당을 세울 수 있는 터전을 마련해 주었다. 그리고 자신이 소유한 광대한 토지를 소작농에게 무상으로 분배해 주었다. 그의 집안이 2만석의 추수를 했다고 한다면, 이 가운데 그가 상속받은 토지도 적지 않았을 것이며, 해방 직후까지도 이 토지가 남아있었을 것이다. 그는 "지극히 높으신 주 예수 그리스도의 생활과 청빈을 따르고자 원하오며 또한 최후까지 그렇게 하기로 하겠나이다."라는 성 프란치스코가 남긴 말에 따라 스스로 토지개혁을 실시하여, 이 토지를 소작인들에게 무상으로 분배해주었다.

토지분배가 끝난 후 김익진은 자신이 태어났던 전라도를 떠나 조상의 땅인 경상도로 이주했다. 그는 자신의 남은 전 재산인 280만 환으로 대구 남산동에 대지 80평 건평 40평짜리 한옥을 마련하고 이곳에서 지내게 되었다. 그는 당시 천주교 대구교구에서 운영하던 왜관의 순심純心중학교에 1949년에 부임하여 교육자로서의 새로운 삶을 시작했다. 그는 순심중학교의 영어 교사로서 교감을 겸임했다. 1950년 한국전쟁이 일어나자 그는 생계를 위해 미군 기관에 통역관으로 취직하여 중국군 포로 신문 시 통역을 맡기도 했다. 그러나 그는 곧 이 일을 그만두고 천주교 대구교구에서 운영하던 경주의 근화槿花여자중학교에 교감으로 부임하여 학교의 교무를 실제로 책임지는 한편 영어를 가르쳤다.

이렇게 그는 이제 교육자로서 대구 지역 일대에 점차 그의 이름을 알리게 되었다. 그는 1955년경부터 문필 활동을 전개하기 시작했다. 이로서 그의 가톨릭 문필가 생활이 시작되었다. 그는 4·19를 전후한 시기, 『대구일보大邱日報』·『도정월보道政月報』 등에 글을 기고하여 자신의 생각을 밝히기 시작했다. 그리고 1964년부터 1967년 사이에 천주교 대구교구에서 간행하던 주간신문인 『가톨릭시보』에 글을 빈번하게 발표하여 자신의 신앙과 교회의 현대화에 대한 의견을 개진해 나갔다. 그는 가톨릭 문필가로서 1960년대 전후 한국 가톨릭 지성들에게 상당한 영향을 주는 인물이 되었다.

김익진의 지적 활동 가운데 주목되는 일로는 집필 작업 이외에 그의 번역 작업도 들 수 있다. 김익진은 조선 초기교회사에서 매우 중요한 문헌으로 평가되는 황사영의 「백서帛書」와 정하상의 「상재상서上宰相書」를 한글로 번역하여 『가톨릭청년』에 발표했다. 그리고 그는 현대 한국교회의 평신도 사도직 단체 가운데 크게 주목할 만한 레지오 마리애 운동과도 일정한 관련을 맺게 되었다. 즉, 그는 광주교구 헤롤드 현 주교의 청탁을 받아 『레지오 마리애 직무수첩』을 1956년에 번역해서 레지오 마리애 단원들의 필수 교과서를 제공해 주었다. 그리고 우징슝(吳經熊)이 지은 『동서東西의 피안彼岸』(1961)·『동방문화東方文化와 공교公教』(1965)를 번역했고, 자신의 회갑을 스스로 기념하면서 『내심낙원內心樂園』(1966)을 번역했다.

우징슝의 책들은 동양 문화에 대한 소양과 영어에 대한 지식을 동시에 갖추어야 올바로 번역될 수 있는 저서들이었다. 그는 이 두 가지 자격을 가지고 있었기 때문에 우징슝의 책을 번역해 낼 수 있었다. 그는 자신의 지적 업적으로 하느님께 내세울 수 있는 선물로는 이 번역서들을 들었다. 즉, 그는 갓 태어난 어린 예수에게 삼왕이 찾아와 세 가지의 예물을 드렸던 고사에서처럼, 자신이 세상을 하직할 때 그리스도 예수 앞에 가지고 갈 예물로 세 가지 예물로는 『레지오 마리애 직무수첩』과 『동서의 피안』, 그리고 『내심낙원』이라는 세 권의 책자를 들었다. 이 책들은 그가 가지고 있던 '황금黃金과 유향乳香과 몰약沒藥'이었다. 그는 이 선물을 가지고 1970년 1월 6일 삼왕내조첨례三王來朝瞻禮 날에 고혈압으로 예수 그리스도께로 나아갔다.

그는 평생 '물위삼칙勿爲三則(하지 말아야 할 세 가지)'을 자신의 모토로 삼아왔다. 그가 주장했던 물위삼칙은 유가儒家에서 말하던 삼물론三勿論을 본뜬 말이었지만, 그 근본 내용은 유가의 내용과는 판이하게 달랐다. 그는 '물위삼칙' 가운데 제1칙으로 '물위국산외국인勿爲國産外國人' 즉, "국산품 외국인이 되지 맙시다."고 주장했다. 이는 자국 문화에 대한 자부심을 뜻하는 말이기도 했다. 그리고 그의 측근인들의 회고를 정리해 보면 아마도 그는 '물위비현대인勿爲非現代人', '물위삼권분립지인勿爲三權分立之人'을 주장했다고 생각된다. 그에 관한 증언에서는 그가 "비현대인이 되지 맙시다."고 말하면서 구태의연한 사고방식으로 시대에 뒤떨어지면 안 됨을 강조해 왔다고 한다. 그리고 그는 "신앙과 사고방식과 판단력의 일치"를 주장하면서 이 세 가지 요소가 삼권분립처럼 되어서는 안 됨을 강조했다고 한다.

3. 토착화의 선구자

김익진의 생애는 그의 가톨릭 신앙을 떠나서 논할 수 없고, 그의 가톨릭 신앙은 토착화를 떠나서 말할 수 없다. 그는 한국 그리스도교의 토착화 문제에 대해 남달리 관심을 가지고 있었던 인물이었다. 그는 한국 가톨릭과 프로테스탄트 신학계에서 토착화를 본격적으로 논하기 이전부터 신앙의 토착화에 대한 지론을 가지고 있었다. 그가 남긴 글들을 통해서 추적해 볼 때 그는 가톨릭 세례를 받은 이후에도 동양 문화의 전통에 대한 자부심을 가지고 있었고, 이를 당시의 교회에서 주목하지 않았던 사실에 아쉬움을 가지고 있었다. 그의 이와 같은 사상적 특성은 동도서기론을 주창했던 그의 조부 김병욱에게서 유래한 그 가학의 영향이었다고도 볼 수 있다.

그는 제2차 바티칸 공의회가 열리기 이전부터 조선의 건강한 민속을 교회 전례의 일부로 받아들여야 함을 주장했다. 이와 같은 주장은 그리

스도교의 선교를 염두에 두고 제기되었다. 그의 이와 같은 견해는 다음
의 자료를 통해서 잘 드러난다.

　　추석날이야 말로 우리 민족의 전통적인 조상 추도의 날이라 할 수 있을
　　것이다. 그리스도교 정신이 민속의 미풍양속과 일치될 때 민족문화의 그리스
　　도교화가 실현될 것이다. 이 두 가지가 서로 분리되어 있을 때에는 선교의 길
　　을 넓힐 수 없다. 기성 신자도 민족을 떠나 존재할 수 없는 한 신앙과 민족정
　　신이 조화를 이룰 때 자기 민족사회와 어울리게 될 것이다 … 우리는 1939년
　　12월 8일에 반포된 민속과 관련된 회칙을 근본적으로 살리기 위해서는 東式
　　禮書의 사례편람만이라도 연구하고 동시에 지역 민속실태 조사를 할 필요가
　　있다고 생각한다. 특히 농업국인 우리 국민에게 추수감사절과 조상 추도, 가
　　정과 친척간의 화목과 중추명월을 통한 자연미 감상과 휴식을 포함한 이 큰
　　명절의 가정적·사회적·민속적 행사를 어떻게 그리스도교화 할 것인가 하는
　　것은 우리 교회의 시급한 과제이다. 한 걸음 더 나아가 시골 본당의 신자들에
　　게도 농악이 있을 것이니 그 때에 먹이는 사설의 내용을 그리스도교화 할 것
　　이다. 그러면 비신자들이 민족적으로 공통된 형식을 통해 우리와 한 데 어울
　　릴 수 있을 것이며 자연히 그리스도교적 감화에 젖을 수 있을 것이다. 우리
　　교회가 이토록 중요한 일을 아직도 등한시하고 있음을 이해할 수 없다.15)

　김익진은 1939년 교종청教宗廳에서 반포한 조상제사에 관한 가르침을
한국교회에서도 좀 더 잘 따라야 함을 주장했다. 김익진은 이 교종의 가
르침에 의지하고 마테오 리치의 발자취를 통하면 그리스도교가 아시아
문화에 적용될 수 있음을 확인했다. 그리고 민족문화를 그리스도교의 전
례생활에 적용시킬 수 있음을 확인했다. 그리하여 그는 민족문화의 그리
스도교화를 위해서는 추석과 같은 전통적 민속 축일이 교회의 전례력 안
에 수용되어야 함을 말했다. 그리고 농악農樂과 같은 민속 연희도 교회의
전례 음악에 수용될 수 있음을 제시하고자 했다. 그는 비오 12세가 1938
년 12월 8일 성모성탄축일에 선포한 마테오 리치의 원리가 해금된 이래

---

15) 김익진, 1960, 「민속과 가톨리시즘」『가톨릭신문』; 1971, 「민속과 가톨리시즘」
　　『민속과 서학』, 성바오로출판사.

한국 교회에서는 과연 어느 정도로 이 '로마의 소리'에 응답하고 있는가라고 의문을 제기하면서, 한국 교회 내에서 마테오 리치의 원리가 재인식되어야 한다고 주장했다.16) 그는 당시 교회에 무의식적으로 실천되고 있던 반反 마테오 리치적 사고를 극복하기를 제창하면서 신앙의 토착화와 타종교와의 대화를 추진할 수 있도록 교회 안에 '동방문화연구기구'를 창설하자고 주장했다.

김익진은 타종교에 대해서 특히 동양종교에 대해서 개방적 자세를 가지고 있었다. 그는 독실한 가톨릭 신자였지만 남의 종교를 비판하거나 부정적으로 결코 말하지 않았고 오히려 다른 종교와 교리의 긍정적 면을 좋게 이해했다.17) 그는 평소 "내가 만일 이슬람교·유대교·개신교·힌두교·불교 등을 거부함으로써 가톨릭임을 주장한다면 나는 가톨릭의 특성을 잃게 될 것이다. 성령은 이를 부인하지 않으실 것이다."라는 토마스 머턴의 말을 특별히 기억하고 이를 강조했다.18)

김익진은 신앙의 토착화와 타종교 문화에서 발견되는 긍정적 요소의 수용을 주장하면서 조상제사 문제에 대해 깊은 관심을 가지고 있었다. 그는 무덤 앞에 또는 위패나 지방 앞에 배례를 행함은 생시에 행하던 부모에 대한 예절을 사후에까지 연장하는 것으로 해석했다. 그러므로 교회의 전례 안에서 조상제사를 포용하는 일은 당연할 수밖에 없다고 생각했다. 그리하여 그는 1939년에 조상제사 문제가 로마의 가르침에 따라 해결되었는데도, 이에 관한 구체적 연구와 실천을 위한 노력이 없는 한국천주교회의 문제점을 계속해서 지적했다. 그리고 그는 주교회의에 조상제사에 대한 지침을 하루빨리 내려주어야 한다고 촉구했다.19)

---

16) 김익진, 1966, 「東方文化硏究機構의 創設을 : 悔恨, 기쁨, 希望」『가톨릭청년』, 가톨릭 청년사.
17) 이병웅의 증언.
18) 김익진, 「토마스 머턴의 추도문」『가톨릭시보』, 1969년 1월 19일.
19) 한국교회는 1984년 교회창설 200주년을 기념하는 종교회의를 열어서 조상 제사

김익진은 교회에서 조상 제사에 대한 뚜렷한 기준을 제시하지 않아서 좋은 전교의 기회를 놓치고 있음을 아쉬워했다. 즉, 장례와 제사 때는 영혼의 존재와 불멸 그리고 돌아가는 곳이 자연히 화제가 되어 대화가 이루어질 수 있는 기회인데도 종전의 교회에서 조상 제사를 금지함에 따라 교회는 이러한 선교의 기회를 상실해 왔다고 말했다. 그리고 1965년 1월에 이르러서야 왜관에 있던 피정의 집에서 개최된 교리전례위원회에서 장면張勉이 이 문제를 제기한 것이 아마도 첫 공식 발언이었음을 말하면서 조상 제사 문제에 대한 규정을 하루 빨리 내려주기를 한국주교회의에 촉구했다.[20]

그러면서 그는 추석 제례를 제창하며 다음과 같이 말했다. "우리는 민족사회의 아웃사이더가 되지 말아야 한다. 만일 그리스도인의 제사 참여가 허용된다면 명절 제사는 아침 식전에 거행되므로 교회는 그 날 미사 시간을 늦추는 것을 고려해야 할 것이다. 이는 그리스도인 자손들이 미신자인 종갓집 제사에 참여하는 편의를 보아주어야 하기 때문이다. 그러면 신자가 아닌 친척에게 그리스도인 친척을 따라 성당에 오는 기회를 줄 수 있을 것이다 … 만일 차사茶祀와 제사 때에 헌작과 배례를 할 수 있다면" 비 신앙인들이 가톨릭 신앙에 더욱 쉽게 접근할 수 있을 것으로 생각했다.[21]

김익진은 "이제 서래西來한 교회가 능히 동생東生한 교회가 될 수 있음을 입증한 마테오 리치의 공용성과 용어 개정 등의 논의에서 실현으로 옮겨가고 있다. 만인이 공유하는 기쁨에 나만의 고유한 기쁨이 겹친다."고 말하면서 제2차 바티칸 공의회 이후 한국교회의 변모에 대해서 긍정적 시각을 가지고 바라보았다. 또한 그는 이렇게 교회의 전례에 민속 문

제를 논의한 바 있다. 그러나 가톨릭이 논의하는 조상 제사 전례서는 2004년 현재 아직 편찬되지 못하고 있다.
20) 김익진, 「孝, 동서양 같아」, 『가톨릭시보』, 1966년 9월 25일.
21) 김익진, 「추석 차례와 전례」, 『가톨릭시보』, 1967년 9월 17일.

화를 과감히 수용해야 함을 주장하는 한편, 지식층과 지도층의 선교에
대해서도 관심을 가지고 있었다. 또한 그는 초기 교회사 사료의 번역 과
정에서 순교자들에 대한 신심을 키워나갔다. 그는 주문모周文謨 신부에
대해 전국적 경앙敬仰을 드려야 한다고 말했다.

> 제2차 바티칸 공의회 시대를 살아가고 있는 우리는 프랑스인 사제와 본국
> 인 사제에 앞서 중국인 사제의 피가 먼저 우리 교회의 수립을 위하여 흘러졌
> 음을 상기해야 하겠다. 신유년의 치명자들 가운데 시복된 분이 한 분도 없는
> 이유를 묻기 전에 우리나라의 첫 번째 선교사요 치명사제인 주문모 신부에
> 대한 사은 추모 현양의 날을 갖는 것이 좋을 것이다. 그러면 모든 신유박해
> 치명자에 대한 추모도 자연히 포함될 것이다. 그런 행사는 현재 우리의 관심
> 사인 화교華僑 전교에도 고무가 될 것이며 한중 친선 강화에도 도움이 될 것
> 이다. 무엇보다도 잊혀진 치명 선열에 대한 보은 감사는 우리의 신심을 굳고
> 깊게 해 줄 것이다.22)

주문모 신부에 대한 그의 이와 같은 문제 제기는 1866년의 박해 때에
순교한 이들 가운데 24명의 순교자를 시복하기 이전의 일로서, 순교자에
대한 그의 돈독한 존경심을 드러내는 일이었다.

그는 봉건적 잔재가 남아있는 '교황敎皇'이라는 용어 대신에 '교종敎
宗'이라는 단어로 바꾸어야 함을 주장했다. 이는 그의 평소 지론이었던
"비현대인이 되지 말자"는 주장과도 맥이 통하는 내용이었다. 그는 "우
리 토착문화가 거센 양풍에 나부끼며 빠르게 서구화하고 있다. 우리 고
유의 것은 별로 중요시하지 않아도 전교에 지장이 없다는 사고가 그럴
듯하게 들릴지 모른다."고 경계하면서 국산품 외국인이 되지 않기를 다
짐했다. 그러기에 그는 한국교회의 전통을 말하면서 '도그(dog)탕湯' 예찬
론을 전개하기도 했다.

그러나 그는 제2차 바티칸 공의회 이후에도 한국교회가 자신의 개혁

---

22) 김익진, 「주문모 신부에게 전국적 敬仰을」『가톨릭시보』, 1964년 9월 13일.

에 행동이 더딤을 한탄하면서 "로마는 시대보다 30년을 앞서 가는데, 한
국교회는 돌다리도 두드리며 꾸물거리고 있으니 그 뒤떨어짐이 안타깝
다."고 했다.[23] 그러나 그는 자신의 신앙에 자부심을 가지고 있었으며
자신이 속한 한국교회를 올바로 이끌어나가는 데에 주요한 구실을 하고
있었다. 이처럼 그의 신앙은 민족문화를 향해 정향定向되어 있었다.

4. 맺음말

　김익진은 김성규가 가학으로 가르쳤던 위민과 청렴의 삶을 살았다. 그
는 그의 조부로부터 물려받은 동도서기적 사상에서 자기 문화에 대한 자
부심을 가지고 있었다. 이러한 가학의 분위기는 김익진의 생애에 짙은 영
향을 끼쳐주고 있었다. 그는 일찍이 식민지 조선 민중의 존재에 대해 눈뜨
기 시작했고, 북경대학에 유학 중 마오쩌둥(毛澤東)과 주더(朱德)의 홍군에
가담하여 활동하기도 했던 특이한 경력의 소유자였다. 그 후 그는 귀국하
여 향리 목포에 살면서 가톨릭 세례를 받고 신도가 되었다. 그는 해방 직
후 자신이 소유하고 있던 토지를 전부 소작인에게 무상분배하여 토지개혁
에 솔선했다. 토지개혁을 결행한 그는 향리를 떠나 대구에 정착하여 대구
지역에서 활동했다. 그의 대구 생활은 자신의 주보성인이었던 프란치스코
의 청렴을 본받는 삶이었다. 이로써 그는 자신이 물려받았고 자신의 자식
에게 물려주고자 했던 위민과 청렴의 가학을 실천하고 있었다.
　그는 국산품 외국인이 되지 않기 위해서 서양 문화에 맹목적이었던
교회의 상황에 대해 비판적 안목을 가지고 민족문화와 그리스도교 문화
의 만남을 역설했다. 그리하여 그는 조상 제사 문제에 대해 한국교회가

---

23) 이석현의 증언.

적극적인 지침을 마련해 주어야 한다고 주장했고, 동방문화와 타종교 사상을 연구하는 기관을 교회 안에 설립해야 하기를 주창했다. 그는 동서 문화의 조화를 시도하던 중국인 가톨릭의 지성 우징슝(吳經熊)을 글을 통해 만나게 되었다. 김익진은 그의 저서인 『동서의 피안』 등을 번역하여 1960년대 한국천주교회가 겪고 있던 지적 갈증을 해소시켜주었다.

그는 이에 앞서 번역한 바 있었던 『레지오 마리애 직무수첩』과 『내심 낙원』 등의 번역 작품을 특히 아꼈다. 그러나 그는 단순한 번역 작가가 아니라 민족문화와 그리스도교 신앙을 결합시키고자 했던 독창적 사유의 소유자였다. 그는 지식의 유통업자가 아니라 지식의 제조업자였다. 그의 이러한 면모 때문에 1960년대 한국 가톨릭 지성들은 그의 글에 매료되어 갔다. 그는 한국의 프란치스코였으며, 한국인 기독자基督者였다.

나는 평소 김익진 선생을 가까이서 접할 기회가 없었다. 나는 대학생 생활을 하던 1960년대 후반 어느 교회의 모임에서 먼발치에서나마 그를 볼 수 있었다. 그때 나는 스물을 갓 넘긴 나이였고 그와 단 한마디의 말을 나누지도 못했다. 그러나 나는 그가 번역 간행했던 책들을 통해서 그를 이미 만나고 있었다. 그때 내가 그의 책을 모두 다 정확히 이해했다고 생각되지는 않았지만, 나는 적어도 그가 주장했던 토착화의 이론에 흡입되어 가고 있었다. 그를 보았을 때, 나는 동서 문화의 교류나 조화라는 거창한 주제를 고민하던 입장에서 내 고뇌의 선배를 만난 듯 하여 내심 무척 기뻤다. 지금 나는 지성을 길러낸다는 대학에 살면서 나의 신앙과 그의 삶을 다시금 생각해 본다. 내가 배운 신앙에 따르면 그리스도의 말씀은 시대에 따라 달리 표현되고 적용되어야 한다. 그 말씀이 반영되어야 할 곳을 발견해 내야 하는 일은 그 시대를 사는 사람들의 몫이다. 김익진은 1960년대 한국사회를 살면서 그 사회에 반영되어야 할 그리스도의 말씀을 찾았던 사람이다. 그는 1960년대 한국가톨릭의 지성계에 있어서 독특한 위치를 점하고 있던 인물이었다. 그는 그리스도의 가르침

을 시대에 비추어 토착화를 주장했고, 지성이 메말랐던 당시의 교회에
청량한 바람을 일으켜 주었다. 나는 지금 이 글을 쓰기 위해 그의 글을
다시 읽어 보았다. 그의 글을 읽은 오늘 나는 무척 행복했다.

제2장 한국 현대사에서 제2공화국 민주당 정권의 의미

1. 시작하는 말

한국 현대 정치사에 있어서 4월 혁명은 이승만 독재 체제로 상징되는 1950년대의 모순 구조를 지양하고 새로운 시대를 열고자 하는 사건이었다. 4월 혁명은 강력한 국가 기구를 분산하고 그 권력을 축소하며 경제적 민주주의와 분배 정의가 실현될 수 있는 개혁을 지향하는 국민적 소망의 결집으로 일어날 수 있었다. 그리고 4월 혁명은 분단과 전쟁의 상처를 치유하고 종속적 국제 관계가 부과하는 제약을 축소하여 민족 자주화의 영역을 확대하고자 하는 소망의 분출이었다.[1]

4월 혁명 이후 허정許政 과도 내각을 거쳐서 총선 결과에 따라 민주당이 집권하는 제2공화국이 수립되었다. 민주당은 국회에서 윤보선尹潽善과 장면張勉(1899~1960)을 대통령과 국무 총리로 인준받고 1960년 8월 23일 장면 내각을 출범시켰다. 장면 내각은 군사 쿠데타로 인해서 1961년 5월 18일 제69차 마지막 임시 국무 회의에서 내각 총사퇴를 의결할 때까지 약 9개월 간 지속되었다. 민주당 정권 장면 내각이 이끌었던 제2공화국은 한국 현대사에 있어서 상당히 중요한 역할을 담당했다. 제2공화

---

1) 최장집, 1990, 「한국 전쟁에 대한 하나의 이해」 『한국 전쟁 연구』, 태암, 352쪽.

국의 당로자들은 만인의 욕구가 분출되고 있던 격동기적 상황에서 역사의 전개 방향을 가다듬으며 국가의 미래를 위한 계획을 수립하여 실천하고자 했다.

그러나 오늘날 우리 학계에서는 제2공화국에 대한 본격적 연구가 미진하다. 흔히 제2공화국은 자유당 정권에 대한 서술과 권위주의적 군사독재 체제를 논하는 가운데 과도적 존재처럼 서술되고 있다. 또한 4월 혁명을 논하는 과정에서 부수적으로 제2공화국이 간략히 언급되기도 한다. 이처럼 제2공화국에 대한 인식이 왜소화되어 있으며 제2공화국 민주당 정권에 관한 본격적인 연구가 매우 미흡한 상황이다.

한편, 제2공화국을 논할 때에는 당연히 장면 내각을 주목하게 되고 국무 총리를 역임한 장면의 고매한 인격을 논하게 된다. 이 과정에서 공인公人 장면에 대한 본격적인 연구에는 이르지 못했고 사인私人 장면의 인격에 대한 평가가 제2공화국에 대한 공적 평가를 압도하는 듯한 느낌을 주는 경우가 있다. 물론 제2공화국의 역사는 장면을 떠나서 논할 수 없음은 주지의 사실이다. 그러나 장면 내각으로 대표되는 제2공화국은 장면 개인에 대한 연구와 함께 좀 더 본격적으로 천착되어야 한다.

이와 같은 문제의식에 입각하여 장면 내각으로 대표되는 민주당 정권 제2공화국의 업적과 그것이 한국 현대사에서 차지하고 있는 위치를 살펴보고자 한다. 이를 위해서 본고에서는 먼저 우리나라 학계의 연구 성과에 대한 연구사적 검토 작업을 간략히 시도하고자 한다. 그리고 '장면과 그 시대'에 관한 개략적 언급을 통해서 그의 생애와 제2공화국을 전후한 시대의 특성을 일별하고자 한다. 이에 이어서 제2공화국의 역사에 대한 간단한 관찰과 더불어 그 역사적 의의를 규명하며 앞으로의 과제에 대해서도 검토해 보고자 한다.

이러한 문제를 밝히는 데에는 전문 학자 다수가 동원되어 공동으로 연구한다 하더라도 미진한 점이 있을 것이다. 필자는 여기에서 한 역사

학도의 입장에서 민주당 정권에 대한 역사적 평가를 검토하며 그와 관련
된 여러 문제들의 윤곽을 개략적으로 밝혀 보고자 한다. 많은 비판과 질
정을 바란다.

2. 연구사적 검토

현대 한국사에서 민주당 정권이 가지고 있는 의미를 검토하기 위해서
는 이 주제에 관한 기존의 연구 경향을 먼저 간략히 검토해 보아야 한다.
앞서 잠깐 언급한 바와 같이 한국 현대사의 연구에 있어서 장면 총리를
수반으로 하는 제2공화국 내지는 민주당 정권에 대해서는 충분한 연구
성과가 있었다고 말할 수는 없다. 직접 민주당 정권에 관해서 연구한 독
자적 논저로는 정치학 분야에서 대략 1편의 단행본과 15편 내외의 논문
이 발표되었다.[2] 민주당 정권에 대한 본격적 연구는 1970년대에 이르러

---

2) 차기벽, 1983, 「4·19 과도정부, 장면 정권의 의의」, 『4월 혁명론』, 한길사 ; 김학준,
  1975, 「제2공화국 시대의 통일 논의」, 『국제정치논총』 15, 한국국제정치학회 ;
  1980, 「제2공화국 시대의 통일 논의」, 『반외세의 통일논리』(재수록), 형성사 ; 백
  운선, 1981, 「민주당과 자유당의 정치 이념 논쟁」, 『1950년대의 인식』, 한길사 ;
  車基璧, 1983, 「4·19 과도정부, 장면 정권의 의의」, 『4월 혁명론』(재수록), 한길사 ;
  성유보, 1983, 「4월 혁명과 통일 논의」, 『한국 민주주의론』 II, 창작과비평사 ; 韓昇
  洲, 1983, 『제2공화국과 한국의 민주주의』, 종로서적 ; 김정원, 1984, 「제2공화국
  의 수립과 몰락」, 『1960년대』, 거름 ; 1985, 「제2공화국의 성립과 실패」 『분단 한
  국사』(재수록), 동녘 ; 이택휘, 1987, 「민주주의 토착화의 시련」 『한국 현대 정치
  사』, 한국정신문화연구원 ; 유영준, 1988, 「장면 정권의 정치적 리더쉽」 『리더쉽
  이론과 한국 정치』(한승주 편), 민족지성사 ; 이택휘, 1990, 「제2공화국의 수립과
  붕괴」 『한국현대사의 재조명』(한승주 편), 민족지성사 ; 심지연, 1990, 「민주당 정
  권의 본질」, 『한국 사회 변혁 운동과 4월 혁명 I』, 한길사 ; 안병만, 1990, 「민주
  당의 정치 이념과 정당 구조」 『현대사를 어떻게 볼 것인가』 3, 동아일보사 ; 김호
  진, 1990, 「장면의 정치 이념과 리더쉽」 『현대사를 어떻게 볼 것인가』 3, 동아일
  보사 ; 김세중, 1990, 「민주당 정권의 정치사적 의미」 『현대사를 어떻게 볼 것인

시작되었다. 그러나 한국 현대 정치를 연구하는 사람들은 1980년대 이후에 이르러서야 제2공화국 내지는 민주당 정권에 대한 연구를 심화시켜 추진해 나가고 있다.

이와 같은 연구 성과는 한국 현대 정치사의 다른 분야에 대한 정치학계의 활발한 연구 성과들과 대비해 볼 때 그 양적 측면에서는 매우 저조한 상황임을 지적할 수 있을 것이다. 그리고 이 연구들의 시각에 있어서도 연구자 자신들이 입장에 따라 다양성을 드러내고 있다. 즉 일부 진보적 성향의 연구자들은 4월 혁명 및 혁명 과업 수행의 중요성을 강조하는 견지에서 그 실패의 책임을 민주당 정권에 추궁하는 측면으로 연구를 진행하고 있다. 이 과정에서 그들은 민주당 정권의 한계를 밝히는 데에는 성공했으나 민주당 정권이 계획하고 착수해 나갔던 각종 정책의 긍정적 측면을 간과하는 오류에 빠지기도 했다. 이렇게 일부 연구자들은 4월 혁명의 의의를 적극적으로 평가하려는 과정에서 의식적으로나 무의식적으로 제2공화국의 역할을 간과했다고 생각된다.

한편 일부 연구자들은 5·16 군사 쿠데타를 긍정 일변도로 평가하려는 과정에서 제2공화국을 폄하하려는 의도 아래 자신의 연구 성과를 발표한 바 있다. 민주당 정권을 '부패 무능한 정권'으로 규정하거나 제2공화국의 사회상을 '혼란'으로 단순화하여 서술하고 있는 경향들은 군사 독재하에서 권위주의적 정권에 대한 어용적 지지의 입장을 단적으로 나타내는 것이었다. 바로 이러한 과정에 제2공화국·민주당 정권·장면 내각·장면에 대한 부정적 인식은 확대되어 갔고, 정치학자들의 이 연구 경향은 인접 분야의 연구자들과 우리나라 사회 일각이 가지고 있는 민주당 정권에 대한 부정적 시각의 형성에 적지 아니한 영향을 끼쳤다.

가』3, 동아일보사 ; 한국 역사 연구회 현대사 연구반, 1991, 「민주당 정권의 기반과 성격」『한국 현대사』2, 풀빛 ; 유재일, 1994, 「제2공화국의 사회 갈등과 정치 변동」『한국사』17, 한길사.

이상에서 살펴본 바와 같이 정치학 분야에서는 민주당 정권에 대한 연구가 부분적으로나마 이루어졌다. 그러나 역사학 분야에서는 이에 대한 천착이 제대로 진행되지 못하고 있다. 한국 현대사를 연구하는 학자들이 해방 직후의 역사나 4월 혁명 등에 관해서는 여러 편의 좋은 연구 결과들을 발표하고 있음에도 불구하고 민주당 정권에 관한 연구는 아직 본격적으로 이루어지지 못하고 있다. 현대사가들 가운데 상당수는 이 문제에 있어서 현대 정치 연구자들의 성과를 비판적으로 수렴하는 입장에 머물러 있다. 역사학 분야에서 이 시대에 관한 전문적 논저가 본격적으로 나타나지 않은 데에는 이 시대가 다른 시기에 비해서 비교적 단기간에 불과했기 때문으로 생각된다. 그리고 최근의 사건은 역사학의 논의 대상이 될 수 없다고 생각하는 일부의 견해도 제2공화국에 대한 연구를 지연시켜 왔다. 또한 현대사 연구의 중요성을 강조하는 입장이라 하더라도 한국 현대사에서 이 제2공화국 민주당 정권 시대의 사건들의 비중이 상대적으로 약한 것으로 생각해 온 결과로 이 시대에 관한 역사학적 연구의 진척에는 어려움이 따랐다. 그런데 역사학에서는 역사적 사건에 대한 종합적 사고와 이에 입각한 건실한 판단을 지향하고 있으며 당대사의 중요성이 강조되기도 한다. 그렇다면 역사학계에서도 민주당 정권에 관한 충분한 연구 성과가 출현해야 할 것으로 생각된다.

이처럼 역사학계에서는 이 시대에 관한 전문 연구 논문이 거의 없으므로 이에 대한 대안으로 우리는 한국사 분야의 여러 개설서들을 검토함으로써 한국사학자들이 민주당 정권에 대해서 가지고 있는 이해의 특성을 파악할 수 있을 것이다.[3] 우리 개설서에서 민주당 정권에 대한 언급

---

3) 한국사 개설서 상에 나타난 민주당 정권 내지는 제2공화국에 대한 언급을 확인하기 위해서 1960년대 이후 한국사학계에서 인정받고 있는 대표적 개설서 12종을 검토했다. 1960년대 이후 간행된 바 있는 12종의 대표적 한국사 개설서들 가운데 9종의 책에서는 제2공화국에 대해서 간략하게나마 언급하고 있다. 그러나 다음의 세 책에서는 서술의 범위를 4월 혁명까지로 한정하고 민주당 정권에 대한 서술을

은 민주당이 집권하고 있던 당시였던 1961년 3월에 간행된 이기백李基白
의 『국사신론國史新論』을 통해서 확인된다. 그는 여기에서 민주당 정권
의 수립에 대해서 축복을 기원하면서 독재 정치의 잔재 극복과 민생 문
제의 해결을 통한 복지 국가의 건설에 대한 희망을 표현했다.[4]

이후 민주당 정권에 대한 서술 자체는 5·16 쿠데타 세력들이 정권을
장악하고 있는 한 객관적으로 서술되기가 불가능했다. 그러므로 군사 독
재 아래에서 간행된 대부분의 개설서에서는 제2공화국에 관한 평가를
보류하거나 포기했다. 물론 1970년대에 한 출판사에서 편찬한 책에서는
민주당 정권에 대한 '70년대적 편견'을 반영하여 이를 부정적으로 서술
하기도 했다.[5] 그러다가 1980년대 이후 시대 상황의 변화에 따라서 일
부 개설서에서 민주당 정권에 대한 서술이 다시 수록되기 시작했다.[6] 그
런데 이 서술 가운데에는 민주당 정권에 대해 객관적 서술을 시도한 경
우도 있으나[7] 민주당 정권의 한계를 강조하여 서술하거나 '과단성 있는
정치의 실행'이나 '단호한 조처'가 부족했던 우유부단성을 지적하고 있
다. 그리고 민주당 정권의 실정과 이로 말미암은 사회적 혼란으로 인하
여 군사 쿠데타가 필연적으로 일어날 수밖에 없었다는 주장을 피력하기
도 했다. 특히 후자의 주장은 정부 기관에 의해 집필 간행된 책자를 통
해서 집중적으로 제시되고 있었다.[8]

보류하고 있었다.
　이기백, 1967, 『한국사신론』, 일조각.
　이기백, 1976, 『한국사신론 개정판』, 일조각.
　한우근, 1970, 『한국통사』, 을유문화사.
4) 이기백, 1961, 『국사신론』, 제일출판사, 384쪽. 그 후 그는 1990년에 간행한 『신
　수판 한국사신론』에서 민주당 정권의 역사적 의의에 대한 언급을 다시 시도하고
　있다.
5) 삼진사 편, 천관우 감수, 『한국사대계』 9, 217~226쪽 : 부록 1의 자료 2 참조.
6) 본고의 부록, 『한국사 개설서에 나타난 민주당 정권』 참조.
7) 강만길, 1984, 『한국현대사』, 창작과비평사, 210·241~242쪽 : 부록 1의 자료 3
　참조.

이상에서 약술한 바와 같이 한국사 개설서에서는 제2공화국을 서술할 때에는 군사 쿠데타의 원인 제공자라는 부정적 시각에 입각하여 설명되어 있다.[9] 그리고 이에 관한 독자적 연구의 부족으로 그 서술의 양적 측면에 있어서도 매우 간략히 취급되어 있다. 이에 따라서 기존의 개설서에서는 민주당 정권에 대한 정확한 사실 인식이나 객관적 서술 및 평가가 부족한 것으로 생각된다. 그러므로 당시에 대한 체계적 연구의 진행을 통해서 한국 현대사에 있어서 이 부분의 서술에 대한 보완 작업이 진행되어 나가야 한다.

3. 장면과 그 시대

제2공화국 민주당 정권을 이끈 인물로는 장면을 들 수 있다. 그러므로 제2공화국의 역사적 의미를 올바로 파악하기 위해서는 그가 살아서 활동해 왔던 내용과 그의 시대에 관해서 간략히 언급할 필요가 있다. 그는 1899년 서울에서 출생하여 8세 때에 인천 사립 박문 학교에 입학해서 이곳에서 초등 교육과 중등 교육을 받았다. 그는 1917년 수원 고등 농림학교를 졸업했고, 이어서 서울 기독교 청년 회관 영어학과에 입학하여 영어를 수학하여 수석으로 졸업했다. 1919년에는 도미하여 1925년

---

8) 대한민국사 편찬위원회, 1988, 『대한민국사』, 탐구당 80쪽 ; 부록 1의 자료 6 참조.
9) 민주당 정권에 대한 현대 사회의 인식을 올바로 파악하기 위해서는 초등학교와 중학교의 사회학과 및 국사과 교과서에서 이 부분에 관한 서술의 변천 과정에 대해서도 검토해야 한다. 국정 및 검인정의 형태로 간행되던 이들 교과서에서는 제2공화국에 대한 특정 시각을 자라나는 학생들에게 제공해 주었다. 국정 교과서는 말할 것도 없으나 검인정 교과서의 경우에 있어서도 이 부분에 관한 서술은 문교부에서 작성, 적용했던 검인정 규정에 의해서 철저히 관리되고 있었다. 이와 같이 지난날 군사 독재 아래에서는 학교와 같은 공교육 기관을 통한 역사 왜곡 내지는 여론 조작 작업이 진행되고 있었다.

맨해튼 가톨릭 대학 문과에서 교육학을 전공해서 졸업했다.

　장면은 식민지 조선에 귀국한 이후 1925년 천주교 평양 감목 대리구에서 미국 계통의 메리놀 선교사들과 함께 천주교 선교에 참여하였다. 그 후 1931년 당시 천주교 서울 대교구에서 경영하던 동성 상업학교에 부임하였고 이 이후 서울에서 천주교의 교육 운동과 문화 운동의 중심부에 서서 일제하 조선 천주교회를 대표하는 지식인으로 활동하게 되었다. 그가 참여한 교육 운동으로서는 동성 상업학교 교장으로서의 역할을 주목할 수 있을 것이며, 그가 수행한 문화 운동 가운데 대표적인 것으로는 『가톨릭청년』의 창간과 『조선천주공교회약사朝鮮天主公敎會略史』의 편찬·저술을 들 수 있다. 『가톨릭청년』은 지식인 장면과 정지용·이동구 등의 문인, 그리고 한기근 신부와 같은 개화기 이후 교회가 배출했던 최고의 지성들이 참여하여 간행된 잡지로서 우리나라 교회사뿐 아니라 문화사에 있어서도 중요한 역할을 맡고 있는 잡지였다.

　그리고 『조선천주공교회약사』는 1931년 경성 교구 청년 연합회에서 '조선 교구 설정 100주년 기념사업'의 하나로 간행된 책자였다. 이 책은 우리말로 서술된 한국 교회사에 관한 최초의 통사였다. 장면은 이 책의 집필과 간행을 실질적으로 주도했던 사람이다. 장면은 이미 1926년 로마에서 거행된 조선 순교 복자 79위의 시복식에 조선 교회를 대표하여 참석한 바 있다. 여기서 그는 우리의 순교 전통에 자부심을 다지고, 민족의 복음화를 위한 결의를 다짐했다. 그러므로 그는 이 책에서 '우리나라의 복음화를 앞당길 수 있도록 격려하기 위해서' 저술했다는 목적을 뚜렷이 밝히고 있다. 호교적 역사서이지만, 우리는 이 책의 저술 목적을 통해서 천주교 신앙에 대한 그의 자세를 엿볼 수 있을 것이다.

　이와 같이 그는 천주교 교회 활동에 있어서 대표적인 자리에 있었으므로 일제 말엽 식민지 당국이 교회마저도 대륙 침략을 위한 동원 체제 안에 강제로 편입시키는 과정에서 이른바 국민정신 총동원 천주교 연맹에의 참여가 불가피했다. 식민지 시대 전쟁 말기의 사회에 존재하던 모든 기관이나 단체들에게 강요되었던 이 조직은 기존의 단체들이나 기관들이 가지고 있는 조직을 그대로 활용하여 '총동원 체제'로 편제하고 있었기 때문이다. 그러나 그는 일제 식민지 아래에서 오직 교육 운동과 종교 운동에 전념하면서 자신의 삶을 살고 있었던 양심적 지식인에 속하는 것으로 평가될 수 있다.

1945년 8·15해방은 우리 민족사나 교회사에 있어서 뿐만 아니라 장면 개인사에 있어서도 중요한 계기가 된 사건이었다. 그는 해방 이후 정계에 입문하여 초기 대한민국의 국가 건설 과정에서 중요한 역할을 담당하게 되었다. 해방 공간에서 그는 민주 의원과 입법 의원을 역임하면서 우익의 일원으로 활약하기 시작했다. 그는 제헌 의원에 당선된 이후 파리에서 열린 제3차 유엔 총회에서 대한민국 정부의 국제적 승인을 얻어 내는 데에 크게 기여했다. 한국 전쟁이 발발하자 그는 유엔군의 한국 파병에 큰 역할을 하였다. 1951년 국무총리가 되었으나 이듬해 사임하였고 1955년에는 민주당을 창당하여 최고 위원이 되었다. 1956년 민주당의 부통령 후보로 출마하여 당선되었다. 4월 혁명 이후 의원 내각제하에서 제5대 민의원 의원에 당선되었고, 제2공화국의 국무총리가 되었다. 이상에서와 같이 그는 1945년 해방 이후 1961년 군사 쿠데타에 의해 국무총리를 사임하게 된 16년 간 한국 현대 정치의 중심에서 활동하면서 현대사의 일부를 형성해 왔다.

장면이 정계에서 활동했던 해방 이후부터 1961년까지의 시기는 일종의 격변기였다. 이 격변기적 상황을 잠시 살펴봄으로써 장면과 그 시대에 관한 올바른 이해에 도움을 받을 수 있을 것이다. 즉 일제 식민지 당시 우리 겨레의 상당수는 민주주의의 훈련을 받을 기회를 상실했다. 이러한 상황에서 해방을 맞이하게 되자 우리에게는 근대 민주주의를 실천해야 할 과제를 수행하는 데 상당한 어려움을 안게 되었다. 더욱이 해방 직후 한국 현대사는 미국식 자유 민주주의와 스탈린주의로 대표되던 공산주의의 대립으로 시작되었다. 이 대립의 과정에서 건전한 자유 민주주의의 발전은 위축되고 민주주의를 표방한 독재가 횡행하게 되었다. 이승만의 독재 정권은 이와 같은 과정에서 출현하고 있었다. 그리고 한국 전쟁을 전후하여 남한 사회에서 강하게 서식하게 된 반공의 논리는 독재 정권의 존립을 정당화하는 데에 활용되기도 했다. 이러한 과정에서 제1공화국 이승만 독재의 극복을 시도하는 4월 혁명이 태동되었다. 그리고 4월 혁명 이후 제2공화국이 탄생되었다. 이 제2공화국은 제1공화국 즉 자유당 독재 정권의 극복을 목적으로 성립되었다. 그러나 제2공화국이 독재 정권의 비호를 받았던 경찰이나 한국 전쟁 과정에서 비대화한 부패한 군부 등과 같은 제1공화국의 '강력한' 국가 기구를 물려받았음은 피할 수 없는 현실이었다. 제2공화국은 제1공화국으로부터 반공 이데올로기의 구조도 승계하게 되었다. 당시 냉전 논리적 반공 이데올로기는 남북 분단과 한국 전쟁을 체험하는 과정에서 남한의 지식인들 대다수의 지지를 얻었던 정치적 이념이기도 했다. 이 과정에서 자연스럽게 발산되고 있던 냉전 논리가 민주당 정권에도 적용되어 나갔다. 한편 제2공화국은 제1공화국으로부터 종속적 국제 관계 그리고 텅 빈 국고 등을 물려받고 있었다. 이러한 구조적 한계로 말미암아 제2공화국은 개혁의 실천 의지와 추진력에 있어서 제약을 받게 되었다.

그렇지만 4월 혁명의 계승을 표방하면서 출현한 제2공화국에 대해서 당시의 사회에서는 정치적 부정의 극복과 자립 경제 체제의 수립, 그리고 남북문제 및 국제 관계의 새로운 편성을 요구하고 있었다. 장면의 민주당 정권에서는 이렇게 일시에 분출되어 나오는 요구들을 수렴하여야 했다. 그리고 민주당 정권은 이러한 요구를 충족시키기 위해 그들에게 가능한 범위 내에서 최대한의 노력을 경주하고 있었고, 부분적 성과를 드러내기도 했다. 장면은 이 과제 해결의 선두에 서 있었고, 4월 혁명이 새 정권에 부여한 사명을 수행하고자 했다. 그러나 군사력을 배경으로 한 독재 정권의 출현으로 그의 의지는 좌절되어 갔고, 이와 함께 한국 민주주의도 일대 시련을 겪게 되었다.

4. 민주당 정권의 역사적 의미

민주당 정권은 앞서 간략히 언급한 여러 역사적 제약을 안고 출범했다. 그리고 그 정권은 이 역사적 제약에 영향을 받으면서 이를 점진적으로 개혁해 나가려는 노력을 전개하였다. 제2공화국 민주당 정권에서는 의회 민주주의의 제도화, 자본주의 체제의 유지, 반공 체제의 유지를 표방했다. 이러한 주장 가운데 상당수는 제1공화국 이래 대한민국 정부에서 지향해 오던 내용이었다. 그러나 민주당 정권에서는 그 운영을 제1공화국처럼 비효율적인 권위주의적 방식으로 하지 않을 것임을 선언했다. 그리고 민주당 정권에서는 민권 확립 및 책임 정치와 경제 건설 제일주의, 사회 정의의 실현을 추구하면서 이에 관한 정책을 구체적으로 마련하여 집행해 나가고자 했다.

우선 민주당 정권에서는 구체제에 대한 청산 의지를 다져 나갔다. 여기에는 부정 선거 및 총기 발포 책임자와 관련자에 대한 처벌, 비리와 부정에 관련된 관료·경찰·군부에 대한 숙청, 부정 축재의 처리 등이 과제로 등장했다. 그리고 이러한 과제를 수행하기 위해서는 민주당 정권 자체의 청렴이 선결적으로 요구되는 것으로 판단했다. 민주당 정권은 이 과제의 처리에 있어서 4월 혁명 세력의 요구를 모두 수용하기는 사실상 어려웠고 이를 위해서는 좀 더 시간이 요청되는 것으로 판단했다. 그러나 민주당 정권 관료들은 혁명적 과제의 수행에 있어서 전제되는 청렴성에는 아무런 하자가 없었다. 그들은 혁명적 열정을 가지고 자신의 청렴도를 강화시키기 위해서 노력했던 사람들이다. 후일 군사 정권에서는 민주당 내각에 속했던 어떤 장관의 냉장고 한 대를 부패의 상징으로 거론할 수밖에 없을 정도로 민주당 관료들은 부패하지 아니한 청렴한 사람들이었다.

민주당 정권의 국정 운영의 특성은 경제 제일주의에서도 여실히 드러난다. 이 정책은 농어촌의 부흥, 중소기업의 육성, 국민 세금의 경감, 금융의 대중화, 국토 건설 사업 등을 내용으로 한 것이었다. 그리고 이를 통해서 만성적인 실업 문제를 해결하고자 했다. 당시의 정부는 1960년 12월 '뉴딜'형의 공공사업을 시작하고자 계획했고 그 세부 사항은 다음 해 2월에 알려졌다. 여기에서는 총인원 4500만 명에, 3000만 달러의 비용을 들여 관개·조림·도로·도시 건설·댐 건설 등의 사업을 벌이는 것이었다. 또한 동시에 1961년 초에 경제 발전 위원회에 의해서 고안된 5개년 경제 계획이 마련되었다. 이 경제 계획은 산업화의 새로운 계기를 마련하기 위한 것이었다. 그러나 이 계획은 군사 쿠데타로 인해서 실행되지 못했다. 그럼에도 이 계획은 1962년에 시행된 새 군사 정부의 5개년 계획의 근간이 되었던 점을 간과해서는 안 될 것이다. 민주당의 경제 계획은 후일 한국 경제의 난관을 타개하고 도약을 이룩하는 데에 있어서 기초를 마련해 준 것으로 평가된다. 아울러 장면 정권이 수립한 이 경제 계획을 볼 때 그들은 결코 무능하지 않았음을 확인하게 된다.

또한 장면의 민주당 정권에서는 '전통적' 친미 정책의 유지 강화라는 틀에서 외교를 전개했지만 대일 외교의 전개에 있어서는 자주적 측면을 강화시켜 가고자 했다. 민주당 정권에서는 경제 개발을 위한 자본의 마련을 위해서 일본에 8억 달러의 보상금과 차관을 요구할 계획이었던 것으로 알려지고 있다.10) 그러나 군사 쿠데타로 인해서 자신의 정통성에

---

10) 민주당 정권이 추진하고 있었던 한일 국교 정상화의 내용에 관해서는 보다 본격

하자를 가지고 있었던 군사 독재자들은 대일 교섭에 있어서도 열세를 자초했고 그 일본으로부터의 보상금을 이끌어 내는 데에도 많은 양보를 해야 했다. 이러한 사실은 국내 정치에 있어서의 정통성이 확립되어야 국제 사회에 있어서도 올바른 관계, 정당한 관계가 유지될 수 있다는 역사의 교훈을 확인시켜 주는 일이다.

물론 민주당 정권은 친이승만 세력과 반이승만 세력의 갈등, 보수와 혁신의 갈등, 민주당 내부의 갈등 등을 조절하는 것과 군부에 대한 견제와 감시에 문제가 있었다. 여기에서 민주당 정권이 붕괴된 원인의 일부를 찾을 수 있을 것이다. 그러나 민주당 정권의 붕괴는 이러한 정권 내부의 갈등으로 말미암았다기보다는 폭력적인 군사 쿠데타에 의해서 일어났다. 군사 쿠데타를 주도한 사람들은 이미 자유당 정권 말기부터 정치적 권력 장악을 목적으로 하는 쿠데타를 모의하고 있었다. 그들의 쿠데타 음모는 4월 혁명의 발발로 잠시 지하로 잠복되었지만, 그들은 장면 정권이 수립된 직후 쿠데타를 다시 모의하기 시작했다. 이러한 측면에서 살펴볼 때 그들이 내세웠던 '혁명 공약'은 추악한 권력욕을 호도하기 위한 허구에 불과했다. 그들은 자신의 쿠데타를 정당화하기 위해서 민주당 정권을 부패 무능하고, 집권 능력이 없는 정권으로 규정했다. 그러나 민주당 정권은 군사 쿠데타를 일으킨 사람들이 주장했던 것과 같이 결코 부패 무능한 정권은 아니었고 오히려 역사의 새로운 도약을 잉태케 해준 정부였다. 그렇다면 제2공화국 민주당 정권은 한국 현대사에서 당연히 재평가되어야 할 것이다.

한편 민주당 정권은 민주주의를 우리나라의 정치 현장에서 처음으로 실현했던 정권이었다. 그 과정에서 획일적 사고 방법, 군국주의적 문화

─────────

적인 연구가 진행되어야 한다. 이는 미구에 진행될 것으로 전망되는 북한과 일본의 국교 정상화 과정에 있어서 북한의 형제들이 일본으로부터 당연히 받아야 할 배상금의 액수를 올바로 평가받는 데에도 도움을 줄 수 있을 것이다. 그리고 이로써 우리 민족은 통일 과정에서 소요되는 통일 비용을 절감할 수 있을 것이다.

잔재를 가지고 '과단성'을 강조하던 사람들에게는 일부의 상황들이 '혼란'으로 비쳐지기도 했다. 그러나 그것은 혼란이 아니라 바로 민주주의가 실현되어 나가고 있다는 증거였던 것이다. 그리고 1961년 2월부터는 사실상 군중 시위도 그 기세가 꺾이어 가고 있었고 사회의 안정이 회복되던 추세였음을 감안할 때 민주당 정권과 사회 혼란을 등치시키려는 시도는 군사 독재의 필연성을 도출하기 위한 작위적 전제에 불과한 것이다. 또한 일부에서는 민주당 정권의 우유부단을 특별히 강조하기도 한다. 그들의 경우는 이 우유부단함 때문에 혁명 과제의 수행에 지장이 있었고 이로 말미암아 정권을 탈취 당했다는 반성을 하기도 한다. 그러나 세계 혁명사를 살펴볼 때 부르주아 혁명이든 프롤레타리아 혁명이든 아니면 궁중 반란이든지 간에 불과 9개월이라는 짧은 시간에 그 혁명의 과제를 달성한 정권은 존재하지 않는다. 이러한 점을 감안할 때 민주당 정권의 과단성 부족에 대한 지적은 역사적 사건의 판단에 있어서 비교사적 관점을 상실한 것이며, 사건 판단의 조급성을 드러내는 것으로 생각된다. 그러므로 우리는 한국 민주주의의 발전과 관련하여 민주당 정권이 남긴 긍정적 유산에 대한 정리와 재평가 작업을 수행해 나가야 한다.

5. 시론적 제안

이제 우리나라의 역사학계에서는 민주당 제2공화국의 공과에 관해서 본격적으로 연구해야 할 시점을 맞이했다. 물론 제2공화국은 불과 9개월 정도 지속되었다. 이 때문에 제2공화국사의 연구는 이승만 정권과 박정희 정권에 대한 언급의 일부로만 취급되어 왔다. 그러나 이 시기는 민주주의에 대한 열망이 들끓었던 시기였으며, 경제 발전에 대한 투신의 각오가 다져지던 때였다. 그리고 민족 내부에 있어서 진정한 평화와 화해에 대한 씨앗이 움터 나왔고, 새로운 국제 질서의 수립을 위한 노력이 경주되던 시기였다. 제2공화국의 역사는 해방 이후 줄곧 이승만의 독재 정권 아래에서도 그침 없이 성숙시켜 가고 있던 고상한 이념들의 결론이었다. 그리고 박정희 군사 독재 정권이 표방한 경제 발전 계획에 가장 필요한 기본적인 틀을 마련해 준 정권이었다. 그러므로 민주당 정권에 대한 연구는 1950년대 한국 현대사의 결론을 올바로 이해하기 위해서 반드시 검토해야 할 부분이며 1960년대 이후의 역사를 올바로 서술하고자 하는 데에 있어서도 그 서론과 결론의 중요한 일부를 이루는 주제여야 한다. 제2공화국의 역사적 위상을 이와 같이 규정한다면 제2공화국의 존재는 한국 현대사에서 더 이상 간과되거나 홀시되어서는 안 되는 역사인 것이다. 제2공화국 민주당 정권의 부정적 측면을 과대하게 강조하던 연구 시각은 마땅히 정리되어야 한다.

여기에서 우리 학계에서는 제2공화국 민주당 정권에 대한 객관적 연구를 강화시켜 나가야 할 것이다. 그리고 이와 관련하여 '깨끗한 교육자요, 근엄한 종교인이요, 불굴의 정치가'였으며, 이 땅에 민주주의라는 것을 개화시킨 장면에 대한 객관적 연구도 추진되어야 한다. 30년 한 세대가 경과했으므로 우리는 장면과 그의 정권에 대한 객관적 연구를 충분히 수행할 수 있을 것이다.

〈부록〉 한국사 개설서에 나타난 민주당 정권

1) 이기백, 1961, "4월 혁명", 『국사신론』, 제일 출판사, 384쪽.

4월 혁명의 결과 내각 책임제의 개혁이 행해지고 새로이 총선거가 실시되어 상하 양원의 국회가 이루어졌으며 민주당의 새 내각이 성립하였다. 축복받은 제2 공화국은 이리하여 탄생한 것이다. 그러나 제2공화국의 앞길은 반드시 평탄 대로인 것은 아니다. 안으로는 독재 정치의 뿌리를 과감하게 일소해야 할 것이며, 특히 민생 문제를 해결하여 이른바 복지 국가의 건설에 노력을 아끼지 않아야 할 것이다.

2) 천관우 감수, 1973, 「민권의 각성과 승리」·「현대」, 『한국사대계』 9, 삼진사, 217~226쪽.

4·19 후 자유당의 와해로 정계는 민주당만이 유일한 보수 정당이 됐다. 혁신 세력은 군웅할거의 모습으로 조직 정비를 하지 못하고, 혁명 후에 부풀어 오른 국민의 정치의식에 각각 세력 확장을 호소하면서 조직 활동을 전개했다. 이리하여 총선을 앞둔 정계는 보수, 혁신 세력으로 대별되었다 …. 7·29 선거는 민주당이 선거 공약으로 내건 정책을 주지시키는 일보다 신·구파 어느 쪽을 더 많이 당선시키느냐에 더욱 관심이 쏠렸다. 선거 자금도 신·구파의 소속에 따라 제각기 달리 나갔다. 1961년 5월 4일 부터 처리위의 기능이 발휘됐음에도 불구하고 부정축재처리위원회는 집권당인 민주당과 각파의 이해관계가 얽혀 있어, 그 처리에 거의 부진, 진전을 못 보고 있던 중, 5·16 때까지 단 한 건도 처리하지 못해 국민의 지탄을 받지 않을 수 없었다 …. 4·19 민주 혁명에 편승하여 민주당 구파를 물리치고 국민의 대망리에 발족한 장면 내각은 경제

정책의 실패, 대UN 외교의 실패, 중석 사건, 인사 행정의 부패, 금융 조직 등 무능과 부패로 일관되어 국민의 원성이 날로 높아 갔으며, 장 정권을 규탄하는 데모와 성토 대회가 각처에서 열렸다. 이렇게 장 정권에 대한 규탄 운동이 각처에서 점차 확대되자, 이에 당황한 장 정권은 조각 후 불과 8개월도 못 되어 대남 간첩의 단속을 강화한다는 명목으로 '반공 법안'이라고 이름을 붙인 특별 법안을 기초하기에 이르렀다 …. 장면 정권은 대일 외교에 있어서나 대UN 외교에 있어서나 무능과 실패가 비난의 대상이 됐다. 허정許政 과도정부 수반은 "한일 관계의 정상화를 위해 일본 기자의 입국을 허용한다"고 언명했고, 급진적인 대일 친선 정책을 쓰려다가 여론의 지탄을 받은 바 있으며, 장 내각은 수립되면서부터 일본측으로부터 '지일내각知日內閣'이라는 칭호를 받았다. 조각 이후 '외교 쇄신 7개 원칙'을 발표하여 그중 하나의 원칙으로 대일 외교의 근본 쇄신과 국교 정상화를 표명했던 것이다 …. UN 감시하의 남북 총선거를 통일 방안으로 내세운 민주당과 장면 정권은 속수 무책으로 행정력의 무능을 탓하고 있었을 뿐 별다른 대책조차 세우지 못했다.

3) 강만길, 1984, 「4·19 민주주의 운동·원조 경제와 공업」, 『한국 현대사』, 창작과비평사, 210·241·242쪽.

(210쪽)이승만이 사임함으로써 정권은 외무부 장관 허정에게로 넘어갔고 허정 과도정권 아래서 내각 책임제 개헌이 이루어지고 총선거가 실시된 후 장면을 국무총리로 하는 민주당 내각이 성립됨으로써 제2 공화국이 발족했다 …. (241쪽)4·19운동은 소비재 공업의 대외 의존적 독점 기업화와 그 결과로 나타난 농업, 노동, 중소기업 문제의 취약점과 정치적 부정이 쌓여 폭발한 운동이었다. 따라서 장면 정권으로 하여금 민주 경제 및 자립 경제 체제의 수립을 목적으로 하면서 부정 축재자의 처벌

과 중소기업 육성책을 세우게 했던 것이다 …. (242쪽)4·19 이후 민주당
은 7·29 총선거의 선거 공약으로 부정 축재의 회수, 특혜와 독점 배제,
국민 소득의 공정한 분배, 실업자 구제, 농어촌의 부흥, 중소기업 육성,
금융의 대중화 등을 내세웠고, 장면 정권은 총 투자액 4백억 원 규모의
'국토 건설 사업'을 계획하는 한편, '중소기업 육성을 위한 종합 대책'을
정하고 경제 개발 계획을 세워 자립 경제 수립의 기초를 마련하려 했다.
그러나 이와 같은 장면 정권의 경제 정책은 격심한 경쟁으로 실현되지
못하다가 5·16 정변으로 무산되고 박정희 정권에 의한 경제 체제가 수
립되어 갔다.

4) 한국 민중사 연구회, 1986, 「4월 혁명의 전말·4월 혁명의 의의」, 『한국 민중사』 Ⅱ, 풀빛, 286·300쪽.

이승만 하야 후 허정 과도내각이 수립되고, 내각 책임제 개헌에 의한
7·29 총선거 후 장면을 국무총리로 하는 민주당 정권이 성립함으로써 제
2공화국이 출범했다(8. 23) …. 이러한 한계로 말미암아 혁명 과정에서 제
기된 요구들이 실현되어야 했을 4·28 과도 정부 수립에서 5·16 직전까지
의 집권 세력이었던 민주당은 애초에 … 명백한 한계를 드러냈고 ….

5) 변태섭, 1986, 「제2공화국의 수립」, 『한국사 통론』, 삼영사, 511~513쪽.

민주당의 분열은 장면 내각의 정치적 기반을 약화시키는 결과를 초래
하였으며, 따라서 과단성 있는 정치의 실행을 불가능하게 하였다. 즉 제
2공화국은 4월 혁명 이념의 구현이나 자유당 치하에서 각종 부정·비리
에 대한 단호한 조처를 취하지 못했던 것이다 …. 이때 진보당 사건으로
자취를 감췄던 혁신계 정치 세력이 4월 혁명 이후 다시 대두하여 통일을

내세운 이념 정당으로 자리를 잡게 되고 학생들이 여기에 가세하여 남북 회담을 제기하는 등 급진적 통일 방안을 주장하였는데, 이것 역시 사회 혼란을 가중시키는 요인이 되었다. 이러한 정치 사회적 혼란은 한편으로는 자유스런 민주 정치의 실현이라는 긍정적인 면을 가지는 것이었다. 이것은 자유당 독재 하에서 싹튼 민주주의에의 열망이 과도하게 표출된 것에 지나지 않았으며, 이승만의 철저한 반공 정책에 대한 반동에서 민족 분단의 현실을 타개해 보려는 국민적 노력의 표현이기도 하였다. 그러나 당시 이러한 움직임을 수용·해결해 줄 만한 정치 세력이 존재하지 못하였고, 특히 장면 정권은 대중적 기반이나 내부적 결속을 모두 결여한 상황에 놓여 있었으므로 이러한 국민들의 기대에 부응할 수 없었던 것이다.

6) 대한민국사 편찬위원회, 1988,「제2공화국 – 민주주의 토착화의 시련」,『대한민국사』, 탐구당, 80~89쪽

(헌정의 전개 과정) …. 제2공화국은 의원 내각제의 권력 구조, 기본권의 보장 강화, 정당의 헌법화를 위한 정당 조항의 신설, 법관의 선거제, 사법 독립의 강화, 경찰의 중립화, 중앙 선거 관리 위원회의 설치, 지방 자치제의 헌법상 보장 등 법치 질서를 제도화하고 우리나라 헌정 제도 사상 가장 권력을 분권화시키고 기본권을 신장한 정치 체제였다. 그러나 새로 출범한 장면 지도하의 민주당 정부는 민주당 자체가 신·구파로 분열되어 김도연, 윤보선 등을 중심으로 한 구파는 신민당을 조직했기 때문에 신파의 지도자 장면은 국회에서마저 지지 기반을 상실하였고, 사회 세력들로부터도 괴리되었기 때문에 그의 정치적 제도화의 노력은 곧 실패하였다. 장면 정부는 혁명의 주도 세력이 구정치인들에게 일임한 혁명 과제들을 일관성 있고 과감히 처리하는 데 실패하였다. 뿐만

아니라 학생과 시민의 정치적 욕구의 일시적 과잉 분출과 보수계와 혁신계 사회 세력 간의 갈등이 심화되어 공공질서를 문란시키고 여당마저 분열, 결국 분당되어 발목이 잡힌 상황하에서 국민 통합에 위기를 조성하였음에도 불구하고 장면 정부는 응집력 있는 이념이나 인기있는 인물 또는 적절한 정치적 제도를 마련하지 못하고 결국 지도 능력의 한계를 드러냈을 뿐이었다. 제2공화국은 비록 형식상 가장 민주적인 제도와 정통성을 갖추고 있었지만 심각한 권위와 통합 및 안보의 위기에 부딪쳐 이를 효율적으로 해결하지 못하는 동안 군부 쿠데타를 유발하여 전복되었던 것이다.

7) 한국역사연구회, 1989, 「민족·민주운동으로서의 4·19」, 『한국사 강의』, 한울아카데미, 351, 352쪽.

(351쪽) 선거에서도 계급적으로 지주 세력인 민주당이 압승함으로써 … 과도 정부가 내건 '비혁명적 방법에 의한 혁명 과업의 완수'라는 방법은 결국 철저한 민주화를 추진할 의사가 없는 보수 세력의 현상 유지책에 불과하다는 사실을 점차 지각하게 되었다 …. (352쪽)7·29 총선으로 국회가 소집되고 제2공화국이 탄생하였다. 대통령으로는 윤보선이 선출되고, 장면이 내각 책임제의 수반으로서 권력을 장악하였다. 이 시기 집권 민주당은 신파와 구파로 분열되어 그 초기부터 권력의 불안정성을 드러내었고, 이승만 잔재 세력을 비호했는가 하면 과거의 폭압 기구를 거의 그대로 유지하면서 미국과의 관계에서 더욱 굴욕적인 모습을 보여주기도 하였다. 학생 데모가 가열되자 장면 정권은 학원 안정법, 반공특별법, 시위 규제법 등의 입법을 추진하여 지배력 강화를 기도하였다 …. 반공 체제하에서 기득권을 누려온 보수 세력의 위기감에 편승하여 5월 16일 박정희 일파는 군사 쿠데타를 감행하였다. 따라서 철저한 민주

화와 민족 통일을 향한 민중들의 열망은 또 한번 좌절을 맛보게 되었다.

8) 이기백, 1990, 「민주주의와 독재의 갈등」, 『신수판 한국사 신론』, 일조각, 486쪽.

4월 혁명에 의해 독재가 타도되고, 내각 책임제에 의하여 윤보선을 대통령, 장면을 국무 총리로 하는 민주당 정부가 수립되었다. 이 제2 공화국에서 국민은 오랫동안 희망해 오던 민주 정치의 혜택을 누리게 되었다. 민주 정치하에서 여러 계층의 갖가지 욕구가 일시에 분출하여, 각종 시위가 연이어 일어났다. 이러한 상황은 당연히 국민 여론의 비판을 받았지만, 이는 민주 정치가 행해지고 있다는 증거였던 것이다. 그런데 이 사실을 혼란으로 규정하고, 이 혼란을 수습해야겠다는 생각을 갖고 일어난 것이 1961년 5월에 있은 5·16군사 쿠데타였다.

9) 한국역사연구회, 1992, 「민주당 정권의 성립」, 『한국역사』, 역사비평사, 382쪽.

이승만이 축출된 후 허정을 수반으로 하는 과도 정부가 구성되었다. 1960년 7월 29일 총선거를 통해 장면을 국무 총리로 한 민주당 정권이 출범하였다. 민주당 정권은 당면 과제로 '유엔 감시하에 남북한 총선거에 의한 통일, 부정 선거 원흉과 발포 책임자 처벌, 경제 건설의 촉진과 미국으로부터 최대의 원조 획득' 등을 제시하였다. 그러나 민주당 정권은 초기에 3·15 부정 선거 책임자와 발포 책임자 등을 검거하였다가 곧 대다수를 석방하였다. 또 부정 축재자를 처벌하겠다고 발표해 놓고도 이들로부터 정치 자금을 얻어쓰고 처벌 대상을 대폭 축소해 버렸다. 민주당 정권은 통일 정책 역시 이승만 정권과 마찬가지로 '유엔 감시하 남북 자유 총선거'안을 내세웠다. 더욱이 당시 폭넓은 지지를 얻고 있던 진보

세력의 통일 운동을 탄압하고 반공 이데올로기를 더욱 강화하려는 움직임까지 보였다. 이처럼 민주당 정권은 이승만 정권과 본질적으로 다르지 않았기 때문에 국민의 지지를 얻을 수 없었다. 여기에 경제 상황의 악화도 민주당 정권을 끊임없이 위협하였다. 이러한 상황에서 민주당 정권은 '경제 제일주의'를 내세우며 국토 개발 계획과 실업자 대책을 발표하였다. 그러나 이에 필요한 자금이 미국 원조로 충당되었기 때문에 미국의 영향력은 더욱 강화되었으며, 화폐 가치가 떨어지고 물가가 올라 민중의 생활은 더욱 악화되었다.

10) 강만길, 1994, 「장면 정권」, 『고쳐 쓴 한국 현대사』, 창작과비평사, 230쪽.

4·19 항쟁으로 이승만의 독재 정권을 무너뜨린 학생층과 일반 민중, 그리고 언론까지도 급격한 정치, 사회, 경제면의 개혁을 요구하고 나섰다. 그러나 끊임없는 파쟁에 빠진 보수적인 장면 정권은 체질적으로 그 기대에 부응할 수 없었을 뿐만 아니라, 민의의 효과적인 수합에도 성공하지 못해 정치적 혼란은 거듭되었다. 3·15 부정 선거 관련자 및 4·19 발포 책임자의 처벌 문제에서 사법부측은 … 가벼운 형량을 선고하자 … 민의원은 소급법으로서 '민주 반역자 처리 법안'을 통과시키고, '부정 선거 처리법', '공민권 제한법' 등을 공포했다(1960. 12. 31). 그러나 이 법을 적용시키지 못한 채 정권 자체가 무너졌다. 부정 축재 역시 미국이 양성해 놓은 독점 자본과 국가 권력이 깊이 연결되어 있어서 쉽게 처리될 수 없었다. 이승만 독재 정권 아래서 쌓였던 국민의 불만이 4·19 항쟁을 계기로 함께 폭발한 데다가 당내의 심한 정쟁이 겹쳐 혼란을 거듭하던 장면 정권도 1961년에 접어들면서 정권 내부에서는 다소 안정을 얻었다. 그러나 혁신계 정치 세력과 학생층이 앞장선 민족 통일 문제에

대해서는 미처 적절한 방안을 제시하지 못하고, 대신 '데모 규제법'과 '반공법'을 제정하여 이에 대처하려 했다. 그것이 오히려 시위를 더 격화시키는 결과를 가져왔고, 결국 5·16 군사 정변이 일어남으로써 장면 정권은 불과 8개월 만에 무너졌다.

11) 유재일, 1994, 「제2공화국의 사회 갈등과 정치 변동」, 『한국사』 17, 한길사, 323~324쪽.

선거는 혁신계의 참패로 마무리되었고, 결국 민주당은 대부분의 의석을 장악하였다. 과거와 다름없는 엄청난 선거 부정이 자행되었으며 민주당은 자기 생존을 도모하려는 기득권 세력의 지원을 받아 여타의 혁신계 인사들에게 은근히 좌익의 딱지를 붙여 이들을 패배시켰다. 민중들, 특히 농민들의 의식은 과거보다 별로 발전되지 못했으며, 자신의 이해관계와 무관한 인사들에게 표를 몰아주는 도구로서의 역할을 했다 …. (진보계 인사들은) 민주당은 자유당과 사실상 동일한 기반을 가지고 있었기 때문에 4·19 당시의 범법자들을 제 손으로 처벌하는 것도, 민주 변혁이 더 철저히 진행되는 것도 두려워하고 있다는 사실을 분명하게 자각하게 되었다. 이 시기는 명백히 운동의 진로를 위한 모색이라고 보는 것이 더 타당하다. 사회 각 영역에서 민주화 운동이 진행되기는 하였으나 그것은 조직 상층부의 보수 세력에 의해 대부분 거부되었다. 왜냐하면 법적인 강제력을 갖추지 못한 이러한 민주화 운동은 과거의 부정과 비리의 주범들을 색출하여 처벌하는 데 한계를 갖지 않을 수 없고, 보수 세력 역시 이러한 운동을 통한 체제 개혁 운동을 받아들일 리 만무했기 때문이다. 과도 정부가 내세운 비 혁명적 방법에 의한 혁명 과업의 완수의 실상이 바로 이것이었다. 과도 정부 자체가 이승만이나 자유당과 탯줄을 끊을 수 없었듯이, 경찰 관료 기구·사법 기구·교육 기구 등 사회의 모든 영역이 이승만 시대의 것이었고 더 거슬러 올라가면 식민지 시대의 것이었다. 진정한 혁명이 필요한 객관적 상황이었으나 혁명을 추진할 참모부는 존재하지 않았고, 대중들은 그저 자연 발생적인 분노와 열망만을 가지고 기존 제도의 개혁을 모색하고 있었다. 무엇보다도 다수의 민중들은 해방 정국과 한국 전쟁에서 입은 피해 의식에서 벗어나지 못하고 있었으며 따라서 운동의 전선에 선뜻 나서지 못하였다.

제3장 1960년대 명동성당의 존재 이유

1. 머리말

1960년대는 한국사회와 한국 천주교회 모두가 급격한 변화를 체험했던 시대였다. 즉, 당시 한국사회는 4·19혁명과 이로 인한 민주당 정권의 등장, 그리고 5·16 쿠데타와 권위주의적 정권의 성립이라는 사건들을 통해서 볼 수 있듯이 급격한 변화를 겪고 있었다. 또한 경제개발 5개년 계획에 의해 산업화가 급격히 진행되어 갔다. 그리고 세계교회사적 차원에서도 제2차 바티칸 공의회가 개최되었고, 교회의 쇄신이 도처에서 강력히 주창되던 때였다.

이 글에서는 급격한 변동이 진행되었던 1960년대에 천주교 서울대교구의 주교좌 본당인 명동성당이 지니고 있었던 역사적 특성을 살펴보고자 한다. 그리고 이 역사적 특성의 규명을 통해서 당대 명동성당이 한국 천주교회와 한국사회에서 차지하고 있었던 존재 이유와 역사적 위치를 가늠해 보고자 한다.

일반적으로 말하여 교회의 존재이유는 '인류의 구원' 내지는 '하느님 나라의 완성'에 있다. 그러나 교회는 자신의 최종 목표인 '하느님 나라'의 완성에만 의미를 부여하지는 않고, 그 완성을 향해 가는 도정道程도 중요시하고 있다. 여기에서 교회는 자신의 궁극적 지향과 관련되는 범위

안에서 현실의 질서와 역사에 영향을 미치는 고유한 역할을 수행하게 된다. 교회는 현실의 사회질서와 역사 안에서 긍정적 기능을 담당할 때 그 자신의 존재이유를 스스로 확인하고 외부로부터도 이를 확인받을 수 있다. 그러므로 본고에서는 1960년대라는 시간대에 명동성당이 걸어갔던 지상의 도정에서 발견되는 요소들이 가지고 있는 역사적·교회사적 의미를 밝혀보고자 한다.

원래 일정한 교구의 주교좌 본당은 교구장 주교가 상주하며 관할권을 행사하는 본당을 뜻한다. 그러므로 주교좌 성당의 역사는 교구사와 밀접히 연결되는 것이며, 주교좌 본당사의 주요 부분으로 교구의 동향 내지는 주교의 활동을 포함해야 한다. 명동성당은 서울대교구의 주교좌 본당이라는 특징을 가지고 있다. 따라서 1960년대 명동성당의 역사를 확인하기 위해서는 무엇보다도 서울대교구와 한국교회에서 전개된 교회사적 사건에 대한 정확한 이해가 요청된다. 이 당시 명동성당에서 진행되었던 사건들은 한국교회사와 상호 인과관계를 갖고 있기 때문이다.

한편, 한국천주교회는 세계교회의 일부이다. 한국교회에 대한 이해는 세계교회와의 연계를 떠나서는 불가능한 일이다. 따라서 1960년대 명동성당의 역사에 대한 이해를 위해서도 '제2차 바티칸 공의회'나 신학계의 새로운 조류 등 세계교회의 동향에 대한 관심이 동시에 요청된다. 이러한 세계교회사적 사건이 명동성당에서 발생한 구체적 사건의 더 큰 원인으로 작용하는 경우를 확인할 수 있기 때문이다.

또한 특정 시기의 교회사나 교구사를 파악하기 위해서는 당시의 교회가 직면했던 사회의 특성에 대한 이해가 필요하다. 물론 서울대교구의 주교좌 본당이었던 명동성당도 국내외의 시대적 조건과 한국이라는 지역적 상황의 제약을 받고 있었다. 더욱이 명동성당은 당시 한국사회에서 천주교회의 상징적 역할을 수행하고 있었다. 여기에서 명동성당은 한국사회의 변동에 더 민감하게 반응하게 되었으며, 명동성당의 역사는 한국사의 일부를 이루게 되었다. 그러므로 명동성당의 1960년대를 이해하기 위해서도 명동성당 자체의 사건들만을 고립적으로 논할 수 없다. 명동성당사의 주요 부분은 명동성당 안팎에서 일어난 사건이나 상황에 대한 교회의 대응이기 때문이다.

이처럼 명동성당은 한국사회나 한국교회 내지는 세계교회와의 연계 아래에서 그 일부로 존재해 왔다. 따라서 명동성당이라는 구체적 단위 안에서 일어나는 사건도 세계사 내지는 한국사로부터 일정한 영향을 받고 있다. 그러므로 명동성당이 당시의 시대적 조건과 요청에 어떻게 반응하고 응답했는지를 검토함으로써 우리는 명동성당의 역사와 그 존재 이유를 확인하게 된다. 이 때문에 본고에서는 명동성당과 한국사회의 관계를 먼저 주목하고, 이에 이어서 명동성당과 한국교회의 관계를 검토해 보고자 한다.

명동성당의 역사를 체계적으로 이해하기 위한 노력은 아직까지 발견되지 않고 있다. 그리고 1960년대의 명동성당을 밝혀주는 전문적 논문도 찾아보기 어렵다. 이처럼 이 분야의 연구에 관한 선행하는 연구업적이 없으므로, 본고를 작성하는 데에는 약간의 어려움이 수반되었다. 한국현대사는 최근에 접어들어 활발히 연구되기 시작하고 있다. 그렇다면 한국교회사의 경우에도 현대사 분야에 대한 체계적 연구가 하루 빨리 축적되어야 할 것이다.

본고는 1960년대의 명동성당사를 밝히기 위해서 당시 교회에서 간행하던 신문·잡지 등 각종 정기간행물을 주요 자료로 활용했다. 그리고 일부 회상 자료와 교회기관이나 단체의 역사서도 참조했다. 그러나 무엇보다도 아쉬웠던 것은 본당 자체의 사료를 활용하지 못했다는 점이다. 사실 1960년대 명동성당에서는 매주 『명동주보』가 간행되었고, 각 단체들의 활동보고서 및 사목관계 자료들도 있었을 것으로 생각된다. 그러나 명동성당 자체에서는 이러한 자료가 보존되어 있지 않았다. 이 때문에 이 글의 작성을 위해서는 매우 제한된 사료를 이용할 수밖에 없었다.

따라서 본고에서는 한국교회사와 관련하여 명동성당이 전개했던 일들을 중심으로 1960년대의 명동성당을 이해해 보고자 했다. 자료의 수집이 가능하게 된다면, 1960년대의 명동성당 자체의 운영 형태와 경제적 상황, 그리고 본당 사목에서 드러나는 특성 및 신도들의 활동에 대해서도 추후에 구체적 언급을 시도할 수 있을 것이나 본고에서는 이 부분이 제외되었다. 그렇다 하더라도 본고는 명동성당사의 대강을 설정하는데에 도움을 줄 수 있을 것이다. 그리고 이 작업을 통해서 1960년대 당시 한국교회사에 대한 약간의 이해를 강화시켜 줄 수 있을 것이다.

2. 명동성당과 한국사회

1960년대 명동성당과 한국사회의 관계를 알아보기 위해서는 우선 당시의 정치적 상황 변화를 주목할 수 있다. 1960년대 한국사회는 4·19혁명을 통해서 자유당 독재정치가 막을 내리고 제2공화국 정부가 수립되었다. 그러나 민주당이 주도하던 제2공화국은 단명에 그쳤고 5·16쿠데타로 인해서 권위주의적 정권이 등장했다. 또한 이 시기 경제개발 계획이 본격적으로 추진되어 가던 과정에서 산업화가 이루어졌고, 급격한 사회 변동이 진행되고 있었다. 이와 같은 시대적 조건은 한국교회 내지는 명동성당의 진로에 일정한 영향을 미쳐주었다.

한국천주교회 및 명동성당은 휴전 이후부터 이승만의 자유당 독재로 인해서 적지 않은 어려움을 강요당했다. 이 탄압은 자유당 정권의 야당견제작업과 일정한 관련이 있었다. 자유당 정권은 야당 지도자이며 천주교 신도였던 장면張勉(요한, 1899~1966)과 천주교회를 일체로 파악하여 탄압했다. 장면은 해방 이후 천주교회를 대변하면서 정계에 진출했었고 자유당 독재에 대항하여 민주당을 구성했고, 자유당 치하에서는 대표적 야당 정치인으로 부각되었다.[1] 야당 정치인 장면과 천주교회는 그 탄압의 과정에서 긴밀히 연결되어 갔다. 그리고 서울대교구에서 운영하던『경향신문』은 이승만이 영도하던 자유당 독재에 대한 가장 효과적인 저항의 무기였다.[2]

이승만 정권과『경향신문』내지 장면의 관계는 곧 정부와 교회와의 관계로 비춰졌다. 교회도 그 갈등 관계를 부정하지 않으면서 정치권력으로부터 가해지는 여러 가지 압력을 감내하고 있었다. 이 당시 교회가 자신의 고통을 무릅쓰면서도 반독재 투쟁에 앞장서자 교회에 대한 한국 사회의 신망은 높아 갔다. 그리고 교회 구성원들 대부분은 장면에 대한 애정과 지지를 아끼지 않았다. 당시 사회에서는『경향신문』이나 장면의 반독재 투쟁을 곧 교회 내지는 서울교구에서 전개하는 활동의 일부로 평가했다.

1960년 4·19혁명이 일어났다. 이승만李承晚 정권에 대한 학생들의 저항에 '가톨릭학생회'도 함께 했으며 서울교구 내 각종 학교의 지도 신부들은 위험을 무릅쓰고 학생들을 지원했다.[3] 서울교구 내지 명동성당도 4·19 학생 혁명에 대한 적극적 지지의 자세를 드러냈다. 학생 혁명에 대한 지지는 자유당 정권 아래에서 진행된 교회에 대한 직간접적 억압과 천주교 신자였던 장면 부통령에 대한 견제에 교회가 반발했던 사실에서 그 직접적인 원인을 찾을 수 있을 것이다. 그러나 이도 독재 정권에 대한 저항이라는 사실과 무관하지 않았다.

희생자의 장례 미사가 서울 명동성당에서 거행되기도 했다. 즉, 1960

---

1) 張勉, 1967(재판: 1999),『한알의 밀알이 죽지 않고는』, 가톨릭출판사, 47쪽.
2) 京鄕新聞社, 1996,『京鄕新聞五十年史』, 京鄕新聞社, 131~147쪽.
3)「총탄 아래에서 성사집행」『가톨릭시보』, 1960년 5월 1일, 4쪽.

년 4월 23일에는 노두희盧斗熙(시몬, 동국대 법정대 3학년)의 장례 미사가 노기남 주교의 집전으로 명동성당에서 거행되었다.[4] 이 장례 미사를 치르는 시기는 아직 이승만 대통령이 하야하기 전이었다. 이 상황에서 교구장이 시위 과정에서 살해된 대학생의 장례 미사를 주례했다는 사실은 4·19 '학생 의거'에 대한 서울교구의 긍정적 입장을 묵시적으로 표명한 것이었다.

교회의 혁명에 대한 지지와 관심의 표명은 각 본당 단위로도 진행되어 갔다. 예를 들면 학생 혁명이 발생하던 당일 서울의 혜화동 본당 회장단은 인근에 있던 대학병원들을 방문하여 부상자를 위문했다. 그 밖의 명동성당을 비롯하여 약현, 아현동, 미아리 등 시내 각 본당에서도 부상자를 위문하거나 성금을 모금하여 기탁했다.[5] 4월 25일에는 명동의 가톨릭여자협조회(AFI) 회원들은 가두모금을 통해서 모여진 12만 환을 경향신문사에 기탁했다.[6] 가톨릭 여학생관을 운영하면서 서울교구의 사업에 협조하고 있었던 동 회원들의 이와 같은 모금활동은 학생들의 의거에 대한 서울교구 당국의 지지를 배경으로 하고 있었다.

4·19 혁명으로 인해서 이승만이 영도하던 자유당의 정권은 붕괴되었고, 제2공화국의 건설을 위한 노력이 이어졌다. 종전부터 이승만의 독재에 저항하고 있었던 교회에서는 이 승리에 환호했고, 혁명에 대한 지지의 입장을 분명히 했다. 교회는 4·19 혁명을 이승만 독재에 대한 자신의 승리로까지 생각했다.

그런데 이 4·19 혁명은 정치적으로 볼 때 강력한 국가기구를 분산하고 그 권력을 축소하며 분단과 전쟁의 상처를 치유하고 종속적 국제 관계가 부과하는 제약을 축소하여 민족 자주화의 영역을 넓혀가려던 소망

---

4) 「옳은 일을 위해 피와 목숨을 바친 나라의 꽃송이들」, 『가톨릭시보』, 1960년 5월 1일, 4쪽.

5) 「모금에도 앞장서고」, 『가톨릭시보』, 1960년 5월 8일, 4쪽.

6) 「명동여자협조회 성금 경향신문사에 기탁」, 『가톨릭시보』, 1960년 5월 8일, 4쪽.

의 분출이었다. 또한 그것은 식민지 지배와 전쟁으로 인해 낙후된 경제
를 재건하여 산업화를 달성하고, 경제적 민주주의와 분배의 정의를 실현
하려던 의지의 출발점이었다. 1960년대 4·19 혁명 직후 이승만 독재정
권의 원인으로 대통령 중심제가 지목되었다. 이 제도를 개정하는 새로운
헌법이 통과되었다. 이 헌법에 의해서 내각책임제를 기본으로 한 제2공
화국이 설립될 수 있는 기틀이 마련되었고 7·29 총선거에서 국회의원을
선출하게 되었다.

7·29 총선거에 즈음하여, 우선 교회는 정치단체가 아님을 주지시키고
자 했다.[7] 그리고 '국가와 교회'의 관계 내지는 '교회와 정치'에 관해서,
그리고 가톨릭 신자들의 공민적 의무에 대해서 신자들에게 계몽을 시도
했다.[8] 또한 교회는 가톨릭 후보자의 면모를 알려주고 이들에 대한 신자
들의 투표를 유도했다. 이 당시 교회 신문에서는 「7·29선거와 우리의
태도」·「모든 가톨릭 신자들은 이런 마음으로 투표장에 나가자」·「제2공
화국의 흥망은 오로지 선량제공選良諸公의 각오에 달렸다」 등과 같은 제
목의 사설들이 게재되었다.[9] 이는 비단 명동성당뿐만 아니라 당시 한국
교회가 제2공화국의 수립에 지대한 관심을 가지고 있었음을 뜻한다.

또한 교회에서는 신자들에게 투표에의 참여를 호소하고, 반교회적 인
물에게 투표해서는 안 된다고 밝혔다. 교회는 천주교 입후보자의 면모를
교회 언론기관을 통해서 신자들에게 알리고 이들에 대한 지지를 호소했
다. 그리고 10명의 신자가 국회의원에 당선되자 이를 축하하면서, 가톨
릭 신자 국회의원은 "마땅히 모든 선량選良의 판단을 밝혀주는 등불이
되어야 한다."고 격려했다.[10] 7·29 선거는 예상대로 민주당의 압승으로
끝났다.

---

7) 「정치인은 교회를 바르게 인식하라」『가톨릭시보』, 1960년 5월 1일, 1쪽.
8) 「가톨릭 신자의 公民的義務에 대하여」『가톨릭시보』, 1960년 6월 5일 2쪽.
9) 「7·29선거와 우리의 태도」『가톨릭시보』, 1960년 7월 10일.
10) 「교우출마자 10명 당선」『가톨릭시보』, 1960년 8월 7일.

그 후 내각책임제를 기본으로 한 제2공화국이 성립되었고, 당시 서울
대교구 내지는 한국가톨릭의 대표적 평신도로서 민주당의 새 정파를 이
끌던 장면張勉이 국무총리로 선출되었다. 장면은 해방 이후 천주교회를
대변하면서 정계에 진출했고 이승만 독재에 대항하여 민주당을 구성했
다. 장면은 자유당 치하에서는 대표적 야당 정치인으로 부각되었다. 제2
공화국의 국무총리 직을 준비하면서 장면은 자신이 정부 수반이 되더라
도 개신교도들을 차별하거나 교황의 명령을 받지 않겠다는 당연한 사실
을 거듭 천명해야 했다.[11]

장면이 국무총리에 취임한 이후 민주당의 구파는 신민당新民黨을 결성
해서 독자 노선을 취했다. 이 분당을 통해서 민주당은 내분을 종식하게
되었다. 정계는 민주당과 신민당이라는 두 보수 정당을 기반으로 한 양
당제적兩黨制的 통치를 지향하면서 안정되어 갔다. 보수정당인 민주당 정
권이 가지고 있던 정치적 성향 가운데 하나로 반공주의를 주목할 수 있
다. 동서 냉전이 심각하게 전개되고 있던 상황에서 그 최전선에 위치한
한국에서는 다른 어떤 국가에서보다도 반공주의가 강조되고 있었다. 민
주당 정권에서도 남한의 정치적 전통에 따라 반공주의를 강조했다. 공산
주의를 절대악으로 규정하던 반공주의가 강조되는 한, 좌익과 우익의 사
이에 존재하는 중간노선이 용납될 수 없었다. 이 점은 민족통일론을 모
색하던 과정에서도 동일하게 제시되었다. 민주당 정권은 남북 교류나 중
립화 통일론에 대해 계속해서 반대하고 있었다.

반공주의는 당시 비오 12세 교황 치하의 교회에서 계속 강조되던 이
념이었다. 여기에서 반공주의는 교회와 대한민국이 지향하던 공통의 가
치가 되었다. 즉, 당시 교회도 중립화 통일론을 위험시하고 있었다.[12] 서
울교구의 대표적 지성인 단체였던 뉴먼 클럽에서는 유홍렬(서울대 교수)·

---

11) 「裂敎人 差別 敎皇 命令 受服않는다」『가톨릭시보』, 1960년 8월 7일.
12) 「統韓論 是非를 重視하라」『가톨릭시보』, 1960년 11월 13일.

김규환(동양통신 편집부국장)·김대중(민주당 선전부장) 등을 초빙하여 중립화 통일론에 대한 좌담회를 개최한 바 있었다. 당시 뉴먼 클럽에서는 이 좌담회를 통해서 학생 운동권 일각을 중심으로 하여 논의되던 중립화 통일론의 '맹점'을 밝혀내고자 했다.[13] 또한 교회에서는 4·19 이후 급속히 세력을 확장해 나가던 혁신계의 논리를 비판하면서 반공 내지는 방공防共의 자세를 강화하고자 했다. 그리고 젊은 세대에 대한 반공 교육의 중요함을 강조했다.

이상의 예에서 볼 수 있는 바와 같이 교회는 제2공화국 민주당 정권 아래에서 그 정권의 강력한 지지자가 되었다. 장면이 국무총리에 선출되자 이 일이 '전국 교우들의 자랑'임을 확인하고, 필리핀과 베트남에 이어서 아시아 지역에서는 세 번째로 가톨릭 신자 행정 수반이 탄생한 사실을 축하했다. 장면이 국무총리로 당선된 직후 서울교구의 노기남 주교는 "교우들은 일치단결하여 장 박사의 초대 내각으로서의 임무를 다하도록 기구와 희생을 아끼지 말라."고 당부했다.[14] 이 당부를 통해서 간접적으로 드러나는 바와 같이 민주당 정권에 대한 서울교구 내지는 명동성당 신도들의 지지는 거의 절대적이었다. 이처럼 당시 정부와 교회는 상호 밀월관계를 유지했다. 이 시기 교회는 자신이 지지하는 유력한 정치인을 통해서 자신의 견해를 한국의 역사 현장에 적용시켜 나갈 수 있었다. 더욱이 제2공화국 단계에서는 서울교구의 김철규金哲圭 신부가 장면 국무총리의 비공식적 측근 가운데 한 명으로 활동하게 됨으로써 장면 정권과 서울교구 내지는 명동성당의 관계는 긴밀히 전개되었다.

동시에 교회는 제2공화국 당시 전통적으로 교회에서 강조하고 있던 사회적 가치들을 국정에 반영시키고자 노력했다. 이러한 대표적 사례로는 인공적 산아 제한에 대한 반대와 바티칸과의 외교관계를 격상시키기

---

13) 「중립화통일론 좌담회」, 『가톨릭시보』, 1960년 11월 20일.
14) 「張勉 요한氏 國務總理에」, 『가톨릭시보』, 1960년 8월 28일.

위한 노력을 들 수 있다.[15] 한편 교회는 장면이 국무총리에 선출된 이후 장면 국무총리에 대해 교회의 요구를 선명히 표명해 나갔다. 즉, 가톨릭 신자인 정치가는 언제나 교회에 미칠 영향을 정치보다도 더 우선적으로 생각하여야 함을 강조했다.[16] 그러면서 천주교 우선의 원칙을 상기시킴으로써 신자 정치인은 종교무차별주의를 배격해야 한다는 기본입장을 천명하고자 했다. 당시 교회는 국가가 보장하는 종교의 자유나 교회 활동의 협조는 참 종교인 천주교회를 위하는 데만 국한되어야 한다고 강변했다. 이와 같이 당시 교회의 일각에서 드러내고 있던 편협한 집단 이기주의적 주장은 그 성립 기반에 취약성이 있었던 장면 정권에 적지 않은 부담이 되기도 했다.

그러나 교회는 4·19 혁명 직후부터 교회와 국가의 관계를 올바로 정립하기 위해서 '종교와 정치'의 상호관계 및 신자의 '공민적 의무'에 대한 성찰을 시도했다.[17] 그리하여 교회는 자신이 "정치 단체나 문화 단체가 아닌 초자연의 신비를 가진 단체이며, 국가도 그 국민의 도덕 생활과 일상생활에 있어서 이 교회의 협력 없이는 완성될 수 없음"을 밝혔다. 여기에서 정치 경제 사회 문제에 대한 교회의 논평은 당연하다고 주장되었다.

또한 교회는 초자연 복리를 지향하는 기구이고, 국가는 국리민복과 현세적 행복이라는 자연복리를 추구하는 기구임을 말했다. 그러나 이 모두는 공동선을 통한 인간 완성의 수단임을 강조했다. 그리고 그 결론으로 국가는 교회를 존중해야 하며, 종교가 정치에서 분리된다는 말은 신자가 정치에서 분리된다는 뜻이 아님을 분명히 했다. 교회와 국가는 구별되는 존재이나 신자가 어떤 특정된 정당에 관심을 둘 수 있고 지지할

---

15) 「產制 필요치 않다 – 외신 클럽에서 張總理 談 –」 『가톨릭시보』 1961년 3월 19일, 4쪽.
16) 「張總理의 經國에 크게 기대한다」 『가톨릭시보』 1960년 8월 28일, 2쪽.
17) 「교회와 정치」 『가톨릭시보』 1960년 6월 5일, 3쪽 등.

수 있음을 밝혔다. 신자들은 국가의 발전을 위해서 교회의 가르침에 따라 자신의 의견을 개진해야 함을 역설했다. 교회는 "천주교 신자임과 동시에 한국 국민으로써 역사의 주체적 역할을 하자"고 신자들을 격려했다. 이로써 교회는 1960년대 초엽의 사회를 살아가는 신자들에게 그 존재 의식을 일깨워 주었다.

그 결과 당시 교회는 성직자와 평신도의 사회참여 문제에 관해 깊은 관심을 표현했다. 4·19 혁명 직후 교회의 언론들은 성직자의 사회참여를 촉구하면서, "성직자의 보다 행동적인 사회참여야말로 세계적인 요구이며, 더구나 한국과 같이 평신도의 사회적 지위나 교리 정도가 보잘 것 없는 나라에서는 절실히 요구되는 것"이라고 말하기도 했다. 이 기간 동안 한국교회는 교회 자신이나 성직자의 사회참여가 가지고 있는 정당성을 확인했다.

사회참여에 대한 이론적 검토 작업과 함께 한국교회 지도자들은 사회참여를 강화시켜 나갔다. 그리하여 4·19 이후 혼란한 사회상을 바로 잡기 위한 노력의 일환으로 자유의 진정한 의미를 밝히고자 노력했으며, 혁명 정신의 계승을 위해서 사회악 제거와 건전한 생활 기풍 그리고 상호부조의 정신을 강조했다. 그러나 그들의 이러한 사회참여 노력은 1961년에 발생한 5·16 쿠데타로 인해서 일시적으로 보류되어야 했다.

그런데, 장면이 영도하는 제2공화국은 이승만 정권으로부터 분단과 전쟁 과정을 통해 비대해진 경찰 및 군대라는 '강력하고 부패한' 국가기구를 이어 받았다. 또한 제2공화국은 자유당 정권으로부터 종속적 국제관계와 텅 빈 국고를 물려받았다. 또한 한국 사회는 4·19 혁명 직후 혁명의 여파로 인해 한 때 사회적 혼란에 직면하기도 했지만, 민주당 정권이 등장한 후 그 혼란은 점차 수습되어 갔다. 그들은 어떻게 해서라도 혁명을 완수하여 민주주의의 이념을 실천하고 시급한 민생 문제를 해결하고자 했다. 민주당 정권은 민주주의를 신장하고 경제의 부흥을 위해서 경제제일주의를 표방했다. 경제개발을 위한 구체적 계획으로 국토건설 사업을 대규모로 착수하여 국민들에게 새로운 희망을 주었다.

그러나 민주당은 그 노력의 결실을 볼 수 없었다. 그들은 불과 9개월 만에 비합법적인 군사 쿠데타로 인해 정권을 탈취당했기 때문이었다. 그렇지만 교회는 제2공화국 하에서 사회참여에 대한 새로운 체험을 하게 되었다. 훗날 1970년대 이후 서울대교구 내지는 명동성당에서 활발히 전개했던 사회참여의 배경에는 제2공화국 아래에서 비록 짧은 기간이나마 교회가 체험할 수 있었던 사회와 교회, 정치와 교회의 상호관계에 대한 성찰이 전제되어야 한다. 그러나 제2공화국 아래에서 교회와 국가의 관계는 교회가 정권과 긴밀히 연결되었고, 정치권력을 객관화하여 이에 대해 예언자적 기능을 발휘해야 할 기회를 스스로 봉쇄했던 측면도 있었다.

한편, 4·19 혁명 직후 한 때의 사회적 혼란상이나 혁명 직후에 발생했던 민주당의 내분은 박정희를 중심으로 한 군부 세력들의 쿠데타에 명분을 제공해 주었다. 사실 그들은 4·19 혁명 이전부터 군사 쿠데타를 비밀리에 추진하고 있었다. 그들의 쿠데타 계획은 4·19 혁명으로 인해서 잠시 보류되었다가, 민주당 정권이 등장한 직후부터 다시 구체화되어 갔다. 그리고 그런 계획은 5·16 쿠데타로 이어졌다. 한국은 1961년 5·16 쿠데타로 인해서 합법적인 헌정 질서가 중단되었다.

그러나 5·16 쿠데타 직후 교회는 합법적 정권에 대한 지지와 쿠데타에 대한 저항을 동시에 포기했다. 쿠데타 직전까지 서울교구의 노기남 주교와 교회는 장면 정권을 절대 지지하던 입장이었다. 그러므로 교회의 시각에서는 군사 쿠데타를 결코 긍정적으로 평가할 수 없었다. 오히려 장면 정권을 지지하던 정도에 비추어볼 때 쿠데타에 대한 교회의 저항이 없었다는 사실은 의외에 가까운 일이었다. 쿠데타 성공 이후 서울대교구 내지 교회는 부당한 군사 정변에 대해서 단 한마디의 공식적 저항도 없이 침묵했다.

쿠데타 직후 교회의 이와 같은 태도는 제2공화국 당시 교회가 정치 및 사회에 관한 신학적·철학적 성찰이 결여되었음을 여실히 드러냈다. 도리어 한국교회는 장면 내각을 무너뜨린 군사 쿠데타 세력과 새로운 관계를 수립해 보고자 했다. 교회가 쿠데타 세력과 연결되고 그들을 인정할 수 있었던 데에는 두 가지 측면이 있었다.

첫 번째로 쿠데타 세력들은 자신들의 정권장악을 기정사실화하고 국제적 승인을 얻기 위해서 교회와의 협조가 필요했다. 그들은 군부 쿠데타 세력 내에 있었던 일부 신도들을 통해서 교황청이 국제 정치에서 가지고 있는 비중을 충분히 이해하고 있었다. 이 과정에서 그들은 주한 교황 사절에 접근했다. 그리고 교황사절은 쿠데타 세력이 반공 체제의 강화를 목표로 한다는 데에 특별한 호감을 표현하며, '반공을 기치로 삼은 정권'인 군사 쿠데타 당국에 대해 가장 먼저 지지를 표현하게 되었다.[18]

이처럼 교황사절단은 한국의 정치에 큰 영향을 미치고 있었던 미국에 앞서서 쿠데타 세력을 인정했다. 그리고 이는 쿠데타 세력에 대한 국제적 인정을 선도하는 결과를 빚어내었다. 당시 교황 사절단의 이와 같은 결정은 쿠데타 이전 민주당 정권과 연결되었던 교회가 이른바 정치와 '유착'되었다는 비난을 받을 수도 있었던 상황에 대한 사전 방어조처로 파악된다. 그리고 한국천주교회가 쿠데타 세력으로부터 배격되거나 탄압받는 것을 막기 위한 노력의 일환이었다고 판단된다.

두 번째로는 반공 이념의 중요성에 대한 공통적 인식이었다.[19] 5·16 쿠데타 당국자들과 교회의 지도층이 공유하고 있었던 정치론은 반공주의였다. 그러므로 쿠데타 직후 교회는 자신이 반공의 노선을 충실히 견지했음을 강조해서 밝혔고[20] '가톨릭교회의 반공 운동' 등을 체계적으

---

18) 國家再建最高會議韓國軍事革命史編纂委員會, 1963, 『韓國軍事革命史』 1, 國家再建最高會議韓國軍事革命史編纂委員會.
19) 「軍事革命과 反共政策」, 『가톨릭시보』, 1961년 5월 28일, 2쪽.
20) 「공측 이론과 실천을 보라」, 『가톨릭시보』, 1960년, 6월 11일, 2쪽 ; 「교리지식은

로 정리해서 제시하고자 했다.[21] 그리고 '군사혁명정권'의 반공 정책에
적극 지지를 보내며, "반공은 국토 통일보다 귀중하다"고 천명했다.[22]
'공산주의는 현대의 무신종교'임을 밝히면서 공산주의에 대한 대결의 방
법으로 5·16 쿠데타를 인정하겠음을 간접적으로 밝혔다.[23] 이처럼 당시
한국 교회의 지도층에서는 반공주의를 명분으로 삼아 쿠데타 세력을 인
정했다.

그러나 5·16 직후 한국교회 지도층이나 교황 사절단이 보여주었던
이러한 판단에는 문제가 전혀 없는 것은 아니었다. 당시 교회가 쿠데타
세력도 반공을 기치로 내세운 집단이라는 사실을 강조한 것은 반공을 표
방하는 교회와 공존할 수 있음을 암시하는 고도의 정치적 신호였다. 또
한 쿠데타 세력을 처음부터 인정한 것은 정당한 절차와 방법을 존중하는
민주주의의 통치 원리나 교회의 사회 교리를 망각한 가치전도적價値顚倒
的 현상이었다.

쿠데타가 발생한 지 며칠 후인 5월 29일 서울교구의 박희봉朴喜奉 신
부는 한국연합봉사회 회장의 자격으로 '국가재건 최고회의' 의장 장도영
장군으로부터 '국군의 종교·사회적 복지향상에 이바지한 공으로 상패와
감사장을 받았다. 이 상패는 군사혁명 이후 최초로 발급된 것이었다.[24]
이는 결과적으로 쿠데타 당국이 천주교 측으로부터 예상되는 반발을 사
전에 차단하고자 하는 배려 내지는 회유의 방법이 되었다.

한편, 5·16 군사 쿠데타를 인정한 이후 교회는 군사정권이 주도적으
로 시행하던 재건국민운동에 참여했다. 이 과정에서 '재건국민운동 천주

공산주의에 보내는 최선의 대답이다」『가톨릭시보』, 1960년 6월 18일, 2쪽 ; 「신
앙인의 반공자세」『가톨릭시보』, 1966년 6월 19일, 2쪽 ; 「反共精神武裝-국가발
전 기초작업을 위해」『가톨릭시보』, 1967년 8월 27일, 2쪽.

21) 「가톨릭교회의 반공운동」『가톨릭시보』, 1961년 8월 20일, 4쪽.
22) 「군사혁명과 반공정책」『가톨릭시보』, 1961년 5월 28일, 2쪽.
23) 「공산주의는 현대의 無神宗敎」『가톨릭시보』, 1961년 6월 4일, 2쪽.
24) 「張最高議長의 표창」『가톨릭시보』, 1961년 6월 11일, 1쪽.

교 서울대교구 촉진회'가 노기남 주교를 총재로 이해남 교수를 회장으로
하여 결성되었다.[25] 이 모임에는 명동성당을 비롯한 서울교구 각 본당
의 신부와 회장들이 참여했고, 명동성당의 양기섭 신부는 그 고문단의
일원이 되었다. 그리고 그 해 11월에 개최된 주교회의에서도 주교단 공
동교서로 '신앙의 정신으로 재건국민운동에 적극 참여하라.'고 당부했
다.[26]

재건운동에 참여하는 과정에서 서울의 각 본당들은 각도에 산재한 20
여개의 동리와 결연을 맺었다. 이 때 명동성당은 재건국민운동 본부의
농어촌 결연 정책에 따라서 경남 함안군 북면 신창 부락과 결연을 맺고
이를 지원했다.[27] 물론 서울교구가 당시 이와 같은 혁명 정책에 적극적
으로 참여했던 것은 극심한 민생고를 해결하는 데에 동참하려는 의식도
있었겠지만, 그와 동시에 이 운동에 참여를 거부할 경우 교회가 직면하
게 될 난관을 사전에 차단하기 위한 수단이었다고 생각된다. 교회가 재
건국민운동에 참여했던 데에는 이와 같은 양면성이 있었다.[28]

그리하여 5·16 쿠데타 이후 교회와 정권의 관계도 별다른 충돌 없이
지속되고 있었다. 1960년대 교회와 정부의 상호관계는 바티칸 시국市國
과의 외교관계가 진전되어 나가는 과정에서도 확인된다. 4·19 혁명 이
후 1961년에는 하비에르 쥬삐Xavier Zupi(在任 : 1961. 3~1962. 4) 주교가 한
국주재 교황사절로 임명되어 서울에 부임했다. 이 이후 한국 정부와 교
황청의 관계가 더욱 긴밀하게 전개되었다. 그리고 군사정부는 1963년

---

25) 「재건국민운동 천주교 서울교구 촉진회 결성」, 『가톨릭시보』, 1961년 9월 24일,
    1쪽.
26) 「주교단 공동교서 全文」, 『가톨릭시보』, 1961년 11월 12일, 1쪽.
27) 「兄弟愛로 굳어지는 國家再建」, 『가톨릭시보』, 1961년 12월 17일, 3쪽.
28) 1961년 5·16 직후 교회가 재건국민운동이라는 쿠데타 집단의 정책에 적극 협조
    했던 상황과 1973년 유신쿠데타나 1980년 광주민주화투쟁 이후 권위주의적 정권
    에 대한 교회의 입장에는 상당한 차이가 난다. 이 차이의 원인에 대해서는 별도의
    검토가 요청된다.

바티칸과의 외교관계를 공사급으로 격상한 바 있었다. 이 공사급 외교관계는 1966년에 이르러 대사급 외교관계로 신장되었다. 대 바티칸 외교관계의 신장에서 볼 수 있는 바와 같이 1960년대 교회와 정부의 관계는 비교적 원만하게 전개되었다. 한편 한국에 주재하던 교황청 외교관들은 한국과의 외교적 관계뿐만 아니라 교황청과 한국교회를 연결해 주고 있었다. 그들은 교황의 등극 또는 그 취임 기념일이나 기타 중요한 행사가 있을 때마다 명동성당에서 한국교회의 주교들과 함께 미사를 공동 집전했다.

그러나 교회는 정부의 권위주의적 성향이 강화되어 가던 1960년대 말부터 정치적 민주화 문제에 관해서 적지 않은 관심을 새롭게 가지게 되었다. 변동하는 한국 사회의 정치와 경제에 대한 문제는 이제 더 이상 교회와 무관할 수 없다는 판단을 내린 결과였다. 여기에서 교회는 점차 예언자의 길을 뒤따르게 되었다. 이 길의 선두에는 서울대교구 교구장 김수환金壽煥(1922~2009) 추기경이 서 있었고, 그 주된 무대는 서울대교구의 주교좌 본당인 명동성당이었다. 1969년 군사정권이 독재정권의 연장을 위해서 3선 개헌을 기도할 때 교회의 일각에서는 이에 대한 반대의 입장을 분명히 드러내기도 했다. 그러나 교회의 정의구현운동은 1970년대에 들어가서야 본격적 전기를 맞게 되었다.

한편, 1960년대 한국의 사회와 경제는 급격한 변동에 처해 있었다. 당시 한국 사회에서는 경제 부흥의 당위성에 대한 국민적 합의가 있었다. 이 때문에 민주당 정권에서는 경제개발 5개년 계획을 마련했다. 그리고 쿠데타를 통해 집권한 군부는 효율적 경제 개발의 시급성을 강조함으로써 집권의 명분을 찾고자 했다. 그들은 민주당 정권에 의해서 이미 마련되었던 경제개발 계획을 실천에 옮겼고, 외자外資의 도입을 통해 급격한 산업화 정책을 수행했다. 이리하여 한국에서는 1960년대에 이르러 급격한 산업화가 추진되고 있었다.

한국의 경제는 농림어업 중심으로부터 광공업 중심의 경제구조로 변경되었다. 농가 인구는 1961년 총인구의 56.1%였으나 1980년에는 28.4%로 급속히 감소했다. 한국은 제1차 경제개발 5개년 계획이 실시된 이후 19년간(1962~1980) 연평균 40.7%의 수출 신장율과 8.9%라는 높은 경제 성장율을 달성했다. 얼마 후 한국 사회에서는 관 주도로 새마을 운동이 일어났다.(1971) 또한 인구의 도시집중 현상이 강화됨에 따라 새로운 사회문제들이 제기되었다.

그런데 군사정권이 추구하던 성장 위주의 경제 정책은 상당한 문제점을 노출시켰다. 저임금 노동력을 기반으로 한 경제개발 정책이 추진되면서 분배 불균형에 관한 문제가 제기되었다. 군사정권은 경제 개발의 목표를 제시하며, 개발독재의 필요성을 설득하고자 했다. 그러나 그들은 점차 광범한 국민의 저항에 봉착하게 되었다.

경제성장의 그늘에서 노동운동이 전개되고 있었다. 노동쟁의는 1960년대 중반 섬유·금속·화학 공업 등의 분야에서 일어나기 시작했다. 1970년대에 들어와서는 수출 주도형의 고도성장 정책에서 소외된 미조직未組織 노동자들의 운동이 활발하게 전개되기 시작했다. 전태일全泰壹(1949~1970)의 분신사건(1970. 11. 13)은 노동운동의 새로운 전환점이 되었다.

이 시기 교회는 산업화 과정에서 발생한 사회문제들을 비롯한 부조리한 현실에 대해서도 점차 관심의 폭을 넓혀가고 있었다. 그리하여 1960년 후반기에 이르러 한국교회는 새로운 형식의 사회참여를 시도해 갔다. 이때에 이르러 교회가 사회참여에 대한 자신의 견해를 밝히게 되었던 데에는 다음과 같은 배경이 자리 잡고 있었다.

첫째, 당시의 교회는 한국 근현대사에 대한 천주교회의 역사적 역할을 반성하고 있었다. 20세기 전반기 한국교회는 '독립운동'과 같은 한국 사회의 주된 조류로부터 상당히 소외되어 있었기 때문이었다. 이에 대한 반성이 공의회 이후 한국 교회의 일부 지도자들에게서 일어나기 시작했다. 그리하여 순교적 전통에 대해 새삼 확인하며, 일제 하 교회의 지도층에게서 발견되는 문제점을 인정하기도 했다. 또한 학창 시절 4·19혁명을 체험했던 세대로서 1960년대를 전후하여 서품을 받은 성직자들도 이 반성의 움직임에 함께 했다. 이들은 한국 사회와 민족에 대한 교회의 책임을 성찰해 나갔다.

둘째로, 교회는 4·19혁명 및 민주당 정권의 등장을 통해서 자신이 체득했던 정치 참여 내지 사회참여의 경험을 주목할 수 있다. 교회는 민주당 정권 아래에서 자신의 울타리를 벗어나 민족 전체의 진로를 거시적으로 접근할 수 있는 성숙된 체험의 기회를 가졌다. 이에 1960년대 후반기에 이르러 한국 교회는 이 역사적 체험을 기반으로 하여 제2차 바티칸 공의회의 가르침을 손쉽게 이해할 수 있었다. 그리고 민족의 보편적 구원에 대한 발언을 시도하기 시작했다.

셋째로 1962년부터 진행된 제2차 바티칸 공의회의 영향을 들 수 있다. 제2차 바티칸 공의회(1962~1965)는 교회의 사회참여를 촉구하면서 이에 대한 체계적 이론을 제공해 주었다. 한국교회는 공의회의 가르침에서 사회참여의 이념적 근거를 확인했고, 그 영향 아래 교회의 쇄신과 사회참여를 위해 투신했다.

이처럼 한국교회는 1960년대에 이르러 한국사회에서 자신의 존재 의미와 민족사에서 교회가 차지해야 할 자신의 사명에 대한 반성을 시도했다. 한국 교회는 사회정의를 배울 기회와 장소를 자신이 제공해야 한다고 생각했다. 그리고 가톨릭 운동이 내일의 인권 의식을 낳을 전제라고 강조되었다. 당시의 교회 언론에서는 가정교육의 강조나 저질 문화의 규탄에서부터 국가 외교 문제에 이르기까지 다양한 견해를 제시하기도 했다.

그런데, 1960년대 후반기 이래 한국사회는 개발독재의 출현과 급격한 산업화의 과정에서 인권이 도전받던 부조리한 현상이 강화되기 시작했다. 여기에서 한국교회는 인권을 탄압하고 민주주의를 말살하려던 군사

정권의 기도에 대항해서 예언자적 기능을 발휘하기 시작했다. 인간존엄성의 확보와 한국사회의 발전을 위한 노력으로 말미암아 교회와 국가 간에 긴장관계가 조성되어 갔다.

교회는 사회참여를 위한 이론적 소개를 1960년대 초부터 진행시켜 갔다.[29] 교회의 사회참여는 생명 운동으로부터 출발했다. 교회는 정부에서 시도하던 인구 조절 정책에 맞서서 생명의 존엄성을 강조했고, 교회의 의견을 관철시켜 나갔다. 즉, 1961년 군사정부는 산아제한을 합리화하고자 했다. 이에 대해 교회에서는 즉각 반대의 입장을 표현했다.[30]

1964년 정부는 이른바 '국민우생법안國民優生法案'을 제정하여 반포하고자 했고, 1965년에는 '모자보건법母子保健法'의 시행을 기도했다. 낙태의 합법화에 관한 조항을 포함하고 있었던 이 법안은 교회의 강력한 반대에 직면해서 끝내 시행될 수 없었다.[31] 명동성당에서는 미사 강론을 통해서 낙태 반대를 주장해 나갔다. 또한 정부가 1970년에 '모자보건법'을 다시 제정하여 낙태를 합법화하고자 할 때도 전체 교회가 반발하고 나섰다. 그 결과 이 법안은 원래의 시안대로 통과될 수는 없었다. 그러나 낙태 행위가 묵인되고 있었던 한국 사회에서 교회는 생명 운동의 중요성에 끊임없이 관심을 기울여야 했다.

이러한 과정에서 서울대교구에서는 가톨릭노동청년회(JOC)의 활동이 본격적으로 활성화되어 가기 시작했다. 가톨릭노동청년회(JOC)는 1958년 11월 17일에 명동성당 구내에 있던 서울교구 주교관에서 그 한국지부 창설 준비위원회를 개최했다. 그리고 1959년 11월에는 명동성당의 정 프란치스코를 중심으로 하여 서울의 젊은 가톨릭노동자들이 모여서

---

29) 「社會敎義」『가톨릭시보』, 1960년 5월 22일, 3쪽 ; 「社會問題와 社會正義에 대한 우리의 祝願과 가톨릭 액숀」『가톨릭시보』, 1960년 12월 18일, 2쪽 ; 「社會正義 具現에 參與」『가톨릭시보』, 1967년 9월 10일, 1쪽 등.

30) 「自然法은 人類의 法度」『가톨릭시보』, 1961년 9월 3일, 1쪽.

31) 「母子保健法의 앞날은」『가톨릭시보』, 1965년 11월 7일, 2쪽.

서울교구 가톨릭노동청년회를 발족시킨 바 있었다.[32] 그 후 각 교구에
도 가톨릭노동청년회가 조직되어 활동하기 시작했다. 또, 이 사도직 단
체에서 '가톨릭농민회'가 조직되어 농민의 권익 향상을 위해 봉사하기
시작했다.(1966)

한국교회는 인간 기본권의 보호라는 차원에서 노동문제에 큰 관심을
갖게 되었다. 가톨릭 노동자와 농민의 활동은 1960년대 후반기에 이르
러 본격적으로 전개되기 시작했다. 당시의 교회는 노동문제에 대한 해결
책을 모색하면서 레오 13세의 '노동헌장(Rerum Novarum)'을 비롯하여 역
대 교황의 사회 회칙과 제2차 바티칸 공의회 문헌의 중요성을 확인하기
시작했다. 그리하여 교회는 한국 사회의 급격한 산업화로 인한 노동문제
에 대해서도 올바른 해결책을 제시하고자 했다.[33]

한국 현대 교회는 1968년 초에 발생했던 강화도 '심도직물沁都織物'의
노사분규에 대한 입장 표명을 통해서 사회문제에 대한 관심을 공식적으
로 표현하기 시작했다.[34] 즉, 이 공장의 노사분규에 관여되어 있던 가톨
릭노동청년회원들이 '공산주의자'로 매도되고 있었다. 이에 주교단에서
는 이 사건에 대해서 '사회정의와 노동자의 권익을 옹호한다.'는 공동사
목교서를 발표하여 노동운동의 정당성을 천명했다.[35] 이 교서의 발표는
한국교회가 새로운 시대에 진입하고 있음을 나타내 주는 사건이었다.

한편, 1960년대의 명동성당이 처해 있었던 세계사적 조건은 동서 냉
전과 베트남 전쟁을 주목할 수 있다. 당시 치열하게 전개되던 베트남 전
쟁에는 한국군이 파병되어 그 전쟁의 여파가 국내에도 직접 미치고 있었
다. 베트남 전쟁에 한국군의 파병은 1964년 9월 22일이었고, 파리휴전협

---

32) 한국노동청년회 편, 1986, 『한국 가톨릭 노동청년회 25년사』, 분도출판사, 62쪽.
33) 「社會發展과 勞動問題」 『가톨릭시보』, 1969년 11월 2일, 2쪽.
34) 「江華 직물업자 신자채용 거부」 『가톨릭시보』, 1968년 1월 21일, 3쪽.
35) 「主教會議 江華事件 論議」 『가톨릭시보』, 1968년 2월 11일, 1쪽 ; 「主教團 聲明
書 發表」 『가톨릭시보』, 1968년 2월 18일, 1쪽.

정에 따라 1973년 3월 24일 한국군이 철수했다. 이 기간동안 베트남 전쟁은 한국사회나 명동성당에도 일정한 영향을 미치게 되었다. 이러한 조건 아래에서 명동성당은 월남전 참전자를 위한 미사와 전사자에 대한 연미사가 진행되었다.[36] 명동성당 주일학교에서는 학생들의 위문편지를 모아서 파월장병에게 보내주기도 했다.

요컨대, 휴전 이후 한국교회는 이승만 독재 정권으로부터 견제를 받아왔다. 이승만 정권에서는 천주교를 야당 지지 세력으로 파악하고, 야당 탄압의 범주에서 천주교도 탄압했다. 이에 대해서 천주교는 반독재투쟁에 앞장섰다. 독재정권은 4·19 혁명을 통해 붕괴되었고, 혁명의 결과로 민주당 정권이 출범했다. 교회 입장의 정치적 대변자였던 장면은 제2공화국 내각책임제 아래에서 국무총리에 취임했다.

제2공화국은 짧았다. 그러나 이 과정에서 교회는 자신의 테두리를 벗어나 민족문제를 거시적으로 접근할 수 있는 새로운 훈련의 기회를 가졌다. 교회는 지난 세기 순교라는 '피의 경험'과 함께, 본격적인 정치적·사회적 참여를 통해서 '참여의 경험'을 뒤늦게 체험했다. 그리고 '피의 경험'에 대한 기억과 함께, 새롭게 체험한 이 '참여의 경험'은 한국 현대교회사에서 지워지지 않고 확대 재생산되었다.

교회의 사회참여는 5·16쿠데타 이후 1970년대에 이르러 양적으로뿐만 아니라 질적으로도 확대되어 갔다. 당시 한국 사회에서는 급격한 사회 변동의 과정에서 각종의 인간 소외 현상이 강화되었기 때문이다. 한국 교회는 이미 1960년대에 정치 참여의 과정을 거치면서 조직적 사회 참여에 대한 준비를 강화시켜 나갔다. 교회는 사회참여를 통해서 민족과 한국 사회를 위해 봉사해야 하는 자신의 입장을 확인하고자 했다.

---

36) 「金晶煥 准將 等 永訣미사」 『가톨릭시보』, 1969년 11월 23일, 3쪽.

3. 명동성당과 한국교회

1960년대 교회는 변혁의 세기였다. 세계 교회에서도 이 시기에 이르러 변화가 진행되고 있었다. 반공 교황으로 지칭되던 교황 비오 12세(1876~1958)가 서거한 후, 요한 23세(1881~1963)가 교황에 즉위하여 교회의 개혁을 위해 새로운 걸음을 내딛었다. 그는 변화하는 세계정세를 통찰했고, 대화의 중요성을 확인해 주었다. 그리하여 교회는 각종의 개혁 정책을 실시하게 되었고, 개신교나 타종교인, 무신론자와 공산주의와의 대화도 새롭게 시도했다. 교황 요한 23세는 제2차 바티칸 공의회(1962~1965)의 막을 열었고, 현대 교회의 좌표를 분명히 했다. 그리고 세계 신학계에서도 공의회 신학이 활발하게 거론되었다. 이와 같은 역사적 조건, 교회사적 여건의 영향을 받으며 이 시대의 한국교회사와 명동성당사는 전개되었다.

서울교구 주교좌 성당 명동성당에서 1960년대에 전개되었던 여러 사건을 알기 위해서 이 사건의 중심에 서 있었던 서울교구 교구장과 역대 주임 신부들을 참고삼아 거명해 보면 다음과 같다. 즉, 1960년 당시 서울 대목구의 감목監牧으로는 노기남盧基南(1902~1984) 주교가 있었다. 노기남 주교는 한국에 교계제도 제도가 시행된 1962년 서울대목구가 서울대교구로 승격됨에 따라 대주교로 서임되었다.[37] 노기남 대주교가 교구장 직을 사임한 후 윤공희尹恭熙(1924~) 주교가 교구장 서리에 취임했다.(1967. 3. 24) 그 후 1968년 김수환金壽煥(1922~2009) 대주교가 교구장에 취임했고, 다음해에 추기경으로 서임되었다.(1969. 3. 28) 한편, 1960년대 명동성당에는 양기섭梁基涉(1905~1982) 신부·이종순 신부·신인식申仁植(1892~1968) 신부·황민성黃旼性(1923~1984) 신부·이계중李啓重(1922~) 신부·이문근李文根(1917~1980) 신

---

37) 「大主敎 三位 任命」『가톨릭시보』, 1962년 4월 1일, 3쪽.

부 등이 본당 주임으로 봉사하고 있었다.

이 시기 한국교회는 그침 없는 자기 쇄신을 모색했고, 부분적으로 발전을 이루어 갔다. 그러나 1960년대 초에 전개된 교회사적 사건 가운데에서 가장 주목할 만한 것은 정식 교계제도의 설정을 들 수 있다. 교계제도는 교회의 사명을 수행하기 위해 요청되는 성사聖事 집전과 관련되는 신품권神品權(ordo)에 의해서 규정된다. 그리고 동시에 교계제도는 교회 내의 입법·사법·행정 업무와 관련되는 재치권裁治權(jurisdictio)의 행사와 관련된 제도이다.

교황청에서는 선교지의 경우 지역 교회가 가지고 있는 재치권의 일부를 제한해왔다. 즉 선교지의 교회는 그 재치권의 행사에 있어서 교황청 포교성에 직속되어 지도와 지원을 받았다. 그러나 교황청은 선교지의 교회가 자립 능력을 갖추게 되면 정식 교계제도를 설정해서 완전한 재치권을 인정했다. 이 측면에서 볼 때, 정식 교계제도의 설정은 교회 제도적 측면에서 일대 발전을 뜻하는 사건이었다. 한국에 정식 교계제도를 설정하려던 시도는 한국교회가 성취한 1950년대의 발전을 감안했던 결과였다.

또한 교황청에서는 공의회를 준비하고 있던 과정에서 1962년 3월 10일 한국에 정식으로 교계제도를 시행했다.[38] 1962년 6월 29일 명동성당에서는 한국 교계제도 설정식이 진행되었다. 한국교회에 정식 교계제도의 설정은 한국교회가 탄생된 1784년 이후 178년 만에 성취된 일이었다. 그리고 '조선교구'가 처음으로 탄생한 1831년 이후 131년이 지나서 한국교회는 정식 교구로 성장하게 되었다. 한국 교계제도의 설정은 한국교회의 성장과 능력을 교황청에서 확인한 결과였다. 이로써 한국교회는 선교지 교회의 미숙한 단계를 청산하고 그리스도교 공동체의 성숙한 일원으로 평가받게 되었다.

이와 같은 교계제도의 설정으로 한국교회는 종전의 대목구代牧區(vicariatus

---

38) 「自治敎區 및 敎權上의 完全한 體制」『가톨릭시보』, 1962년 4월 1일, 1쪽.

apostolicus) 체제에서 정식 교구(diocesis)로 승격되었다. 서울대목구도 교계제
도의 설정을 계기로 하여 서울대교구(大敎區)로 발전되었다. 명동성당은 서
울대교구 주교좌 본당으로서의 역할을 계속해서 수행했다. 한국교회의 제
도적 발전은 1969년 서울대교구의 김수환金壽煥 대주교가 추기경에 서임됨
으로써 다시 한 번 확인되었다.39) 추기경의 서임으로 한국교회는 세계교회
의 주요 문제를 결정하는 데에 있어서 그 참여의 폭을 넓힐 수 있었기 때문
이다. 김수환 추기경은 그 이후 명동성당사 및 한국교회사와 한국현대사에
큰 영향력을 발휘했다.

한편, 이 시기 교회사의 일대 사건이었던 제2차 바티칸 공의회(1962.
10~1965. 12)가 개최되었다. 이 공의회를 통해서 세계교회는 변해갔다.
서울대교구 교구장 노기남 주교를 비롯한 한국교회의 주교들은 공의회
의 교부로 활동했다. 노기남 주교는 공의회의 성공을 위한 특별 기도를
신도들에게 당부했다.40) 그리고 1965년 10월 12일 공의회 제147차 총
회에서 노기남 대주교가 발언하여 생활한 실천적 신앙이 전교에 가장 큰
도움이 됨을 주장했고, 예비자 인도 예절을 법규화하는 것에 반대 의사
를 표명했다.41) 이 이후 한국의 주교들은 제2차 바티칸 공의회의 교부로
정식 참여하여 세계교회의 조류를 직접 파악하고 개혁의 필요성에 동감
할 수 있는 계기를 가질 수 있었다.

한국교회는 1960년대에 이르러 자신을 쇄신하고자 노력했다. 물론 한
국교회의 쇄신과 발전에서 가장 중요한 원인은 한국교회의 각성을 들 수
있다. 이 각성의 배경에는 제2차 바티칸 공의회를 들 수 있다. 즉, 한국
교회는 1960년대에 이르러 자기 각성을 강화해 가고 있었다. 또한 세계
교회에서도 공의회를 통해서 각종의 개혁을 추진해 갔다. 한국교회의 각

---

39) 「金壽煥大主教 韓國最初의 樞機卿에」『가톨릭시보』, 1969년 4월 6일, 1쪽.
40) 「公議會가 마칠 때까지 祈求 – 盧基南주교 敎書로 요청 – 」『가톨릭시보』, 1961
년 6월 25일, 3쪽.
41) 「盧·韓主教 公議會서 發言」『가톨릭시보』, 1965년 10월 24일, 1쪽.

성과 공의회의 쇄신 정신은 절묘하게 한 데 어울릴 수 있었고 이를 통해
서 한국교회의 쇄신이 진행되어 갔다. 당시 쇄신을 추구하던 한국교회에
서는 공의회에서 발표된 각종 문헌에 대한 교육을 교구와 본당의 차원에
서 실시했다. 성직자들과 지도적 평신도들은 공의회의 각종 헌장憲章과
교령敎令을 통해 교회의 새로운 구조와 사명을 확인했다. 그들은 보편적
구원을 위한 사회참여의 당위성에 공감하며 교회의 쇄신을 기도했다.

이처럼 1960년대 한국교회가 자체 내에서 각 분야에 걸쳐 쇄신을 추
구했던 것은 교회의 쇄신을 통해서 교회가 직면한 위기를 극복하고 민족
의 복음화를 진전시켜 나가려던 노력의 표현이었다. 사실 1960년대 후
반기 한국교회는 다음 <표 1>을 통해서 드러나는 바와 같이 신자 증가
율의 급속한 감소로 인해서 일종의 위기의식을 가지고 있었다.[42)]

〈표 1〉 1960년대의 한국교회

연도	신자수	증가율 (%)	본당수	성직자		수사		수녀	
				한국인	외국인	한국인	외국인	한국인	외국인
1960	451,808	8.34	258	246	202	66	57	721	111
1961	492,464	9.00	261	275	236	51	45	1,039	131
1962	530,217	7.67	275	298	251	55	43	1,099	135
1963	575,789	8.59	286	331	276	53	27	1,356	162
1964	628,546	9.16	299	343	260	147	32	1,724	172
1965	669,348	6.49	313	353	283	74	34	1,875	183
1966	706,129	5.50	356	393	337	109	41	1,503	203
1967	731,628	3.61	355	425	348	98	43	1,631	304
1968	766,991	4.83	384	466	358	189	49	2,036	193
1969	779,000	1.57	393	504	348	98	31	1,956	205
1970	788,082	1.17	415	530	369	84	28	1,958	192

* 자료: 한국천주교중앙협의회, 『교세통계표』의 재구성

---

42) 「集計된 敎勢와 우리의 反省點」 『가톨릭시보』, 1966년 9월 11일, 2쪽.

이상의 <표 1>에서 나타나는 바와 같이 1960년대 한국교회의 연평균 증가율은 6.2%에 불과했다. 이는 휴전 이후 1950년대에 성취했던 연평균 16.5%의 높은 증가율과 비교하면 그 급격한 하락 상황을 확인하게 된다. 특히 1970년에는 신도 증가율이 1.17%에 지나지 않았고, 1971년에는 불과 0.29%를 기록했을 뿐이었다. 이는 한국교회가 성취했던 1957년도의 17.59%, 1958년도의 24.18%라는 높은 증가율과는 뚜렷한 대조를 이루었다. 한편, 1960년대 후반기에서 1970년대 초에 이르는 기간에서 드러나는 이와 같은 저조한 증가율은 1970년도 전국 평균 인구증가율 2.3%와도 비교된다. 즉, 1969년 및 1970년과 1971년에 한국교회의 신자 성장율은 인구증가율에도 미치지 못하고 있었다. 이는 신자수의 실질적 감소를 뜻하고 있었다. 이는 현대 한국교회가 체험한 바 없었던 상황이었다. 이에 당시 교회의 지도층에서는 한국교회의 진로에 대해 고민하게 되었다.

1960년대 전국의 신도 증가율은 이처럼 저조한 상황을 이루고 있었지만, 명동성당의 경우에는 예외였다. 즉, 명동성당은 꾸준한 신자 증가율을 유지하고 있었다. 물론 <표 2>를 통해서 나타나는 바와 같이 이 시기 명동성당에서는 한 때 신자수가 줄어들기도 했다. 그러나 그 대체적인 경향은 한국천주교회 전체 통계와 비교해 볼 때 월등히 높은 증가율을 기록하고 있었다. 이는 당시 진행되던 산업화의 과정에서 농촌인구의 서울 진입이 급증하고 있었던 상황과 일정한 관계가 있었다.

〈표 2〉 1960년대 명동성당의 교세

연도	신자수			증가율 (%)	세대수	세대당 신자수	신규세례자			냉담자	구역내 총인구
	합계	남	여				합계	7세이상	7세미만		
1960	4,533			/			670	550	120		
1961	5,104			12.60			660	560	100		
1962	5,787			7.50			720	610	110		

1963	5,459			-5.67			642+?	642	?		
1964	6,307	2,413	6,307	15.53			642	529	113	153	
1965	7,602	3,148	4,454	20.53	3,856	1.97	1,000	892	108	289	
1966	8,620	3,557	5,063	13.39	4,483	1.94	1,129	984	145	510	118,583
1967	9,170	3,814	5,356	6.38	5,012	1.83	978	812	166	550	112,363
1968	9,634	3,955	5,679	5.09	5,434	1.77	1,108	935	173	670	
1969	8,404	3,128	5,276	-12.77	5,764	1.46	1,146	965	181	575	
1970	9,747	3,258	5,489	15.98	4,725	2.06	1,093	570	523	562	

* 자료 : 『명동천주교회 교세통계표(1882~1985)』의 재구성

이 <표 2>를 통해서 볼 수 있는 바와 같이 1960년대 전반기 명동성당은 대략 5,000명 내외의 신도들이 있었다. 그리고 1960년대 후반기에는 9,000여명의 신도들이 명동성당의 신자로 등록되어 있었다. 그리하여 1960년대 명동성당은 당시 전국 본당 가운데 가장 많은 신도수를 가지고 있었다. 한편, 명동성당은 1973년에 이르러 10,974명의 신자수를 기록함으로써 신자수가 1만 명을 초과하는 본당으로 성장되어 갔다.

한편, 명동성당의 영세자 가운데 7세 이상 대인大人들이 7세 미만 어린이 영세자보다 400%에서 800% 정도에 이르기까지 월등히 많은 것으로 집계되었다. 이는 성인 영세가 명동성당 신자증가의 주된 원인이 되고 있음을 말한다. 1965년 이후 명동성당의 세대 당 신자 수는 2명 내외에 불과한 것으로 집계되었다. 당시까지만 하더라도 명동성당에 전체 가족이 신도인 가정도 드물지 않았다. 그러나 세대 당 평균 신자 수가 2명 미만으로 나타나는 것은 단독 세대주로 표기되어 있는 성인 신자가 월등히 많았던 결과였다. 이 통계에서 알 수 있는 바와 같이 1960년대 명동성당은 점차 단독 신자 세대주가 중심을 이루는 도심 본당으로서의 특성을 강화시켜 가고 있었다.

그러나 1960년대 명동성당은 꾸준한 발전을 지속하고 있었다. 명동성당의 발전은 한국교회 내지 서울교구의 각성, 그리고 제2차 바티칸 공의

회와 일정한 관계가 있었다. 제2차 바티칸 공의회가 끝난 1960년대 후
반기 이후 한국교회는 개혁의 신선한 기운에 감싸여 있었다. 이 시기 한
국교회는 자기 쇄신의 길을 모색하면서 각 방면에 걸쳐 노력했다. 그 결
과 한국교회에서는 교회의 전례와 신학에 대한 새로운 이해가 가능했고,
여러 평신도 사도직 운동이 활력을 찾게 되었다. 그리고 교회는 한국문
화의 발전과 사회개발에 일정한 역할을 담당하여, 한국 사회에서의 뿌리
를 좀 더 깊게 내릴 수 있었다.

공의회의 영향을 받아 한국교회는 전례 개혁에 관한 관심을 중대시켰
다. 이로써 한국의 신도들은 교회의 전례에 적극적으로 참여할 수 있는
계기를 맞이했다. 물론 전례 개혁에 대한 한국교회의 관심은 공의회 이
전부터 이미 진행되고 있었다. 즉, 미사 전례에서의 모국어 사용 문제에
관심이 표현되기 시작했고[43] 전례 음악도 민족적 선율을 순화시켜 활용
하자는 제안이 제기되기도 했다.[44] 그러나 우리나라 교회의 전례 개혁
에 가장 큰 영향을 끼진 것은 제2차 바티칸 공의회였다. 노기남 대주교
는 이 공의회의 조류를 국내에 소개하면서 전례의 활성화를 위해서 민족
문화와 예속禮俗을 연구하겠음을 천명하기도 했다.[45] 그리고 1964년에
이르러 한국교회에서는 천주라는 용어와 하느님이라는 용어를 혼용해서
사용할 수 있음을 확인했다.[46]

한국교회의 주교들은 전례 개혁에 관한 한국 신도들의 열망을 높이
판단했다. 그리하여 그들은 1965년 1월 1일을 기해서 교황청이 허용한
범위 내에서 우리말 미사의 집전을 승인했다. 우리말 미사의 집전을 강
조하던 주교들은 종전과 같은 라틴어 미사를 지내기 위해서는 교구장의
승인을 받아야 한다는 조처를 내리기도 했다. 1969년에는 우리말『미사

---

43) 「母語 사용을 추진」, 『가톨릭시보』, 1960년 6월 2일, 2쪽.
44) 「民族的 旋律의 純化」, 『가톨릭시보』, 1961년 7월 2일, 4쪽.
45) 「民族文化 禮俗 硏究할 터」, 『가톨릭시보』, 1964년 1월 5일, 1쪽.
46) 「하느님 天主 混用 承認」, 『가톨릭시보』, 1964년 9월 14일, 1쪽.

통상문』이 간행되어 신자들의 미사 참례가 더욱 편이해졌다. 우리말 미
사 시행의 폭은 점차 넓어졌으나, 미사 전문典文에서의 우리말 사용은 여
전히 금지되어 있었다.[47] 1967년에는 미사 전문에까지 우리말의 사용이
가능해졌다. 우리말 미사의 시행으로 '기도의 학교'인 전례에 신도들이
적극 참여할 수 있게 되었다. 그리고 이는 현대 한국교회의 영적 쇄신에
도 상당히 기여했다. 신도들은 라틴어로 미사가 집전될 때와는 달리 모
국어로 거행되는 미사에 참여하며 한국 그리스도교인으로서의 일체감을
다져갔다.

또한 1960년대 후반기에 이르러 제대의 위치가 신자들을 향하여 미
사를 지내도록 변경되었다. 이와 비슷한 시기에 영성체 양식의 변화가
모색되었다. 전례 쇄신의 과정에서 초대교회의 전통이 다시금 중시되었
고, 이 전통에 따라서 1965년부터 성체를 손으로 받아서 영하는 새로운
형식이 논의되기 시작했다. 그러나 1969년 7월에 일부 교구에서는 이
새로운 형식에 대한 금지령을 공식적으로 발표한 바도 있었다.[48] 그럼
에도 불구하고 손으로 하는 성체 배령은 합법화되어 갔다.

한편, 공의회 이전 교회에서는 미사 중에 매괴신공을 바치는 경우가
많았다. 특히 매년 10월 매괴성월이면 신자들은 주일에 미사성제를 거행
하는 동안 내내 '매괴신공(묵주의 기도)'을 바치고 있었다. 이러한 관행이
잘못된 것임은 1960년에 이르러서야 비로소 지적되었다.[49] 성모신심의
표현인 매괴신공보다는 그리스도의 수난을 재현하는 미사성제가 더 중
요하다는 평범한 사실이 이때에 이르러 확인되었다.

그러나 전례개혁이 진행되던 과정에서 1968년 당시에는 이로 인한 혼
란이 부분적으로 나타나기도 했다. 이 혼란은 토요 특전 미사의 합법성 여

---

47) 「전문 모국어 사용 불허」『가톨릭시보』, 1965년 3월 21일, 3쪽.
48) 「손에 領聖體 光州敎區서 禁止」『가톨릭시보』, 1969년 7월 13일, 1쪽.
49) 「공식 매괴신공 미사중에 못한다」『가톨릭시보』, 1960년 4월 24일, 1쪽.

부에서도 제기되었지만, 토요 특전 미사에 대한 반대 의견은 곧 부정되었다. 이로써 토요 특전 미사는 하나의 새로운 관행으로 자리 잡았다.

그리고 합동 고백 방안에 대해서도 문제가 제기되고 있었다.[50] 즉, 주교회의 산하 전국 전례위원회에서는 대죄大罪라도 합동 고백을 통해서 사죄될 수 있음이 주장되었지만[51] 이 견해는 얼마 후 부정되었다. 장례식의 토착화에 대한 연구가 착수되었다.[52] 새로운 전례를 시행하기 위한 이러한 시도를 종합해 볼 때 한국교회는 놀라운 전례 개혁을 실천해 가고 있었다. 물론 이 전례 개혁은 명동성당에서도 실천되어 나갔다.

또한 교회는 현대사회의 요구를 일정하게 반영해서 교리 학습을 위한 『가톨릭교리서』를 편찬했다(1967). 그리고 박해 시대 이래로 사용되어 오던 한국교회의 공식 기도서인 『천주성교공과』를 현대화하여 『가톨릭기도서』로 새롭게 간행했다.(1968) 그리고 1960년대 후반기에 이르러 제2차 바티칸 공의회 문헌들이 번역되기 시작했고, 사회 교리에 대한 교황청의 각종 문헌 및 교리들이 연구되어 나갔다.

공의회 정신과 전례의 개혁은 그리스도교 신앙의 토착화에 대한 관심을 일깨워 주었다. 신앙의 토착화에 대한 관심은 교회가 한국사회에서 좀 더 많은 사람들에게 그리스도의 가르침을 효과적으로 전달하는 방법들에 관한 모색 작업으로 시작되었다. 그리고 이 작업은 선교 방법의 모색에만 그치지 않고 교회의 본질에 대한 성찰을 가능하게 했다. 이와 함께 교회의 신학도 깊이 있게 연구되기 시작했다. 한국인 가톨릭 신학자의 본격적 활동은 1960년대 말엽에 이르러서야 출현하게 되었다.

1960년대 한국교회에서는 아직 성서운동이 본격화되지 못했지만, 이시기에 이르러 한국교회의 신심 운동은 중요한 전환기를 맞았다. 1960

---

50) 「合同告白案 否決-主日미사義務 토요일 代置案도」, 『가톨릭시보』, 1968년 9월 29일, 1쪽.
51) 「劃期的 典禮改革案 마련」, 『가톨릭시보』, 1968년 9월 8일, 1쪽.
52) 「劃期的 典禮改革案 마련」, 『가톨릭시보』, 1968년 9월 8일, 1쪽.

년대 초엽까지 교회에서 전개되던 신심 운동은 개인구령을 목적으로 하는 신심이 주류를 이루고 있었다. 그리고 마리아 신심, 예수 성심과 성체에 대한 신심 등을 통해서 드러나는 바와 같이 그 신심의 실천에 있어서도 비조직적 방법이 위주가 되었다. 그러나 1960년대 후반기에 들어와서 한국교회에서는 각종 신심 운동체들이 조직되면서 신심 운동에서 새로운 면모가 나타났다. 당시 거의 모든 운동체들은 그 운동의 확산을 위해 조직적 방법을 적용하고 있었다.

공의회의 성과는 본당 운영에도 영향을 끼쳤다. 각 본당별로 본당 신부의 자문기구인 '사목회司牧會'가 조직되어 평신도활동이 활성화했다. 그리고 '한국평신도사도직협의회'가 출범하여 평신도운동의 전국적 조직과 교구별 조직이 갖추어졌다(1968). 교회에서는 '평신도 사도직의 날'을 제정하고 신도들에게 주일 미사 때 강론의 기회를 주기 시작했다.

명동성당은 이에 앞서 1954년 1월 6일부터 '명동본당 자치위원회'를 구성해서 활동한 바 있었다.53) 그러나 이 위원회의 활동은 얼마 안 가서 중지되었다. 1965년 8월 15일에 이르러 명동성당에서는 정일천鄭壹千을 회장으로 한 '명동본당 자치회'를 다시 구성하여 본당신부의 자문에 응했다.54) 또 명동성당 신도들은 한국평신도사도직협의회(약칭 '평협')가 1968년에 정식으로 출범할 때에도 주도적 역할을 담당했다. 그리하여 명동본당의 총회장이었던 정일천은 초대 평협의 상임위원으로 선출되었고, 부회장이었던 조동완趙東完은 감사로 활동했다.55)

당시 신자들의 신심운동이 진행되어 가면서, 1950년대에 도입되었던 레지오 마리애의 활동이 꾸준히 이어졌다. 성모 마리아 신심에 기본을

---

53) 韓國天主教平信徒使徒職協議會 編, 1988, 『韓國天主教平協二十年史』, 韓國天主教平信徒使徒職 協議會, 302쪽.
54) 「본당자치회 서울 명동서 조직」 『가톨릭시보』 1965년 9월 5일, 3쪽.
55) 韓國天主教平信徒使徒職協議會 編, 1988, 『韓國天主教平協二十年史』, 韓國天主教平信徒使徒職 協議會, 304쪽.

둔 교회 봉사활동이 신심운동의 틀 속에서 본 궤도에 들어섰다. 그리고 단기간에 걸친 신앙쇄신을 위한 집중교육을 실시했다. 이를 통해 신자들의 봉사정신을 길러준 꾸르실료(Cursillio) 운동이 1967년도에 도입된 이후 이 신심운동은 한국교회의 쇄신과 발전에 크게 기여했다. 또한 성령운동이 일어나서 대중적 호응을 받으며 전파되었다. 아울러, '기초 공동체 묵상회'를 비롯한 새로운 신심운동의 유형들이 소개됨으로써 한국교회는 활기에 넘칠 수 있었다. 이와 동시에 한국교회의 전통적 신심인 순교자 신심도 강화되었다. 순교자 신심은 1866년의 박해[병인박해丙寅迫害]순교자에 대한 시복諡福 운동을 통해서 진행되었다. 그 결과 1968년에 순교복자 24위의 시복식이 로마에서 거행되었다. 기도문 봉독奉讀·유해遺骸·참배參拜를 비롯한 순교자 신심운동은 이 시복식을 계기로 하여 다시금 활발히 전개되었다.56)

한편, 1960년대 당시 명동성당에서는 가톨릭학생운동도 시도되어 갔다.57) 가톨릭학생운동은 4·19 혁명과 제2차 바티칸 공의회를 거치는 과정에서 새로운 방향으로 전환되어 갔다. 그리하여 가톨릭학생운동도 일반 학생운동과 호흡을 같이 하며 전개되었다. 또한 명동성당을 배경으로 하여 청소년운동의 일환으로 소년단과 소녀단이 조직되어 활동했다.58) 또한 1967년에는 주일학교 교육을 강조하여 700여명의 학생들을 모아서 강의하기도 했다.59) 그리고 가톨릭노동청년회·천주교 신용협동조합·국제가톨릭여자협조회 등의 활동도 명동성당을 배경으로 하여 전개되었다.60) 그 밖의 교회 내 기존 단체들도 공의회 정신에 따라 쇄신의 방향에 관심을 가졌다. 그 과정에서 1960년대 후반기 이후 교회의 활동이 본

---

56) 「丙寅殉敎者24位 諡福式 10月 6日에」, 『가톨릭시보』, 1968. 6. 16, 1쪽.
57) 「서울 학련 정기총회」 『가톨릭시보』, 1962년 11월 25일, 3쪽.
58) 「소년단 선서식」, 『가톨릭시보』, 1960년 10월 16일, 3쪽.
59) 당시 주일학교 교장 趙東完의 증언.
60) 「중앙신용조합 창립총회」 『가톨릭시보』, 1960년 7월 3일, 1쪽 등 참조.

당을 중심으로 한 신도들의 활동과 전국적 조직체를 중심으로 한 활동으로 이원화되어 갔다. 이로써 오늘날의 교회는 본당 단위의 활동과 전국 조직체의 활동을 상호 조화시켜야 하는 과제를 안게 되었다.

제2차 바티칸 공의회 이후 한국교회가 겪은 변모 가운데 하나로는 타종교와의 대화를 들 수 있다. 사실 한국천주교회와 개신교는 1950년대까지는 상호 교류를 거의 갖지 못했다. 불교를 비롯한 전통 종교와의 대화도 사실상 단절되어 있었다. 그러나 1960년대에 이르러 명동성당에서는 개신교를 비롯한 종교 간의 교류에 관한 문제를 부분적으로 실천해 갔다. 즉, 1961년 3월 26일 서울대교구 경리 담당 박희봉 신부의 주도로 천주교·개신교·YWCA·구세군 및 일부 여행사 담당자들이 모여서 '한국연합봉사회'를 조직해서 집 없는 일선 장병을 위문하고자 했다. 이 모임이 구체적 활동을 하지는 못했으나, 이를 통해서 한국교회 내지는 서울교구는 범종교적 조직에 주도적으로 참여하는 경험을 가지게 되었다.[61]

그러나 교회 일치 내지는 타종교와의 대화를 위한 시도는 제2차 바티칸 공의회 이후에 본격적으로 나타났다. 종교 간의 대화 과정에서 특히 주목되는 것은 개신교와의 관계였다. 1960년대 이래 세계교회에서 진행되던 개신교와의 일치를 위한 노력은 한국교회에서도 주목을 받았다.[62] 그리하여 천주교와 개신교 성직자들이 상호 방문하여 상대방의 교회에서 강론을 맡기도 했다. 1966년에는 성락교회에서 천주교 신부(도림동 본당 모예수 신부)가 강론을 하기에 이르렀고, 1967년에는 안베다 신부가 성공회 성당에서,[63] 그리고 1968년 교회일치주간 1월 28일에는 강원용 목사가 명동성당에서 에페소서 4장 3절에서부터 6절까지를 주제로 하여 설교했다.[64] 이로써 신구교간의 인적 교류에 새로운 전기가 마련되었다.

---

61) 「한국연합봉사회 조직」, 『가톨릭시보』, 1961년 3월 26일, 3쪽.
62) 「일치운동을 환영」, 『가톨릭시보』, 1960년 9월 4일, 2쪽.
63) 「안신부 강론 성공회 성당에서」, 『가톨릭시보』, 1967년 4월 9일, 3쪽.
64) 「목사 성당서 설교」, 『가톨릭시보』, 1968년 1월 28일, 3쪽.

일치운동의 일환으로 개신교와 천주교에서는 양 교회가 가지고 있는 신학적 입장에 대한 상호 이해가 모색되기 시작했다. 그리고 사회개발과 인권 문제 등에 있어서 긴밀한 협조를 취하게 되었다. 일치 운동은 1967년에는 주교회의 산하에 일치 위원회가 설치됨으로써 더욱 촉진되었다.[65]

특히 한국교회에서는 일치 운동의 초기부터 개신교와 성서 공동번역 문제가 제기되었다.[66] 그리고 이와 병행하여 천주경과 신경을 통일하는 문제가 논의되었다. 이와 같이 일치를 지향하는 분위기 속에서 신구약성서의 공동번역작업이 착수되었다(1969.1). 그 결과 1970년에는 공동번역 신약성서가 간행되었다.[67] 이로써 한국의 그리스도인들은 하나의 성서를 받드는 한 형제임을 확인하며, 상호간에 가지고 있던 오해의 상당 부분을 청산할 수 있는 계기를 맞았다. 명동성당을 비롯한 한국교회에서는 이 공동 번역성서를 전례용 성서로 공식 채택했다.

종교 간의 대화는 이에 그치지 않았다. 그리하여 1965년에는 천주교와 개신교·성공회, 그리고 불교·유교·천도교 등 6개 종교 단체의 대표들이 모여서 '한국종교연구협회'를 창설했다. 그리고 1967년에는 기존의 6개 종단에 대종교大倧敎가 합류하여 각 종단의 연합체인 '한국종교인협회'로 명칭을 개칭하고 회장에 노기남 대주교를 선임했다.[68] 이는 한국 종교계에서 천주교가 차지하고 있는 비중을 나타내 주는 일이기도 했다. 천주교회는 다른 종교와 함께 한국 종교계의 중요한 일부가 되어가고 있었다.

한편, 로마 교황청에서는 1963년 이래 공산주의와의 대화가 시도되었다. 이는 공산주의가 유럽을 중심으로 하여 변화·발전되어 간 결과였고,

---

65) 「교회일치위원회 26일 대전서 회의」, 『가톨릭시보』, 1967년 4월 23일, 3쪽.
66) 「聖書共同飜譯을 希望」, 『가톨릭시보』, 1964년 7월 26일, 2쪽.
67) 공동번역 구약성서는 1977년에 이르러 완간될 수 있었다.
68) 「韓國宗敎人協會로 改稱」, 『가톨릭시보』, 1967년 1월 1일, 1쪽.

교회의 전통적 반공주의에 대한 재검토를 의미했다. 그렇지만 1960년대 후반기까지도 한국교회와 한국 사회에서는 반공주의가 의연히 강조되고 있었다. 북한과의 대화가 교회 안에서 논의되기 시작한 때도 1972년의 7·4남북공동성명이 발표된 이후였다. 김수환 추기경은 남북공동성명 직후 남북의 지도자들에게 전쟁 포기 선언을 촉구하고 민족 문제에 대한 대화와 평화적 해결의 중요성을 밝히기도 했다.

한편, 군사정권이 등장한 이후 서울교구와 명동성당은 적지 않은 재정적 난관에 봉착하게 되었다. 이 재정난의 과정에서 군사정부 당국의 공작 등으로 인해서 서울교구는 해방 이후 자신이 일간지로 재출발시켰던 『경향신문』을 포기하게 되었다. 즉, 서울교구에서는 『경향신문』을 매각하여 누적된 부채를 정리하고자 했다. 이때 경향신문사 상담 과정에서는 구상具常, 양한모梁漢模 등이 개입되었으나, 이준구李俊九와 홍용택洪龍澤에 의해서 장악되었다. 1962년 1월 8일 제4대 사장으로 취임한 이준구는 취임 1개월이 조금 지난 2월 12일 경향신문사를 주식회사로 전환시켰다. 그리고 1963년 5월 23일 임시주주 총회를 통해서 신문사의 소유권을 완전히 장악했다.[69] 경향신문사의 매각으로 인해서 서울교구는 자신의 견해를 사회에 효과적으로 전달할 수 있는 수단을 박탈당하게 되었다.

요컨대, 이 시기 한국교회는 교계제도의 설정을 통해서 제도적 성장을 이루었으며 바티칸 공의회의 참석을 통해 그 시야가 세계로 확대되면서 자신의 내부를 관찰할 수 있도록 심화되어 갔다. 그리고 타종교와의 일치를 지향하는 성숙된 자세를 드러내 주었다. 이 시기 한국교회는 제2차 바티칸 공의회의 영향 하에서 자기 쇄신을 통한 발전의 방향을 취하고 있었다. 교회는 전례 개혁을 통해서 신도들의 신앙생활에 새로운 활력을 제공해 주었다. 그리고 신심 운동들이 조직적으로 전개되었다. 한

---

69) 京鄕新聞社, 1996,『京鄕新聞五十年史』, 京鄕新聞社, 205쪽.

국교회가 드러내고 있었던 이러한 특성은 1960년대 명동성당에도 직접 영향을 미쳐주었다. 당시 명동성당은 교회의 쇄신을 위한 노력의 한 가운데에 자리 잡고 있었다. 1960년대 명동성당의 신자 수는 5,000여명에서 9,000여명에 이르렀다. 명동성당은 대도시 거대 본당의 형태로 발전해 가고 있었다. 본당 내에 평신도사도직 협의회가 조직되어 활동하기 시작했다. 이와 같은 명동성당의 변화는 한국현대교회사의 변화와 역동성을 이해하는 데에 중요한 단서를 제공해 주고 있다.

4. 맺음말

1960년대 한국사회에서는 4·19혁명, 5·16쿠데타 등 정치적 사건이 발생했다. 그리고 경제개발계획의 추진을 통해서 한국사회는 급속히 산업화되어 갔다. 바로 이 시기에 세계교회에서도 제2차 바티칸 공의회(1962~1965)가 개최되어 각 분야에 걸친 쇄신이 가능하게 되었다. 한국교회가 직면해 있었던 이와 같은 시대적·교회사적 조건은 1960년대 한국교회의 상황을 이해하는 데에도 필수적으로 검토되어야 한다.

원래 특정 지역의 교회는 세계교회의 일원임과 동시에 그 사회의 일부를 이루고 있기 때문이다. 이론적으로 볼 때, 지역교회로서의 한국교회도 세계교회 내지 한국 사회와 상호 영향을 주고받으며 존속하게 마련이다. 그러나 1960년대 상황에서 한국교회는 세계교회나 한국 사회를 주도하지는 못했다. 오히려 이 시기 한국교회가 이들에게 끼쳐준 영향력보다 이들로부터 받은 영향이 월등히 컸다.

그렇지만 이 시기 한국교회는 교계제도의 설정을 통해서 세계교회의 정당한 일원으로 세계교회에 대한 책임을 분담하는 계기를 마련할 수 있

었다. 또한 교회는 4·19혁명 직후 한국사회에서도 역사의 전개에 중요
한 영향을 미치는 존재로 성장했다. 이 성장의 추세는 5·16쿠데타 직후
다소 지연되었지만, 교회는 민족 구성원의 일부로서 자신의 위치를 확고
히 할 수 있었다.

한국교회는 1960년도를 전후한 시기부터 사회참여의 이론과 방법에
관한 모색을 계속해왔다. 한국교회가 변동되어 가던 현장의 중심지는 천
주교 서울대교구 주교좌 본당인 명동성당이었다. 1960년대 서울대교구
와 명동성당은 교회 안팎에서 진행된 격심한 변동에 직면했다. 명동성당
과 서울대교구는 4·19 혁명이후 비록 단기간에 걸쳐서나마 본격적 정치
참여의 경험을 갖게 되었다. 그러나 명동성당의 사회참여는 5·16쿠데타
로 인해서 1960년대 중반에 이르기까지 축소되어 갔다.

그러나 이 시기에도 교회 일각에서는 사회개발에 대한 관심이 증대되
어 갔고, 노동이나 인권 문제에 대한 기독교적 시각이 정비되어 갔다.
한국교회는 4·19혁명 직후의 역사적 체험과 공의회의 가르침을 창조적
으로 결합하여 1970년대 이후 현대 한국사회에서 중요한 역할을 수행하
게 되는 계기를 마련하고 있었다. 서울대교구와 명동성당도 새로운 교구
장의 부임과 시대상황의 변동에 따라 보편적 구원의 문제에 관심을 가지
고 사회를 향한 발언을 준비해 갔다.

1960년대 명동성당은 한국교회의 쇄신과 발전을 지향하면서 새로운
변화를 잉태하고 있었다. 이 시기 명동성당은 본당 신부에 대한 자문기
관으로서 신도들의 자치회가 조직되었고, 평신도 사도직 운동이 활발히
전개되었다. 명동성당은 전례와 신앙생활의 쇄신에 있어서 주요한 역할
을 맡았다. 개신교를 비롯한 타종교와의 대화에도 관심을 가지고 있었
다. 그리고 공의회의 정신을 새롭게 전수 받아 사회를 향해서 열린 교회
가 되기 위한 노력에 착수했다.

이처럼 1960년대 명동성당은 역사에의 참여를 구체적으로 실천했고,

인류와 민족을 위해 봉사할 수 있는 이론 체계를 수용하여 발전시켜 갔
다. 그리고 제2차 바티칸 공의회의 가르침을 한국 사회 안에서 실천해
나가는 중심지가 되었다. 명동성당은 새로운 역사를 이루기 위한 노력을
구체적으로 전개하면서, 더 큰 세계를 열기 위한 작업도 진행시켜 나갔
다. 여기에서 1960년대 명동성당의 가장 중요한 존재 이유를 확인할 수
있다.

제4장 1980년대 한국 천주교회사에 대한 반성

1. 머리말

역사학은 어느 시대를 연구하는가? 그 연구의 범위 안에서 역사 연구자 자신이 살고 있는 당대의 역사를 포함할 수 있는가? 역사 연구자가 당대의 역사를 서술할 때, 그것은 여타 사회 과학 분야의 연구나 시사평론과는 어떠한 차이가 있나? 역사학계에서 오래 전부터 이와 같은 의문들을 스스로 던지며 그 해답을 찾아 왔다. 일부 역사 연구자들은 자신들의 연구 분야를 한 세기나 반세기 이전의 사건들에 국한시키려 했고 관련 당사자들이 살아 있는 현대 사회의 사건들을 역사학 연구의 범위에서 제외시켰다. 그리고 이 현대의 사건들은 현존하는 제도와 문물을 분석하여 어떤 규범을 얻으려 하는 사회 과학의 연구 영역에 속하는 것으로 많은 사람들이 생각하기도 했다.

그러나 이와 같은 전통적·보수적 입장에 반대하며 역사학의 연구 영역 안에는 당대사도 포함되어야 함을 역설하는 주장들이 강하게 제시되었다. 역사란 과거의 사건에 대한 단순한 서술에만 국한되지 아니하고 과거와 현재의 연결을 밝히고 미래에의 방향을 모색해야 하는 학문이라는 입장에서 당대사 연구의 중요성이 강조되었던 것이다. 그리고 이와 같은 강조의 경향은 '역사학의 사회 과학화'라는 현대 학문의 일반적 추세와 관련하여 출현한 것이기도 하다. 그 결과 오늘에 이르러서 역사 연구의 주류를 이루고 있는 진보적 성향의 연구자들은 당대사 연구의 필요성과 중요성을 강조하게 되었다. 또한, 역사학도들이 연구하는 당대사의 특성은 여타 사회 과학 분야에서의 연구보다는 한 사건에 대한 종합적이고 구조적 인식을 강조하는 데에 있으며, 당대의 사건에 대한 시사평론적 접근과는 달리 인과적 인식을 중요시하는 데에 있는 것으로 평가되고 있다.

교회사는 일반사와는 달리 신인양성神人兩性을 지니고 있는 교회사인 것으로 언급되고 있다. 이 말을 인정한다 하더라도 교회사에는 과학으로서의 역사학이란 측면이 엄연히 존재하고 있다. 그런데, 일반 역사학에서 당대사 연구의 필요성이 강조되고 있다면, 교회사의 분야에서도 당대사의 연구 작업이 진행될 수 있을 것이다. 교회사의 한 부분으로 당대사가 연구된다는 것은 종교 사회학의 한 분야로 현대의 교회가 분석 대상이 되는 것과 마찬가지로 오늘날에 이르러서는 자연스러운 추세가 된 것으로 생각된다. 그렇다면 우리는 한국 현대 교회사를 밝혀 나가야 하며 그 현대 교회사의 한 부분으로 1980년대의 한국 교회사에 관한 정리를 시도해 볼 수 있을 것이다.

그런데, 우리는 여기에서 '1980년대 한국 교회'에 대한 논의의 가능성을 우선 검토해 보아야 한다. 여기에서 논의되는 '80년대는 1980년부터 1989년에 이르는 10년을 나타내는 편의적 시간 단위일 수도 있다. 우리는 이 편의적 시간 단위에 대한 평면적 인식을 시도할 수도 있을 것이다. 그러나 1980년과 1989년은 단순한 편의적 시간 단위에만 그치지는 아니하고, 거기에는 역사학의 시대구분론적 의미도 포함되어 있다. 즉 1980년에 발생한 5·18 광주 민중 항쟁은 현대 한국사의 이해에 하나의 분수령이 되는 사건으로 기억되고 있다. 그리고 이 항쟁의 여파는 한국 천주교회에도 적지 않게 미쳤던 것으로 볼 수 있다. 그렇다면 한국

현대 교회사의 여러 단계 중 하나로 우리는 1980년도를 주목할 수 있고 이를 그 시대 구분의 한 연대로 인정할 수도 있다.

또한 1989년은 1980년대를 마감한 해라는 의미 외에도 교회의 1980년대적 현상들이 절정을 이룬 해로 볼 수도 있다. 즉, 1980년대 한국 교회는 대규모의 신앙 집회를 통해 자신의 존재를 스스로 확인하고 이를 민족과 세계 교회에 알린 때였다. 그 대규모 신앙 집회 중 하나로 제44차 세계성체대회가 1989년에 개최되었다. 이 대회는 조선교구 설정 150년이나 한국 천주교회 200년을 기념했던 신앙 대회와는 근본적인 성격 차이가 있다. 그러나 이 성체대회는 앞서 개최된 두 차례의 대규모 집회의 경험을 전제로 하여 이해되어야 한다. 그렇다면 이 성체대회를 '80년대적 현상의 한 절정으로 이해할 수도 있을 것이다.

한편, 1980년 광주 민중 항쟁은 한반도의 분단 구조에 관한 인식을 새롭게 하는 계기가 되었다. 이 이후 '80년대 전기간에 걸쳐 민족의 재일치와 화해를 향한 노력들이 전개되었다. 교회에서도 이 기간에 이르러 민족의 화해와 재일치를 지향하는 구체적 움직임들이 나타나기 시작했다. 그리고 이와 같은 교회의 노력들이 1989년도의 이른바 '공안 정국'에 이르러 일대 문제로 제기된 바도 있었다.

그렇다면 1989년도는 단순히 '80년대를 마감하는 해로서의 의미만을 가진 것이 아니라 한국 현대 교회사의 시대 구분을 논할 때에도 의미 있는 해로 기억될 수 있을 것이다. 그러므로 여기에서는 한국 현대 교회사에서 독특한 자리매김이 가능하리라 생각되는 1980년대의 교회사를 간략하게 검토해 보고자 한다. 즉, 우리는 1980년대의 한국 교회의 성직자·수도자·신도들의 특성에 주목하면서 1980년대 교회에 대한 이해와 반성을 동시에 시도하고자 한다.

2. 1980년대 천주교 신도의 특성

현대 교회에서는 복음화의 개념이 단순한 교세 확장이나 교회 성장만을 의미하지 아니하고 사회의 정의와 평화를 위한 노력까지도 포함하고 있는 것으로 말하고 있다.[1] 이와 같은 현대 교회의 가르침을 전제한다 하더라도, 우리는 복음화에 관한 뚜렷한 지표로서 신도 증가 상황과 증가율 등에 관심을 갖게 된다. 1980년대 신도 증가 상황은 다음 <표 1>과 같다.

〈표 1〉 한국천주교회 신도 증감표(1980~1989)   (인구단위 : 1,000명)

적요＼연도	1980	1981	1982	1983	1984	1985	1986	1987	1988	1989
신도수	1,321	1,440	1,578	1,711	1,848	1,996	2,149	2,312	2,468	2,613
본당수	589	617	633	656	673	692	713	734	765	776
공소수	1,753	1,736	1,725	1,708	1,731	1,772	1,702	1,633	1,578	1,546
냉담자	161	173	180	179	203	204	216	232	253	263
거주불명자	185	194	208	232	246	245	268	306	323	336
복음화율	3.53	3.72	4.03	4.31	4.55	4.94	5.17	5.50	5.76	5.98
①냉담율	12.19	12.01	11.42	10.45	10.98	10.24	10.05	10.04	10.26	10.05
②불명율	14.05	13.44	13.17	13.57	13.33	12.26	12.46	13.25	13.10	12.88
①+②	26.64	25.45	24.59	24.02	24.31	22.50	22.51	23.29	23.36	22.93
전년대비	신도	5.03	9.01	8.75	8.43	8.01	8.01	7.67	7.58	6.75	5.89
	본당	2.26	4.75	2.59	3.63	2.59	2.89	3.03	2.95	4.22	1.44
	냉담자	0.63	7.45	4.05	-0.05	13.41	0.49	5.88	7.41	9.05	3.95

---

1) 교황 바오로 6세, 李鍾興 譯, 1977, 『現代의 福音宣敎』, 한국천주교중앙협의회, 18·19항 참조.

증가율	거주불명	6.94	4.84	7.22	11.54	6.03	-0.41	9.39	14.18	5.56	4.02
증감지수	신도	100	109	119	130	140	151	163	175	187	198
	본당	100	105	107	113	114	117	121	125	130	132
	냉담자	100	107	112	111	126	127	134	144	157	163
	거주불명	100	105	124	125	132	132	145	165	175	182
본당당 신자수		2,237	2,334	2,493	2,608	2,746	2,884	3,014	3,150	3,265	3,367

* 기본자료 : CCK, 한국천주교회 교세통계
** 80년대 평균 증가율은 신도 7.54%, 본당 3.04%, 냉담자 5.23%, 거주불명자 6.93%에 이르고 있다.

<표 1>에서 나타나는 바와 같이 1980년도 한국 천주교회의 신도 수는 132만 여명에 이르렀다. 그러나 1989년도에 이르러 신도 수가 261만 여 명으로 급격히 증가하였다. 신도의 증가지수는 1980년도를 100으로 볼 때 1989년도에는 198에 이르러 10년 동안 신도수가 거의 배에 가까운 숫자로 증가했음을 알 수 있다. 이로써 1980년 당시 전체 인구의 3.53%에 지나지 않았던 복음화율이 1989년도에 이르러서는 5.98%로 증가될 수 있었다.

1980년대에서 신도 수의 증가율이 가장 높았던 해는 1981년도로서, 이 해는 전년도에 비하여 9.01%라는 높은 증가율을 드러내고 있다. 그러나 '80년대 신도증가율은 이 해를 정점으로 하여 점차 감소의 추세를 나타내고 있으며, 1989년도에는 그 증가율이 5.89%로까지 감소되었다. 1989년도의 신자 증가율은 '80년대의 평균 증가율인 7.54%보다 월등히 낮은 것으로서, 이는 차후 신도 증가율의 둔화 현상을 예시해 주는 것으로 생각된다.

그러나 80년대 한국 천주교회의 신도 증가율은 현대 한국 교회사에서 매우 높은 수준을 유지하고 있는 것으로 볼 수 있다. <표 2>를 통해서 확인할 수 있는 바와 같이 현대 한국 교회는 휴전 직후인 1953년도 이래 1959년도 사이에 걸쳐 16.5%라는 경이적 증가율을 기록했다. 그 후 60년 대의 증가율은 6.2%, 70년대의 증가율은 5.2%였지만 80년대 한국 교회는 7.54%의 증가율을 드러내고 있다. 이로써 80년대에는 '50년대와 비교하여 두 번째로 높은 증가율을 기록하고 있는 것이다. 한편, 1960~70년대 전국 평균 인구 증가율이 2~3%였고, 1988년도의 전국 평균 인구 증가율이 0.97%임을 감안할 때, 이 시기의 신도 증가율이 매우 높았음을 확인할 수 있다.

<표 2> 신도증가율(1953~1989)[2]

기간	증가율
1944~1953	-1.1%
1953~1959	16.5%
1960~1969	6.2%
1970~1979	5.2%
1980~1989	7.5%

그런데, 80년대 한국 교회의 입교자 중 그 입교 과정을 알기 위해서는 새로 영세를 받은 사람의 25.7%가 태중 교우이고, 타인의 권유로 입교한 사람이 33.5%, 자발적으로 입교한 사람은 38.2% 등으로 집계된 한 조사 보고서를 참조할 수 있을 것이다.[3] 그렇다면, 80년대 한국 천주교회의 가장 큰 성장 원인은 교회 자체의 적극적인 선교에 있지 아니하고, 비신도들의 자발적 입교에서 찾아야 할 것이다. 한편, 타인의 권유를 받

2) 조광, 1990, 『한국천주교회사』 2, 크리스챤출판사, 76쪽 참조.
3) 노길명·오경환 공저, 1988, 『가톨릭 신자의 종교 의식과 신앙 생활』, 가톨릭 신문 사, 22쪽.

아서 입교했다고 한 경우, 비신도에게 입교를 권유한 '타인'은 성직자나 수도자라기보다는 일반 신도로 상정되고 있다. 그런데 신도는 한국 교회의 일원이며 일부인 것이므로 80년대 한국 교회가 선교에 무관심했거나 등한시했다고 말할 수만은 없다. 또한 사회 정의와 평화를 위한 노력까지도 복음화의 범주에 포함시킨다 할 때 80년대 한국 교회는 복음화를 위해 일정한 노력을 한 것으로 평가해 주어야 한다. 특히, 자발적 입교자들에게 입교 동기를 제공해 준 것도 이 시기의 한국 교회가 전개한 정의와 평화의 구현을 위한 일련의 노력들이었다고 볼 수도 있다. 그러나, 이 시기에 있어서 교회의 직접적 성장을 위해 한국 교회의 구성원인 성직자, 수도자, 신도 모두가 조직적으로 최대한의 노력을 전개해 왔다고 말하기는 어려울 것이다. 즉, 이 시기 교회 성장 내지는 복음화 진전이 가능했던 것은 비신도를 복음화하고자 하는 최대한의 노력을 교회가 전개한 결과라기보다 비신도들이 천주교회에 대하여 가지고 있던 최선의 호의에 힘입은 바가 컸다고 말할 수 있다.

비신도의 복음화 문제와 더불어 80년대의 한국 교회는 영세한 신도들의 재복음화再福音化 문제에 대해서도 각별한 관심을 갖도록 요청받고 있다. 즉, 1989년도의 교세 통계 중 냉담자(10.05%)와 거주 불명자(12.88%)는 전체 신도의 22.93%에 이른 60여만 명에 이르고 있다. 냉담자와 거주 불명자에 관한 1989년도의 비율은 1980년도의 26.24%보다는 약 3.31% 정도 감소된 것이다.

그리고 냉담자나 거주 불명자의 증가율은 신도 증가율보다 낮은 것으로 나타나고 있다. 그러나 냉담자와 거주 불명자의 절대 숫자는 계속 증가 추세에 놓여 있다. 즉, 1980년도를 100으로 볼 때 1989년도 냉담자는 163으로 증가되었으며, 거주 불명자 또한 182로 나타나고 있다. 이러한 현상 때문에 80년대의 한국 교회는 이향자 사목을 강화하기 위해 노력했던 적도 있다. 그러나 냉담자와 거주 불명자에 대한 교회의 사목적 배려는 앞으로 더욱 강화되어야 할 것으로 전망되며, 신도들의 재복음화를 위한 노력을 체계적으로 전개해야 함을 요청받고 있다.

한편, 80년대의 한국 교회는 중산층화의 길을 걸었던 것으로 평가되고 있다.[4] 80년대 한국 교회 신자들의 평균적인 지적 수준은 평범한 한국인의 수준보다 높으며, 신도들의 거주 지역도 대도시나 그 인근 지역에 집중되어 있다. 또한 그들의 직업을 살펴볼 때 전문직·관리직 종사자들이 전체 신도의 18% 내외로 추정되어 전국 평균치인 2.2%를 월등히 상회하는 것으로 나타나고 있다. 그리고 그들 가족의 월 평균 수입도 한국 가구의 평균 소득액보다 10만원이 많은 것으로 조사되었다. 이것은 한국 교회가 중산층 중심의 종교로 변화됨으로써 하류계층이 교회로부터 소외될 가능성도 그만큼 높아졌음을 의미하는 것이다.[5] 그러나 교회가 특정 계층에 의해 독점된다면, 교회가 추구하는 인간에 대한 보편적 구원에 대한 사명은 결코 달성할 수 없을 것이다. 중산층에 안주하는 교회는 그리스도교 신앙이 추구해 나가야 할 진정한 가치를 성취할 수 없을 것이다.

1980년도 한국 교회의 본당 수는 589개소였지만 1989년도에 이르러서 776개로 증가되었다. 그러나 본당 당 평균 신도 수는 1980년도의 2,237명에서부터 1989년 3,367명으로 증가했다. 본당 내 신도 수는 도시와 농촌에 따라서 큰 차이가 드러나는 것이며, 한 도시 안에서도 그 규모에 있어서 다르게 마련이다. 그러므로 대도시에는 신도 수가 1만 명이 넘는 거대 본당들이 속속 나타나게 되었고, 이와는 반대로 농어촌의 교구나 본당에서는 신도 수가 감소되는 현상이 일어났다. 한국 교회의 본당 당 평균 신도 수가 3,367명으로 급증하게 된 것은 80년대의 본당 증가율(3.04%)이 신도 증가율(7.54%)을 따라잡지 못한 당연한 결과이기도

---

4) 노길명·오경환 공저, 1988, 앞의 책, 19~21쪽.
5) 노길명·오경환 공저, 1988, 앞의 책, 21쪽.

하다. 그러나 본당 당 평균 신도 수의 증가는 본당 사목에 있어서 새로운 많은 문제들을 제기해 주게 되었다.

요컨대 '80년대의 한국 교회는 교회 성장에 있어서 괄목할 만한 성과를 드러내었다. 그러나 교회 성장의 이면에는 직접 선교에 대한 열의가 미흡했고, 냉담자와 거주 불명자의 증가로 인해 교회 성장의 내실을 기할 수가 없었다. 또한 교회 구성원의 중산층화로 말미암아 중산층 이외의 계층에 대한 선교가 새로운 과제로 부각되기에 이르렀다. 그리고 본당의 거대화로 말미암아 신도들에 대한 사목적 배려(Pastoral Service)에 문제가 제기되기에 이르렀다. 그리하여 '90년대 한국 교회의 과제는 교회 성장의 수준을 일정하게 유지해 나가면서 복음화의 질을 높이는 데에 있는 것으로 확인해 볼 수 있다.

3. 1980년대의 성직자

1980년대 한국 교회는 신도 증가율에 있어서 높은 기록을 나타내고 있다. 이와 함께 교회의 전문 인력인 성직자들이 증가율도 80년대의 경우 연 평균 4.55%에 이르고 있다. 이와 같은 성직자 증가율은 세계 교회적 입장에서 볼 때에는 매우 높은 것으로 파악해 줄 수 있다 하더라도, 연 평균 신도 증가율 7.54%에는 월등히 미달되는 상황이다. 그러나 성직자의 숫자는 꾸준히 증가하여, 1980년 당시 모두 1,166명에 이르렀던 한국 교회의 성직자들이 1989년에 와서는 1,626명으로 증가했다. 이를 1945년 해방 당시 한국 교회 안에서 활동하고 있던 성직자의 총수가 238명이었음과 비교해 보면 한국 교회는 성직자의 수에 있어서도 크게 성장되어 가고 있음을 확인하게 된다.

<표 3> 한국천주교회 성직자 증감표(1980~1989)

적요 \ 연도		1980	1981	1982	1983	1984	1985	1986	1987	1988	1989
대주교	한국인	4	4	4	4	3	4	4	3	3	3
	외국인	1	1	0	1	0	0	0	0	0	0
주교	한국인	11	11	11	11	11	11	12	12	11	11
	외국인	3	3	3	3	3	3	3	3	3	3
몬시뇰		1	1	1	1	3	3	4	6	5	5
한국인 신부	교구	844	879	930	976	1,007	1,041	1,077	1,131	1,219	1,219
	선교회	1	4	6	7	4	4	6	5	4	8
	수도회	57	61	64	76	70	70	65	70	76	84
	소계	901	944	1,000	1,059	1,081	1,115	1,148	1,206	1,299	1,383
외국인 신부	교구	1	2	3	4	4	6	6	4	4	4
	선교회	158	148	144	144	140	144	146	143	138	129
	수도회	88	89	80	76	74	81	77	75	77	88
	소계	246	239	227	224	218	231	229	222	219	221
누계		1,166	1,202	1,245	1,302	1,319	1,367	1,400	1,452	1,540	1,626
성직자1인당 신도수		1,133	1,198	1,267	1,314	1,401	1,460	1,535	1,592	1,603	1,607
※교사제 1인당 신도수		1,318	1,402	1,469	1,528	1,611	1,684	1,757	1,185	1,819	1,840
한국인 신부	※※ 증가율	2.50	4.77	4.87	5.90	2.08	3.15	2.96	5.05	7.71	6.47
	증가지수	100	105	111	118	120	124	127	134	144	153
	점유비	78.53	79.53	81.50	81.54	83.22	82.84	83.37	84.45	85.57	86.22

* 기본자료 : CCK, 한국천주교회 교세통계
** 교구사제는 한국인 교구 신부 및 전교회 신부의 통칭임
*** 80년대 한국인 신부의 평균 증가율은 4.55%이다.

그런데, 해방 당시 한국인 신부는 136명이고 외국인 선교사는 102명에 이르러, 한국 교회의 전체 성직자 중 한국인 신부의 점유비占有比는 57.14%였다. 그러나 1980년에는 한국인 신부 대 외국인 신부의 숫자가 901명:236명으로 나타나며, 한국 교회의 전체 성직자 중 한국인 신부의

점유비는 78.55%에 이르렀다. 그리고 1989년도에는 그 숫자가 1,383
명:221명이며, 한국인 신부의 점유비도 86.22%로 증가되었다. 우리는
이와 같은 상황들을 <표 3>을 통하여 알 수 있을 것이다.

<표 3>에서 검토한 바와 같이 '80년대 한국 교회의 성직자 중 한국
인 신부의 점유비는 꾸준히 향상되어 가고 있다. 그러나 한국 교회는
'80년대에 걸쳐 여전히 외국인 선교사들에게 상당히 의존하고 있던 실
정이라고 말할 수 있겠다.

한편, 해방 당시에 전국에는 5개의 대목구(서울, 대구, 평양, 함흥, 연길)가
있었는데 이 중 3개의 대목구가 외국인 감목대리에 의해 관장되고 있었
다. 그리고 1957년도 남한에는 8개의 감목 대리구가 있었는데, 이 곳에
서 4명의 외국인 감목대리가 사목에 임하고 있었다. 그리고 1980년대에
는 모두 14개의 교구가 있었고 이 교구의 교구장 주교들 가운데 3명은
외국인이다. 이와 같이 한국 교회에 외국인 선교사가 계속 활동하고 있
으며, 외국인 교구장 주교가 존재하고 있다는 것은 교회의 전문적 인력
면에 있어서 '토착화'의 여지가 상당히 많이 남아 있음을 뜻한다.[6]

한국 천주교회에서 활동하고 있는 한국인 신부들이 드러내고 있는 가
장 두드러진 특징은 그들 대부분이 교구 사제라는 점이다. 1989년의 경
우 전체 한국인 신부 중 93.35%가 교구 신부로 되어 있으며, 이 비율은
'80년대 전 기간에 걸쳐 큰 변동 없이 유지되고 있다. 이러한 현상을 외
국 교회의 사례와 비교해 볼 때 한국 교회로서의 특성이 드러나는 것으
로 생각된다. 즉, 전체 신부 중 교구 신부가 차지하는 비율은 우리의 인
근인 일본 교회의 경우 15.15%, 대만 교회는 28.96%, 필리핀 교회는
42.99%이다. 유럽 교회의 경우 프랑스 교회는 전체 신부 가운데 교구 신
부가 78.57%, 아일랜드 교회는 61.15%, 서독 교회가 70.79%에 이른다.[7]

---

6) 吳庚煥, 1989, 「解放 以後 韓國天主教會의 省察과 展望」, 『1945년 이후 한국 종
   교의 성찰과 전망』, 民族文化社, 15쪽 참조.

이와 같은 나라의 교구 사제 점유비와 우리나라의 경우를 비교해 보면 한국 교회는 아시아 지역의 몇몇 다른 나라 교회들에 비하면 교구 사제의 비율이 절대적으로 높고, 유럽 지역의 교회에 비하더라도 교구 사제가 전체 사제에서 점유하고 있는 비율이 상당히 높은 것임을 알 수 있다. 그리고 이와 같은 현상은 한국 교회 전체가 수도회 소속 사제의 양성을 위해서도 좀더 큰 노력을 기울여야 함을 말해주는 것으로 생각된다.

한편, 1980년도 한국 교회는 성직자 1인당 신도 수가, 1,133명으로 집계되었다. 그러나 1989년도에 이르러 성직자 1인당 신도의 숫자는 1,607명으로 증가되었다. 한국 교회의 이와 같은 상황에 대한 객관적 인식을 위해 세계 교회에 있어서 성직자 1인당 신도의 숫자를 산정하여 도표화하면 다음 <표 4>와 같다.

〈표 4〉 신부 1인당 신도수   (단위 : 명)

지역	신도수	나라	신도수	나라	신도수
아시아	2,416	한국	1,267	아르헨티나	5,011
북아메리카	892	일본	213	마다가스카르	2,901
중앙아메리카	7,077	대만	398	카메룬	7,009
남아메리카	6,723	인도	996	아일랜드	635
아프리카	3,569	필리핀	8,640	프랑스	1,201
유럽	1,980	미국	891	스페인	1,148
대양주	1,110	멕시코	6,849	서독	1,262
세계평균	1,960	브라질	8,552	폴란드	1,670

* 기본자료 : Annuarium Statisticum Ecclesiae 1982

이 <표 4>를 통해 비교해 볼 수 있는 바와 같이 한국 교회의 성직자 1인당 신도의 비율은 유럽의 아일랜드(635명), 스페인(1,148명)이나 프랑스

7) 이상의 점유비는 Annarium Statisticum Ecclesiae 1982년판을 근거로하여 산정한 것이다. 이하 세계 교회에 관한 통계 자료도 특별한 언급이 없는 경우에는 이 자료에 근거한 것임을 밝혀 둔다.

(1,201명) 및 미국(891명)에 비교하면 상대적으로 높다. 그러나 라틴 아메리카 내지는 아프리카 지역의 교회와 비교해 볼 때 한국 교회에 있어서 신부 1인당 신도의 비율은 매우 양호한 편이다. 그리고 1982년도 아시아 지역의 필리핀 교회가 신부 1인당 8,640명의 신도로 나타나고 있음을 감안해 볼 때 1980년대 한국 교회의 상황은 상당히 좋았던 것으로 생각된다.

복음화의 추진을 위해서는 신부 1인당 신도들의 비율이 적으면 적을수록 좋을 것이다. 그러나 이 비율이 복음화의 정도를 결정짓는 중요한 요인으로 볼 수만은 없다. 예를 들면 아시아 지역의 일본(213명)이나 대만(398명)의 경우처럼 신부 1인당 신도의 비율은 현저히 낮음에도 불구하고 복음화 내지 교회의 성장이 상대적으로 저조함을 확인할 수 있기 때문이다. 그리고 우리는 이와 동시에 아시아 지역에서의 복음화에는 성직자 개개인의 노력 못지않게 이 지역의 역사적 조건과 문화 전통이 작용하고 있음도 확인할 수 있다.

그런데, 1980년대의 한국 교회에서는 성직자의 부족을 자주 호소해 왔다. 이와 같은 호소는 실제 사목 상에서 직면하게 된 어려움을 나타낸 것이다. 그러나 한국 교회의 그 어려움은 제3세계 지역의 다른 나라 교회와 비교해 볼 때 어려움의 강도가 상당히 약한 것으로 볼 수 있다. 또한, 한국 교회는 성직자의 상대적 부족으로 인한 자신의 어려움을 성직자의 증가를 통해서만 해결하려 하기보다는 평신도의 양성을 시도하는 등 다른 합리적 방안들을 모색해 나가야 할 것이다.

요컨대, 1980년대 한국 교회에서는 한국인 성직자들이 비교적 빠른 속도로 증가했다. 이 시기 한국 교회의 성직자들 가운데 한국인 신부들이 차지하는 비율은 점차 높아져 1989년도에는 86.22%에 이르렀다. 그러나 한국 교회는 여전히 외국인 선교사들의 도움을 받아야 했다. 또한 이 시기의 한국인 성직자의 주류는 교구 사제들이었다. 한국 교회는 다

른 어느 지역의 교회보다도 교구 사제들의 비율이 높은 편이었다. 그리
고 이 시기의 한국인 성직자 1인당 신도 수는 전 세계 교회의 평균치인
1,960명보다 월등히 적은 것이었다. 80년대 한국 교회의 성직자에 대한
간단한 분석을 통해 우리는 이와 같은 결과를 확인하게 되었다. 그러나
동시에 현대의 한국 교회는 교회의 전문적 인력의 토착화를 위해 노력해
야 함을 확인했다. 또한 수도회 사제들의 양성을 위한 방안 모색이 요청
되고 있으며, 사제의 상대적 부족 현상을 극복하기 위한 새로운 시도들
이 전개되어 나가야 할 것으로 생각된다.

4. 1980년대의 성직자 양성

흔히들 한국 교회의 미래는 성직자 양성에 달려 있다고 한다. 비록
이 말에는 성직자 중심적인 교회 인식이 전제되어 있는 것이기는 하더라
도, 하느님의 백성들 가운데 성직자가 차지하고 있는 고유한 위치를 감
안할 때 결코 지나친 말이라고 폄하할 수는 없을 것이다. 오늘의 성직자
양성에 관한 문제는 20년, 30년 후의 한국 교회사 형성에 중차대한 영향
을 주는 문제가 될 것임에 틀림없다. 그러므로 우리는 80년대 교회의 제
반 사항을 검토하는 과정에서 성직자 양성 내지는 신학교 교육에 대한
문제를 거론하게 된다.

80년대 이전 한국 교회에는 가톨릭대학 신학부와 대건신학대학(광주
가톨릭 대학의 전신)이 있었고 이 곳에서 성직자를 양성해 나갔다. 또한 서
울의 성신 중·고등학교에서는 소신학교 과정의 교육을 실시했다. 그런
데 1982년부터 대구에서 선목신학대학(대구 가톨릭대학의 전신)이 개교했
고, 1983년에는 수원 가톨릭대학이 설치 운영되기에 이르렀다. 이로써

80년대 대부분의 기간 동안 한국 교회는 사제 양성을 위한 고등교육 기관으로 4개의 신학대학을 갖게 된 것이다. 한편 1983년 2월에는 오랜 전통을 가진 소신학교인 성신 고등학교를 폐교함으로써 한국 교회는 대신학교 교육 과정만을 설치, 운영하게 되었다.

80년대 한국 교회에서는 비교적 높은 사제 지망율을 나타내었다. 그리하여 1980년 당시 528명에 이르렀던 대신학생 수는 1989년에 1,483명으로 증가하여, 10년 동안 무려 2.81 배가 늘어났고 연 평균 증가율도 12.55%에 이르렀다. 이와 같은 신학생 증가율은 신도 증가율(7.54%)을 상회하는 것으로서, 미래 한국 교회의 성장과 한국 사회의 복음화를 위해서는 고무적 현상으로 평가된다. 우리는 이와 같은 상황들을 <표 5>를 통해 확인할 수 있다.

〈표 5〉한국천주교회의 성직자 양성(1980~1989)

적요 연도	대신 학교	대신 학생	교수 신부	비율			증감율		증감지수		신학 생비
				교수 신부	학생 교수	신도 신학생	신학생	교수	신학생	교수	
				%	명	명	%	%			
1980	2	528	33	2.83	16.00	2,502	14.53	37.50	100	100	400
1981	2	619	35	2.66	17.69	2,326	17.23	6.24	117	106	430
1982	3	751	36	2.89	20.86	2,101	21.32	2.86	142	109	476
1983	4	784	40	3.07	19.60	2,182	4.39	11.11	148	121	458
1984	4	925	46	3.49	20.11	1,999	17.98	15.00	175	139	501
1985	4	1,105	51	3.73	19.90	1,976	9.73	10.87	192	155	509
1986	4	1,140	56	4.00	20.36	1,885	12.32	9.80	216	170	530
1987	4	1,341	61	4.20	21.98	1,724	17.63	8.93	254	185	580
1988	4	1,422	67	4.35	21.52	1,712	7.53	9.84	273	203	584
1989	4	1,483	72	4.42	20.60	1,762	2.84	7.46	281	218	568

* 신학생비는 신도 100만 명당 신학생 숫자를 말한다.

1983년 말을 기준으로 할 때, 교황청 보고서에 따르면 한국 교회는 신자 대 신학생의 비율에 있어서 전 세계에서 가장 높은 것으로 나타나고 있다.[8] 신도 100만 명 당 신학생의 숫자가 1980년도에는 400명으로 집계되었지만, 1989년도에 이르러서는 568명으로 증가되었다. 그리고 이 증가의 추세는 80년대 전 기간에 걸쳐 꾸준히 상승되어 가고 있는 것으로 나타난다. 그렇다면 80년대 거의 전 기간에 걸쳐 한국 교회는 신자 대 신학생의 비율에 있어서 세계 교회에서 가장 높은 비율을 유지해 나갔을 것으로 상정된다.

그러나, 사제 양성 분야에 있어서는 이와 같이 바람직한 현상만 나타난 것은 아니다. 즉, 단순히 사제 지망자의 숫자만 나타내는 그 양적 측면에 있어서는 세계 최고의 비율을 유지했다 하더라도, 사제 양성의 구체적 내용, 즉 그 질적 측면을 검토해 볼 때 적지 않은 문제점이 나타나고 있다. 고등교육 기관의 질적 측면을 검증하는 데에는 여러 가지 기준이 적용될 수 있을 것이다. 그 기준 가운데에는 교수 대 학생의 비율, 교수의 자질, 도서를 비롯한 학교의 실험 실습 시설, 교과 간의 내용 등이 우선적인 분석의 대상이 되고 있다. 그렇다면 우리도 사제 양성의 질적 측면을 검토하기 위해서는 이와 같은 기준들을 검토의 대상으로 삼아야 할 것이다.

그러나 이상의 기준에 관한 검토의 자료가 충분치 못하므로 본고에서는 우선 교수 신부 대 신학생의 비율만을 검토의 대상으로 삼아 보고자 한다. 80년대 한국 교회의 경우 교수 신부 대 신학생의 비율이 대략 1:20정도로 나타나고 있다. 1980년도의 그 비율은 1:16명이었지만 2개의 신학대학이 증설된 1983년 이후 교수 신부 대 학생의 비율은 점차 높아져 갔다. 그리하여 1987년에는 무려 1:22명 정도에 이르렀고 1989년에는 1:20 내외로 조정되었지만 그 비율은 여전히 높은 것으로 나타나고 있다.

그런데 대신학교 교수 신부의 숫자는 해당 연도의 교회 주소록에 기

---

8) 『한국천주교중앙협의회 회보』 26, 1984년 12월, 32쪽.

록된 교수 신부들을 망라한 것이다. 그러므로 그 안에는 학교의 행정직이나 영신 지도만을 맡고 있는 신부들도 있겠고, 안식년을 맞아 학교를 떠나 있는 신부들도 있을 수 있다. 그러나 주소록의 해당란에 기록된 모든 신부들을 합산하여 계산한다 하더라도 교수 신부 대 신학생의 비율은 1:20 내외에 이르고 있는 것이다.

이와 같은 비율을 교수 대 신학생의 비율이 보통 1:5~1:10 정도에 이르고 있는 유럽의 신학대학교와 비교해 볼 때, 1980년대 우리나라 신학 대학의 교수 신부들이 얼마나 열악한 환경에서 교수에 임하고 있는지를 알 수 있을 것이다. 그런데 세계 대부분의 국가에서 교수 대 학생의 비율은 1:10 미만을 나타내고 있다. 그리고 현재 서울특별시에 자리 잡고 있는 주요 종합대학들 중 문과대학 혹은 인문대학에서 교수 대 학생의 비율이 1:12 내지는 1:16 정도에 이르고 있다. 이들 대학들에서는 거의 모두가 공통적으로 교수 대 학생의 비율이 높음을 인정하고 새로운 교수 요원의 확보를 위해 그 나름대로 노력하고 있다.

그런데 80년대 우리나라 교회에 속하는 신학대학의 교수들은 미래의 사제에게 요구되는 지적 요구뿐만 아니라 영성 지도에도 적지 않은 시간을 배려하고 있다. 그렇다면 그들의 시간 부담은 일반 대학 교수들보다도 월등히 무거운 것으로 보아야 한다. 그럼에도 불구하고 교수 신부 대 신학생의 비율이 1:20 내외에 이르고 있다고 하는 것은 신학교 교육의 내실화를 위해 반드시 시정되어야 할 사항이다. 이 비율은 정상적인 교육이 불가능함을 나타내는 것이므로 앞으로의 한국 교회에서는 신학대학 교수의 증원, 교수 요원의 확보 등을 위해 갑절의 노력을 기울여야 할 것이다. 그리하여 현재 전체 한국 교회의 사제 중 4.42%에 불과한 교수 신부의 비율을 좀더 높여야 할 것이며, 이를 통해 신학대학 교육의 내실화와 정상화를 강화시켜 나가야 한다.

한편, 신학대학 교육의 질적 수준을 유지 강화하기 위해서는 신학대학

교수에 대한 경제적 보상 방법도 재검토되어야 한다. 현실적으로 볼 때 한국 교회가 미사 예물을 비롯한 모든 수입을 공유화하고 이를 공동 분배하는 데에는 어려움이 따른다고 한다. 또한 이 과정에서 신학대학의 교수들은 그 경제적 보상이란 측면에서 도시 본당의 주임 신부들과 상당한 격차가 있는 것으로 알려지고 있다. 그리고 이와 같은 상황에서 신학교 교수들의 연구 여건에 불비한 점들이 나타나게 되는 것으로 생각된다. 그러므로 한국 교회는 자신의 미래를 위한 가장 확실한 투자의 하나로 신학교 교수들의 교수 여건을 획기적으로 향상시켜 주어야 한다. 신학대학에서 교수를 담당하고 있는 사제들에게는 적어도 수도 교구의 본당 신부 수준에 해당하는 경제적 배려가 보장되어야 할 것으로 생각된다.

한편, 1980년대 한국 교회에서는 이와 같은 상황 아래에서도 교육의 질을 높이기 위한 노력을 전개해 왔다. 즉, 1982년도에는 대신학교 간 상호 협력을 모색하고 성직자 양성의 통일적 방안을 수립하기 위해 3개 신학대학 관계자들이 모여 '가톨릭신학대학협의회'를 조직했다. 그리고 1984년 7월 3일에는 "가톨릭신학대학협의회 규약"이 제정되었다.[9] 이 협의회에서는 대신학교의 교과 과정과 교과 운영 등에 관한 문제들을 논의했다.

그리고 1987년 3월 23일에는 '한국 사제 양성 지침서'가 주교회의의 승인을 받아 한국 교회의 사제 양성에 있어서 새로운 이정표를 마련하고자 했다. 특히 이 지침서에는 신학교 교육에서 지역 문화를 존중해야 함을 규정했다. 그리하여 "신학생들이 한국의 문화유산을 이해하고, 그리스도의 메시지를 한국인이 이해할 수 있도록 선포하는 능력을 배양하는 데 주력해야 한다."고 규정했다.[10] 그리고 신학교의 교과 과정에 있어서도 일반교양으로 "한국의 민속 신앙과 종교적 전통에 대하여도 깊은 인식을 가질 수 있도록 동양 종교에 대한 과목을 이수할 것이다."라고 규

---

9) 노길명·오경환 공저, 1988, 앞의 책, 23쪽.
10) 『한국천주교중앙협의회 회보』 41호, 1987년, 15쪽.

정했다. 이와 같은 내용들은 신학교 교육의 질적 수준을 높이기 위한 노력의 표현이다. 그러나 80년대 한국 교회의 신학교는 이러한 규정들을 단지 선언적 의미로만 받아들이고 있는 것으로 생각된다. 그리하여 80년대 한국의 신학대학에서는 자국의 언어와 역사 그리고 종교와 문화에 관한 관심이 대체적으로 낮았던 것으로 생각되며, 바로 이 점은 90년대의 한국 교회가 극복 내지는 개선해 나가야 할 과제의 하나로 파악되어야 할 것이다.

한편, 80년대 한국 교회의 신학대학들은 대부분 사관학교와 같은 특성을 드러냈다. 이들 신학대학은 깊이 있는 학문을 연구하는 진정한 고등교육 기관으로서의 특성이 약했다. 즉, 대부분의 대신학교에서는 사목자 양성에 가장 중요한 목표를 두어 왔고, 신학을 비롯한 교회 학문의 전문적 연구를 목적으로 삼지 않은 듯하다. 이러한 전문적 연구들은 국내 신학대학에서 전개되기보다는 로마를 비롯한 유럽의 신학대학 등에 의뢰하였고, 최근에 이르러서는 미국이나 필리핀 등지에 있는 교회 계통의 고등교육 기관으로부터 도움을 받기도 했다. 물론, 국내의 신학대학에도 석사 과정과 박사 과정이 설치되어 있기도 하다. 그런데 신학대학의 석사 과정은 신학대학 연구와 병행하여 운영됨으로써 석사 과정 고유의 기능을 발휘하는 데에는 미흡한 점이 보인다. 그리고 박사 과정이 설치되었다 하더라도 이를 운용하기 위한 적극적 시도가 전혀 없는 것으로 알려져 있다. 그런데 한국 교회는 100여 년 이상의 신학 교육의 전통을 가지고 있다. 또한 오늘날의 한국 사회도 일반 인문 사회 과학과 자연과학 분야에서 박사 학위 이상의 많은 고급 인재들을 배출하고 있다. 이러한 현실을 감안해 보면 한국 교회의 신학대학에서는 자신의 힘으로 고급 인력을 양성하고자 하는 노력을 전개해 나가야 할 것이다. 고급 인력의 양성을 외국의 학계에만 의존하는 한 한국 교회의 발전에는 한계가 뚜렷할 것으로 생각되기 때문이다.

요컨대, 80년대 한국 교회는 그 양적 측면에서 볼 때 많은 수의 성직 지망자들을 배출했다. 이는 한국 교회의 미래를 위해 무척 바람직한 현상으로 나타난다. 그러나 성직자 양성에 관한 질적 측면의 검토 결과는 결코 바람직한 상황만을 뜻하지는 않는다. 80년대의 한국 교회는 교수 대 신학생의 비율에서 상당한 문제점을 드러냈다. 그리고 교수 요원의 양성을 위한 노력에서도 미흡한 점이 드러나며, 교수들의 연구 여건도 획기적으로 향상시켜야 한다. 또한 신학대학의 교육 과정 안에서 민족 문화에 관한 관심이 더욱 강화되어야 하며, 대학원 교육의 정상화가 추진되어야 한다. 80년대 한국 교회가 남긴 이러한 과제들을 90년대의 한국 교회가 성실히 검토해 나갈 때, 21세기의 한국 교회에서는 희망과 활력이 지속될 수 있을 것이다.

5. 1980년대 수도회와 수도자

80년대 한국 사회에서 천주교에 대해 연상한 단어들을 조사했을 때, 조사 대상이 된 비신자 중 14.10%의 사람들은 천주교라는 단어에서 수녀들을 연상해 냈다. 이 비율은 종교의 신앙 대상·종교적 상징·종교 인식·종교의 사회적 기능에 관한 각종의 연상 내용 중에서 가장 높은 편에 속하는 것이다.[11] 그리고 이와 같은 사실은 수도자인 수녀들의 존재가 일반 비 신도들에게 그만큼 큰 인상을 주었음을 말한다. 한편, 수도자는 성직자·신도와 함께 하느님 백성의 중요한 일부를 이루고 있으며, 한국 문화의 복음화와 한국 교회의 성장을 위해 적지 않게 기여해 오고 있는

---

11) 천주교회 200주년 기념 사목회의위원회 편, 1985, 『사회조사보고서: 200주년 기념 사목회의』, 천주교회 200주년 기념 사목회의위원회, 229쪽.

존재이다. 그러므로 여기에서는 '80년대 한국 교회에 대한 검토 작업의
일환으로 수도회와 수도자들에 관한 특성을 살펴보고자 한다. 1980년도
한국 교회에서는 20개의 남자 수도 단체와 37개의 여자 수도 단체가 있
었다. 그리고 1989년도에 이르러서는 남자 수도회가 30개로 늘어 10년
간에 걸쳐 50%의 성장률을 드러내 주었다. 반면에 여자 수도 단체들은
64개로 늘어 73%의 성장률을 드러냄으로써, 이 기간 동안 남자 수도 단
체보다 여자 수도 단체들의 한국 진출 내지는 창설 작업이 활발히 진행
되었음을 말해주고 있다. 우리는 이와 같은 특성들을 <표 6>을 통하여
확인할 수 있는 바이다.

　이 표를 통해 알 수 있는 바와 같이 80년대의 한국 수도 단체들은 장
족의 발전을 이루었다. 이와 같은 수도회의 성장 속도는 1953년 한국 전
쟁의 휴전 이후 여러 수도회들이 한국에 활발히 진출하던 때의 상황을
방불케 한다.

　그런데 1980년대 한국 교회에 있어서 남자와 여자의 수도 단체 수는
1989년을 기준으로 할 때 30 : 64 즉 1 : 2 정도의 비율에 지나지 않는
다. 그러나 수도 단체를 구성하는 회원 수는 현격한 차이가 양자 간에
드러나고 있다. 즉, 수도회 신부 및 수사들은 513명인데 반하여 수녀들
의 총수는 5,616명에 이르러, 남자 수도자는 전체 수도자의 8.37%에 지
나지 않는 것으로 나타난다. 또한 1989년도의 경우 남자 수도 단체는 평
균 17~16명의 회원이 있는 반면, 여자 수도 단체들은 87~95명을 두고
있다. 그러므로 여자 수도 단체들이 그 규모 면에서 남자 수도 단체보다
월등히 큼을 확인할 수 있다. 물론 여자 수도 단체들의 경우에는 회원
수가 733명에 이르는 규모가 큰 수도회가 있는 반면, 단 1명의 회원만이
있는 수도회도 있어서 수도 단체의 평균 회원 수를 산정하는 것에는 별
의미가 없다. 그러나 우리는 이 평균 회원 수의 비교를 통하여 남녀 수
도회간의 규모를 대체적으로 비교할 수 있을 것이다.

〈표 6〉 한국천주교회의 수도회(1980~1989)

적요 \ 연도		1980	1981	1982	1983	1984	1985	1986	1987	1988	1989
수도 단체?	남자	20	21	21	21	21	21	24	28	30	30
	여자	37	42	42	42	44	47	50	56	60	64
수도 신부	한국인	57	61	64	76	70	70	65	70	76	84
	외국인	88	89	80	76	74	81	77	75	77	78
	계	145	150	144	152	144	151	142	145	153	172
수사	한국인	159	191	218	261	210	242	229	264	302	313
	외국인	39	82	39	41	36	31	27	30	32	28
	계	198	273	257	302	246	273	256	294	334	341
남자 수도자 총계	한국인	216	252	282	337	280	312	294	334	378	297
	외국인	127	171	119	117	110	112	104	105	109	116
	계	343	432	401	454	390	424	398	439	487	513
수녀	한국인	3,011	3,161	3,456	3,514	3,705	3,757	4,358	4,674	4,869	5,417
	외국인	158	161	161	153	226	170	175	186	198	199
	계	3,169	3,322	3,517	3,667	3,931	3,927	4,533	4,860	5,067	5,616
신수도 도/자	수도 신부	9,110	9,600	10,958	11,257	12,833	13,219	15,134	15,945	17,307	15,192
	수사	6,672	5,275	6,140	5,666	7,512	7,311	8,395	7,864	7,389	7,663
	수녀	417	433	449	467	470	508	424	476	487	465

* 기본자료 : CCK, 한국 천주교회 교세통계

한편, 1989년도 남자 수도회에서 수도 신부의 경우 한국인 신부는 84명이고 외국인 신부는 88명으로 집계되고 있어, 이 두 집단의 숫자가 거의 비슷하였다. 그리고 수사의 경우에서는 한국인 수사가 313명, 외국인 수사가 28명으로 한국인 수사의 점유비占有比가 전체 수사 중 91.79%에 이르고 있다. 그리고 수사 신부와 수사를 모두 합하여 검토해 보면 한국인 수도자는 397명이고, 외국인 수도자는 116명이다. 이는 한국인 남자 수도자의 점유비가 전체 남자 수도자의 77.39%에 이르고 있음을 말하는 것이다. 이와 같은 수치數值를 한국인 교구 신부 대 외국인 전교회 소속 신부들의 숫자와 비교해 보면 그 특성이 뚜렷이 드러날 것이다. 즉 한국인 교구 신부들과 외국인 전교회 소속 신부들은 대체적으로 90.92% : 9.08%의 비율을 나타내고 있다. 이것은 80년대 한국 교회에 있어서 교구 사목 분야는 한국인 신부들이 절대적인 기여를 하고 있음을 드러낸다. 그러나 남자 수도회의 경우 한국인 대 외국인의 비율은 77.39% : 22.61%로 나타나서 외국인 수도자의 역할이 상대적으로 중요하게 나타나고 있다. 특히 수도회 소속 신부의 경우 한국인 대 외국인 비율은 48.84% : 51.16%로 외국인 수도 신부의 비율이 오히려 높은 것으로 되어 있다. 이와 같은 상황은 발전 도상에 놓여 있는 한국의 남자 수도회의 입장에서는 불가피한 현상일 것이다. 대부분의 남자 수도 단체들이 외국에서 진출한 것이므로 수도자에서 외국인이 점유하고 있는 비율은 높을 수밖에 없다. 그리고 수도 생활 자체는 인종이나 민족의 범위를 초월하는 보편성을 가진 것이므로 수도 단체에서 굳이 한국인과 외국인의 존재를 구별하려는 것도 무리가 따를 수 있다. 그러나 한국 교회의 토착화를 위해서는 전문적 인력의 토착화가 우선적으로 중요시되어야 한다. 그렇다면 한국인과 한국 교회의 영성을 풍요롭게 해줄 수도회의 경우에 있어서도 그 전문 인력의 토착화를 위해 더 큰 노력이 필요하다고 하겠다.

한편 여자 수도 단체들의 경우 80년대에 이르러 장족의 발전을 거듭했다. 그리하여 수녀의 숫자가 1980년에는 3,169명이었으나 1989년에 이르러서는 5,616명으로 급성장했다. 그리하여 1989년에는 수녀 1인당 신도의 비율이 465명 정도로 나타나고 있다. 수녀 대 신도의 비율을 1982년의 세계 교회 사례와 비교해 보면 다음의 <표 7>과 같다.

〈표 7〉 수녀 1인당 신도수 (단위 : 명)

지역	신도수	나라	신도수	나라	신도수
아시아	764	한국	427	아르헨티나	2,160
북아메리카	379	일본	58	마다가스카르	1,065
중앙아메리카	3,189	대만	231	카메룬	1,838
남아메리카	5,730	인도	241	아일랜드	307
아프리카	1,718	필리핀	5,466	프랑스	576
유럽	534	미국	407	스페인	473
대양주	395	멕시코	2,754	서독	475
세계평균	1,074	브라질	3,098	폴란드	1,373

* 기본자료 : Annuarium Statisticum Ecclesiae 1982

이 표에서 볼 수 있는 바와 같이 한국 교회는 수녀 1인당 신도 수에 있어서 북아메리카나 대양주 및 유럽보다는 높은 비율을 나타내고 있지만 다른 지역의 교회보다는 상당히 양호한 상황임을 드러내고 있다. 한국 교회의 수녀회는 아시아 지역에 있어서 일본·대만·인도 등의 신도 수 대 수녀의 비율보다는 불리한 상황에 놓여 있다 하더라도 라틴 아메리카나 아프리카 지역의 경우보다는 월등히 좋은 조건 아래 놓여 있다. 아마도 이러한 상황 인식에 입각하여 국내의 일부 수녀회에서는 아프리카 지역 내지는 그 밖의 여타 지역의 교회들을 위해 선교 수녀를 파견하게 되었으리라고 생각한다.

한편, 80년대 한국 교회에서 수도자 성소 특히 수녀 성소의 지원율은 계속 증가하고 있었다. 그러나 오늘의 한국 교회는 수도자 내지 수녀들에게 전문적인 교육을 시행할 고등교육 기관의 필요성에 대해 본격적인 검토가 요청되는 단계가 아닌가 생각된다. 물론 수녀들을 위한 교육의 문호가 4개 신학대학에서 폐쇄된 것도 아니고, 수도자 영성 신학원도 설치 운영되고 있다. 그러나 국가에서 정식 학사 자격증을 인정해 주는 수도자들을 위한 고등교육 기관의 존재가 바람직할 것으로도 생각된다. 그리고 이 문제는 아마도 1990년대 한국 교회에서 짚고 넘어가야 될 여러 과제 가운데 하나가 될 수 있을 것이다.

요컨대, 1980년대 한국 교회의 수도회들은 비교적 큰 발전을 이룰 수 있었다. 그러나 80년대 수도 단체의 발전은 대부분 수녀회들에 의해 주도되었다. 이 때에도 남자 수도회의 발전은 상대적으로 저조한 상황을 드러내고 있다. 또한 수도회에서는 전문적 인력과 재정의 토착화를 위해서도 상당한 노력이 필요할 것으로 예상되며, 수도자의 양성을 체계적으로 추진하기 위한 전문적 교육 기관의 설치 문제가 검토될 수도 있을 것이다. 한편, 한국 수녀회의 경우 타 지역의 교회에서보다 수도자 대 신도의 비율이 양호한 편으로 나타나고 있다. 이러한 상황을 감안할 때 각 수도회의 설립 목적 여하에 따라서는 외국의 교회를 돕기 위해 선교사 수녀를 파견하는 문제 등도 검토해 볼 수 있을 것으로 생각된다.

6. 맺음말

우리는 이상에서 1980년대 한국 교회가 드러냈던 일부 특징들을 성직자·수도자·신도들에 대한 분석적 접근을 시도했다. 그 결과 이 시기의 한국 교회는 그 양적 측면에서 각 방면에 걸쳐 지대한 성장을 이룩하였음을 확인하게 되었다. 즉, 80년대 한국 교회의 신도 증가율은 60년대 내지는 70년대보다도 높은 것이었다. 그리고 성직자나 수도자의 숫자도 상당히 증가했으며, 성직 지망자들도 계속 늘어갔다.

이러한 양적인 증가는 한국 교회의 미래를 위해 매우 고무적 현상으로 받아들여지고 있다. 그러나 이 양적 성장의 그늘에서 한국 교회는 질적 성숙을 성취해야 될 과제를 발견하게 되었다. 즉, 늘어나는 신도에도 불구하고 냉담자와 거주 불명자들이 증가되어 가고 있었다. 또한 사제 양성 교육에 관해서도 일부의 문제점들이 지적될 수 있었고, 수도자의 양성을 위해서도 새로운 방안들이 모색되어야 함을 확인해 보았다. 80년대의 한국 교회가 제시한 질적 성숙에의 과제는 90년대 한국 교회와 21세기의 교회를 위해서 반드시 검토해 보아야 할 문제가 아닌가 생각된다.

한편, 80년대 한국 교회에 대한 성찰과 반성을 위해서는 이번의 글과 같이 성직자·수도자·신도의 특성 파악이라는 측면과 함께 그들이 표출한 구체적 신앙과 삶에 관한 검토가 이루어져야 한다. 즉 80년대 교회사에서 드러나는 일반적 특성이 무엇인지를 80년대의 각종 교회사적 사건에 근거하여 밝혀 보아야 할 것이다. 그리고 복음화를 위한 구체적 노력들과 관련하여 '80년대의 선교 방법과 그 성과에 대한 평가, 그리고 정의와 평화의 구현을 위한 한국 교회의 노력 여부에 대한 종합적인 인식이 제시되어야 할 것이다. 또한 이와 함께 민족의 분단을 극복하고 민족의 복음화를 추진해 보려 노력했던 80년대 한국 교회의 구체적 모습을 확인하고 그에 대한 평가를 시도해야 한다.

본고에서 시도한 성직자·수도자·신도를 중심으로 한 1980년대의 이해는 이상에서 말한 바와 같이 복음화를 지향하는 한국 교회의 구체적 노력을 평가·검증하기 위한 전제적 작업에 지나지 않을 것이다. 80년대 한국 교회사의 위와 같은 측면에 관한 정리 작업은 다음 호로 미루며 본고의 견해에 대한 평가를 부탁드린다.

제5장 1980년대 한국 천주교회사의 특성

1. 머리말

모든 사회 집단이나 단체는 자신의 보다 나은 발전을 위해 자신이 걸어온 지난날을 반성하고, 이 반성에 기초하여 앞날을 전망해 보고자 한다. 흔히 이와 같은 반성의 작업은 역사학 연구를 통해서도 진행된다. 그리고 역사학도들은 당대사의 연구를 통해 당대의 문제점을 노출시키며 당대의 고뇌에 함께 참여하면서, 그 연구 대상이 되는 단체나 집단의 미래사를 올바른 방향으로 이끌어 나가는 데에 일조하려 한다.

이러한 측면에서 볼 때 한국 천주교회의 현대사에 관한 검토 작업도 각 방면에 걸쳐 진행되어야 하며, 이 작업을 통해서 한국 천주교회는 자신이 추구하는 목적을 거듭 확인할 수 있을 것이다. 그런데, 교회의 궁극적 목적은 인류의 복음화에 있다. 부활한 그리스도는 사도들에게 명하기를 온 세상을 두루 다니며 만민에게(마르 13, 10), 그리고 모든 피조물에게(마르 16, 15) 복음을 선포하라고 했다. 그렇다면 복음화는 그리스도교 신앙의 본질인 것이다. 그런데 종전에는 선교 혹은 복음화란 "교세를 확장하고 교회 성장을 가져오는 활동"으로만 이해되었다. 그러나 최근에 이르러서 "복음화는 비신자를 교회로 인도하고 교리를 가르쳐 교세를 확장하는 것 외에도 사회의 정의와 평화를 위해서 노력하는 모든 활동도

포함되는 것으로 이해되기 시작했다." 즉, 복음화에는 이 두 가지 측면
이 포괄되는 것이며, 복음화를 교세 확장이나 사회 정의와 평화를 추구
하는 활동 중 어느 하나와 동일시하는 것은 부당한 환원주의로 인식되었
다.12)

그렇다면 복음화에 관한 올바른 개념은 현대 한국 천주교회사를 분석
하는 데에도 전제되어야 할 것이다. 즉, 우리는 신도 수나 교회 시설 등
의 증가라는 교회의 외적 성장에 관한 문제와 더불어 복음의 가르침에
대한 이해의 심화 내지는 실천의 강화와 같은 내적 성숙에 관한 문제들
을 현대 교회사에서 논해야 한다. 그런데 필자는 이미 별고를 통하여
1980년대 한국 천주교외의 특성을 밝혀 보고자 한 바 있다.13) 그 글에서
필자는 한국 천주교회를 구성하는 "하느님의 백성들" 즉, 성직자·수도
자·신도들의 양적 성장 현황을 정리하고 그 문제점을 간략히 제시한 바
있다.

그러나 그 글은 현상 제시를 중심으로 한 것이었으며, 그 현상들에
관한 구조적 인식이나 인과적 설명을 시도하는 데에 목적을 둔 것이 아
니었다. 그러므로 그 글은 1980년대의 현대 한국 천주교회사를 체계적
으로 이해하는 데에는 문제점이 있는 것이다. 이 문제점을 보완하기 위
해서 본고에서는 1980년대 한국 천주교회가 추구하던 복음화 작업의 발
전상과 함께 교회가 주관이 되어 전개한 사회 정의와 평화를 위한 노력,
인간 개발 내지는 사회 개발을 위한 작업, 민족 내지는 민족 문화와의

---

12) 吳庚煥, 1989, 「解放 以後 韓國天主教會의 省察과 展望」『1945년 이후 한국 종
   교의 성찰과 전망』, 民族文化社, 143쪽 참조.
   환원주의(reductionism)는 그리스도교 복음의 내용을 단순히 사회 변혁의 교훈으
   로만 이해하고 정치 운동에 이용하기 위해 복음의 내용 및 용어와 개념을 왜곡하
   려는 시도를 말한다.
13) 조광, 1990, 「1980년대 한국 천주교회에 대한 반성」『司牧』141, 한국천주교중앙
   협의회, 19~38쪽.

재일치와 화해를 위한 노력 등에 관해서 교회의 정기 간행물 및 각종 사회 조사 자료 등을 활용하여 간단히 분석해 보고자 한다.

필자는 이 문제를 다룰 수 있을 만큼 복음화의 이론에 정통하지도 못하며, 그 연구 방법론에 있어서도 한계가 뚜렷하다. 그리고 1980년대 한국 천주교회의 모든 자료도 섭렵하지 못했다. 이러한 결과로 본고에서는 적지 않은 문제점이 있을 것으로 예상되나, 1980년대 현대 교회사의 대체적인 추세를 파악해 보기 위해 이 문제에 대한 간단한 정리 작업을 시도하는 바이다. 제현의 질정을 바란다.

2. 교세 확장의 원인

1980년대 한국 천주교회가 복음화를 위해 전개한 일련의 노력 가운데 우리는 우선 그 교세 확장과 관련된 사항들을 주목할 수 있다. 그러므로 여기에서는 우선적으로 교세 확장의 특성과 원인 등을 살펴보고자 한다.

이미 별고를 통해 살펴본 바와 같이 한국 천주교회는 1980년대에 이르러 교세 확장에 있어서 장족의 발전을 이룩했다. 1989년 말 한국 교회는 261만여 명의 신도 수를 헤아리게 되었고, 1980년대 연평균 신도 증가율은 7.54%에 이르렀다. 그런데 1979년 말의 신자 수가 125만여 명이었고, 1969년 말의 신자 수는 78만여 명이었다. 이러한 통계 숫자를 감안하여 1989년 말을 기준으로 해서 신도들의 신앙 경력 연도 수를 추산해 보면, 적어도 49.98% 이상의 신도들의 신앙 경력은 10년 미만에 해당되는 사람들이다. 그리고 29.89% 미만의 신도들만이 그 신앙 경력이 20년 이상임을 추정할 수 있다. 즉 오늘날 신도 가운데 70.11% 이상이

20년 미만의 신앙 경력을 가지고 있다고 볼 수 있다. 한마디로 말하여 오늘의 한국 교회는 그 신앙 경력이 일천한 신도들로 구성되어 있는 교회이다. 신도들의 신앙 경력이 이와 같이 일천한 까닭은 한국 교회의 급속한 신도 증가상을 반영한 당연한 현상으로 생각된다.

한편, 1985년 경제기획원에서 실시한 센서스 결과에 의하면, 한국 천주교 신도들의 연령별 구성비는 다음 <표 1>과 같이 드러나고 있다.[14]

〈표 1〉 한국천주교 신도 연령별 구성비(1985년)

연령층	구성비	연령층	구성비
10대 미만	15.5%	40대	11.2%
10대	20.9	50대	6.7
20대	21.7	60대이상	6.7
30대	17.3	합계	100.0

이상의 <표 1.에서 드러나는 바와 같이 한국 천주교 신도들 가운데 65.81%가 20대 이하의 청소년층으로 구성되어 있다. 반면에 4,50대의 장년층은 전체 신도 중 17.9%에 이르고 있으며 60대 이상의 노년층은 6.7%에 지나지 않는다. 신도들의 연령별 구성비가 이와 같이 나타나는 것은 청소년층의 입교율이 높음을 말하는 것이다.

이러한 조사 결과에 의지하여 1980년대 한국 천주교회가 드러내고 있는 특성을 요약하자면 한국 천주교회는 58% 내외의 신도들이 20대 이하의 연령층이며, 전체 신도 가운데 50% 이상 신도들의 신앙 경력도 10년 미만에 지나지 않은 젊은 교회라는 점을 지적할 수 있을 것이다. 그리고 이와 같은 현상은 젊은 청년층 중심으로 천주교에로의 입교 현상이 진행된 결과로 추정된다. 1980년대 한국 교회가 가지고 있는 이와 같

---

14) 노길명·오경환 공저, 1988, 『가톨릭 신자의 종교 의식과 신앙 생활』, 가톨릭 신문사, 18쪽.

은 특성은 세계 교회사에서도 그 유래를 찾아볼 수 없는 특이한 현상으로 생각된다.

그렇다면 우리는 여기에서 현대 한국 천주교회에서 드러나는 이 특징적 현상을 주목해 보면 그 현상의 출현 원인을 분석해 보아야 할 것이다. 그런데 현대 한국 천주교회에 있어서 신도 증가의 원인이 무엇인지를 밝히려는 시도가 부분적으로 진행된 바가 있었다. 이러한 연구들에 있어서는 그 증가의 원인은 두 가지의 방향에서 검토되었다. 즉, 하나는 교회 밖의 사회 문화적 정황에서 그 원인을 찾는 것이고, 또 다른 하나는 교회 안에서 그 직접적 요인을 발견하고자 하는 입장이다. 전자의 기본적 입장은 전란 및 그 뒤를 잇는 분단 체제가 낳은 사회 불안과, 산업화 및 도시화로 인한 소외 계층의 증가 등에서 교세 증가의 원인을 찾는 것이다. 이와 같은 원인을 강조하는 사람들은 도시 교회의 증가를 논거로 제시한다. 그러나 후자의 주창자들은 교회 밖의 사회 문화적 정황을 인정한다 하더라도 교회 자체 안에 그 동인을 수용할 수 있는 구조가 마련되어 있지 않았다면 교세의 증가는 불가능했을 것으로 보고 있다. 그리고 이들은 교회가 현대적 정황에 상응하는 메시지와 제도적 장치를 준비하고 있었다는 사실을 주목했다. 그러나 현대 교회의 교세 성장의 원인을 올바로 파악하기 위해서는 이 두 가지 모두 다 고려되어야 할 것이다.[15]

그런데, 교회 성장 내지는 교세 증가의 원인을 본격적으로 검토하기에 앞서, 이에 관한 일반 신도들의 견해를 알아보고자 한다. 신도들의 이에 관한 견해는 비록 사회과학적 연구 결과는 아니라 하더라도 이 문제의 이해를 위한 단초를 얻을 수 있을 것이다. 또한 우리는 새로운 영세 입교자들의 입교 동기를 검토함으로써 교세 증가의 원인을 간접적으로 이해할 수도 있을 것이다.

---

15) 鄭鎭弘, 1987, 「韓國社會의 變動과 基督敎」『社會變動과 韓國의 宗敎』, 韓國精神文化研究院, 283~284쪽.

일반 신도들은 현대 한국 사회에 있어서 급격한 교세의 증가가 가능했던 원인으로는 "현실에서 하느님의 축복을 받기 위해서"라고 보는 사람(13.9%)보다는, "가톨릭이 참 종교라고 느껴지기 때문"이라고 보는 사람(36.3%)이나 "교회가 우리에게 위안과 희망을 주고 있기 때문"이라고 보는 사람(38.4%)이 월등히 많았다.16) 그리고 새롭게 입교한 사람들을 대상으로 한 사회 조사에서도 "마음의 평화를 얻기 위해" 입교한 사람들이 (36.4%) 자신의 입교 동기로 다른 원인을 제시한 사람들보다 월등히 많았다.17) 물론, 이러한 조사에서 "왜" 가톨릭을 참 종교로 느꼈는지 그리고 가톨릭교회의 "어떠한" 측면에서 위안과 희망을 주었는지를 밝히지는 못했다. 가톨릭의 어떠한 측면에서 마음의 평화를 얻게 되었는지를 논하고 있지도 않았다.

그러나 이러한 조사 결과를 참고하여 생각해 볼 때 1980년대 한국 천주교회가 성장할 수 있었던 원인으로는 먼저 현대 한국의 사회적 상황을 주목할 수 있을 것이다. 즉, 현대 한국 사회는 남북 분단 체제의 고착화로 인해 각종 규제가 지속되고 있다. 그리고 급격한 도시화와 산업화의 과정에서 인간 소외 현상이 강화되고 인간성에 대한 침해가 자행되고 있다. 이러한 상황에서 자아정체自我正體(self-identity)의 확립과 상황 정의狀況定義(situation-definition)의 부여를 위해 적지 않은 사람들이 천주교회를 찾게 된 것으로 볼 수 있다.

그러나 이상과 같은 사회적 정황에서만 천주교 교세 성장의 원인이 논의될 수는 없다. 왜냐하면 동일한 사회적 정황 속에서도 천주교회의 성장도가 개신교나 전통 종교의 그것보다는 2배 정도 높은 것으로 나타나고 있기 때문이다.18) 그렇다면 우리는 교세 증가의 또 다른 원인을

---

16) 천주교회 200주년 기념 사목회의위원회 편, 1985, 『사회조사보고서: 200주년 기념 사목회의』, 천주교회 200주년 기념 사목회의위원회, 351쪽.

17) 노길명·오경환 공저, 1988, 앞의 책, 351쪽.

18) 한국 갤럽조사연구소, 1990, 『韓國人의 宗敎와 宗敎意識: '80년대 全國民의 宗敎

1980년대 한국 천주교회 안에서 찾아보아야 할 것이다. 즉, 이 시기의
천주교회는 현대의 위기 상황에 대처해 나가려는 의지와 노력이 다른 종
교 집단보다는 상대적으로 강했다. 그리고 이 시기의 천주교회는 이러한
의지와 노력의 강화 이외에 자신의 각종 역량(신학적, 문화적, 경제적, 사회적
역량)을 강화시켜 나가고 있었다. 이 과정에서 천주교회는 적지 않은 사
람들에게 마음의 평화를 줄 수 있고 희망을 줄 수 있는 종교로 인식되어
갔을 것으로 추정된다.

천주교회가 이와 같이 긍정적으로 평가를 받을 수 있었던 까닭은 사
회 개발 내지는 사회 복지를 위한 교회의 활동 및 인권과 사회 정의의
구현을 위해 교회가 견지했던 자기희생적 입장이 일반인들에게 일정한
감명을 주게 된 결과라고 지적되기도 한다. 즉, 1980년대 한국 천주교회
는 현대 한국의 사회·문화적 위기 상황에 조응하여 이를 극복하려는 노
력을 전개해 나갔다. 이 과정에서 천주교회는 오늘의 한국이 다 종교 사
회임에도 불구하고 다른 종교 집단보다는 더 두드러진 교세 성장을 이룰
수 있었던 것으로 생각된다.

한편, 현대 한국 교회의 성장 요인으로는 이상과 같은 사회적 정황이
나 교회 자체의 특성과 함께 오늘날 한국 사회가 가지고 있는 문화적
특성도 주목해 보아야 한다. 오늘날 한국 사회의 문화적 특성 가운데 하
나로는 다 종교 사회임과 동시에 무종교 인구가 적지 않다는 현실을 우
선 주목할 수 있을 것이다.

오늘날 한국 사회에서 종교를 믿고 있는 사람은 전체 인구의 49.0%
로 추정되는 반면, 종교를 믿지 않는 사람들은 51.0%에 이르고 있다.[19]

　　實態와 意識의 변화를 밝힌 綜合報告書』, 60쪽.
　　여기에서는 1984년부터 1989년 사이에 불교는 11.2%, 개신교는 11.6%가 증가한
　　반면 천주교의 증가율은 22.8%에 이르러 천주교가 타종교에 비해 약 2배가량 증
　　가한 것으로 밝혀지고 있다.
19) 한국 갤럽조사연구소, 1990, 앞의 책, 27쪽.

즉, 오늘날 한국인 가운데 절반 이상이 아무 종교도 가지고 있지 않은 무종교이다. 한편, 1980년대 천주교회 교세 확장 과정에서 해마다 평균 13만 내외의 새로운 신도들이 늘어나고 있으며, 이 새로운 신도들 가운데 신도 가정에서 출생하여 유아 세례를 받은 경우는 대략 20% 미만에 이를 것으로 추정되며[20] 새로운 영세자의 대부분은 무종교인이거나 타종교로부터의 개종자일 것이다. 그런데 천주교 신도 중 불교나 개신교로부터 개종한 사람은 전체 신도의 7.5% 정도에 불과한 것으로 조사된 바 있다.[21] 그렇다면 천주교에 입교한 신도들은 대부분 무종교인이었던 것으로 추정된다. 이처럼 준수해 나가야 할 기존의 종교적 가치가 없던 상황에서 많은 이들은 천주교 신앙에 대해 기존의 편견이나 저항감이 없이 비교적 용이하게 접근할 수 있었던 것이다. 다시 말하자면, 현대 한국 천주교회에 있어서 신입 신도들의 주류는 타종교로부터의 개종자가 아니라 무종교인이었다가 새롭게 천주교 신앙을 갖게 된 사람들이다. 이들에게는 개종에 따르는 문화적 갈등이나 주위의 견제가 없었다. 그러므로 이들이 천주교 신앙을 수용하는 데에는 다른 지역의 개종자들과는 달리 큰 어려움이 없었을 것으로 생각된다. 이 점을 감안할 때 1980년대 한국 교회가 양적으로 성장하게 된 배경으로는 현대 한국 사회에서 드러나는 광범위한 무종교 현상도 충분히 감안되어야 할 것이다.

요컨대, 1980년대 한국 천주교회는 현대 한국 사회가 드러내고 있는 제반 사회적 상황이나 문화적 조건 등에 의해 교세의 성장을 이룰 수가 있었다. 그리고 이와 같은 교세 성장의 배경에는 교회 자체의 역량 강화라는 현상도 함께 주목해야 한다. 교회는 이러한 여러 요인들의 복합적

---

20) 유아 세례자에 관한 별도의 통계가 없기 때문에 그 정확한 숫자에 관해서는 알 수 없다. 그러나 1988년도 전국 평균 인구 증가율인 0.97%를 신도들에게 적용하여 신생아의 출산 상황을 추정해 보면 당해 연도 영세자 중 20% 미만만이 유아 세례자로 추정할 수 있을 것이다.
21) 한국 갤럽조사연구소, 1990, 앞의 책, 78쪽.

작용에 의해 성장되어 갔다. 그런데 이와 같은 여러 요인들 가운데 어떠
한 요인이 교세 확장에 더 크게 기여했는지를 검토해 보아야 할 것이다.
그러나 이와 같은 세부적인 검토 작업은 필자의 능력을 벗어나는 것이므
로 여기에서는 문제의 제기로만 그치고자 한다.

3. 사회 개발을 위한 노력

1980년대 한국 사회에서는 사회 개발의 중요성이 다른 어느 시기보
다도 더 강하게 제시되고 있었다. 이러한 상황에서 한국 천주교회에서는
사회 개발에 관한 지속적 관심을 유지하며, 시대의 요구에 부응하는 새
로운 사회 개발을 위해 노력하고 있었다.

흔히들 '사회 개발'이란 개념 안에는 "인간의 능력과 복지의 향상을
도모하고자 시행하는 일체의 활동"이란 뜻이 포함되어 있다. 그리고 이
를 좀더 구체적으로 세분해 보면 사회 복지 사업, 의료 개발 사업, 교육·
문화 사업 등으로 나눌 수 있을 것이다. 이와 같은 사회 개발 분야에 있
어서 현대 한국 천주교회의 기여도를 살펴보고자 한다.

그런데 사회 개발 사업의 추진은 적지 않은 경제력의 뒷받침을 받아
야 가능하다. 교회에서 주관하고 있는 각종 사회 개발 사업은 주로 교회
재정에서 그 운영경비가 충당되고 있다. 따라서 교회의 사회 개발 사업
에 관한 정확한 평가를 위해서는 교회의 전체 재정 규모와, 여기에서 사
회 개발 사업이 차지하고 있는 비중 등이 검토되어야 한다. 그러나 필자
는 이에 관한 충분한 자료를 확보하지 못했다. 그리고 다음의 <표 2>
에서 볼 수 있는 바와 같이[22] 천주교교회는 대략 1천만 평 이상의 토지

---

22) 이 표는 1982년도 말 현재 문화공보부에 종교 법인으로 등록된 단체들을 중심으

를 소유하고 있으며 1982년도를 기준으로 할 때 그 연간 수입도 280억
원 이상에 이르고 있다. 즉, 천주교회는 사회 개발 사업의 추진에 소요되
는 재정의 일부를 자신의 기본 재산 및 헌금 수입 등에 의존할 수 있는
것이다.

〈표 2〉 천주교 및 개신교 기본 재산 및 연간수입(1982년도 말)

단체별		재산현황			연간수입(천원)
		토지(평)	건물(평)	평가액(천원)	
천주교	재단법인(35)	10,651,053	186,790	72,266,547	27,366,452
	사단법인(1)	132	689	85,044	658,080
소계(36)		10,651,166	187,479	76,351,591	28,024,532
개신교	재단법인(79)	13,453,688	1,212,415	163,346,338	49,144,218
	사단법인(15)	248,411	11,010	7,216,740	2,981,751
소계(94)		13,707,099	1,223,425	170,563,078	52,125,969
합계(130)		24,353,265	1,410,904	246,914,669	80,150,501

* 정진홍, 1987, 「한국사회의 변동과 기독교」『사회변동과 한국의 종교』, 한국정신
문화연구원.

한편, 최근 한국인의 종교 의식에 관한 조사에서 헌금의 사용처에 대
한 천주교 신도들의 선호도 조사되었다. 교회의 헌금이 직접적인 선교
사업을 위해 쓰여야 하는가, 아니면 가난한 이웃을 돕는 데에 쓰여야 하
는가를 묻는 질문이 던져졌다. 이 질문 가운데 천주교 신도의 82.1%는
가난한 이웃을 돕는 데에 헌금이 주로 쓰이기를 바라고 있는 반면, 9.3%
의 신도들만이 직접 선교에 헌금이 쓰여야 한다고 대답했다.[23] 이는 대

로 해서 작성된 것으로 생각된다. 그런데 천주교회의 경우 서울대교구와 대구대
교구 그리고 부산교구는 종교 법인이 아닌 학교 법인으로 문교부 소관의 법인이
므로 이 통계 자료에는 이들 3교구가 포함되어 있지 않은 것으로 판단된다. 따라
서 천주교회의 기본 재산이나 연간 수입이 이 표에 나타난 것보다는 월등히 더
많을 것으로 생각된다.
23) 한국 갤럽조사연구소, 1990, 앞의 책, 155쪽.

부분의 신도들이 "가난한 이웃을 돕는 것"이 신앙의 본뜻을 더 따르는 것으로 인식하고 있음을 나타낸다. 바로 이와 같은 인식이 기초가 되어 교회의 사회 개발 사업은 추진되어 나갈 수 있는 것이다.

천주교회에서 지난 1980년대에 추진하고 있던 사회 개발 사업 가운데에서 우리는 우선 각종 사회 복지 사업들을 주목할 수 있다. 천주교의 사회 복지 사업은 이미 박해 시대 때부터 시작된 것이었으며, 그 나름대로의 전통이 굳건히 마련되어 있다. 그러나 이 사회 복지 사업은 각 시대가 직면한 특성에 따라 그 사업의 구체적 형태를 달리하면서 전개되어 왔다. 따라서 1980년대에 전개된 사회 복지 사업들은 그 이전의 것과는 일정한 차이를 드러내고 있는 것으로 생각된다. 우리는 한국 천주교회에서 전개한 사회 복지 사업의 현황과 특성을 다음 <표 3>에서 살펴볼 수 있다.

〈표 3〉 한국 천주교 사회복지기관 설립 현황(1989년 12월 현재)

no.	복지기관		설립연대					소계	'80's전체
		항목	'50's※	'60's	'70's	'80's	미상		(%)
1	결핵 (11)	요양원		2	4	1	2	9	11.11
		재활촌		1		1		2	50.00
2	나환우 (58)	불구환자보호기관	2			1	3	6	16.67
		이동 진료 기관	2			1		3	33.33
		입원·외래진료기관		2	2		3	7	0
		정착마을	12	13	6		11	42	0
3	노인 복지 (88)	경로당				3		3	100.00
		노인대학			2	48	1	51	94.12
		양로원	6	2	6	18	2	34	52.94
4	무의탁 (19)	보호(시설)	2	1	2	10		15	66.67
		식사제공			1	2	1	4	50.00
5	아동 (55)	보육원	7	4	3	3	1	18	16.67
		아동 공부방				4		4	100.00
		아동 상담소				1		1	100.00

		일시 보호소	2			1	1	4	25.00
		유아원		2	2	8	2	14	57.14
		탁아원			1	13		14	92.86
6	여성 (13)	교육·상담기관			3	5		8	62.50
		미혼모보호·상담기관	1		1	2	1	5	40.00
7	의료 (23)	병·의원사회사업과	3			2		5	40.00
		심장환자상담·요양			1			1	0
		자선 병·의원	1	5		2	3	11	18.18
		주말 진료소				6		6	100.00
8	장애인 (78)	기도 공동체			2	6	2	10	60.00
		무의탁 장애인보호				3		3	100.00
		재활기관	2	1	4	20	3	30	66.67
		조기 교육기관			1	7	1	9	77.78
		친목·선교단체			1	14	5	20	70.00
		특수학교	1		1	3	1	6	50.00
9	청소년 (33)	교육기관		2	4	3	1	10	30.00
		근로청년기숙사		1	1	2	2	6	33.33
		보호기관(공동체)			4	9		13	69.23
		직업 훈련 기관		2	2			4	0
10	10. 기타(8)				1	7		8	87.50
	누계		41	38	55	206	46	386	53.37

 * 기본자료 : 「한국가톨릭사회복지편람 1989~1990」
 ** 1950년대 이전에 창설된 기관들은 1950년대의 통계에 포함되어 있다.

　　<표 3>에서 확인된 것처럼 1989년 말 현재 한국 천주교회에서는 386개소의 사회 복지 기관을 운영하고 있다. 특히 현존하는 사회 복지 기관 386개소 중 206개(전체 기관의 53.37%)의 복지 기관들이 1980년대에 시작된 것이다. 이는 다른 어느 시기보다도 지난 1980년대에 사회 복지에 대한 교회의 관심이 고조되어 있었음을 나타낸다. 한편, 1980년대 교회의 사회 복지 사업들은 그 양적인 측면에서뿐만 아니라 질적인 측면에

서도 상당한 변화를 드러내고 있다.

1980년대 교회는 '장애인 복지'와 '노인 복지' 문제에 대해 깊은 관심을 갖고 새롭게 사업을 시작했다. 장애인 복지 분야에 있어서는 종전의 재활 기관의 설치 운영이 1980년대에 이르러 더욱 강화되었다. 그리고 장애인들의 삶의 질을 높이기 위한 기도 공동체의 설립, 친목·선교 단체의 설립과 운영 등이 활발히 진행되어 갔다. 이와 같이 장애인 복지에 대한 관심이 높아진 것은 각종 재해의 증가에 따른 대응책을 마련하기 위해 노력한 결과였다.

한편, 아동 복지 분야에 있어서도 종전과는 다른 변화가 일어나고 있었다. 기존의 아동 복지 사업은 시설 보호 사업이 위주가 되어 왔지만, 이와 같은 경향에 1980년대에는 변화가 일어났다. 그리하여 아동 공부방의 운영, 유아원·탁아원의 설치 운영 등 새로운 사업 영역들이 아동 복지 분야에 추가되었다. 그리고 노인 복지 분야에 있어서도 경로당의 설치 운영이나 노인 대학의 경영 등과 같은 새로운 시도가 1980년대를 중심으로 하여 전개되어 나갔다. 한편 무의탁자 보호 시설들이 증가되어 갔으며 청소년 보호 기관도 새롭게 설치되었다. 그 밖에도 도시 빈민을 대상으로 한 복지 시설의 운영이나 각종 상담 기관의 설치가 진행되어 갔고, 도박이나 음주의 폐해를 막기 위한 모임까지도 조직·운영되는 단계에 이르렀다.

이상에서 볼 수 있는 바와 같이 1980년대 한국 천주교회는 현대 한국 사회의 변화와 그 사회 문제의 새로운 성격 등에 부응하며 사회 복지 사업을 운영해 왔다. 그런데 이 과정에서 교회의 복지 사업 참여에 있어서 큰 변화가 일어나고 있었다. 우리는 이 변화의 실례를 '대구직할시립 희망원'·'마리아 수녀회 갱생원'·'서울시립 성모영보 자애원'·'서울시립 동부 아동상담소'·'서울 장애자 종합복지관' 등의 예에서 찾아볼 수 있다. 이러한 기관들은 정부나 지방 자치 단체에서 직접 운영하던 기관들이었다. 그러나 복지 기관 운영과 관련된 제반 문제점들로 인해 1980년 대에는 이와 같이 대규모 복지 기관들이 천주교의 수도 단체 등에 위임 되었고, 정부나 지방 자치 단체에서는 운영비의 일부를 지원해 주는 형식으로 변모되어 갔다. 그리고 교회 단체에서 설립한 그 밖의 사회 복지 기관들도 그 운영비의 상당 부분을 정부나 지방 자치 단체로부터 지원받아 운영하기에 이르렀다.

한편, 1980년대 한국 천주교회는 의료 개발 분야에 있어서도 일정한 발전을 이룩할 수 있었다. 이 시기 천주교회의 의료 개발에 관해서는 다음 <표 4>를 통해서 확인할 수 있다.

〈표 4〉 한국 천주교회의 의료 개발

구분 / 연도	의사	간호사	병원	침대수	의원외	치료환자 (천명)
1980	921	1,833	31	4,433	21	3,659
1981	1,010	1,977	28	4,486	23	4,158
1982	807	1,959	26	4,593	24	4,279
1983	1,148	2,207	28	5,638	25	4,632
1984	1,239	2,344	27	5,443	25	4,382
1985	1,247	2,632	29	6,427	25	4,844
1986	1,383	2,839	28	6,664	26	5,248
1987	1,416	2,694	27	6,280	24	5,602
1988	1,537	2,932	30	6,716	22	5,727
1989	1,613	3,129	28	6,734	21	5,948

* 기본자료 : CCK, 한국 천주교회 교세 통계

<표 4>에서 나타나는 바와 같이 1980년 한국 천주교회는 31개의 병원과 21개소의 의원 내지는 진료소를 운영하고 있었다. 이 해에 병원의 병상 수는 모두 4,433개로 집계되었으며, 연인원 366만여 명의 환자들을 치료했다. 그런데 1989년에 이르러서는 병원의 숫자가 약간 줄었다 하

더라도 병상 수는 6,734개로 늘어 1980년에 대비하여 34.17%가 증가되었다. 또한 치료 환자 수도 1989년에는 연 인원 595만여 명에 이르러 1980년대에 대비해서 38.49%의 증가를 보였다. 이러한 교회 운영의 의료 기관이 국민 보건의 향상에 미친 영향은 과소평가할 수 없을 것이다. 한국 천주교회는 전체 인구 중 5.98% 정도에 지나지 않는다. 그러나 1981년도 가톨릭 계통의 의료 기관이 진료한 환자 수는 당시 한국 인구의 10.7%에 해당하는 인원이었다.[24)]

1980년대에 이르러서는 천주교회에서 운영하는 의료 복지 분야에서 약간의 변화가 일어났다. 즉, 1980년대 이전에 설치된 각 병원에 사회사업과의 활동이 상대적으로 활발하게 전개되어 나갔다. 그리고 정박아·심장 질환 어린이·뇌성마비아·간질병 환자 등을 위한 치료와 보호 활동이 널리 전개되어 갔다. 또, 수녀가 농촌 보건소장으로 임명받아 의료 봉사에 임하는 모습도 볼 수 있게 되었다. 그리고 1980년대에는 6개소의 주말 진료소가 개설되어 도시 빈민들을 대상으로 한 진료 활동에 투신하기도 했다. 이와 같은 현상들은 1980년대에 이르러 한국 천주교회가 자신의 의료 개발 분야에서도 질적인 전환을 시도해 나간 사례로 지적해 줄 수 있을 것이다.

1980년대 한국 교회는 교육 개발 분야에서도 미약하나마 그 발전에 기여한 바 있었다. 그러나 교육 분야는 다른 사회 개발 분야에 비교할 때 천주교회의 기여와 관심이 상대적으로 적은 분야라고 볼 수 있다. 1980년대 한국 천주교회에서 운영하고 있던 교육 기관에 관해서는 다음 <표 5>를 통해서 살펴볼 수 있을 것이다.

---

24) 박태봉, 1985, 「한국천주교회와 의료사업의 전개과정」『한국교회사논문집』 2, 한국교회사연구소, 78쪽.

〈표 5〉 한국 천주교회의 교육 개발(1980~1989)

적요 \ 연도		1980	1981	1982	1983	1984	1985	1986	1987	1988	1989
유치원	학교수	197	203	251	220	220	221	221	217	221	209
	학생수	15,836	16,874	17,578	18,163	17,742	20,253	18,912	19,574	20,302	19,528
	남학생	8,098	8,831	9,323	9,727	9,182	10,349	9,905	10,370	10,556	10,019
	여학생	7,738	8,043	8,225	8,436	8,560	9,904	9,007	9,204	9,746	9,509
국민학교	학교수	7	7	6	6	7	7	7	6	6	6
	학생수	5,913	5,922	5,933	5,903	6,020	6,069	5,846	5,671	5,513	5,418
	남학생	2,997	3,093	3,121	3,090	3,121	3,100	3,031	2,923	2,799	2,741
	여학생	2,916	2,829	2,812	2,813	2,899	2,969	2,815	2,748	2,714	2,677
중학교	학교수	33	31	31	31	30	29	29	29	26	25
	학생수	36,853	37,716	36,486	35,481	34,176	32,987	30,818	28,241	26,775	22,283
	남학생	13,657	15,307	14,811	14,465	14,035	13,962	13,274	12,033	11,294	9,528
	여학생	23,196	22,490	21,675	21,016	20,123	19,025	17,544	16,208	15,481	12,755
고등학교	학교수	36	36	36	35	35	35	35	35	35	35
	학생수	44,444	46,711	48,160	48,083	51,536	51,786	50,789	52,400	53,742	52,942
	남학생	17,248	19,306	19,034	20,326	20,835	21,346	20,358	21,707	21,848	21,525
	여학생	27,196	27,405	29,162	27,757	30,701	30,440	30,431	30,693	31,894	31,417
대학교	학교수	8	7	8	8	8	9	9	9	9	9
	학생수	11,603	13,886	18,488	19,301	22,222	21,650	21,976	22,158	22,805	23,011
	남학생	4,183	4,940	6,259	6,258	6,976	6,999	7,282	7,239	7,737	7,636
	여학생	7,420	8,946	11,959	13,043	15,246	14,651	14,694	14,919	15,068	15,375

* 기본자료 : CCK, 한국천주교회교세 통계

<표 5>에서 드러나는 바와 같이 1980년대 한국 천주교회는 유아 교육과 고등 교육 분야에 서는 나름대로의 관심이 주어지고 있었다. 그러나 초등 교육 및 중등 교육 분야에서 그 관심의 폭은 매우 축소되어 있는 것으로 나타난다. 이 시기, 천주교회의 교육 개발이 한국 사회 전체에서 차지하고 있는 비중을 검토해 봄으로써 우리는 천주교회 교육 개발 사업의 위상을 객관적으로 이해할 수 있을 것이다.[25]

즉, 1981년도를 기준으로 할 때, 유아 교육 분야에서 천주교회는 전국 유치원수의 6.75%에 해당하는 유치원을 운영하고 있다. 반면에 국민학교(초등학교)의 경우에는 전체 국민학생(초등학생) 중 0.05% 미만의 학생들만이 교회에서 경영하는 국민학교에 재학하고 있었다. 또한 중등 교육 분야에서도 천주교회의 교육 기관이 차지하는 비율은 상대적으로 낮다. 즉, 중학교 재학생의 0.87%만이 천주교 계통의 중학교에 재학하고 있다. 그러나 고등학생의 경우에는 이보다는 비율이 다소 높아져 전체 고교생의 2.57%가 교회에서 운영하는 학교에 등록되어 있다. 또한 전문대학 이상의 고등 교육 기관에 재적 중인 학생들 중 1.93%가 천주교 계통의 고등 교육 기관에 적을 두고 있다. 그리고 이와 같은 상황이 1980년대에도 획기적으로 개선되지는 아니했다.

이러한 통계를 통하여 알 수 있는 바와 같이 오늘날 한국의 교육 개발에 대한 천주교회의 직접적인 기여도는 매우 약하다. 이와 같은 현상이 나타나게 된 원인으로는 한국 사회에 있어서 교육 분야는 비교적 발전된 분야이므로, 이보다 더 시급한 문제들의 해결을 위해 자신의 역량을 투입하려 한 한국 천주교회의 판단을 들 수 있을 것이다. 그러나 이 시기 천주교회는 교육 개발의 요체가 학교의 직접적인 설립 내지는 운영에 있는 것이 아니라 인간 개발 그 자체에 두어져야 함을 상대적으로 소홀히 취급한 듯하다. 그러므로 이 시기 천주교회에서는 자신이 직접 운영하는 학교나 본당에 소속된 학생들에 관해서는 일정한 관심을 가지고 있었다 하더라도, 일반 학생이나 학교 교사들을 위한 프로그램은 제대로 개발해 나가지 못했다. 그리고 전국 교원 노동조합 문제가 제기되었을 때 교회 내의 학교 경영자들 중 상당수는 수동적·방어적 입장을 취하게 되었던 것으로 생각된다.

---

25) 대한교육연합회, 1982, 『한국교육연감』, 새한신문사 등의 자료를 참조하여 이와 같은 비교를 시도했다.

한편, 1980년대 한국 천주교회는 민족 문화의 발전이나 한국 가톨릭 문화의 형성을 위한 구체적 노력이 부족했다. 물론, 이 시기 가톨릭 학술과 예술의 발전을 위한 노력이 부분적으로 전개된 바가 있었다. 그러나 이러한 문화적 활동이 교회의 적극적 관심과 지원에 의해 진행된 것은 아니었다. 그런데 인간의 능력과 복지 향상을 위해서는 문화의 발전이 수반되어야 한다. 그렇다면 교회 당국에서는 사회 개발 내지는 인간 개발의 차원에서 문화 발전에 대한 관심이 강화되어야 할 것이다.

요컨대, 1980년대 한국 천주교회는 사회 상황의 전개에 조응하며 각종 사회 개발 사업을 추진하고 있었다. 이 사업들 중에서 사회 복지 분야는 전 단계에 비하여 이 시기에 장족의 발전을 보게 되었다. 그리고 교회의 의료 개발에 대한 기여도 등도 긍정적 평가를 내려 줄 수 있을 것이다. 교육·문화 부분에 대해서는 일부 문제점을 지적할 수도 있을 것이다. 그런데 사회 개발 사업이 종전에는 '간접 선교'의 범위 안에 포함되어 있었다. 이는 직접적 복음화 작업의 차원에서 중시되어야 한다. 1980년대 말에 착수된 '한 마음 한 몸 운동'과 같은 한국 천주교회의 사회 개발을 위한 새로운 움직임들이 활성화되어 나가야 할 것이다.

4. 정의 평화 운동의 전개

1980년대 한국 사회는 분단 체제의 지속·권위주의적 통치 형태의 지속·산업화 과정에서의 각종 문제점 노출 등으로 인해 적지 않은 혼란을 겪어 왔다. 이 혼란의 와중에서 정의와 평화에 반대되는 현상이 빈번하게 야기되었다. 그리고 1970년대의 활동을 경험으로 삼아 천주교회의 정의 평화 운동이 지속되어 나갔다. 정의 평화 운동은 불의와 반 평화적 상황에 대한 저항 운동이며, 인간의 행복을 증진시키고 인간성의 고양을 목적으로 하는 실천적 운동이다.

'정의'라는 말은 모든 사람들의 동등한 품위의 인정, 행복한 발전, 기본적 인권의 옹호, 주요 생활필수품의 공정한 분배 등을 뜻한다. 그리고 인간의 삶을 온전하게 유지하기 위해 전쟁과 폭력·갈등과 적대관계를 제거하고, 인간의 삶을 희생시키고 소외시키는 빈곤이나 차별·억압·예속과 같은 구조적 폭력을 없애려는 것이 곧 평화 운동인 것이다. 그렇다면 1980년대의 정의 평화 운동을 검토하기 위해서는 민주화 운동·농민 운동·노동 운동·여성 운동 등과 같은 정치·사회 운동 이외에도 환경 운동이나 분단 체제 극복 운동도 주목해 보아야 할 것이다.

복음화의 개념 안에는 교세 확장을 위한 직접적인 노력 이외에도 정의와 평화를 구현하기 위한 노력도 동등하게 포함되어 있는 것으로 오늘의 교회에서는 가르치고 있다. 그런데 이와 같은 복음화의 개념에 대한 인식도는 상당히 낮은 편으로서 일반 신도들의 30% 정도가 이를 올바로 인식하고 있고, 천주교회의 사회 운동 단체 회원들 가운데에서도 60% 내외의 사람들만이 복음화의 개념을 올바로 가지고 있는 것으로 나타났다.[26] 이는 신도 대부분뿐만 아니라 천주교 사회 운동 단체 회원 중 일부에서까지도 정의 구현 운동과 복음화는 무관한 것으로 인식하고 있음을 뜻한다. 그러므로 교회 내에서 정의 평화 운동의 위상을 올바로 정립하기 위해서는 신도들에게 복음화의 올바른 개념을 일깨워 줄 필요가 있을 것이다.

1980년대 한국 천주교회의 신도들 대부분은 비록 복음화와 정의 평화 운동을 일치시켜 생각하는 데에까지 이르지는 못했다 하더라도, 신도 대다수는 교회의 사회 참여 활동 내지는 정의 평화 운동에 긍정적인 평가를 내리고 있다. 우리는 이와 같은 신도들의 견해를 다음 <표 6>을 통하여 확인할 수 있을 것이다.

---

26) 가톨릭정의평화연구소, 1990, 「한국 천주교 사회 사목을 위한 의식 조사」 참조.

〈표 6〉 한국 천주교회의 사회참여에 대한 태도

구 분	실 수	%
대단히 찬성한다.	333	30.05
어느정도 찬성한다.	486	44.5
찬성도 반대도 하지 않는다.	128	11.7
약간 반대한다.	95	8.7
대단히 반대한다.	31	2.8
무 응 답	20	1.8
계	1,093	100.0

* 노길명·오경환 공저, 1988, 『가톨릭 신자의 종교 의식과 신앙 생활』, 가톨릭 신문사, 77쪽.

즉, 1987년에 진행된 신도들의 의식 구조에 대한 조사 결과, 대부분의 신도들은 교회의 사회 참여 활동에 대해 적극적인 관심과 지지를 나타내고 있었다. 이러한 신도들의 경향은 한국 천주교회의 사회 참여 활동이 신자들에게 폭넓은 지지를 얻고 있음을 뜻하는 동시에, 한국 교회가 신도들의 의식 계발에도 상당한 성과를 얻었음을 반영하는 것이라고 할 수 있다.[27] 그리고 이 시기의 신도들은 정의 구현 운동을 복음화 작업의 일환으로 생각하지는 않았다 하더라도 교회에서 정의로운 일을 하는 데에는 찬성하고 있었던 것이다.

1980년대의 한국 천주교회는 이상과 같은 신도들의 지지를 받으면서 여러 분야에 걸쳐 정의 평화 운동을 전개해 나갔다. 이러한 운동 가운데 민주화 운동부터 간단히 검토해 보겠다. 1980년대 교회의 민주화 운동은 광주 민중 항쟁에 대한 참여와 지원으로부터 시작되었다. 그리고 1986년에는 민주화 운동에 본격적으로 착수하였고 그 일환으로 'KBS 시청료 거부 운동'이 일반 국민들의 광범위한 참여 속에서 성공적으로 진행되어 갔다. 또한 1987년에는 '민주 개헌'을 촉구하는 운동이 진행되었으며 이 일련의 운동은 이른바 '6·29 선언'을 가능케 하는 데에 기여했다. 또한

---

27) 노길명·오경환 공저, 1988, 앞의 책, 77쪽.

이 해에는 '민주 쟁취 천주교 공동위원회'가 결성되었고, 1988년 '천주교 정의 구현 전국 연합'이 발족하게 되었다. 이러한 조직체의 출현과 함께 교회 내에서 민주화 운동에 참여하고 있던 신도들의 결속이 강화되어 갔다. 그리고 이와 같은 진보적 경향에 반대하고자 하는 대항 조직의 출현이 몇몇 계열의 인사들에 의해 준비되어 가고 있었다.

한편, 이 시기 노동 운동, 농민 운동의 분야에서 사회 참여도 진행되어 갔다. 그러나 1980년대 전반에 걸쳐 진행된 노동 운동 탄압의 과정에서 가톨릭 노동 운동도 상당히 위축될 수밖에 없었다. 그래도 교회의 노동 운동가들은 '노동법 개정 청원 운동' 등 대중 운동을 추진시켜 나갔고(1985), 노동 상담소 등의 활동을 통해 노동자 권익의 신장에 기여하고 있었다. 또한 이 시기 교회는 노동자 복지 문제에 관심을 가지고 그 복지의 증진을 위해 노력했다.

이 시기에 있어서 농민 운동은 비교적 활발하게 전개되고 있었다. 가톨릭 농민회가 중심이 되어 '민주 농정 실현을 위한 전국 농민대회'가 개최된 바 있었고(1980), 소 값 피해 보상을 위한 가톨릭 농민회의 노력이나 '미국 농축산물 수입 저지 대회' 등은 사회의 주목을 집중시켰다. 그리고 가톨릭 농민회는 '헌법 개정 농민 공청회'를 주도한 바 있었고 (1987), '농민 생존권 보장 촉구 기도회'·'농축산물 수입 반대 전국 농민 결의 대회' 등을 열어 농업 생산의 기반을 다지려는 데에 노력했다. 또한 가톨릭 농민회는 전국 농민회의 결성에 크게 이바지하여, 우리나라 농민 운동의 새 장을 여는 데에 기여했다. 이러한 각종 운동과 함께 가톨릭 농민회는 생명 운동에의 참여를 시도하게 되었다. 그리하여 가톨릭 농민회는 현대 한국의 농민 운동이나 농업 문제를 이해하기 위해서는 반드시 짚고 넘어가야 할 중요한 의미를 부여받기에 이르렀다.

이 밖에도 1980년대의 천주교회에서는 몇몇 분야에 걸쳐 사회 정의의 구현을 위한 노력을 전개했다. 즉, 천주교회는 도시 빈민 문제에 관심을 갖게 되었으며, 환경 운동 내지는 반 공해 운동에도 참여하게 되었다. 그리고 사회 운동적 차원에서의 가톨릭 여성 운동의 가능성이 조심스럽게 모색되기도 했다.

한편, 1980년대는 천주교회의 평화 운동 내지 통일 운동의 전개에 매우 뜻 깊은 시기로 평가될 수 있을 것이다. 즉, 이 시기에 이르러 교회는 평화 운동을 본격적으로 전개해 갔고, 민족의 분단을 극복하고 한반도 안에서 진정한 화해와 평화를 이루기 위한 노력들이 구체적으로 표현되기 시작했다.[28] 교회는 다음의 기도문들을 통해서 드러나는 바와 같이 민족의 화해와 통일을 기원하고 있었던 것이다.

> 북한 땅 침묵의 교회를 부활케 하사, 삼천리 방방곡곡에서 당신을 찬양하게 하소서(1980년 제정, 조선교구설정 150주년 기도문).

> 복음을 줄기차게 전하여 구원의 은총이 샘솟고 구원의 빛이 북녘 어두움도 비추게 하소서(1982년 제정, 한국천주교회 200주년 기도문).

> 분단의 쓰라림과 사회적 정치적 갈등으로 깊은 상처를 안고 있는 우리 민족을 일으켜 주시며 부드럽고 다사로운 어머니의 마음이 우리의 마음이 되어, 모든 이가 서로 사랑하는 가운데 화합하여 밝은 마음으로 기쁘게 살아가도록 인도하여 주소서(1983년 제정, 성모성년 기도문).

> 이 겨레 안에 화해와 일치가 이루어져 하느님 나라가 이 땅에 임하게 하소서(1984년 제정, 103위 성인 기도문).

> 당신은 또한 스스로를 바치심으로써 갈라진 민족들을 서로 화해시키시고 하나로 묶는 평화가 되셨나이다. … (우리도) 우리 자신을 바침으로써 이웃과 세계에 화해와 평화를 이루는 일꾼이 되게 하소서(1987년 제정, 세계 성체대회 기도문 Ⅱ).

---

28) 조광, 1990, 「분단의 역사와 한국 교회」 『세계 평화와 한반도 평화』, 일선기획, 105~120쪽 참조.

남북으로 갈라진 우리나라와 전쟁이 끊이지 않는 이 세상에 평화가 넘치
도록 우리 모두 예수님의 평화를 전하는 작은 일꾼이 되게 해주세요(세계성
체대회 어린이 기도문).

이상의 기도문들을 통해서 살펴볼 수 있는 바와 같이 1980년대의 한
국 교회는 중요한 기도문을 제정할 때마다 민족의 화해와 통일을 기원하
는 내용을 포함시켰다. 이 시기에 교회는 주교단 산하의 기구인 '북한선
교위원회'를 구성하여 북한의 선교 문제에 관심을 표현하였다(1985). 또
한 '통일사목연구소'를 발족시켜 민족의 화해와 평화적 통일 그리고 북
한 선교에 관한 문제의 체계적 연구를 시도해 보고자 했다(1988).

'천주교 정의구현전국사제단'에서는 한국 현대 사회가 드러내고 있는
부조리 현상의 주요 원인이 분단 구조에 있음을 생각하고 통일 운동에
적극적 자세를 갖추어 갔다. 그리고 한국 여자 수도자 장상 연합회에서
도 민족의 화해와 통일에 대한 관심을 드러내어 민족의 통일이 성취될
때까지 계속 기도를 진행시킬 것을 결의했다(1989). 그러나 이 시기 민족
화해와 재일치를 지향하며 전개된 여러 일들 가운데 '통일 열사'로 지칭
되고 있는 조성만 군의 명동 성당에서의 죽음(1988), 임수경 양과 문규현
신부의 북한 방문(1989) 등은 교회 안팎에 큰 파문을 일으켜 주었다.

1980년대 한국 교회의 신도들 가운데 상당수는 민족의 통일을 위한
교회 활동에 지지를 표한 바 있다. 즉, 1987년도에 시행된 한 사회 조사
에서는 응답자의 68.8%가 교회의 민족 화해를 위한 노력에 지지를 표했
다.[29] 물론 이 사회 조사는 1989년도의 이른바 공안 정국이 전개되기
이전에 전개된 것이므로 1989년 말의 상황을 반영한 것은 아니다. 그렇
다 하더라도 한국 천주교회의 신도 중 상당수는 민족의 화해를 위해 교
회가 기여해 줄 것을 바라고 있는 것이다.

그러나 1980년대의 한국 교회에서는 민족의 화해와 재일치 그리고

---

29) 노길명·오경환 공저, 1988, 앞의 책, 91쪽.

북한에 대한 복음화의 문제를 이론적으로 연구하는 데에는 실패했다고 볼 수밖에 없다. 뿐만 아니라 한국 교회는 이를 위한 실천적 노력도 부족했다. 그렇다면 민족 화해와 관련하여 1980년대가 한국 천주교회에서 갖는 의미는, 한국 교회가 매카시즘적 반공주의를 점차 탈피해 가며 평화 통일의 원칙을 확인하고 수용하는 단계였고, 일부 자기희생적 인사들에 의해 민족 화해 문제에 대한 교회의 본격적 관심 표명이 촉구되던 단계였다는 데에 국한하여 평가해 주어야 할 것이다.

요컨대, 1980년대 한국 천주교회는 정의 평화 운동 분야의 전개를 주도했다고 할 수 있었다. 그리하여 1980년대 한국 사회의 민주화 운동에 적지 않은 기여를 했다. 또한 농민 운동 등의 분야에서도 주도적 역할을 수행했다고 할 수 있을 것이다. 한편, 이 시기에 교회의 통일 운동도 비교적 활발히 전개되어 갔다.

이 시기의 한 특징으로 1970년대에 비하여 정의 평화 운동에 대한 신도들의 적극적 참여 양상이 강화되어 갔음을 들 수 있다. 그 운동의 성격도 "이웃을 위한 운동"으로부터 "이웃과 함께 하는 운동"으로 점차 전환되어 가기 시작했다. 이러한 운동에의 참여 과정에서 교회의 적지 않은 성직자·수도자·신도들은 정부 당국으로부터 감시·체포·구금되기도 했으며 테러의 위협을 당하기도 했다. 교회의 시설물에 대한 의문의 화재 사건도 교회의 사회 정의 운동에 대한 권력 기관의 보복 행위로 추정되기도 했다.

교회가 이와 같은 피해를 당하고 있었다 하더라도, 1980년대 한국 천주교회를 배경으로 하여 이 운동에 참여하고 있던 사람들은 다른 기관에 소속된 운동가들보다는 더 큰 보호를 교회로부터 받고 있었다고 볼 수 있다. 그러나 이 시기의 교회는 자신의 활동 성과에 대해 자만할 수만은 없을 것이다. 이 시기에 천주교회가 민족의 복음화를 위해 정의 평화 운동에 참여한다는 자세를 일치된 마음으로 굳세게 지켜 왔는지에 관해 의

문의 여지가 있기 때문이다. 다시 말해, 이 시기의 교회가 정의 평화 운동 분야에서 자신이 분담해야 할 책임을 충실히 완수했는지에 대해서 검토의 여지가 있기 때문인 까닭이다.

5. 맺음말

이상에서와 같이 우리는 1980년대 한국 현대 천주교회사의 전개 과정에 대하여 검토해 보면서 그 특징과 과제가 무엇인지를 살펴보았다. 1980년대 한국 천주교회의 교세는 1970년대에 대비하여 월등한 발전상을 드러내 주었다. 이와 같은 교세 발전의 원인은 한국 현대 사회와 문화가 가지고 있는 상황에 기인한 바도 적지 않았다. 이와 함께 교회 자체의 각종 역량이 성숙되어 나간 데에서도 우리는 그 원인을 찾아야 할 것이다.

교회 역량의 성장이라는 내용을 구체적으로 이해하기 위해서는 사회 개발 사업의 추진이나 정의 평화 운동의 전개와 같은 부분도 충분히 검토되어야 할 것이다. 교회는 1980년대 사회 개발 사업에서도 일정한 성장을 이룰 수 있었다. 그리고 정의 평화 운동의 실천에서도 1980년대 전개된 민주화 운동이나 농민 운동을 통해서 검증할 수 있는 바와 같이 한국 사회의 발전에 대한 천주교회의 역할도 일정한 범위 안에서 인정될 수 있을 것이다. 그러나 이 시기의 현대 한국 교회사가 가지고 있는 제반 특성을 객관적으로 인식하기 위해서는 자기 과시적 차원이나 자아도취적 입장에서 자신의 역사를 논하기보다는 반성적 입장에 굳건히 서야 할 것이다.

한편, 1980년대 한국 천주교회의 특성은 이상과 같은 문제들의 검토를 통해서만 검증될 수 있는 것은 아니다. 우리는 이외에도 1980년대의 주요 사건이 대규모 신앙 대회들의 공과功過에 대한 객관적 분석을 시도해야 할 것이다. 그리고 이 시기에 한국 교회가 드러내고 있었던 신학 사상적 특성에 관해서도 밝혀 보아야 할 것이다. 그리하여 이 시기의 교회가 가지고 있는 영성적 특성을 밝히고 한국 천주교회가 전개하고 있는 국내 선교와 해외 선교에 대한 구체적 상황이 검토되어야 한다. 또한 다종교 사회에서 한국 천주교회가 타종교와의 대화를 어떻게 시도해 가고 있으며, 민족 문화와 그리스도교 문화의 화해와 일치를 위해 어떠한 노력을 전개하고 있는지도 밝혀야 할 것이다. 그러나 본고에서 이러한 문제를 고찰하는 것은 지면 관계로 생략하기로 하고 다른 기회에 별도로 서술해 보고자 한다.

제6장 한국 근현대사 속의 교회, 그리고 미래

1. 시작하는 글

현재 한국사회에서는 새로운 천년을 맞이하는 과정에서 자신의 과거와 현재에 대한 성찰이 다방면에 걸쳐서 시도되고 있다. 이러한 성찰은 한국의 미래를 전망하고, 이에 대한 대책을 마련하려는 데에 목적을 두고 있다. 흔히 말하기를, 미래에 대한 예측의 능력은 과거에 대한 지식에 비례한다는 말이 있다. 이는 미래를 알기 위해서 과거와 현재를 분석하는 일종의 방법론인 것이다. 이 방법론은 인류가 걸어온 역사 과정을 통해서 그 정당성이 실증되었다. 그러므로 현재 우리 사회에서 진행되고 있는 과거와 현재에 대한 성찰 작업은 미래를 전망하기 위한 올바른 방법인 것이다.

한국 천주교회도 '2000년 대희년 주교특별위원회'를 중심으로 하여 새로운 천년기를 준비하기 위한 작업을 수행해왔다. 이 특별위원회는 소책자의 발간 등을 통해서 대희년 맞이를 준비했고, 그 의미를 밝혀주었다.[1] 여기에서 간행된 책들은 대희년에 관한 신학적 접근을 전제하고

---

[1] 한국천주교주교회의 '2000년 대희년 주교특별위원회'에서는 대희년 길잡이로『주교단 사목교서』,『희년의 성서적 근거와 우리의 현실』,『희년의 그리스도 신앙적 의미』,『희년의 실천적 구현과 우리의 미래』,『생명을 주는 힘이신 성령』등 다섯 가지의 소책자를 간행했다. 또한 '대희년 맞이 교육자료'로「상징에서 변화로 :

있으며, 본당 차원의 실천 방안을 제시했다. 그러나 한국교회에서는 대희년 혹은 새로운 천년기에 대한 역사과학적 내지는 사회과학적 접근에는 뚜렷한 업적이 나타나지 않고 있는 듯하다. 미래 교회에 대한 견고한 전망을 제시하기 위해서는 한국교회의 과거와 현재에 관한 본격적인 분석 작업이 계속해서 요청되고 있다는 사실을 확인하게 된다.

본고에서는 먼저 한국 근현대사에 한국교회의 역사적 현황이 어떠했으며, 그 기능이 무엇이었는지를 요약하여 정리하겠다. 한국교회의 과거와 현황에 관한 연구는 부분적으로 진행된 바도 있었다.[2] 그러므로 본고에서는 이러한 기존의 연구를 기초로 하여 새 천년기의 출발점에 들어선 교회의 미래를 전망해 보고자 한다. 즉 여기에서는 한국교회의 과거와 현재에 대한 이해를 전제로 하여 앞으로 전개될 가까운 미래에 교회가 수행하게 되거나, 사회로부터 요청 받게 될 과제들을 확인해 볼 것이다.

이 글의 서술을 위한 편의상 한국교회의 역사 전개 과정을 몇 단계로 나누어야 한다. 그 첫째 단계로는 전근대前近代(1784~1895) 사회에서의 신앙실천을 주목할 수 있다. 조선 교회의 창설은 1784년을 기점으로 삼고 있다. 그리고 조선왕조에서 신도들이 신앙의 자유를 명시적으로 획득하게 된 때는 1895년이었다.[3] 교회에 대한 탄압에 맞서 신앙고백이 진

성령의 본당교육자료」,「그리스도께 문을 활짝 열어라 : 대희년 맞이 실천 방안」,
「은사 쇄신과 어둠의 세력」,「성령강림청원 9일기도」,「새날 새삶」,「대희년을
준비하며 : 성부의 본당교육자료」,「제삼천년기」등을 간행해서 보급했다. 그리고
「대희년 구세주강생」이라는 제목의 리플릿(leaflet)을 간행해서 대희년을 홍보했
다. 그러나 이러한 자료의 보급 결과와 그 효과에 관한 보고서는 마련되어 있지
않다.
 2) 한국교회의 현황에 관한 연구로는 다음과 같은 글을 본고와 함께 참고할 수 있을
것이다.
조광, 1990,「1980년대 한국천주교회에 대한 반성」『사목』141, 한국천주교중앙
협의회 ; 1990,「1980년대 한국교회사의 특성」『사목』142, 한국천주교중앙협의
회 ; 1991,「한국 천주교회와 현대사회」『사목』150, 한국천주교중앙협의회.
 3) 천주교 명동교회 편, 1986,『뮈텔주교일기(1890~1895)』1, 한국교회사연구소,

행되었던 이 기간은 신앙 자유를 위한 투쟁기로 파악할 수 있을 것이다. 이 시대에 이어서 한국 근대사회(1895~1945)에서 차지하고 있던 교회의 좌표를 확인하고자 한다. 여기에서는 개항기와 일제 식민지시대를 포괄하는 개념으로 근대를 설정하고자 한다.

한편, 해방이후 오늘에 이르는 기간을 한국현대사(1945~1999)로 설정하는 데에 많은 사람들이 동의하고 있다. 이러한 일반적 합의의 틀에 따라 본고에서도 한국교회의 현대를 해방이후 현재까지로 규정해 보고자 한다. 이와 같은 시대에 대한 검토를 기초로 하여 한국교회의 미래를 전망해 보고자 하는 것이다. 새 천년기의 시작점에서 전망하는 미래는 모름지기 천 년 후의 미래까지도 포함되어야 할 것이다. 설령, 천 년 후의 미래를 전망하지는 못한다 하더라도 세기가 전환되는 이 시점에서는 적어도 1백년 후의 미래를 가늠해보려는 노력이 전개되어야 할 것이다. 그러나 여기에서 논할 수 있는 미래의 범위를 정하는 데에는 상당한 숙고가 따라야 한다. 필자에게 천 년이나 백 년 후의 미래는 아직까지도 그 의미를 부여하기 어려운 추상적 시간의 범위에 포함될 뿐이다. 그러므로 본고에서는 앞으로 전개될 미래의 극히 일부분만을 전망해 보고자 한다. 십 수년 정도에 그칠 수도 있는 가까운 미래라 하더라도 이 시기 한국교회와 사회는 극심한 변화를 겪게 될 것으로 예상된다.

이상의 시대구분에서 전근대와 근대의 교회사는 우리의 과거가 될 것이다. 그리고 오늘의 현재라고 할 때에는 1945년 이후 오늘에 이르는 기간을 포괄한다고 말할 수 있다. 물론 1945년은 '55년 전의 현재'로서 오늘의 입장에서는 과거임에 틀림없다. 그렇다 하더라도 해방 이후 발생한 분단 체제와 같은 경우는 오늘의 역사에도 영향을 주고 있으며, 그 밖에

359쪽. 조선교구의 교구장이었던 뮈텔 주교는 1895년 8월 28일 高宗을 알현했다. 여기에서 고종은 뮈텔에게 병인박해의 발생이 자신과는 무관했음을 밝혔으며, 천주교의 존재 및 프랑스 선교사의 선교를 인정했다. 이에 뮈텔 주교는 이 알현 이후 "천주교에 대한 공적인 박해가 마침내 막을 내린" 것으로 기록했다.

정치적 민주화나 경제적 산업화·정보화의 과제는 해방 이후 줄곧 지속
되어 온 화두였다. 이러한 이유 때문에 해방 이후의 시기를 현재로 파악
하고자 한다. 그러나 우리에게 협의狹義의 현재는 1990년대로 국한할 수
도 있을 것이다. 그리고 21세기 이후에 전개되는 시간대는 우리의 미래
가 될 것이다.

  이러한 시대구분의 틀 안에서 먼저 신도들과 성직자의 증가 추이와 함
께 그들에게서 드러나는 특성을 살펴보고 교회의 내적 과제를 추출해 보
고자 한다. 이어서 과거와 현재에 전개되고 있는 한국사회와 교회와의 관
계를 검토하고 이에 기초하여 미래 교회의 사명을 확인해 보고자 한다.
물론 이와 같은 작업이 한국교회의 새천년을 전망하는 본격적 작업으로
평가되어서는 안 된다. 이를 위해서는 역사학과 사회학 그리고 신학과 철
학 등 인문사회과학과 과학기술의 변화나 환경 분야에 대한 연구 등 자연
과학 분야까지 포함하는 학제적 공동 작업이 진행되어야 할 것이다.

2. 신도 수의 증가 상황

  한국교회의 성장 과정을 검토하기 위해서는 우선 신자의 수적 증가
상황을 주목할 수 있을 것이다. 오늘날 한국교회는 1998년 말을 기준으
로 하여 3,676,211명의 신자를 포괄하고 있다.[4] 한국교회가 창설된
1784년 이후 1999년 현재에 이르기까지 한국교회는 신도 수의 지속적
성장을 대체로 유지해 왔다. 즉, 한국교회는 1784년 창설 직후에는 탄압
을 받아왔으므로 그 순탄한 발전이 불가능했다. 그러나 이 박해의 와중

---

 4) 한국천주교중앙협의회 편, 1999,『한국천주교회 통계 1998』, 한국천주교중앙협의
    회 참조.

에서도 지속적인 발전이 가능했고, 1789년에는 신자 수가 4,000여명에 이르렀다.[5] 그 후 신자 수는 박해와 선교로 인해서 감소와 증가를 반복해 오다가 1865년에는 대략 23,000여명에 이르게 되었다.[6] 그렇지만 박해로 인해서 대부분의 신도들이 순교했거나 흩어져 지내게 되었다.

한국교회에서는 1882년에 이르러 신앙의 자유가 묵인되기 시작했다.[7] 그리고 1883년도부터 신자들에 대한 통계가 공식적으로 작성되었고 이 해에 12,035명의 신도 수가 집계되었다.[8] 한국교회는 대원군의 박해 이후 개항을 거쳐 신앙의 자유가 묵인된 직후인 1883년에 이르기까지 대략 11,000여명의 신도가 감소되었다. 그러나 신도 수는 1882년 이후 장족의 성장을 이루어, 신앙의 자유가 공인된 1895년에는 25,998명에 이르렀다. 12년 사이에 신도 수가 13,963명이 증가했다. 이렇게 증가된 신도들 가운데에는 병인박해의 과정에서 숨어 지내던 신도들이 현출顯出하여 등록한 사람도 일부 포함되어 있었다. 그러나 당시 신도들 대부분은 전교를 통해서 새롭게 입교한 경우였다. 20세기가 시작된 1900년

---

5) Gouvea, 1790, 「구베아 서한」『敎會史硏究』8, 한국교회사연구소, 189쪽.

6) 샤를르 달레 著, 安應烈·崔奭祐 譯註, 1980,『韓國天主敎會史』下, 韓國敎會史硏究所, 374쪽.

7) '신앙의 자유'는 '선교의 자유' 외에 '종교 행사의 자유' '신앙 표현의 자유' 등을 포괄하는 개념이다. 그런데 조선교회에서는 1882년 서울에 한한 학교(韓漢學校)를 세우고 사회에 대한 공개적 활동을 시작했다. 물론 당시는 천주교 신앙에 대한 금령이 유지되고 있었던 때이지만, 이와 같은 활동은 천주교 신앙에 대한 묵인이 없이는 불가능했다. 따라서 1882년을 신앙의 자유가 묵인되기 시작한 해로 파악할 수 있다. 후일 1886년 조선에 강요되었던 불평등 조약의 일종인 '한불 조약'의 경우에는 프랑스 선교사들에게 '선교의 자유'를 인정하는 계기를 마련해 주었다. 그러나 조선인들에게 법적으로는 여전히 신앙의 자유가 허용되지 않았다. 따라서 한불 조약의 체결로 인해서도 조선인 신도들의 입장에서는 1882년 이후의 상황이 크게 변한 것이 아니었다. 신앙의 자유가 공인된 것은 각주 2에서 전술한 바와 같이 1895년이었다.

8) 한국가톨릭대사전편찬위원회 篇, 1985, 「한국천주교회 교세통계」『한국가톨릭대사전』, 한국교회사연구소, 322쪽.

도 한국교회의 신도 수는 42,441명에 이르렀다.

1910년 「한일합방」 당시 신도 수는 73,517명이었다. 그리고 1944년 해방 전년도의 신도 수는 만주 지역에 있는 연길교구의 신도들의 숫자를 포함해서 179,114명에 이르렀다. 해방 이후 신자 증가율이 가장 높았던 시기는 한국전쟁의 휴전 직후인 1953년에서 1959년에 걸친 기간이다. 그리고 1962년에는 신자 수가 530,217명에 이르러 그 수가 50만 명을 초과하게 되었다. 1974년이 되자 한국교회의 전체 신도 수는 1,012,209명에 이르렀다. 이는 한국교회가 창설된 지 90년 만에 100만 신자를 돌파한 것이며, 1962년 이후 12년 만에 신자 수가 두 배로 증가하게 된 것이다.

1986년에는 한국교회의 전체 신자가 214만여 명을 돌파하여 200만 신자 시대에 접어들었다. 신자 수가 100만 명을 넘은 1974년 이후 12년 만에 다시 두 배로 증가한 것이었다. 그리고 그로부터 6년 후인 1992년에는 다시 신자 수가 300만 명을 상회하게 되었고, 그 때로부터 다시 8년 후가 되는 2000년도에 한국교회의 신도 수는 400만 명에 이르게 될 것이다. 신자 수가 200만이었던 해가 1986년이었음을 감안하면 이로부터 14년 후에 또 다시 신자 수가 늘어나게 된 것이다. 이와 같이 20세기 한국교회는 매우 빠른 속도로 신자 수가 증가되어 갔다.

한편, 이 시기 신자들의 증가율에 대해서 살펴보면 다음과 같은 결과를 얻을 수 있다. 즉, 개항기 신앙 자유가 허용된 직후인 1885년부터 1900년까지는 신자 증가율이 7.87%에 이르렀다. 반면에 조선에 대한 일제의 침략이 본격적으로 전개되던 1900년대 첫 10년간 신자 증가율은 5.7%로 둔화되었다. 그러나 1885년에서 1910년에 이르는 기간 동안 한국천주교회는 신자 증가율이 6.98%에 이르렀다. 반면에 일제 식민지 치하에서 신자 증가율은 2.73%에 지나지 않았다.

신자 증가율이 폭발적으로 급증한 시기는 한국전쟁이 끝난 직후 1950년대이다. 이 때는 16.5%에 이르는 고도의 증가율을 나타냈다. 그 이후

1960년대에는 6.2%, 1970년대에는 5.2%, 1980년대에는 7.5%의 증가율
이 기록되었다.[9] 그러나 1990년대에 들어서는 신자 증가율이 급속히 하
락했고 입교자 절대 수가 감소의 경향을 드러내고 있다. 이상에서 살펴
본 신자 수의 증가 상황은 다음 <표 1> '신도증감상황(1885~1990)'을
통해서 확인할 수 있다.

<표 1> 신도증감상황(1885~1990)

연도	신자수(명)	증가율(%)	비 고	주요사건
1885	13,625		1885~1900 : .87%	
1900	42,441	1900's : 5.7		
1910	73,517		1885~1910 : .98%	한일합방
1919	88,553	1910's : 2.1	1919~1944 : .73%	삼일운동
1944	183,666			일제하
1953	166,471		1944~1953 : 1.1%	휴전
1959	417,079		1953~1959 : 6.5%	제1공화국
1960	451,808	1960's : 6.2		4·19혁명
1970	788,082	1970's : 5.2	1974 : 1백만 돌파	
1980	1,321,293	1980's : 7.5	1986 : 2백만 돌파	5·18항쟁
1990	2,750,607	1990's : 4.3	1992 : 3백만 돌파	
1998	3,676,211		전년대비 : 3.5 %	

* 자료 : 한국가톨릭대사전편찬위원회 篇, 1985, 「한국천주교회 교세통계」『한국가
   톨릭대사전』 부록, 한국교회사연구소 등 재구성.

이상의 <표 1>을 통해서 드러나는 바와 같이 한국교회는 근현대 사
회에서 세계의 다른 지역과 비교해 볼 때 상당히 주목할 만한 신자 증가
율을 기록해 왔다. 이처럼 상대적으로 높은 신자 증가율을 나타낼 수 있
었던 가장 중요한 요인으로는 한국의 무신론적 상황을 들 수 있다. 한국
사회에서는 유럽적 개념의 종교 신자가 상대적으로 드물다. 오늘에 이르

---

9) 조광, 1990, 『한국천주교회사』 2, 평신도교육문고, 23·76쪽.

러서도 전체 인구의 50% 내외가 자신에게는 종교가 없다고 말하고 있
다.10) 그러므로 한국에서의 기독교 전교는 다른 지역에서의 그것과 차
이를 드러내게 된다.

즉, 신도神道나 불교가 주류를 이루고 있는 일본, 도교의 영향이 큰 중
국, 힌두교 또는 회교가 지배적인 지역 등에서는 개종의 과정을 거쳐야
기독교 신자가 될 수 있다. 그러나 한국의 경우에는 자신이 불교적 문화
나 유교적 관습에 젖어 있다 하더라도 기독교 신앙을 택하는 데에 이것
이 아무런 지장을 주지 않는 것이다. 한국인들은 개종 과정에서 큰 문화
적 갈등을 거치지 않고도 기독교를 자신의 종교로 수용할 수 있다. 그러
므로 그들에게 기독교에 입교한다는 사실은 여타 국가나 지역과 비교할
때 크게 어려운 일이 아닌 것이다. 이러한 상황이 기독교 신앙의 수용을
용이하게 해 주는 기본적 배경으로 작용했다.

그런데 신도 수의 증가는 당시 사회적 여건과도 일정한 관련을 맺고
있다. 기존의 연구에 의하면, 교회 내지는 교회 지도층이 가지고 있는
'민족 문제'에 대한 태도가 교회의 발전에 크게 영향을 미치는 것으로
실증되어 있다.11) 그렇다면 이는 일제시대 교회의 지도층이 민족 문제
에 대해서 중립적 내지는 친일적 경향을 보였던 사실과 무관하지 않을
것이다. 물론 기독교 복음의 내용을 단순히 사회 변혁의 교훈으로만 이
해하려는 환원주의(Reductionism)를 인정할 수는 없을 것이다. 그렇다 하더
라도 민족 공동체 안에서 전개되는 복음화의 정도에는 교회 당국이 가지
고 있는 민족에 대한 이해가 영향을 주게 마련인 것이다.

그런데 우리는 이상의 <표 1>을 통해서 볼 수 있는 바와 같이 한국
천주교회사의 전개 과정에서 일제 식민지 시기의 신도 증가율이 매우 낮

---

10) 한국 갤럽조사연구소, 1990, 『韓國人의 宗敎와 宗敎意識 : 80년대 全國民의 宗敎
   實態와 意識의 변화를 밝힌 綜合報告書』, 60쪽.
11) 吳庚煥, 1989, 「解放 以後 韓國天主敎會의 省察과 展望」『1945년 이후 한국 종
   교의 성찰과 전망』, 民族文化社, 143쪽.

음을 확인할 수 있다. 이 기간 동안 한국 교회가 선교사들에 의해서 주
도되고 있었으며, 이들은 식민지 지배를 정당한 지배로 인정하고 한국의
민족 문제에 대해서 적극적 관심을 가지고 있지 않았다. 이러한 교회 지
도층의 입장이 민족 구성원 상당수에게 부정적 영향을 미쳐주었고, 이로
인해서 신자 증가율이 저조해졌던 것으로 해석할 수 있다.

한편, 1950년대 한국교회의 신자 증가율은 대단히 높았다. 1953년 한
국전쟁의 휴전 이후 1959년에 이르는 이 기간 동안 신자 증가율은 연평
균 16.5%에 이르렀다. 이 기간은 전쟁으로 인한 상처를 치유하려는 노
력과 함께 전후 복구 사업이 강하게 추진되어 가던 때였다. 이때 입교한
사람들 가운데에는 이른바 '밀가루 신자(Rice Christians)'도 포함되어 있었
다. 그렇지만 이 시기에도 '지성인 교리' 강좌가 성행했고, 이를 통해서
사회 지도층 인사들이 대거 입교하고 있었다. 한국전쟁 기간 동안 한국
교회는 외국 교회 기관의 지원 아래 전쟁 구호 활동을 활발히 전개했고,
전후 복구사업에도 적극 참여했다. 그리고 바로 이 기간은 교회가 이승
만 독재에 맞서고 있었던 시기였다. 한국천주교회가 직면하고 있었던 이
러한 시대적 조건이 당시 신도 수의 급격한 증가와 전혀 무관하지만은
않을 것이다.

1960년대(6.2%)와 1970년대(5.2%)에도 신자 증가율은 상대적으로 높은
편이었다. 1980년대에는 7.5%의 신자 증가율을 기록했다. 이처럼 상대
적으로 높은 신자 증가율은 1970년대 이후에 활발히 전개했던 정의구현
운동이나 1980년대에 진행되었던 신앙 쇄신을 위한 대규모 행사와 일정
한 연관이 있을 것으로 추정된다. 1980년대에는 3회에 걸쳐서 대규모의
신앙 집회가 열렸다. 즉, 1981년 조선교구 설정 150주년 기념 신앙 대회,
1984년 한국천주교 200년 기념 신앙 대회 및 103위 한국성인 시성식,
1989년 제44차 국제성체대회가 서울 여의도 광장에서 개최되었고, 이
신앙 대회에 앞서서 교회의 쇄신과 발전을 지향하는 각종의 작업들이 진

행되었다. 이러한 일련의 작업이 이 시기 한국교회의 성장과 성숙에 일
정하게 기여했을 것으로 상정된다.[12]

한편, 21세기를 전망하기 위해서는 20세기의 90년대를 그 판단의 출발
점으로 삼아야 한다. 그렇다면 여기에서는 1990년대 한국교회의 신자 증
가 상황 등을 집중적으로 검토해야 한다. 대체적으로 볼 때 1990년대 한
국교회에서는 꾸준한 신자 증가를 확인할 수 있다. 그리고 이 기간 동안
전체 인구에서 신자가 차지하고 있는 비율은 지속적으로 증가되어 갔다.
그러나 그 증가의 폭이 축소되었고, 증가된 새로운 신자의 절대 숫자가
전 단계에 비하여 줄어들기까지 했다. 즉, 1991년 이후 1997년에 이르기
까지 신자 증가수가 계속 감소해 나가고 있었다. 그리고 1990년대 신자
증가율은 급격히 둔화되어 갔다. 이 시기의 증가율은 다음 <표 2>를 통
해서 나타난다.

〈표 2〉 1990년대의 한국교회

연도	신자수	증가수	증가율	인구비	본당수	사제수	사제:신자
1990	2,750,607	137,340	5.25%	6.32%	855	1,584	1,644
1991	2,923,386	172,779	6.28	6.70	883	1,876	1,559
1992	3,066,733	143,347	4.90	7.00	918	2,029	1,512
1993	3,209,494	141,726	4.62	7.29	947	2,174	1,477
1994	3,338,918	128,941	4.02	7.51	975	2,258	1,448
1995	3,451,266	112,348	3.36	7.69	1,017	2,390	1,444
1996	3,562,766	111,500	3.23	7.8	1,051	2,538	1,404
1997	3,676,211	113,445	3.18	7.9	1,097	2,662	1,381
1998	3,804,094	127,883	3.48	8.12	1,147	2,800	1,359

 * 자료: 한국천주교중앙협의회, 『한국천주교회통계』 1990~1998의 재구성

---

12) 이 신앙대회들이 한국교회의 발전에 미친 영향에 대해서는 별도의 연구가 요청된다.

1998년 12월 31일을 기준으로 할 때, 한국교회의 신도는 대략 380만 명에 이르렀으며, 아마도 21세기가 시작되는 첫해인 2000년도 8월경에 한국교회는 400만 명의 신자들을 포용하게 될 것이다. 그러나 1990년대에 이르러서 신자의 절대 증가수가 감소되어 나가고 있었다. 이러한 1990년대의 경향을 감안할 때, 21세기 한국교회 신자증가의 추세는 20세기의 경우에서처럼 낙관적일 수만은 없을 것이다.

1998년도 신자증가율은 3.48%를 기록했다. 통계청의 발표에 의하면 1998년도 한국인구의 자연증가율이 0.95%이다. 이를 감안하면, 1990년대에도 적지 않은 사람들이 새롭게 영세 입교했음을 확인할 수 있다. 그러나 이 증가율은 1950년대와 비교할 때 현격히 감소한 것임을 알 수 있다. 1990년대의 증가율은 1980년대의 평균증가율 7.5%보다 반정도로 감소된 것이었다. 그리하여 1990년대 후반기의 신자증가율은 3%를 약간 상회하는 정도에 머물고 있다.

이는 1990년대 전반기의 증가율이 6.28%에서 4.02%로 줄어들었던 사실과 비교하더라도 급속한 둔화 현상을 나타내고 있는 것이다. 만일 한국교회가 이러한 현상에 대한 반성과 적절한 대비책을 마련하지 않는다면, 21세기의 한국교회도 신자 수가 감소되어 가고 있는 서유럽의 일부 국가와 같은 현상에 봉착하게 될 것이다.

오늘날 한국천주교 신도들의 평균적인 지적 수준은 평범한 한국인보다 대단히 높으며, 신도들의 거주 지역도 대도시나 그 인근 지역에 집중되어 있다. 또한 그들의 직업을 살펴볼 때 전문직·관리직 종사자들의 비율이 대략 18% 내외에 이르고 있는 바, 이는 전국 평균치인 2.2%를 월등히 상회하는 것이다.[13] 그리고 그들 가족의 월 평균수입도 한국 가구의 평균소득액보다 더 높은 것으로 조사되었다.

이는 한국교회의 인적 물적 자원이 풍부해졌음을 나타냄과 동시에 한

---

13) 노길명·오경환 공저, 1988, 『가톨릭 신자의 종교 의식과 신앙생활』, 가톨릭 신문사.

국교회가 중신층 중심의 종교로 변질되어, 하류계층이 교회로부터 소외
될 가능성도 그만큼 높아졌음을 뜻한다. 그러나 교회가 특정 계층에 의
해서 독점된다면, 교회가 추구하는 인간의 보편적 구원에 대한 사명은
결코 달성할 수 없을 것이다.

　현대의 한국 교회에서는 냉담자의 증가, 교회의 중산층화, 본당의 비
대화 등과 같은 문제점이 드러나고 있다. 주일학교에 출석하는 신자 학
생의 비율이 매우 낮다는 현실 및 교회 내에 젊은이들의 활동 여지가
사실상 봉쇄되고 있다는 문제도 심각하게 받아들여야 할 현상이다. 최근
의 교회에서는 이러한 문제점에 대한 적절한 대응이 부족했다.

　물론 20세기 말엽 한국교회는 '소小 공동체' 운동을 비롯한 각종 시도
를 통해서 교회의 쇄신을 위해 노력해왔다. 그러나 계획의 수립 및 집행
과 평가 과정에서 반드시 이상적인 절차가 적용되었던 것만은 아니었다.
그리하여 교회 내에서 쇄신과 발전을 위해 전개한 여러 활동들이 소기의
성과를 거두지 못하고 만 경우도 있었다. 20세기 말엽에 교회에서 추진
했던 각종의 작업에 문제가 있었다는 사실은 1990년대 이후 신자 증가
율이 상대적으로 저조하게 된 사실을 통해서 확인할 수 있다. 그리고 그
문제점에 관한 획기적 대안이 요청되고 있는 것이다.

　20세기가 시작될 무렵 한국의 전체 인구는 대략 1,500만 명 내외로
추정되고 있다. 그리고 당시 한국교회의 신도 수는 42,441명에 이르렀
다. 당시의 천주교 신자가 전체 인구에서 대략 0.3% 정도의 비율을 차지
하고 있었다는 말이 된다. 그러나 20세기를 마감하고 21세기가 시작되
려 하는 1998년 천주교 신자의 인구비는 8.12%로 높아졌다.[14] 이는 한
국사회에서 천주교의 점유율이 상당히 진전되었음을 의미한다. 그리고
이는 한국사회에 대한 천주교의 책임이 그만큼 증가되었다는 말도 된다.

────────

14) 한국천주교중앙협의회, 1999, 『한국 천주교회 통계 1998』, 한국천주교중앙협의
　　회, 6쪽에서는 복음화 비율을 8.2%로 잡고 있다. 이는 계산상의 착오로 생각된다.

그러나 세계의 복음화 비율인 17.3%와 비교할 때 한국교회의 복음화 비율은 낮은 편이다. 이를 볼 때 한국교회는 민족 복음화와 보편적 구원의 책임을 여전히 지고 있음을 확인하게 된다. 또한 신생 한국교회는 그 기력을 상실해 가는 제1세계의 교회와는 달리 생동적으로 발전하고 있다. 그렇다면 한국교회는 민족 복음화의 사명뿐만 아니라 인류 복음화를 위해서도 일정한 책임을 지고 있을 것이다. 21세기의 한국교회는 이러한 자신의 책임을 절감하고 실천해 나가야 한다.

3. 한국교회의 성직자

한국교회의 성장과 성숙을 검토하기 위해서는 성직자에 대한 검토도 수반되어야 한다. 성직자 문제는 교구 설정과 직결되는 것이며, 교구의 책임자인 감목대리 내지는 주교에 대해서부터 언급될 수 있을 것이다. 이에 이어서 성직자 일반의 양적 증대 현상 및 성직자 대 신자의 비율에 관해서도 검토할 수 있을 것이다. 또한 여기서는 한국교회의 성직자 가운데 한국인과 외국인 선교사의 비율 등도 관심의 대상이 될 수 있다.

한국에 교구가 처음으로 설정된 때는 1831년이었다. 이때 교황청에서는 한국에 '조선감목대리구'를 설정하고 프랑스 파리외방전교회 소속의 선교사를 감목대리로 임명했다. 그 후 한국교회는 꾸준한 발전을 거듭하여 1930년대 서울·대구·평양·원산·연길 등에 감목대리구가 설정되고 주교에 해당하는 감목대리가 사목을 책임지고 있었다. 그러나 당시 감목대리구의 책임은 모두 외국인 선교사들이 맡고 있었다.

한국교회에서 한국인 주교가 처음으로 탄생된 때는 1942년이었다. 이 해에 '서울감목대리구'의 감목대리로 노기남盧基南(1902~1984) 신부가 임

명되었다. 그러나 1945년 해방 이후에도 상당수의 교구에서는 외국인
선교사들이 교구장을 역임하고 있었다. 그 후 한국교회에는 1962년에
정식 교계 제도가 시행되었다. 이 때 서울대교구와 대구대교구 그리고
전주교구 등 3개의 교구는 한국인 주교가 사목을 담당하고 있었다. 그러
나 광주대교구, 대전교구, 청주교구, 춘천교구, 인천교구 및 '침묵의 교
회'로 분류되던 평양교구, 함흥교구, 덕원수도원교구 등 8개 교구의 사
목책임은 외국인 선교사 출신 교구장이 맡고 있었다.

1969년에는 한국교회사상 처음으로 서울대교구 교구장이었던 김수환
金壽煥(1922~2009) 대주교가 추기경에 서임되었다. 한국인 추기경의 출현
은 한국교회의 지도부가 한국인으로 교체되어 가고 있음을 나타내는 상징
적 사건이었다. 그 후 외국인 교구장의 숫자는 지속적으로 감소되어 갔고
각 교구의 책임이 한국인 주교에게 맡겨졌다. 그리하여 1999년 12월 인천
교구에 한국인 보좌주교가 탄생하게 되었다. 이로써 21세기 초두의 한국
교회는 한국인 교구장으로만 구성된 주교회의를 개최할 수 있게 되었다.

한편, 한국교회는 세계에서 유래가 없을 정도로 높은 성소 증가율을 나
타내고 있다. 한국교회는 새로운 성직자들을 계속해서 배출하고 있으며,
성직자의 증가율은 신자 증가율을 상회하고 있다. 복음화의 추진 과정에서
성직자 대 신자의 비율은 적으면 적을수록 좋을 것이다. 한국교회사가 전
개되는 과정에서 확인되는 그 비율을 검토해 보면 다음 <표 3>과 같다.

〈표 1〉 한국교회의 성직자

연도	성직자(한국인)	신자수	1인당 신자수	비고
1794	1(0)	10,000	10,000	周文謨
1839	3(0)			기해박해
1845	3(1)			金大建서품
1859	9(1)	16,700	1,855	崔良業

1895	28(0)	25,998	929	신앙자유
1910	62(15)	73,517	1,185	'한일합방'
1919	67(23)	88,553	1,322	3·1운동
1944	241(134)	179,114	744	해방직전
1953	250(159)	166,471	666	휴전
1960	448(243)	451,808	1,009	
1970	894(527)	788,082	882	
1980	1,161(912)	1,321,293	1,138	
1990	1,584(1,383)	2,750,607	1,644	
1998	2,800(2,606)	3,676,211	1,359	

* 자료 : 한국천주교중앙협의회, 『한국천주교회통계』 등을 참조하여 재구성

한국에서 활동한 첫 성직자로 1794년 말에 입국한 중국인 선교사 주문모周文謨(1752~1801) 신부를 들 수 있다. 주문모 신부 이후 한국교회는 프랑스 파리외방선교회 소속 선교사들이 사목하고 있었다. 그리고 신앙의 자유가 묵인되었던 1882년 조선에서는 10명의 프랑스인 선교사들이 활동하고 있었다. 그 후 20세기가 시작된 1900년에 이르러 한국교회의 성직자는 51명에 이르게 되었다. 당시 성직자 가운데 한국인 신부는 12명이었고 프랑스인 선교사가 39인이었다. 1924년 한국교회의 성직자는 104명(한국인 44명, 외국인 60명)으로서 성직자의 숫자가 100명을 상회하게 되었다.

한편, 제2차 세계대전을 계기로 해서 한국에서 사목하는 성직자 가운데 한국인의 숫자가 외국 선교사보다 앞서게 되었다. 즉 일제 식민지 하에 놓여 있던 1941년 태평양전쟁의 발발 당시 한국에서는 308명(한국인 139명, 외국인 169명)의 성직자들이 사목하고 있었다. 그러나 당시 일제는 적성국인敵性國人으로 취급된 미국 계통의 성직자들을 추방했다. 프랑스와 아일랜드 계통의 선교사들 가운데 일부는 본국으로 귀환하기도 했다. 한국에 남아 있던 선교사들은 집단 수용되어 감시받고 있었다.

이 과정에서 한국에서 선교하던 외국인 선교사의 숫자가 급격히 감소하게 되었고, 이들보다 한국인 성직자의 역할이 상대적으로 증대되기에 이르렀다. 그리하여 해방 이후 한국교회에서는 한국인 성직자의 숫자가 외국인 선교사를 줄곧 상회했다. 그렇다 하더라도 상당 기간 동안 한국교회의 지도부에서는 외국인 선교사의 역할이 중요한 위치를 점하고 있었다.

해방 이후 외국인 선교사가 한국의 선교에서 차지하는 비율이 가장 높았던 때는 1962년이었다. 이 해에는 246명의 선교사들이 한국에서 활동하고 있었다. 이는 당시 한국교회의 성직자 540명 중 46%에 해당하는 수치였다. 한편, 수적으로 외국인 선교사가 가장 많이 선교하던 시기는 1970년이었다. 이 해에는 전국에서 363명(전체 성직자 중 41%)의 선교사들이 사목에 종사하고 있었다. 그러나 이 해를 계기로 하여 한국교회에서 활동하고 있는 외국인 선교사의 절대 숫자는 감소 일로에 놓이게 되었다.

한편, 한국교회는 1961년에 성직자의 숫자가 500명을 넘어서 503명(한국인 271명, 외국인 232명)에 이르게 되었다. 그리고 1976년에 이르러서 성직자의 숫자는 1,000명을 상회하게 되었다(한국인 764명, 외국인 284명). 1986년에는 한국인 성직자의 숫자만도 1,000명을 뛰어넘게 되었다. 한국교회 전체 성직자의 숫자는 1992년에 2,000명을 돌파하게 되었다. 20세기의 마지막 시기에 해당되는 1998년 한국교회의 성직자는 모두 2,800명에 이르고 있으며, 그중 2,606명(전체 성직자의 93%)이 한국인 성직자로 되어 있다.15)

한국교회는 성직자 대 신자의 비율에 있어서도 꾸준한 개선을 이루어 갔다. 한국교회는 18세기 말엽 외국인 선교사의 도움이 없이 자발적으로

---

15) 이상의 통계 숫자들은 한국가톨릭대사전편찬위원회 篇, 1985, 『한국가톨릭대사전』 부록, 한국교회사연구소 편에 수록된 「한국천주교회 교세통계」 및 한국천주교중앙협의회, 『한국 천주교회 통계』, 한국천주교중앙협의회 등을 재구성하여 작성한 것이다.

창설되었다. 그 후 1795년 중국인 선교사 주문모 신부가 한국교회 사상 첫 번째 성직자로 입국했다. 당시 주문모 신부 1인은 신앙의 자유가 부인되던 악조건 아래에서 조선 전역에 흩어져 있던 10,000여명의 신자들을 위해 봉사했다.

1845년에 이르러 김대건 신부가 조선인 가운데 첫 번째 사제로 서품됨으로써 전교에 새로운 계기가 주어졌다. 그리고 대원군 박해가 일어나기 수 년 전인 1859년에 한국교회는 최양업 신부 1인과 파리외방선교회 소속 외국인 성직자 9인이 23,000여명의 신자들을 나누어 맡고 있었다. 이때 성직자 1인은 광범한 지역에 산재해 있던 1,855명 정도의 신자들을 사목해야 했다.

그러나 <표 3>에서 확인되는 바와 같이 사제 대 신자의 비율은 해방 이후 다소 완화되었다. 그리하여 1940년대와 1950년대에는 사제 1인당 신자수가 600~700명에 이르렀던 시기도 있었다. 그러나 1980년대에 그 비율은 높아져 갔고, 1990년에는 사제 1인당 신자수가 1,644명에 이르기도 했다. 그러나 <표 2>에 이미 제시되었던 바와 같이 1990년대에 들어와서 사제 수의 증가가 지속된 결과로 사제 1인당 신도 수는 점차 축소되어 갔다. 그리하여 1998년에는 사제 1인당 평균 1,359명의 신자들을 사목하게 되었다.

한국 성직자들이 오늘날 처해 있는 이와 같은 상황에 대한 객관적 이해를 위해서는 세계 교회의 사례와의 비교 검토가 요청된다. 일반적으로 말하여, 오늘날 세계 교회는 극심한 성직자 부족에 직면해 있다고 한다. 이는 성직자의 고령화 내지 신학생의 급속한 감소를 나타내는 말이다. 이러한 세계교회의 상황과 한국교회의 경우에서는 상당한 차이를 발견할 수 있다. 이 차이점은 다음 <표 4>를 통해서 확인된다.

〈표 4〉 세계 교회의 대륙별 성직자 비율(1997. 12. 31)

대륙명	신도수(백만)	복음화율	사제:인구	사제:신도
아프리카	112,871	14.9 %	29,942	4,465
아메리카	495,756	62.9		
북아메리카			4,947	1,182
중앙아메리카			7,784	7,119
남아메리카			12,541	8,059
아시아	105,294	3.0		
동아시아			8,062	7,035
유럽	283,313	41.4	3,207	1,328
오세아니아	8,020	27.5	5,883	1,580
합계	1,005,254	17.3	11,270	2,487

* 자료 : 교황청 통계연표(1997)의 재구성

1998년 현재 한국에서는 가톨릭 성직자 1인당 16,605명의 신도가 있다. 이는 가톨릭 성직자 대 세계 인구의 비율인 1명 : 11,270명보다 높은 비율이다. 이는 한국교회의 성직자들이 봉사해야 할 사람들이 더 많다는 말이 된다. 그러나 성직자 대 신자의 비율에서 한국교회는 상당히 양호한 수준을 드러내고 있다. 즉 1997년 말을 기준으로 할 때, 세계 교회의 차원에서 성직자 1인은 신자 2,487명을 사목하고 있다. 이는 당시 한국의 경우가 1명 : 1,533명인 사실과 비교된다.

즉, 한국교회의 경우 사제와 신자의 비율이 상대적으로 양호한 편이며, 현재로서 이 비율은 상당히 호전되어 가는 추세에 놓여 있다. 1998년을 기준으로 할 때 한국은 성직자 대 신자의 비율이 1 : 1,359명으로 개선되었다. 그리고 1997년 말을 기준으로 하여 세계교회의 사제 1인이 100명의 신자를 위해 봉사해야 한다면 한국교회는 대략 62명 미만의 신자를 위해서 사목하고 있었고, 이 통계숫자는 1년 후인 1998년에 이르러 다시 55명으로 축소되어 갔다. 한국교회는 최근에 이르러 세계교회와 비교해 볼 때 상대적으로 이처럼 좋은 조건을 가지고 있다.

이를 좀 더 부연하여 살펴보고자 한다.[16] 세계 교회의 경우, 성직자 대 신자의 비율이 높은 곳은 라틴 아메리카나 아프리카 그리고 아시아의 일부 지역을 들 수 있다. 예를 들면 아프리카의 콩고 민주공화국은 그 비율이 사제 한명 당 신자 6,571명이며, 르완다의 경우는 8,005명으로 되어 있다. 사제 대 신자의 비율은 라틴 아메리카의 경우 더욱 심하게 나타나고 있다.

즉, 온두라스는 1명 ; 17,804명이며, 니카라과는 1명 : 9,433명, 브라질은 1명 : 8,832명이며, 파라과이나 베네수엘라도 비슷한 비율이다. 라틴 아메리카에서 비교적 상황이 좋은 아르헨티나의 경우에도 성직자 대 신자의 비율이 1명 : 5,460명으로 집계되고 있다. 또한 아시아 회교권 국가의 경우는 별도로 취급한다 하더라도 아시아에서 유일한 가톨릭 국가라고 할 수 있는 필리핀의 경우에도 그 비율이 1명 : 8,734명으로 나타나고 있다. 이들 나라의 교회와 한국교회의 상황을 비교해 보면, 한국 교회가 월등히 좋은 조건에서 사목하고 있음을 확인하게 된다.

물론, 유럽의 교회나 아시아의 또 다른 일부 국가에서 성직자 대 신자의 비율은 한국보다 양호한 경우를 확인할 수 있다. 가톨릭을 자국의 주된 종교로 인정해온 유럽 일부 국가에서, 아일랜드는 1명 : 772명, 벨기에는 1명 : 939명, 이탈리아는 1명 : 1,008명, 스페인은 1명 : 1,303명, 폴란드는 1명 : 1,395명, 독일은 1명 : 1,394명 등으로 되어 있다.

그러나 유럽의 전통적 가톨릭 국가 가운데에서도 성직자 대 신자의 비율이 한국보다 열악한 곳들도 있다. 예를 들면, 프랑스는 1명 : 1,743명, 포르투갈은 1명 : 2,124명으로 되어 있다. 반면에, 미국의 경우는 1명 : 1,161명, 캐나다는 1명 : 1,283명으로 집계되어 있다. 그리고 오스트레일

---

16) 이하의 통계 수치들은 Secretarium Status Rationarum Generale Ecclesiae, 1999, *Annuarium Statisticum Ecclesiae 1997*, Liberia Editrice Vaticana, pp.100~109에서 직접 인용했거나 재구성한 것이다.

리아의 경우는 1명 : 1,532명, 뉴질랜드는 1명 : 752명으로 되어 있어서 비교적 양호한 상황을 드러내 주고 있다. 아시아 지역에서도 일본은 성직자 당 인구의 비율은 1명 : 69,568명으로 되어 있으나, 성직자 대 신자의 비율은 1명 : 278명로 되어 있어서 한국과 현격한 차이를 드러내고 있다.

즉, 전통적 그리스도교 권인 유럽의 경우 성직자 대 신자의 비율은 평균 1대 1,328명으로서 한국과 큰 차이가 없다. 그러나 유럽의 아일랜드 교회는 사제 대 신자의 비율이 1대 772명이고 이탈리아 교회는 1대 1,008명인 점에 비하면, 한국의 성직자들은 이들 나라의 교회보다 더 많은 신자들을 사목해야 한다. 그리고 그 비율이 1명 대 900여명에 이르고 있는 미국과 비교하더라도 한국 성직자들의 사목 부담이 큼을 알 수 있다.

그러나 세계 교회적 차원에서 볼 때, 한국교회에서 성직자 대 신자의 비율은 상당히 양호한 편으로 되어 있다. 필리핀 교회의 경우에는 그 비율이 1대 8천여 명이고, 중앙아메리카의 경우는 1대 7천 명 정도이다. 남아메리카의 경우에도 1대 6천여 명을, 아프리카는 1대 3,500명 정도를 헤아린다. 세계의 평균을 보더라도 성직자 1인이 대략 2천여 명의 신자들을 사목하고 있기 때문이다.[17]

한국교회가 가지고 있는 신자 대 성직자의 비율은 비교적 양호한 편이다. 그러나 오늘날 세계 교회의 공통된 고민은 성직자의 노령화와 성직 지망자의 급속한 감소 현상이다. 대부분의 교회에서는 성직자 대 신자의 비율이 증가되어 가고 있다. 물론 성직자 대 신자의 비율이 일부 유럽 국가가 한국보다 양호하다고 하더라도 사제들의 평균 연령은 한국과 현격한 차이가 있을 것으로 생각된다. 이러한 변화 양상은 1982년도 교황청 통계와 1997년도의 통계를 상호 비교해 보면 다음 <표 5>에서와 같이 확인된다.

---

17) Secretarium Status Rationarum Generale Ecclesiae, 1999, *Annuarium Statisticum Ecclesiae 1997*, Liberia Editrice Vaticana, pp.100~109의 내용을 재구성한 것이다.

〈표 5〉 사제 1인당 신도수(단위:명)

	1982년도	1997년도		1982년도	1997년도
한국	1,267	1,533	폴란드	1,670	1,395
아일랜드	635	772	필리핀	8,640	8,734
미국	891	1,161	멕시코	6,849	6,728
프랑스	1,201	1,743	브라질	8,552	8,832
독일	1,261	1,349	아르헨티나	5,011	5,460
스페인	1,148	1,303	마다가스칼	2,001	3,502

* 자료 : Annuarium Statisticum Ecclesiae 1982 / 1997

이상의 경우와 비교해 볼 때, 현대 한국교회의 성직자들이 사목을 담당해야 하는 지리적 공간은 상당히 축소되어, 1인의 성직자가 광활한 지역을 담당해야 하는 수고도 없어졌다. 그러나 현대의 사목자들은 복음 선포를 저해하는 새로운 난관에 직면해 있다. 그렇다 하더라도 오늘날 한국교회의 성직계는 자신의 과거와 비교해 보면 상당히 양호한 조건에서 복음을 선포하고 있다.

한편, 한국교회의 성직자들에 대한 분석을 보면 외국인 선교사보다 한국인 성직자가 절대 다수를 차지하고 있음을 <표 2>를 통해서 확인할 수 있다. 1998년 현재 한국인 신부는 2,606명을 헤아리는 반면에 외국인 신부는 194명에 지나지 않는다. 즉 한국교회의 성직자 중 93%가 한국인이라는 말이 된다. 이 비율만을 가지고 볼 때, 박해 시대 이래 외국 선교사의 도움을 받아 왔던 한국교회는 현재에 이르러 인적 측면에서 토착화에 성공했다고 볼 수 있다. 이는 외국 선교사가 주류를 이루고 있는 일본을 비롯한 일부 선교 지역의 교회와는 일정한 차이를 드러내 주는 현상이다. 또한 이는 토착 인디오들을 성직자로 양성하는 데에 실패했던 라틴 아메리카의 교회와도 다른 현상이다.

그리고 한국교회에서는 교구 신부가 절대다수를 이루고 있으며, 선교회나 수도회 소속의 성직자들이 매우 적다. 즉, 1998년의 교세 통계를 참고할 때, 한국교회는 교구사제가 2,306명인데 반하여 선교회 사제는 127명이고 수도회 사제는 366명에 지나지 않는다. 한국교회는 전체 사제 가운데 82% 정도가 교구 사제이고, 수도회 소속 사제는 교구사제의 16% 정도에 머물고 있다.

그러나 세계 교회에서 전체 신부 중 교구 사제가 차지하는 비율은 일본 교회의 경우는 15%, 대만 교회는 29%, 필리핀 교회는 43% 정도이다. 유럽의 경우 프랑스 교회에서는 교구 사제가 78%, 아일랜드 교회는 61%, 독일 교회가 71%이다.[18] 이로 미루어 볼 때 한국교회는 교구 소속 사제의 비율은 상대적으로 높고, 수도회 사제의 비율이 낮음을 알 수 있다.

교구사제와 수도사제의 비율에 관해서는 각국의 문화적 역사적 특성을 감안하여 평가해야 한다. 한국교회에서 교구사제가 강세를 이루고 있는 상황은 그 역사적 조건과 관계가 있다. 즉 한국은 프랑스로부터 선교사들이 파송되었다. 그런데 프랑스 교회는 교구사제가 강세를 이루어 왔다. 한국에 선교사를 파견한 파리외방선교회도 교구사제 출신으로 구성된 선교회였다. 이러한 전통에 영향을 받아서 한국교회에서도 교구사제가 중심을 이루게 되었을 것으로 추정된다. 그리하여 한국교회는 교구사제가 중심이 되어 신학대학을 운영할 수 있는 소수의 국가 가운데 하나가 되었다.

그렇다 하더라도 한국교회에서는 남자 수도성소의 개발과 수도신부 및 선교회 소속 신부의 양성을 위해서 좀 더 큰 노력을 해야 할 것이다. 이를 통해서 21세기 한국교회는 특수사목분야에서 새로운 활력을 얻을 수 있을 것이며, 한국문화와 가톨릭문화의 융화를 이루는 데에 더 큰 진보를 전망할 수 있을 것이다. 그리고 한국교회는 세계교회에 대한 선교의 책임을 효율적으로 추진해 나갈 수 있을 것이다. 이 점이 21세기 한

---

18) 조광, 1990, 앞의 논문(a), 25쪽.

국교회의 성직계에서 감당해야 할 과제 가운데 하나일 것이다.

21세기 한국교회의 성직계는 새로운 문제에 봉착할 가능성이 있다. 그 미래의 문제점으로는 사제 영성의 문제, 독신제의 문제, 여성 사제에 관한 문제, 기혼부제에 관한 문제 등이 있을 것이다. 그런데 사제의 영성에 관한 문제는 그리스도인이며 한국인으로서, 은총인 복음의 기쁨 안에서 민족문화의 전통을 일깨우고, 현실 사회의 문제점을 복음의 정신 안에서 극복해나려는 정신적 자세이며, 삶의 실천과 직결되는 것으로 생각된다. 이 문제에 관해서는 신학자들에 의한 본격적 검토가 기대된다.

한편, 21세기 한국교회는 세계교회의 조류에 따라서 사제 독신제 문제가 좀 더 구체적으로 제기될 것으로 전망된다. 독신제가 성직의 필수적 조건일 수는 없는 것이며 사제 독신제의 폐지가 천주교회의 정체성을 손상하는 것도 아니라는 견해에 대한 찬동이 더욱 강화될 것으로 생각된다.

이와 병행하여 21세기의 한국교회에서는 여성 신도들이 차지하는 비중과 그 역할이 강화되고, 21세기의 세계교회에서도 여성 사제직에 대한 검토가 신중하게 진행될 것에 틀림이 없다. 이러한 상황에 따라 한국교회의 성직계와 여성계에서는 여성 사제에 대한 문제가 논의될 것이다. 또한 사제 독신제가 지속되는 기간에는 기혼부제의 서품에 관한 문제가 새롭게 제기될 것이다.

20세기 후반기 사제성소의 꾸준한 증가가 진행되어 왔던 한국교회에서는 기혼부제의 서품은 관심의 대상이 될 수 없었다. 20세기 한국교회에서는 높은 사제 지망율과 기혼부제의 서품 이후에 발생할 수 있을 것으로 생각되는 난관에 대한 염려로 인해서 기혼부제 문제가 논의에서 제외되어 왔다. 그러나 21세기 한국교회의 성소 증가율이 계속 유지된다고 장담할 수만은 없을 것이며, 이러한 상황에서 기혼부제의 서품이 논의될 것으로 생각된다.

한편, 한국교회의 성직자에 대한 문제와 관련하여 주목할 수 있는 것은 신학교 교육에 관한 부분이다. 1997년 말 현재 한국교회에는 모두 7 개소의 신학대학에서 1,537명의 신학생들이 사제직을 지망하여 공부하고 있었다. 지난 1983년도 교황청의 통계에 따르면, 한국교회는 신자 대 신학생의 비율이 세계에서 가장 높은 것으로 나타났다.[19] 그리고 신도 100만 명당 신학생의 숫자가 1980년도에는 400명으로 집계되었고, 1989년도에는 568명으로 증가되었지만,[20] 1998년도에는 이 숫자가 405 명으로 축소되었다.

이는 신자 증가율이 신학생 증가율보다 월등히 높았던 결과였다. 1998년 현재 한국의 경우 복음화 비율은 전체 인구의 8.2%이다. 그렇지만 이 수치는 세계 복음화 비율인 17.3%의 절반 정도에 불과하다. 세계 교회 도처에서는 극심한 사제 부족 현상이 일어나고 있다. 그렇다면 21 세기의 한국교회는 국내에서 복음화의 비율을 높여 나가고, 다른 나라의 교회를 위해서 봉사할 선교사도 양성해 나가야 한다. 이러한 점을 감안할 때 한국교회는 성직자의 양성과 영성의 강화를 위해서 더 큰 노력을 요청 받고 있다.

요컨대, 한국교회에서 성직자의 활동이 시작된 것은 불과 200여 년 전의 일이었다. 이 과정에서 한국교회의 성장과 발전에 성직자들의 역할은 매우 컸다. 지난날 한국교회는 주로 선교사의 도움에 의존해왔다. 그러나 1945년 해방을 전후하여 선교사가 한국교회에서 점유하고 있던 비중은 점차 약화되어 갔고, 오늘에 이르러서는 거의 모든 교구에서 한국인 주교가 사목을 책임지게 되었다. 한국교회는 창설 이후 200여 년이 경과하여 인적 측면의 토착화를 성공적으로 이루어 가고 있다고 볼 수 있다. 또한 오늘날 한국교회에서 성직자 대 신자의 비율은 1명 : 1,355명 으로 세계 여러 나라의 교회와 비교할 때 상대적으로 양호한 편이다. 그

---

19) 한국천주교중앙협의회, 1984, 『회보』 26, 32쪽.
20) 조광, 1990, 앞의 논문(a), 29쪽.

리고 한국교회에서는 새로운 성직자가 계속 배출되어 가고 있으며, 이는 한국교회의 앞날을 밝게 해주는 측면으로 생각된다. 그러나 한국교회가 앞으로 전개될 21세기에 있어서도 이와 같은 성직자의 증가 상황을 지속할 수 있을지는 의문의 여지가 있다. 21세기의 한국 교회는 사제성소의 개발을 위해서도 지속적인 노력이 필요하다고 하겠다.

4. 교회에서의 상호 관계

이상에서는 한국교회의 신도들이 가지고 있는 양적 특성과 성직자에게서 드러나는 과거와 현재의 특성을 파악해 보았다. 그리고 이를 기반으로 하여 미래의 방향을 검토해 보고자 했다. 이에 이어서 본고에서는 교회가 자신의 내부 및 외부의 세계와 맺고 있는 상호 관계를 주목해 보고자 한다. 즉, 교회 내부의 상호 관계는 신자와 성직자 및 수도자라는 교회 내 세 신분이 맺고 있는 상호 관계를 들 수 있다. 그러나 여기에서는 교회 내의 성직자와 신자 사이의 상호 관계만을 검토해 보겠다. 또한 교회는 사회와 민족 등과 관계를 맺고 있다. 그리고 이 상호 관계의 만남을 통해서 교회의 한국화가 논의될 수 있다. 그러므로 본고에서는 이에 관한 문제들을 간략히 검토해 보고자 한다.

1) 성직자와 신도의 상호 관계

교회 내에서 전개되는 상호 관계는 신자와 성직자, 성직자와 수도자, 신자와 수도자의 관계를 들 수 있다. 이 가운데 가장 핵심적인 관계는 성직자와 신자의 관계일 것이다. 과거 한국교회가 세워지던 당시의 피라미드적 교회 구조에 입각할 때 성직자와 신자의 관계는 교계제도 아래에서 성직자의 우월한 입장 내지는 신자들과의 차별적 존재가 강조되었다.
그러나 오늘날의 '하느님 백성'이란 차원에서 볼 때 성직자는 일반 신자
및 수도자와 함께 '하느님의 백성'을 이루는 주요 요소의 하나로 이해되
고 있다.

그런데 세계교회사를 검토해 볼 때, 전근대 사회에서 근대로 전환되
어 가는 과정에서 권위에 대한 도전 현상이 발생하고 있음을 확인하게
된다. 이 과정에서 중세적 권위로 간주되던 성직에 대한 도전과 상대화
작업이 진행되어 갔다. 그리고 유럽의 경우에는 그 도전의 일환으로 반
성직주의反聖職主義가 발생했다. 프리매이슨(Freemason) 운동 등을 통해서
드러나는 이 반성직주의는 반교회주의와 일정한 관계를 가지고 있었다.
유럽 사회의 반성직주의는 교회와 국가, 교회와 사회 사이에 전개된 상
호 관계의 역사적 산물이었다.

중세를 전후해서 유럽 일부 국가들은 역사적으로 성직자들이 특권층
의 일부를 이루고 있었다. 당시의 성직자들은 신자들에 대한 영신의 지
도자였을 뿐만 아니라, 정치적 권력과 경제적 특권을 장악했다. 그러나
근대 시민사회가 형성되던 과정에서 그들이 소유했던 각종 특권은 사회
발전 과정에서 축소되거나 제거되어 갔다. 바로 이 과정에서 반성직주의
가 구체화 되어갔다. 이 반성직주의는 주로 교회를 떠난 사람들에 의해
서 고양되었다.

그러나 이 문제를 볼 때, 한국교회는 유럽 교회의 경우와는 다른 양상
이 전개되고 있다. 한국교회는 특권을 향유했던 유럽의 교회와 달리 설
립 직후부터 외적인 고통을 강요당하는 박해 받던 교회였다. 박해 시대
성직자들은 서양인[洋夷]이나 사학邪學의 우두머리로 지목되며, 일반 사
회로부터 범죄인 취급을 강요당했고 신도들보다도 더 엄중한 처벌을 받
았다. 즉 그들은 한국교회의 초창기에 결코 사회적 특권층이 될 수 없었
던 존재였다.

또한 전례 공동체인 교회에서는 박해시대 이래 성직자의 중요성에 대한 공감과 그들에 대한 존경이 유지되어 왔다. 즉, 당시의 성직자들은 제도적으로 천대를 강요당했지만, 신도 공동체에서는 관습적으로 우대되고 있었다. 한국교회의 신도 공동체는 성직자를 존경해왔고, 이러한 그들의 태도에는 한국사회가 가지고 있었던 가부장적 전통도 영향을 끼쳐주고 있었다. 그리고 신자들을 인도하는 성직자들의 수고로운 삶과 봉사하는 자세는 신자들뿐만 아니라 일반 사회의 존경을 받기에 충분했다. 이와 같이 한국교회의 역사적 전통은 유럽의 경우와 차이를 드러내는 것이었다.

그러나 개항기에 접어들어 성직자들에 대한 인식에 변화가 일어났다. 개항기 파리외방선교회 소속 선교사들이 주류를 이루고 있던 성직자들은 '양대인洋大人'으로 특권층이 되었다. 그들은 신도들의 민원을 해결해주는 해결사이기도 했다. 더욱이 당시 사회는 가부장적 전통의 잔재가 농후하게 남아 있었던 시기였다. 이러한 시대 상황은 그들 중 일부는 권위주의적 경향을 취하며, 사회적 특권층으로 자처하기도 했다. 뿐만 아니라 근대 교육이 위력을 발휘하기 시작할 때 성직자들은 일반인들과는 달리 근대적 고등교육을 받은 극소수의 인물 가운데 하나였다.

식민지 시대에 이르기까지도 한국교회에서 고등교육을 받은 신자들의 존재는 매우 드물었다. 1930년대 당시 시인 정지용이 대학을 졸업할 때, 그의 졸업사실이 『천주교회보』에 보도될 정도로 신자들 가운데 대학 졸업자가 적었다. 고등교육을 이수한 전문가들이 매우 드물었던 당시의 풍토에서, 고등교육을 이수한 성직자 가운데 일부는 모든 분야의 '전문인'으로 자처하는 경향도 나타날 수 있었다.

또한 개항기 이후 교회의 토지소유가 가능해짐에 따라서 교회 당국에서는 교회의 원활한 운영을 위해서 토지를 마련했다. 전주교구 신덕 독고리에서 교회는 300마지기의 전답을 구입한 후 신도들에게 소작을 준

바 있었다. 이 지역에서 사목하던 베르모렐 신부는 "돈이 있으면 토지를
구입하여 외인촌에 흩어져 사는 신자들을 한데 모으고 싶다."는 생각을
가지고 있었고 이를 실천해 나갔다. 그리고 부유한 신도들도 '영정답永定
畓'의 형식으로 자신이 가진 토지를 교회에 기증했다.21)

이 과정에서 일제시대까지의 교회는 비교적 규모가 큰 토지를 소유했
고, 소유한 토지는 신도들에게 분급하여, 교회에 일정한 소작료를 납부
하고 소작케 했다. 이에 교회를 대표하는 성직자와 토지를 경작하던 신
도들 사이에 지주-소작 관계가 형성되었다. 물론 이 경우에는, 성직자
와 신도들 사이에 전근대적 관계가 나타나기도 했다.22) 특히 이러한 현
상은 농촌지역을 중심으로 하여 나타나고 있었다.

현재 한국교회의 일각에서 문제로 제기되고 있는 성직자의 권위주의
는 이러한 배경에서 형성되어 갔다. 그리고 그 권위주의적 측면은 현대
와 미래의 교회가 성취해야 할 발전을 저해할 것으로 이해되기도 했다.
그러나 이러한 상황은 유럽의 반성직주의와는 상당히 다른 것이다. 한국
교회의 성직자들은 자신에 대한 조직적이고 이론적 공격을 받은 바가 없
고, 한국에서는 반성직주의가 대두된 사실도 없었다.

일부 유럽 국가에서 전개되었던 반성직운동은 신앙을 포기한 인물들
에 의해서 교회 밖에서 조직적으로 수행되었다. 그러나 한국 천주교회에
서는 자신의 신앙을 포기한 인물들이 반성직 운동을 전개하지는 않았다.
박해 시대의 경우 정부는 교회를 떠난 인물들의 손을 빌리지 아니하고도
천주교에 대한 탄압을 효과적으로 수행할 수 있었다. 개항기 교회를 떠

---

21) 김진소, 1998, 『천주교 전주교구사』 1, 빅벨, 803쪽. 永定畓은 그 토지의 수익금
으로 기증자의 생시에는 생미사를 사후에는 연미사를 봉헌하는 미사 예물로 충당
하기 위해 기증된 일정한 토지를 말한다.

22) 교회와 신도사이의 지주-전호 관계는 해방이후 농지개혁을 통해서 청산되었다.
이러한 측면에서 살펴보면 농지개혁은 한국 현대 교회사를 이해하는 데에 중요한
의미를 가질 수 있을 것이다.

났던 인물 가운데 일부는 개신교에 입교하여 새로운 종교운동을 전개했지, 반성직주의를 고취하지는 않았다.[23] 그리고 현대사회에 이르러 교회를 떠난 적지 않은 사람들은 반성직주의라는 교회에 대한 일종의 관심 표현마저도 포기하고 현대사회의 다양성 안에 매몰되어 갔다.

이처럼 한국사회와 유럽의 교회가 가지고 있는 역사적 조건과 경험이 상당히 다르다. 따라서 한국교회에서 유럽에서와 같은 반성직주의가 발생할 수 있는 여지는 거의 없다. 한국사회에서도 성직자와 신자 간에 갈등이 빚어질 수도 있었다. 그러나 이 갈등은 어디까지나 개인적 차원의 문제이지, 조직적 반성직 운동과 연계되는 것은 아니었다. 그러므로 이러한 움직임이 한국에서 전개될 수 있는 가능성은 매우 희박한 것이다.

21세기의 한국사회는 분명 19세기나 20세기와는 차이가 있을 것으로 생각된다. 높아지는 교육 수준과 이에 따른 전문 분야의 세분화, 향상되는 경제력, 사회적 평등성에 대한 인식의 강화, 권위주의에 대한 도전 등은 21세기 한국사회에서 보편적으로 드러나게 될 현상으로 추정된다.

그렇다 하더라도 한국교회의 주요 구성원들이 성직은 봉사직이라는 사실을 철저히 자각하지 못하거나 봉사라는 구체적 실천을 소홀히 할 수도 있을 것이다. 이 때는 한국사회에서 천주교 성직자들이 향유해 왔던 사회적·종교적 권위가 심각한 도전에 직면하게 될 것이다. 이 도전은 반성직주의의 경향이 아닌 하느님 백성 사이에서 올바른 자리매김을 표방하면서 전개될 것으로 추정된다.

---

23) 김진소, 1998, 앞의 책, 678쪽. 개화기 전주 지역에서 선교하다가 1909년 목사 안수를 받았던 최중진은 견진까지 받았던 천주교 신자였으나, 개신교로 개종하여 목사가 되었다. 개화기 신자들이 개신교로 개종했던 사례들은 황해도 지역에서도 확인되고 있다.

2) 인간 존엄성에 대한 이해의 전개 과정

한국교회가 창설된 직후부터 교회는 국가 내지는 사회와 일정한 관계를 유지하면서 사회의 발전에 기여해 왔다. 물론 교회가 추구하는 근본 목표는 인간의 구원이었으며, 하느님 나라의 완성이었다. 이와 함께 교회는 하느님 나라의 완성을 향해가던 여정에서 인간의 보편적 구원을 위해서 노력해 왔던 것이다. 이 점을 우리는 우선 박해 시대 한국교회사를 통해서 확인해 줄 수 있다.

박해 시대 한국교회는 인간의 존엄성과 평등성의 가르침을 일깨워주었다. 이 때문에 교회는 봉건 정부로부터 혹심한 박해를 당했다. 그러나 교회는 인간이 하느님의 형상을 따라서 창조된 존엄한 존재라고 선언하기를 포기하지 않았다. 그리고 교회는 인간 상호 간의 관계를 평등을 전제로 하여 새롭게 규정해 갔다.[24] 인간은 신분의 귀천이나 남녀 성별의 차이 등에 의해서 구별되는 존재가 아니라, 하느님의 창조를 받은 평등한 존재라는 가르침을 강조해 왔다. 교회의 이와 같은 가르침은 불평등한 신분제 사회를 부정하는 것으로 인식되었다.[25] 그리고 이 때문에 많은 '농투성이, 무지렁이'들이 교회를 찾았다. 선각적인 지식인들도 교회의 가르침에 경도되었다. 이 과정에서 교회는 전통 사회를 해체시키는 데에 기여했고, 한국사의 발전에 참여했다.

그러나 1895년 고종高宗의 승인으로 신앙의 자유가 주어졌다. 이 시기 교회의 인간에 대한 이해에도 한계가 있었다. 박해 시대 신자들은 모두가 범죄자요, 따라서 하류 천민의 신분으로 분류될 수밖에 없었다. 이에 신앙의 자유를 맞은 이후, 추락된 성직자와 신자들의 사회적 지위를 일반인의 수준이나 그 이상으로 올리는 것이 선교를 순탄하게 진행시키기

---

24) 조광, 1997, 「조선후기 서학서의 인간관계에 대한 이해」『한국 가톨릭 어디로 갈 것인가』, 서광사, 117~153쪽.

25) 趙珖, 1988, 『朝鮮後期 天主教史 研究』, 高麗大學校民族文化研究所, 107쪽.

위해서는 무엇보다도 급한 일로 부각되었다.

이 과정에서 교회는 당시 사회에 잔존하고 있었던 양반 지배층의 사회 신분 인식을 답습함으로써, 박해 시대 드러내 주었던 인간 평등의 원리에 대한 주장을 후퇴시켰다. 또한 곧이어 한국에게 강요되었던 식민지 지배와 왜곡된 식민지적 사회구조는 인간의 존엄성이나 평등성을 관철하는 데에 지장을 주고 있었다. 이 시점에서 교회의 지도층은 왜곡된 사회구조 안에서 상층구조의 일부를 점할 수 있다는 자족감에 안주하는 경향이 있었으며, 이로 인해서 인간상에 대한 올바른 성찰과 평등한 인간성의 실천에 부족함이 있었다.

한국교회에서 인간의 문제인 인권이나 사회정의에 대한 본격적 각성이 일어난 것은 1970년대 이후의 사회였다. 이러한 경향은 유신독재에 대한 교회의 투쟁을 통해서 나타났다. 당시 교회의 투쟁은 한국사회의 발전과 한국천주교의 토착화에 적지 않게 기여해 주었다.[26] 이러한 인권의 신장이나 사회정의의 실천은 인간이 수행해야 하는 영원한 과제로서 현재도 미래의 교회에서도 이 분야에 대해서는 지속적인 관심을 가져야 함이 당연하다.

동시에 현재의 한국교회는 1970년대 식의 대응 방식에 한계를 느끼고 있다. 이 한계는 교회가 위치하고 있는 한국사회가 변화된 결과였다. 이에 따라서 인간 존엄성에 대한 새로운 인식이 한국교회에 요청되기에 이르렀다. 그리하여 이제 인간 존중의 방향은 다수의 시민단체들과의 연대를 통해서 환경이나 범지구적인 문제에 대한 관심으로 전환되어 가고 있다. 이 문제에 대한 교회의 관심은 21세기에 이르러서도 더욱 강화될 것이다. 그리고 교회는 이 분야에서 자신의 예언자적 사명을 확인하게 될 수 있을 것이다.

---

26) 김녕, 1996, 『한국정치와 교회-국가 갈등』, 소나무 등 1970년대 이후 교회의 사회 참여 운동에 대한 연구서를 통해서 이와 같은 결론에 도달할 수 있다.

3) 민족문제에 대한 이해

오늘날의 한국교회는 인간에 대한 문제와 더불어 민족 화해의 과제를 가지고 있다. 돌이켜 보건대 민족문제에 대한 교회의 관심은 상대적으로 약했다. 지난날 「황사영 백서黃嗣永帛書」를 통해서, 그리고 병인양요 때에 프랑스 군함의 물길 안내인 역할에서 드러나듯이 한국교회는 '신앙의 자유'라는 보편적 가치만을 중시했다. 이 과정에서 조선/한국, 혹은 조선인/한국인의 구체적 상황에 대한 관심이 매몰되기도 했다. 그 결과 교회는 상당 기간 동안 민족과 유리되었다.

일제 식민지 하에서도 정교분리의 원칙을 내세워 민족의 식민지적 현실에 대한 성찰이 부족했다.[27] 당시 교회의 지도층에서 강조하고 있었던 정교분리의 원칙은 민족 공동체에 대한 중립을 강요한 것이었다. 그리고 식민지 통치구조의 일부에 편입되어 있던 교회는 자신의 조직을 유지하는 데에 급급했다. 당시 식민 당국은 식민지 지배를 합리화시키고, 독립운동세력의 분열을 위해서 제시했던 '방공 정책防共政策'을 주장했다. 식민지 시대의 교회는 이러한 주장과 공산주의를 배격하던 교황청의 입장을 동일시함으로써 식민지 침략 정책에 동조하는 과오와 함께 신앙과 민족을 분리시킨 잘못을 범하기도 했다.[28]

해방 이후 교회는 민족 문제에 대한 훈련과 성찰이 미약했기 때문에 민족 분단의 문제를 심각하게 생각하지 않았다. 당시 교회의 입장은 아마도 범 미국주의[Pax America]와 범기독주의[Pax Christi]를 혼동했던 것으로 생각된다. 교회는 한국전쟁의 과정에서도 평화의 원칙이나 민족 화해의 방안을 효과적으로 제시하지 않았다. 전쟁 중 일부 민족주의 훈련을

---

27) 尹善子, 1997, 『朝鮮總督府의 宗敎政策과 天主敎會의 對應』, 國民大 博士學位論文.
28) 조광, 1990, 「분단체제의 성립과 현대 한국가톨릭교회」『가톨릭교회와 민족복음화』, 통일사목연구소, 245쪽 ; 1990, 「분단의 역사와 한국교회」『세계평화와 한반도의 평화』, 일선기획, 105~119쪽.

받았던 인물들은 종전 운동을 전개하기도 했지만, 인류애를 '중시하는' 그리스도인들 가운데에서는 종전 운동이 진행되지 않았다.

해방 공간과 한국전쟁의 기간에 드러나고 있었던 이와 같은 문제점은 당시 사회적 여건의 급박성으로 인해서 빚어진 결과로 이해될 수 있을 것이다. 그러나 교회는 휴전 이후에도 상당 기간 동안 민족 문제에 대한 본격적 관심을 기울이지 못했고, 민족의 화해를 위한 방안을 제시하는 데에 이르지 못했다.

한국현대 교회에서 민족 문제에 대한 본격적 이해는 1980년대에 접어 들어 나타났다. 그리고 민족 문제 해결의 대방향으로 '통일'이라는 종전의 개념 틀 대신에 '민족 화해'의 길을 제시했다.[29] 이제 '민족 화해'는 새로 운 담론이 되어 남북한 현대 사회에 큰 영향을 미쳐주기에 이르렀다. 민족 화해를 위한 노력은 1995년 이후 좀더 구체적으로 전개되었다. 그리고 21 세기 한국교회는 민족 화해를 위한 배전의 노력을 요구받고 있다.

1970년대 이래 한국교회가 인간 존엄성의 신장을 위해서 노력해 왔다면, 21세기의 한국교회는 민족 화해를 위해서 더 큰 노력을 경주해야 할 것이다. 민족의 화해는 하느님과의 화해를 위한 대전제가 된다. 민족의 화해를 통해서 지상의 평화를 정착시키려는 각오가 있을 때 우리는 비로소 하느님과의 화해도 가능한 것이다.

4) 기독교의 韓國文化化에 대한 문제

한국에 기독교 신앙이 수용된 것은 18세기 말엽의 사회에서였다. 당시 수용된 기독교는 천주교 신앙이었다. 천주교는 그 수용 직후부터 한국 역사의 일부로 자리 잡으며, 역사화의 길을 걷게 되었다. 이 과정에서 천주교 신앙은 한국 문화와의 만남을 필연적으로 가지게 되었고, 그 신

---

29) 최창무, 1996, 「민족의 화해를 향하여」 『민족의 화해를 향하여』, 새남, 11~17쪽.

앙의 토착화가 착수되었다.

천주교 신앙은 그 도입 초기부터 남인 지식인 중심의 사상으로 머물지는 않았고 곧 민중 종교 운동으로 전환되어 갔다.[30] 박해 시대의 신도들은 당시 조선의 정신문화적 전통과 밀접한 관련을 맺으며, 그들이 받아들인 천주교 신앙을 실천해 나갔다. 이러한 사례의 대표적인 예로는 당시 사회를 지배하고 있었던 충효와 의열義烈의 전통에 입각하여 천주교의 가르침을 해석하고 실천했다는 점이다.

이러한 사실에서 우리는 한국 문화와 기독교가 만나는 현장을 확인하게 된다. 그리고 이 만남을 통해서 한국의 기독교도들은 기독교의 가르침으로부터 영향을 받았을 뿐만 아니라, 기독교의 가치를 더욱 풍요롭게 해주고 있었음을 확인하게 된다. 즉, 19세기 전반기를 전후한 시기 천주교 신자들은 진리의 보편적 가치를 주장함과 동시에, 진리의 실천 과정에서 우리 문화와의 만남을 단행했고, 우리 문화의 시각에서 기독교의 새로운 가르침을 해석해 나갔다.[31]

한국교회사를 검토해 볼 때 기독교 신앙은 한국 문화와 만나서 자연스럽게 토착화되어 가고 있었음을 확인할 수 있다. 그러나 천주교의 경우 토착화 문제에 대한 본격적 연구와 관심이 표현된 것은 일제시대인 1920년대 이후였다. 그리고 제2차 바티칸 공의회의 영향 아래 그 이론이 발전되어 갔다. 그러나 천주교 측에서 그 동안 진행된 토착화에 관한 논의는 다분히 개인 연구자의 투신에 의존하는 형식이었지만, 1987년 한국천주교 중앙협의회 부설 한국사목연구소에서는 토착화 연구 발표회를 정례화하여 오늘에 이르게 되었다.

기독교와 한국 문화와의 관계를 올바로 정립하고 기독교 문화를 민족

---

30) 趙珖, 1988, 앞의 책, 4쪽.
31) 조광, 1999, 「기독교 토착화연구에 대한 한국문화사적 평가」『사목』 247, 한국천주교중앙협의회, 34~50쪽.

문화의 일부로 자리 잡게 하는 작업은 21세기 한국 사회에서도 계속해서 요청되는 과제이다. 이를 통해서 기독교는 자신이 목표로 하고 있는 민족 복음화에 좀 더 가깝게 접근할 수 있을 것으로 생각된다.

5. 맺음말

한국교회는 지난 200여 년간의 역사 속에서 자신의 신앙을 표현해 왔다. 한국에서 기독교 신앙은 한국 문화와 사회적 입장에서 재해석되어 한국 사회와 문화의 일부로 자리 잡아 가고 있다. 교회는 한국 사회와의 만남을 통해서 사회의 발전에 잠재적 기능뿐만 아니라 현재적顯在的 기능을 발휘하기도 했다. 이 과정에서 한국교회는 자신의 전통을 형성했다. 경우에 따라서는 그 전통의 굴레에 얽매어 순조로운 발전이 저해되는 측면도 있었다.

이 입장에서 본고에서는 먼저 신도수의 변화에 대해서 주목해 보았다. 그리고 한국교회의 성직자들이 가지고 있는 특성을 간략히 서술했다. 이에 이어서 신자와 성직자의 관계 및 교회와 인간 존재와의 관계, 교회와 민족 내지는 민족문화와의 관계 등을 검토했다. 앞으로 전개될 21세기의 한국교회에서도 이와 같은 주제는 관심의 대상이 될 것이다. 이와 동시에 21세기의 한국교회는 타종교와의 대화와 그리스도교의 일치를 위한 더 큰 노력을 요청 받고 있다. 자연 내지는 환경에 대한 배려도 강화되어야 할 것이다.

세기가 바뀌고 새로운 천년기를 맞이하는 문턱에 서서 한국교회는 자신이 현재에 수행해야 할 과제를 확인하면서 민족 구원을 위한 자신의 사명을 다짐해야 할 것이다. 이 다짐은 한국교회가 제1세계 교회의 전철을 되밟지 않기 위해서도 필요하다. 그리하여 한국교회는 민족 구원 내지는 민족의 복음화를 효율적으로 수행하기 위해서 21세기 사회를 위해서도 사회정의와 복지의 실천을 통해서 인간 존엄성을 신장시키기 위한 노력을 계속해야 할 것이다. 그리고 민족의 진정한 화해를 위한 노력에 배전의 박차를 가해야 한다.

또한 한국교회는 민족문화와의 만남을 신장시키고 민족문화와 교회는 진정한 화해를 실천해야 한다. 가톨릭 신앙은 21세기에 이르러 한국 민족의 영성을 풍요롭게 하는 데에 기필코 기여해야 할 것이다. 한국교회는 자신이 키워온 정신적 가치와 인물들을 더욱 아끼고 사랑하며, 새로운 가치와 지도자의 양성을 위해 노력해야 한다. 나아가 한국교회는 21세기에 이르러 세계와 인류에 대한 복음적 구원의 책임을 확인하고 이를 수행할 것으로 기대된다.

물론 우리는 교회를 단순한 사회적 조직이나 역사적 유물로만 파악해서는 안 된다. 교회는 하느님의 구원의 신비이기 때문이다. 하느님의 구원의 신비체인 21세기의 교회를 위해서는 한국교회를 구성하는 하느님 백성 모두의 새로운 각성이 요청된다. 이 땅의 하느님 백성들이 새로운 각오를 갖고 민족의 보편적 구원과 인류 복음화를 위해 매진해 나가야 한다.

우리의 이러한 노력이 지속된다면, 우리가 서 있는 이 땅은 하느님의 뜻이 이루어지는 성지가 될 것이다. 모세가 십계명을 받기 위해 섰던 그 땅과 마찬가지로 이 땅은 거룩한 땅이 될 것이다. 21세기의 한국교회는 자신이 서 있는 이 땅을 진정한 성지로 만들며, 그리스도께서 명하신 인류와 민족 복음화를 위한 사명을 수행해 나가야 한다. 그리하면, 22세기 우리 교회의 후손들은 그리스도께서 한국교회를 통해 이룩한 일들을 보면서 엠마오로 가던 제자들처럼 마음에 뜨거운 감동을 받게 될 것이다. 21세기의 하느님 백성들이 자신의 책임을 완수하기 위해서 전개했던 이성적 노력에 그들은 찬사를 보낼 것임에 틀림없다.

찾아보기

ㅇ

ㅈ

경인한국학연구총서